효율적인 외식점포 만들기

외식창업

이대홍 · 이희열 · 김두라 공저

백산출판사

[출간에 즈음하여]

몇 년 전 필자가 레스토랑을 만들고자 하였을 때 외식창업에 관한 많은 책들을 살펴보았다. 출간된 많은 창업관련 책들이 외식 창업을 위한 일반적인 사항들을 담고 있었으나 정작 어떻게 레스토랑을 만들어야 되는지, 어떻게 효율적인 레스토랑을 만들 수 있는지, 설계를 하고자 할 때 어떤 점들을 고려하여야 하는지, 어떤 장비들이 필요한지, 그러한 장비들은 어떤 기능을 하는지, 수많은 장비들 중에서 어떻게 적절한 장비들을 선택하여야 하는가에 대하여 구체적으로 언급된 책은 찾아보기 힘들었다.

사실 외식점포를 만들 경우 제대로 설비가 갖추어진 레스토랑이라면 주방기구 및 주방관련 부문에 투입되는 비용이 인테리어에 들어가는 비용보다 훨씬 많이 소요되며, 레스토랑이 완성된 이후 유지보수 비용도 대부분 이 부문에서 발생하게 된다.

따라서 외식업 창업자 및 관리자들은 외식 창업에 있어 주방의 설비 및 레스토랑의 효율적인 설계에 대한 이해가 먼저 필요하며, 판매하고자 하는 메뉴와 서비스 형태에 따른 가장 효율적인 장비와 집기들을 선택함으로써 창업 후 추가적으로 소요되는 비용을 최소화 할 수 있으며, 직원들의 생산성을 높이고, 효율적인 서비스를 통하여 고객 만족도를 높일 수 있는 점포공간을 만들 수 있고, 이를 통하여 성공적인 창업과 점포운영의 발판을 구축할 수 있다.

따라서 이 책에서는 필자들이 현장에서 느낀 외식창업의 과정에서 고려하여야 할 실무적인 점과 효율적인 외식점포를 만들기 위하여 반드시 고려해야 하는 창업자의 요건, 외식점포를 설계하기 위한 디자인 요소들, 최근에 점포에 많이 도입되고 있는 다양한 장비에 대한 소개 등을 통하여 나에게 맞는 점포를 어떻게 설계하여야 하는지, 그리고 점포 개 · 보수 시 어떻게 하는 것이 효율적인지에 대하여 필자들의 경험과 외식관련 업계의 자료들을 통하여 얻은 내용을 중심으로 구성하였다.

아울러 한식세계화를 통하여 글로벌 기업이 되고자 하는 많은 프랜차이즈 업체 및 관련 창업을 원하는 창업자들에게 있어 해외의 점포 설비의 기준을 제시하고 있어 설비의 세계적인 표준(Global Standards)을 살펴봄으로써 외식점포의 해외 진출에 이 책이 많은 도움을 줄 수 있을 것으로 생각된다. 또한 외식업계의 선후배님, 관련업계의 많은 분들을 비롯해 이 책의 출간에 도움을 주신 많은 분들께 진심으로 감사를 드립니다.

필자 일동

목 차

외식창업

제1장

외식창업의 의의

제1장

외식창업의 의의

제1절 창업의 의의

창업의 사전적 의미는 '사업을 처음으로 이룸'이다. 즉 기업을 만들어 새롭게 영업을 이루어 나가는 것을 의미한다. 이러한 기업을 설립하기 위해서는 창업자, 아이템, 자본이 적절하게 결합되어야 하며, 이러한 요소를 창업의 기본 3요소라고 한다. 학문적으로 보면 인적 · 물적 자원을 적절히 결합하여 미리 설정된 기업목적을 달성하기 위하여 상품이나 서비스를 조달, 생산, 판매하거나 그와 부수된 활동을 하는 것으로 정의할 수 있다.

창업의 기본적인 개념은 새롭게 기업을 설립하는 것으로 개인 또는 집단이 이익을 창출하기 위하여 자본을 이용한 사업의 아이디어 구성을 설정하여 조직 및 시스템을 갖추어 제품이나 서비스를 생산 · 판매하거나 부수적인 활동을 시작하는 행위이다.

우리나라는 1986년 재정되어 2001년 3월에 개정된 중소기업창업지원법 제2조 1항에 따르면 "창업이라 함은 중소기업을 새로이 설립하는 것을 말한다"라고 정의되어 있으며, 제2조 2항에서는 "창업자라 함은 중소기업을 창업하여 사업을 개시한 날로부터 7년이 경과되지 아니한 자를 말한다"라고 정의하고 있다.

맥뮬란(McMullan)과 로우(Low)는 성장 잠재력이 충분히 있는 사업의 창조개념을 생각하면서 실제로는 창업단계뿐만 아니라, 자생력을 갖게 되는 단계까지를 창업의 전 과정에 포함시키고 있고, 론스타드(Ronstadt)는 "창업이란 부가적 부를 창출하는 역동적인 과정이며, 부를 창출하는 능력을 가지고 기존의 모든 자원을 투입하는 혁신적인 행위"로 정의하고 있다.

창업의 개념은 학자에 따라 다소 견해 차이도 있지만, 근본적인 내용은 큰 차이가 없다.

제2절 창업의 구성요소

창업의 핵심요소는 투입, 산출, 변환과정을 통합하는 주체인 창업자 및 인적자원인 '인적요소', 투입요소를 구성하는 원재료, 설비, 노동 등, 즉 창업자금의 '물적요소', 투입의 결과물로 나타나는 제품 및 용역의 '상품요소'로 구성되어 있다.

다시 말해, 창업에 필요한 기본적인 투입요소 중 인적요소는 창업의 주체인 창업자와 생산, 판매, 일반관리 등은 기업조직의 각 기능을 담당할 인적자원을 지칭하고, 물적요소는 제품요소를 구체적으로 상품화하는데 필요한 자본, 기술, 설비, 건물 등을 지칭하며, 상품요소는 창업의 구체적인 아이디어, 즉 창업을 통해서 무엇을 할 것인가에 대한 사업내용을 말한다. 이러한 요소들의 결합은 창업을 하는 데 있어서 많은 요소들의 투입을 필요로 하며, 훌륭한 기업의 탄생은 우수한 투입요소들의 합리적이고 효율적인 결합에 의해 가능하다.

1. 인적요소

인적요소는 창업의 주체인 창업자와 생산, 판매, 일반관리 등 기업의 각 기능을 담당할 인적자원을 지칭한다. 특히, 외식산업은 노동집약적 성격을 가진 사업이며, 인적서비스 의존도가 높은 산업으로 인적요소의 구성은 창업을 하는데 필요한 기본적 투입요소 중 가장 중요한 요소라고 할 수 있다.

창업자는 능동적인 창업의 주체로서 창업을 주도적으로 계획하고 추진하며, 창업에 대한 모든 재정적 부담과 위험을 감지하는 역할을 수행한다. 홀비(Hal B) 등은 "창업자는 기업가 정신이 충만해야 외식사업과 같은 사회적 공헌도가 높은 사업을 해 나가는데 중요한 역할을 하며, 신상품과 서비스를 창출하여 새로운 사업기회를 만들어 가는 중추적인 역할 수행자"라고 주장했다. 또한 창업자는 위험을 감수하면서 이익을 위해 사업체를 조직하여 운영하는 리더임을 강조하였다.

창업자의 자질은 개인적 자질과 관리자적 자질로 구분하고 개인적 자질은 건강상태와 개인적 특성으로 구분하고, 창업자의 정신과 육체가 건강해야 함을 의미한다. 또한 창업자는 지적 수준, 창조성, 모험성, 책임감, 지구력 등을 골고루 갖추고 있어야 한다. 관리자적 자질로는 창업자가 가지고 있어야 할 경영이념과 다양한 관리능력을 들 수 있다. 창업자는 분석력, 예측력, 조직력, 추진력, 포용력 등을 갖추고 있어야 함을 의미하고 있다. 또한 창업자는 투철한 사회적 책임감과 경영윤리관을 가지며, 이를 사업을 영위해 나가면서 보여주어야 한다.

2. 상품요소

창업의 구성요소 중 상품요소란 사업의 구체적인 아이디어로서 창업의 구성요소 중 가장 중요한 요소이다. 즉 창업을 통하여 무엇을 할 것인가에 대한 사업내용으로 외식 창업의 경우 어떤 메뉴 아이템을 어떻게 팔 것인가 하는 것으로, 이는 기업의 존재 이유와 목적이기도 하다.

창업하는 음식점이 어떤 메뉴상품을 생산하여 판매할 것인가에 대한 해답이 되는 것이 사업 아이디어이며, 사업의 지속적인 운영을 위해서 창업을 위한 메뉴상품은 반드시 수익성이 있는 아이템이어야 한다.

창업 준비 시 메뉴상품에 대한 현명한 생각과 판단, 선택의 문제는 성공과 실패의 가장 중요한 요인이 된다. 창업 아이디어가 어떻게 구상되고 선택되든 창업 아이디어, 즉 상품요인이 갖추어야 할 요건 중 가장 중요한 것은 충분한 시장 수요이다. 시장의 수요는 제품 효용가치가 제품의 가격보다 크다고 인식될 때 자연적으로 생겨난다. 그러므로 제품을 구입할 때 소비자들이 부담하는 화폐가치보다 더 큰 효용가치를 제공하는 제품이라는 사실이 알려진다면 시장 수요는 증가하기 마련이다.

소비자들이 구매하는 상품의 구성요소는 보이는 것과 보이지 않는 유형, 무형의 혼합으로 외식산업의 경우 음식, 분위기, 서비스, 청결, 기타의 요소들이 합쳐져야 완전한 상품으로 인정받을 수 있다. 레빗은 「판매는 이제 더 이상 충분치 않다」에서 판매의 시대가 끝났음을 역설하였으며, 이제는 기업이 완전한 상품을 생산하려는 새로운 전략과 방법론을 찾아야 한다고 주장하고 있다.

3. 물적요소

성공적인 창업을 위해서는 인적요소와 상품요소도 중요하지만, 질적으로 우수하고 풍부한 메뉴상품을 위한 조리기술이나 설비, 매장 인테리어, 이를 뒷받침할 수 있는 자본이 있어야만 한다. 즉 메뉴상품을 생산하는데 필요한 자본, 기술, 설비, 기물, 재료 등을 지칭하는 물적 요소를 들 수 있다.

아이디어가 상품화 되기 위해서는 생산에 필요한 요소들이 필요하며, 이러한 요소들은 결국 자본의 투자에 의하여 실현될 수 있기 때문이다. 따라서 안정적인 창업자본의 조달은 성공적인 창업을 위하여 중요한 요소라고 할 수 있다.

제3절 외식산업의 개념

외식산업의 개념은 "고객에게 식 · 음료를 제공하여 이윤을 추구하는 산업을 의미하며, 고객에게 식음료를 판매하는 것은 음식만을 판매하는 것이 아니라 무형적인 다양한 서비스를 판매하는 것이다"(벤스 크리스찬)라는 정의와 같이 음식을 단순히 만들어 제공한다는 개념에서 음식과 서비스의 제공, 분위기의 연출 및 이와 관련된 편의 제공 등을 상품으로 제공하는 보다 발전

된 개념으로 제조업과 서비스업을 함께 추구하는 복합산업을 외식산업이라고 한다.

제4절 외식산업의 특징

1. 입지의존성이 높은 산업이다.

외식산업에서의 입지선정은 사업자가 결정해야 할 가장 중요한 의사결정 과정이며, 좋은 입지는 성공적인 사업을 위한 필수 조건 중의 하나이다. 외식산업에서는 첫째도 입지, 둘째도 입지, 셋째도 입지라고 할만큼 입지의 선정은 외식 성공의 중요 요소이다. 입지는 출점전략과도 연관성이 크지만, 수익성 및 매출과 직결되기 때문에 입지의존적 사업이라고 한다.

2. 노동집약형 서비스산업이다.

외식산업은 서비스산업의 한 부분으로서 고객에 대한 서비스의 의존도가 높은 산업이다. 일반적으로 외식산업은 고도의 숙련된 인력을 요구하지 않는 산업으로 보일 수 있으나, 외식산업은 고도의 숙련을 요구하는 인적의존도가 높은 산업으로, 외식사업의 성공은 점포의 관리자 및 일선 서비스 직원에 의하여 결정될 수 있을 정도로 인적의존도가 높은 산업이며 노동 집약적 산업이다. 따라서 숙련되고 좋은 서비스를 통해 고객만족을 위해서는 끊임없는 교육 · 훈련을 통한 인재확보와 육성이 중요한 사업이다.

3. 수요예측이 어려운 산업이다.

외식산업은 서비스의 생산과 소비가 동시에 이루어지는 성격을 가지고 있기 때문에 시간적 · 장소적 제약이 존재한다. 또한 이러한 생산과 소비의 동시성은 점심식사와 같이 식사시간이 제한된 경우 생산설비의 한계로 인한 서비스의 지연 및 매출의 한계와 같은 제한을 가져올 수 있다. 따라서 식사 수용능력과 생산설비의 조화, 생산인력의 조화가 이루어져야 원활한 서비스를 제공할 수 있다. 또한 사건과 사고, 행사, 계절, 일기변화 등등 사회적인 영향을 많이 받는 산업으로 정확한 고객수를 예측하여 영업을 하기가 어려운 산업이다.

4. 다품종 소량의 주문판매산업이다.

한두 가지 음식만을 전문으로 취급하는 곳도 있지만, 대부분 여러 종류의 음식을 주문에 의하여 그때그때 생산하여 판매한다. 갑자기 많은 주문이 들어왔을 때 생산능력에 한계가 있을 수 있으나, 완성품의 재고가 많지 않다는 것이 장점이라고 할 수 있다.

5. 체인화가 용이한 산업이다.

체인화사업은 가맹점에게 메뉴개발, 인테리어, 점포입지 등에 따른 제반 업무를 지원하여 운영을 하도록 함으로써 막대한 이익을 창출할 수 있다. 또한 전체 가맹점을 관리, 감독함으로써 일정한 지위를 얻을 수 있다. 외식사업이 체인화가 용이한 이유는, 표준 레시피에 따른 표준화가 용이하며 컨셉의 개발 및 다양화가 용이하기 때문이다.

6. 독점적 기업이 탄생하지 않는 산업이다.

외식산업은 남녀노소를 비롯한 모든 사람을 대상으로 하는 사업으로 다양한 기호 및 취향이 반영되는 산업이다. 따라서 모든 사람의 개성을 맞출 수 있는 독점적 기업이 존재할 수 없는 산업이다. 특히 어떠한 외식기업도 시장의 5% 이상을 점유하고 있지 않다.

7. 소자본으로도 쉽게 접근할 수 있는 산업이다.

우리나라의 경우 약 70만 개의 외식업체가 운영을 하고 있으며, 이러한 업

가고 있는지를 정확히 파악하는 것이 중요하다. 다시 말해, 숲 속에서 나무만 보지 않고 숲 밖에서 숲 전체를 보는 안목과 능력이 필요하다.

이와 같은 경영자의 3가지 자질은 모든 계층의 경영자에게 요구되는 능력이지만 경영자의 계층에 따라 중요도가 달라진다. 실무능력은 하위 경영자에게 상대적으로 많이 요구되는 반면, 상황판단능력은 상위 경영자에게 더 요구되는 자질이라고 할 수 있다. 이에 비해, 원만한 대인관계를 유지하는 능력은 모든 계층의 경영자에게 비슷하게 요구되는 자질이다.

외식창업

제2장

외식창업 준비

제2장

외식창업 준비

음식점 창업은 매일같이 반복되는 일상의 영업이나 업무와는 달리 중요한 작업이다.

여러 가지 전문지식을 가진 사람들이 모여 한 가지 목표를 완성시켜가는 음식점 창업은, 비록 음식점 경영에 경험이 많다 할지라도 순조로운 진행과 성공을 하기가 어려운 작업과정이다. 음식점의 컨셉을 개발하고 그에 맞는 음식점을 만들기 위하여 프로젝트의 난이도에 따라 많은 전문가들의 도움이 필요하다. 이러한 계획단계의 모든 과정을 자세하게 순차적으로 나열하는 것은 불가능할 것이다. 왜냐하면, 매우 다양한 접근방식이 사용될 수 있기 때문이다.

계획의 과정은 일반적으로 창업자의 아이디어가 만들어지고, 그러한 아이디어를 진행하고자 창업에 대한 아이디어 또는 컨셉이 형성된 이후, 다음으로 진행해야 할 단계는 사전계획에 관한 정보를 구체화 하거나 음식점의 특징을 만들어내는 것이다. 이들 자료들은 외식창업프로젝트의 전반적인 계획을 세우는 기초로 활용되므로 신중하게 점검되어야 한다.

다음 사항들은 창업을 위한 정보의 수집과 개발단계에서 반드시 고려되어야 할 사항들이다.

첫째, 오픈계획 시장조사 정보는 전체적인 프로젝트 계획의 기초를 위한 자료이다. 그러나 이것은 점포오픈과 관련된 진행과정에서 발생하는 모든 사항들에 대한 모범답안은 아니므로 맹신해서는 안 된다.

둘째, 오픈계획 시장조사 정보는 어느 정도 융통성과 유용성이 있어야 하며, 성공적인 프로젝트를 진행하기 위해서는 더 많은 연구와 조사를 통하여 언제든지 수정될 수 있다는 자세로 진행해야 한다.

셋째, 오픈계획 시장조사 정보는 프로젝트의 바람직한 방향과 중요한 목적에 대한 포괄적인 요약사항 등을 상세하게 작성해야 한다. 계획의 초기단계에서 수집된 정보들은 계획의 전체적인 형태를 보여주는데 사용되기 때문이다.

이러한 오픈계획 시장조사 정보는 외식시장의 현황과 소비트렌드, 메뉴상품, 실용적인 디자인과 서비스 등등 더욱 기능적이고 효과적인 창업 준비에 도움을 준다.

이 장에서는 외식창업의 계획 단계에서의 여러 가지 세부적인 부분들을 살펴본다.

제1절 외식창업 프로젝트의 규모 및 시설 결정

1. 오픈 프로젝트팀의 구성

1) 오픈 프로젝트의 명칭

음식점 오픈에 참여하는 여러 분야의 사람들이 공통된 생각으로 작업을 진행할 수 있도록 프로젝트 전체의 명칭을 정하는 것이 좋다. 점포명을 프로젝트명으로 하는 경우도 있지만, 반드시 같은 이름을 붙일 필요는 없다.

2) 프로젝트의 목적과 특징

오픈하는 음식점의 목적이나 전략, 경영주가 가지고 있는 음식점 오픈에 대한 의미 등 그 목적을 뚜렷하고 명확하게 한다. 그리고 그것을 달성하기 위하여 수단이나 방법론 등을 오픈계획 초기에 정립한다.

3) 프로젝트팀의 구성

(1) **총괄책임자** : 현장운영을 모두 알고 있는 담당자로서 경영주 혹은 외부 의뢰 전문가 등이 주로 맡는다. 프로젝트 진행의 확인작업을 주로 담당한다.

(2) **입지개발 담당자** : 오픈 예정입지의 활용방안 및 주변 상권 환경, 업계 상황 등을 파악하여 개발방법을 제시하고 오픈예정지의 입지개발 선정과 분석을 담당한다.

(3) **영업담당자** : 오픈 예정점포의 영업전략과 운영컨셉을 결정하는 영업전략과 그 전략을 시각디자인으로 고객에게 전달하는 방법을 찾고, 점포전체의 이미지 통일작업(CI, BI)을 진행, 관리한다.

(4) **메뉴상품개발 담당자** : 영업전략에 맞는 상품개발과 상품조리, 상품화 등을 담당하며, 일하기 쉽고 기능적인 주방설계, 메뉴북 작업, 식기를 포함한 테이블 세팅의 연출 등을 제안, 담당한다.

(5) **점포개발 담당자** : 영업전략을 점포에 표현하는 작업으로 전체적인 점포 이미지 작업 및 인테리어 디자인을 담당한다.

(6) **개업지도 담당자** : 오픈의 실제작업을 총괄적으로 관리하는 담당자로서 점포의 매니저나 경영주, 컨설턴트가 담당하기도 한다. 직원채용과 교육, 집기비품 구매에서 세팅 등 오픈전반에 걸쳐서 모든 부분을 체크하는 역할을 한다.

(7) **기타** : 전산(POS)시스템 담당자, 유니폼, 청소시스템 등 전문적인 분야의 담당자들이 함께 프로젝트팀으로 구성된다.

2. 프로젝트의 규모 및 시설 결정

프로젝트의 규모와 그 세부내용은 경영주 또는 점장의 접근방식에 따라 많은 영향을 받는다. 만약 프로젝트가 기존 음식점의 일부만을 교체하기 위한 것이라면 접근방식이나 계획과정이 간단하게 진행될 것이다. 그러나 만약 프로젝트가 음식점의 전면 신축 또는 기존 음식점의 개·보수 형태라면 진행과정은 보다 복잡해진다.

더욱이 음식점 오픈 프로젝트가 향후 프랜차이즈와 같은 다점포화를 위한 표준안으로서 새로운 음식점을 계획한다면 고려해야 할 사항들이 더욱더 많아진다.

프로젝트의 범위에 대한 결정은 크게 4단계로 나누어질 수 있으며, 프로젝트 범위의 결정은 각 단계별 업무가 시작되기 전에 진행해야 하는 가장 중요한 의사결정이다.

1단계 (Lever 1)	범위: 프로젝트 단계에서는 주요 장비의 선정 또는 작은 규모의 식당의 일부 변경 등이다. 예) 식기세척 부분의 교체 또는 식기세척기의 교체공사 또는 냉장고의 교체 등
2단계 (Lever 2)	범위: 현재 운영을 하고 있는 영업장의 주요 부분에 대한 교체공사등이다. 예) 전체서비스 부문의 교체 또는 추가적인 연회장 또는 서비스 주방의 설치
3단계 (Lever 3)	범위: 새로운 식당의 건설 또는 기존 시설의 대폭적인 수리 보수 계획등이다. 기존 시설의 전면적인 개·보수는 기존에 존재하는 벽들과 구조물, 설비 등 기존에 설치되어 있는 구조물의 철거로 인하여 새로운 시설을 건설하는 것보다 더 복잡할 수 있다. 예) 새로운 테마 레스토랑의 건설 또는 주방에 대한 전면적인 개·보수 등
4단계 (Lever 4)	범위: 체인 또는 프랜차이즈 사업을 위한 표준안의 개발 등이다. 식음료 설비의 3단계에서는 회사에서 개발된 메뉴, 목표시장, 시장전략과 일치하도록 디자인 및 주방 레이아웃을 설계하여야 한다. 다른 어느 프로젝트 보다 시간이 많이 소요되며, 요구하는 프로젝트의 규모와 예산이 균형있게 진행 되어야 한다.

[그림 2-1] 프로젝트 범위결정 단계

제2절 외식창업 프로젝트의 수준 결정

이번 단계에서는 수집된 기본적인 컨셉과 시장조사 정보를 이용하여 사업계획서를 구체화 하는 단계이다. 사업계획서는 기본적으로 레스토랑의 운영 모델을 결정하는 것이다. 사업계획서 작성은 외식창업자에게는 어렵고 복잡하게 느껴질 수도 있다. 다음의 내용은 준비 중인 외식창업 업체의 기본적인 컨셉을 결정하는데 필요한 내용들이다.

○ 프로젝트의 형태

신축 혹은 새로운 시설 ________

기존 시설의 리모델링 ________

확장 계획 ________

인테리어 변경 ________

주방 구역만 변경 ________

기타 ________

○ 계획하는 레스토랑의 형태

대학교 또는 대학, 단체급식소

카페테리아 ________

커피숍 ________

스낵바 ________

케이터링 ________

대학 클럽 ________

기숙사 ________

일반 외식사업체

테이블 서비스 ________

카페테리아 ________

커피숍 ________
드라이브 인 ________
테이크 아웃 ________
연회장 ________
자판기 ________
기타 ________
병원 및 환자식
환자서비스 ________
스낵 바 ________

○ 위치와 대상고객의 성격

고객의 성격
 고소득 ________
 저소득 ________
 중간소득 ________
점포의 위치
 도심 중심가 ________
 부도심지역 ________
 시외 또는 전원지역 ________
점포의 규모와 영업시간
좌석의 규모 ________
총 예상 식수 인원 또는 회전율 ________
조식포함 ________
점심식사 ________
저녁식사 ________
기타 ________
메뉴의 형식
범위
 전문점 형태의 제한된 메뉴 ________

광범위한 메뉴 ______
주류 및 음료 ______

메뉴의 질과 단가

높음 ______
중간 ______
낮음 ______

서비스 형식

테이블서비스 ______
부스서비스 ______
카운터서비스 ______
셀프서비스 ______
Take-out 서비스 ______
Drive Through 서비스 ______
기타 ______

점포 분위기

편안하고 친근한 분위기 ______
품격있고 고급스러운 분위기 ______
흥겨운 분위기 ______
기타 ______

향후 계획

확장 가능성
식당 부문 ______
주방 부문 ______

특별한 주문사항

주차장 ______
고객편의시설 ______
종사원시설 ______
대소연회장 ______
기타 ______

서비스 바	________
샐러드 바	________
오픈 주방	________
테이블 사이드 조리	________
수족관	________
카트(cart) 혹은 키오스코(kiosco)	________

[그림 2-2] 컨셉 결정에 필요한 요소

제3절 외식창업 컨셉의 개발

1. 컨셉의 결정

음식점 창업을 계획하면서 경험이 있든 없든 누구든지 어떤 음식점이 가장 성공할 가능성이 많은가에 대해 고민을 하게 된다. 그러나 많은 외식창업을 준비하는 경영주들이 적절한 투자자금과 장소, 그리고 본인의 마음속에 그리고 있는 점포의 테마, 외식 비즈니스에 대한 열정 등을 가지고 창업을 결정하고 있다. 그러나 외식창업을 할 때 가장 기본이 되는 전체적인 운영컨셉에 대해서는 간과하는 경우가 많다. 컨셉의 개발은 메뉴계획, 점포의 인테리어, 외식시장에서 이익을 창출할 수 있는 업종업태의 결정, 식사제공방식, 서비스 등을 비롯한 여러 가지의 것들이 고려되어야 한다. 또한 투자수익률 및 성장전략 등도 반드시 포함되어야 한다.

따라서 기본적으로 창업을 위한 영업의 방법, 즉 컨셉을 결정할 때는 "무엇을 할까?", "어떤 점포를 만들까?"라는 목표 하에 컨셉을 정리하여야 한다.

외식점포의 컨셉 결정에는 두 가지 있다.

① 메뉴컨셉

② 점포컨셉

외식창업에서 가장 실패가 많은 것이 입지와 그 점포의 메뉴 컨셉이 맞지 않기 때문이다. 아무리 맛있는 요리를 제공하고 좋은 서비스를 하여도 고객과 연결되지 않는 것이다.

계획하는 음식점의 메뉴와 점포를 만들고자 하는 입지, 고객층이 맞지 않으면 고객은 방문하지 않는다. 따라서 예상후보지 물건(토지나 건물)이 있고 그곳에 오픈을 할 경우 이 입지객 층에 맞는 점포와 컨셉을 생각할 수 있지만, 입지가 정해지지 않는 경우 이 메뉴와 점포 컨셉의 조화와 균형을 어떻게 맞춰나가야 할지 자세히 검토해야 한다.

(1) 업무 단계별 흐름도

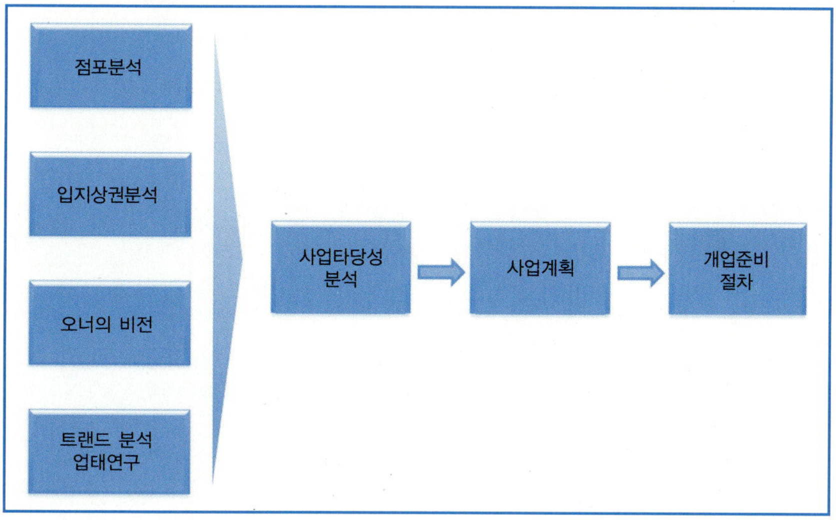

(2) 매장 규모에 따른 상권

업 종	상권거리	상권 인구	거 리
분식점	300m	1,000명 ~ 2,000명	도보 5분 이내
일반음식점	300 ~ 500m	5,000명 ~ 1만명	도보 10분 이내
패스트푸드점	0.5 ~ 1km	1만명	도보 10분 이내
제과점	0.5 ~ 1km	1만명	도보 10분 이내
패밀리 레스토랑	1 ~ 2km	1만 ~ 2만명	자동차 10분
중형 전문식당	2 ~ 5km	5만 ~ 10만명	자동차 10~20분
고급 레스토랑	10km 이상	10만 ~ 20만명	자동차 30~60분
교외형 식당	10km 이상	30만명	자동차 30~60분

(3) 상권 조사 내용 및 소요일

구 분	조사 내용	소요 일수	비 고
배후인구 조사	배후주거지 거주지 조사	1일	유동인구와
	배후시설물 거주자 조사	1일	중심상권 생략
유동인구 조사	평일/주말 시간대별 점포 앞 통행량과 상권, 주동선, 보조동선, 유동인구 분석	4일	
후보점 입지 조사	점포면적, 형태, 시설, 구조	1일	
	가시성/접근성/평탄성 조사	1일	
	계약 관계 공부 조사	1일	
경쟁점 조사	유사 경쟁점 조사	1일	
	동종 경쟁점 조사	1일	
	외식 및 서비스 업종 경쟁점 1개당 1일	1일	

* 조사내용 및 소요일수는 상권상황에 따라 변경 될 수 있다.

(4) 서비스 형태별 업무 분류

조사기획업무	• 점포 입지상권 유사점포 트랜드분석 • 전문가 그룹 조언 • 업종업태(Concept) 사업계획서
컨설팅업무	• 점포 디자인과 레이아웃, 시공, 설비 • 소유주의 정책, 마케팅 • 운영 및 영업관리, 구매, 기타
실시 실행업무	• 매니저 및 종사원 채용 • 교육훈련 실시 및 개업 준비, 리허설 • 사전 메뉴조리 및 시식회

2. 컨셉개발의 5M

성공적인 점포운영을 위하여 다음의 5가지 컨셉 개발요소를 조합하는 것이 필요하다.

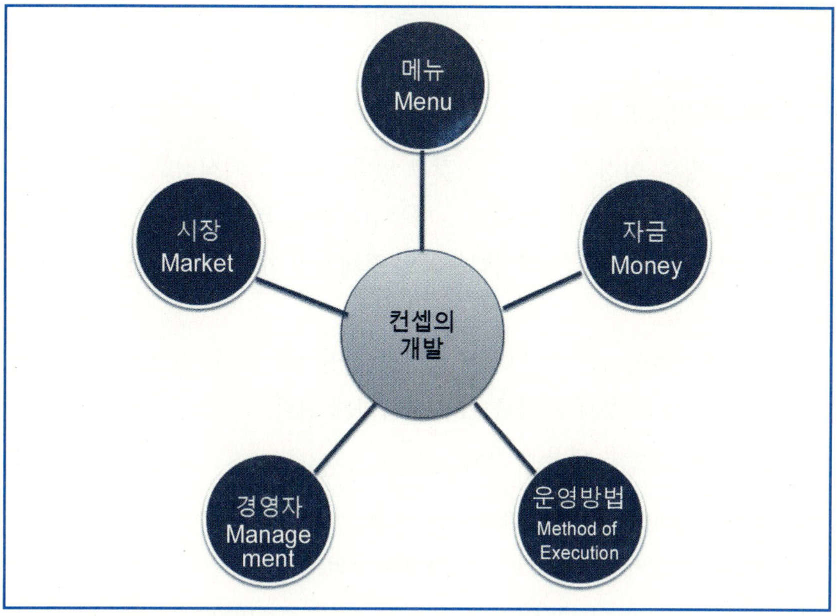

[그림 2-3] 컨셉 개발의 5M

1) 메뉴(Menu)

(1) 메뉴의 정의

메뉴는 외식사업의 성패를 결정하는 가장 중요한 요소이며, 고객에게 다른 업체와의 차별화를 나타내는 주체이다.

메뉴의 사전적 의미는 음식점에서 제공되는 요리를 상세하게 기록하고 설명하는 표라는 뜻이며, 마케팅측면에서의 메뉴는 음식점 자체의 전략적 상품도구이다. 따라서 메뉴는 판매상품의 이름과 가격, 그리고 상품을 구입하는데 필요한 조건과 정보를 기록한 표로서 단순히 상품의 안내에만 그치는 것이 아니라 고객과 식당을 연결하는 판매촉진의 매체로서 기업이윤과 직결되며, 식당의 얼굴과 같은 중요한 역할을 하고 있다.

이외에도 메뉴는 가장 중요한 마케팅적인 비즈니스의 도구로서 점포가 존재하는 근원이 되며, 외식점포의 업태와 컨셉을 결정하며, 점포 분위기와 상호연계성과 조화를 이루는 역할을 한다. 또한 외식점포에서 제공되고 있는 메뉴는 좁은 의미의 상품으로서 음식과 음료로, 영업시간 내에 항상 제공이 가능할 것, 적정위치에서 서비스가 가능할 것, 적정한 가격, 일반적인 시설이나 기기로 조리가 가능할 것 등을 갖추어야 한다.

(2) 메뉴의 기능과 역할

메뉴는 식당의 상징적인 기능을 갖고 있다. 그래서 외식점포는 메뉴에 의하여 평가된다고 표현하기도 한다. 메뉴전문가는 특정 레스토랑의 메뉴를 통해 한 번도 가보지 않은 외식점포라도 전체적인 개념을 파악할 수 있다고 한다.

즉 이러한 메뉴를 통하여 어떻게 경영할 것인가를 알 수 있으며, 전체적인 경영방식을 메뉴를 통해 조화를 이루어 나가게 된다.

메뉴의 주요 기능은 다음과 같다.

(1) 메뉴는 구매하여야 할 식재료를 알려준다.
(2) 메뉴는 서브되는 식음료의 영양가치를 알려준다.
(3) 메뉴는 주방 및 홀 종사원의 직무기술 수준을 결정한다.
(4) 메뉴에 따라 구매하여야 할 주방기기가 결정된다.
(5) 메뉴는 주방 및 홀의 디자인과 설계에 영향을 준다.
(6) 메뉴는 점포에서 필요한 종사원의 수와 기술수준, 급여 등 제반사항을 결정한다.
(7) 메뉴에 따라 점포의 레이아웃 및 인테리어가 결정된다.
(8) 메뉴는 원가통제절차를 결정한다.
(9) 메뉴는 생산에 필요한 제반사항을 결정한다.
(10) 메뉴는 요리의 서비스방식을 결정한다.

따라서 메뉴는 레스토랑의 디자인 및 레이아웃, 구매, 조리 서비스 방식 등 운영의 전 과정에 영향을 미친다. 이러한 관점에서 메뉴의 역할은 관리와 마케팅의 관점, 즉 관리자와 고객의 입장에서 관리와 통제의 역할을 수행하고, 이 두 역할이 통합되는 하나의 시스템을 관리하고 통제하는 역할을 한다. 그러므로 성공적인 메뉴관리가 되기 위해서는 메뉴운영에 직 · 간접적으로 관련이 있는 모든 영역의 종합적인 관리시스템을 효율적으로 만들 필요성이 있다.

즉 구매 → 수납 → 저장 → 판매 → 분석 → 분석결과의 피드백으로 이어지는 일련의 과정을 시스템화하여 관리되는 것을 말한다. 이러한 관리가 메뉴에 의해서 실행될 수 있음을 감안할 때 성공적인 점포운영에 있어서 메뉴의 역할은 아무리 강조하여도 지나치지 않는다. 또한 메뉴는 점포 디자인 및 레이아웃을 결정하는데 있어서 중요한 역할을 한다.

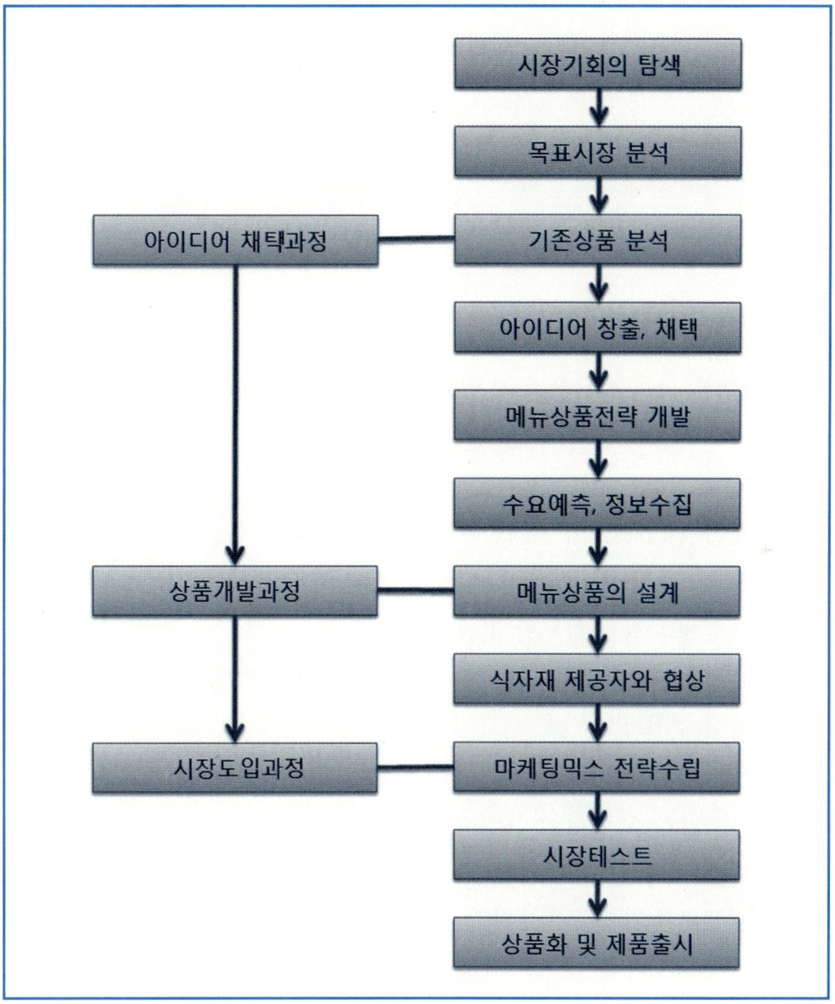

[그림 2-4] 메뉴상품 설계과정

다음의 내용들은 점포디자인과 설계단계에서부터 다음의 사항들이 메뉴에 의하여 결정되는 사항들이다.

- 필요한 총 면적
- 좌석의 배치형태 및 좌석수
- 서비스 에리어(service area) 디자인방법
- 디쉬워싱(dish-washing) 부문의 규모 및 기계의 용량
- 조리기구의 형태
- 각 조리기구와 필요장비의 용량
- 냉장고와 창고의 규모
- 직원의 수
- 음식의 판매가격
- 총 투자액

2) 시장(Market)

외식창업을 위해 실시하는 시장조사과정에서 체크해야 할 기본적인 마케팅 질문들은 다음과 같다.

- 누가 우리 점포의 고객인가?
- 판매와 이익을 창출하기 위한 충분한 시장이 존재하고 있는가?
- 어떻게 시장을 확보할 것인가?
- 이 시장의 고객들과 원활한 커뮤니케이션을 위해 어떠한 방법을 사용할 것인가?
- 잠재고객들이 우리의 메뉴와 점포컨셉을 필요로 하고 있으며 원하고 있는가?
- 점포 메뉴의 질과 서비스가 고객이 다시 방문할 수 있을만큼 충분한 경쟁력을 가지고 있는가?
- 점포를 방문할 충분한 가치가 있는가?
- 고객들이 점포에 방문했을 때 충분히 추가적인 서비스와 메뉴를 판매할 수 있을 만큼의 내부 마케팅 활동계획을 세우고 있는가?

창업을 비롯한 점포운영과정에서 대기업과 자영업을 막론하고 발생하는

가장 많은 실수는 시장조사를 실시하기는 하지만, 시장조사로부터 도출된 자료에 근거하여 실행을 하지 않는다는 것이다. 정확한 시장조사와 진단을 위해 심지어는 막대한 비용을 지불하고서 외부의 마케팅 조사기관을 통하여 광범위한 마케팅 사전조사를 실시하지만 창업자와 점장이 용역의 결과로 얻어진 데이터로부터 결론을 도출하여 전략을 만들기보다는 그들의 경험과 추측에 의존하는 경우가 많다는 것이다.

특히, 최근의 극심한 소비자의 소비행태 변화와 더불어 외식시장의 사업환경도 큰 변화의 과정에 있기 때문에 이전의 경험, 특히 과거의 성공한 경험들은 현재의 성공과는 결코 연결되지 않을 수 있다는 인식 하에 원점에서 다시 마케팅 조사를 시작해야 하고, 항상 시장은 변하고 있다는 점을 명심해야 할 필요성이 있다.

3) 자금(Money)

창업자금의 확보는 현실적인 창업의 출발점이라 할 수 있는데, 창업은 시작되면서 바로 돈이 필요해지는 경우와 그렇지 않은 경우도 있지만 대부분 창업초기부터 자금이 필요하다.

창업 성공의 기본적인 조건과는 다른 의미로, 창업을 성공하도록 하는 결정적인 요인으로 창업자금을 들 수 있다. 그것은 창업자가 의도하는 사업체를 경영하는데 가장 필요하며 중요한 요소이기 때문이다. 창업자가 실패하는 여러 가지 요인이 있지만 가장 결정적인 원인으로 창업자금의 부족에서 오는 경우가 많다. 특히, 영세한 소규모의 경우 빠듯한 창업자금으로 창업을 하는 경우가 많다. 이런 경우 오픈 후 일정 기간동안의 운영자금 및 예비비의 부족으로 조금만 경영이 어려워도 사업을 포기해야 하는 경우가 발생하므로 충분한 창업자금의 확보가 선행되어야 한다.

외식점포의 정확한 투자자금 산출을 위하여 다음의 사항들을 반드시 확인해야 한다.

- 창업 준비 및 계획 비용
- 임대료

- 건물의 건축 또는 개 · 보수 비용, 인테리어 비용
- 장비
- 기물 및 집기, 조리도구
- 가구 및 설비 비품
- 장식물
- 운영자금

창업자금의 조달계획은 첫째, 예상업종에 따른 소요자금을 예측한다. 둘째, 자금조달은 장기적인 계획 하에서 준비한다. 셋째, 창업자금은 1.5배 이상 준비한다. 넷째, 최소한 창업점포의 임대료는 자기자금으로 하는 것이 타당하며, 창업 컨셉의 개발과 점포 물색 후 기본 설계안과 인테리어에 소요되는 비용 및 시장조사를 마친 후 이를 근거로 최종 투자 예상금액을 산출하여 총 투자금액을 결정한다.

4) 경영자(Management)

성공적인 외식점포를 운영하기 위하여 경영진 또는 관리자의 자질 또한 중요한 요소이다.

외식사업을 피플비즈니스로 표현하는 이유도 이러한 까닭이며, 즉 좋은 인재가 성공적인 점포를 만든다는 것은 이미 많은 성공점포의 사례를 통해 알려져 있다.

다음은 우수한 인력을 선발하고 유지하기 위하여 창업자가 고려해야 하는 내용들이다.

- 누가 매장을 운영할 것인가?
- 점장은 어떤 종류의 경험과 교육적 배경을 가지고 있는 자를 채용할 것인가?
- 외식점포의 긴 영업시간을 고려할 때 점장이나 점포책임자가 없는 공백시간에 누가 관리자의 업무를 대행할 것인가?
- 급여의 범위를 얼마로 책정할 것인가?

- 목표한 성과 및 매출을 달성하였을 경우, 그에 따른 보상은 어떻게 할 것인가?
- 어떻게 창업자가 매장의 운영정책을 수립하고 점장 및 점포관리자들과 원활한 의사소통을 할 것인가?

위의 고려사항들을 통해 점포를 운영하게 될 점장을 비롯한 운영팀과 매장의 조직구조를 결정할 수 있다.

점포운영은 고객의 입장을 잘 이해하는 경영주가 직접 점포를 운영하는 경우도 있으며, 호텔의 식음료 부서처럼 좀더 복잡한 조직으로 각 업장별로 여러 명의 점장(매니저)에 의하여 운영되기도 한다. 이러한 경우 각자의 업무를 원활하게 수행하기 위하여 정확한 업무가 기술된 운영 매뉴얼이 반드시 필요하다.

특히, 외식업체의 관리자는 강력한 통제와 원활한 의사소통능력, 운영하고 있는 점포의 종사원 수에 관계없이 좋은 인간관계를 형성할 수 있는 능력을 필요로 한다. 이 때문에 점장을 비롯한 우수한 관리자의 채용은 성공적인 점포를 만드는데 중요한 역할을 한다.

5) 운영방법(Method of Execution)

컨셉 개발의 마지막 단계는 운영에 관련된 사항을 구체화시키는 단계이다. 비록 오픈일정이 여유가 있다하더라도, 메뉴상품의 조리방법, 운영관리 시스템, 인사관리 등의 운영방법에 관한 결정은 반드시 컨셉의 개발과정에서 수립되어야 한다.

(1) **메뉴의 종류 및 조리방법** : 메뉴 종류 및 조리과정에 대한 결정은 주방의 크기 및 상온(건재) 및 냉장, 냉동창고의 크기를 결정하는데 큰 영향을 미친다. 또한 메뉴 조리방법은 주방 인원 및 기술의 숙련도 정도를 결정하는 중요 요인이 된다.

(2) **운영관리 시스템** : 외식점포는 여러가지 다양한 부문의 설비를 포함하고 있으며, 창업계획과정에서 이들 각 부문의 관리에 관한 계획이 이루어져야 한다. 다음 항목들은 세심하게 고려해야 하는 관리부문 항목들이다.

- 현금관리
- 매출분석
- 객단가 관리
- 예상 조리 양
- 창고 및 냉장고 관리
- 후문 및 출입문 관리
- 인원 관리
- 구매 및 검수 관리
- 품질 관리
- 1인분 또는 일품당 적량 관리

(3) 인사관리 : 소요비용 예측은 인건비의 총액이 정해야 정확한 예측이 가능해진다. 종사원의 근무 스케줄, 영업시간, 고용의 형태, 복지혜택, 기술 숙련도 등은 반드시 설비 및 주방장비의 결정 전에 정해지는 것이 이중투자 및 과다투자를 방지하고, 일하기 좋은 점포를 만드는데 중요한 역할을 한다. 예를 들어, 패스트푸드점의 경우 시간당 낮은 임금 및 숙련도의 노동력을 채용하고 있으며, 근무 스케줄도 짧은 근무시간을 기준으로 하고 있다. 이러한 것을 가능하게 하기 위해서는 점포설비 및 운영관리시스템을 자동화, 전문화, 표준화 등을 통해 숙련된 종사원이 아니어도 점포운영이 가능한 시스템 속에서 관리되기 때문이며, 그래서 바쁜 시간에는 파트타임 근무자들을 많이 투입하며, 하루 8시간의 정규직 근무자는 수퍼바이저와 점장(매니저)과 같은 관리자급의 소수인원을 제외하고 거의 없다.

패스트푸드업계에서는 파트타임 및 아르바이트 근무자를 채용함으로써 복지나 기타 간접비용을 현저하게 줄일 수 있으며, 이러한 파트타임 근무자의 채용은 패스트푸드 컨셉 개발의 중요한 부분이라고 할 수 있다.

(4) 오픈 후 필수 체크사항

음식점 오픈이나 경영은 '이익을 올리는 일' 이 최종 목적이다.

적정 이익을 얻지 못하는 음식점은 향후 성장을 위한 재투자와 비용을 저축하는 일은 물론이고 현실적으로도 유능한 인재를 육성할 교육지원조차도 어렵다. 따라서 종사원은 의욕을 잃게 되고, 이직을 하게 되며 결국은 점포에 나쁜 영향을 미치는 악순환을 겪게 된다.

오픈 후 처음 목표한 만큼의 이익을 올릴 수 없을 때 그 이유를 어떻게 분석하며, 방법은 무엇인지에 대해 진단하고 찾아보아야 한다. 특히 이러한 접근방법은 오픈 직후에는 매출이 안정되어 있지 않으므로 3~4개월 정도 운영을 한 뒤 체크리스트를 활용하여 살펴보는 것이 적합하다.

점포에서 이익을 낼 수 없는 이유는 크게 두 가지로 나누어 볼 수 있다.

첫째, 매출이 절대적으로 작은 경우

둘째, 매출은 충분히 확보할 수 있으나, 너무 경비가 많이 들어 이익을 낼 수 없는 경우이다. 특히 신규 오픈점포는 첫째의 이유, 매출이 절대적으로 적은 경우가 많다.

매상이 부진한 이유를 정확하게 진단하려면 다음 사항을 확인해 봐야 한다.

① 고객들에게 점포의 오픈 및 영업에 대한 홍보가 충분히 전달되었는가?

- 고객 수는 목표한대로 순조롭게 모이고 있는가? (영업일보)
- 오픈 판촉 관련 무료쿠폰이나 오픈 알림 광고지에 대한 반응은 어떤한가?

② 고객들에게 점포의 영업 컨셉에 대한 이미지를 이해시켰는가?

- 가격은 처음 계획대로 시행하고 있는가? (영업일보)
- 팔고 싶은 메뉴상품이 팔리고 있는가? (ABC 분석)
- 시간대별 매출이 예상대로 유지되고 있는가? (시간대별 매출관리표)
- 객석 회전수는 적절한 수준을 유지하고 있는가? (시간대별 매출관리표)

③ 현장 영업수준은 적절히 유지되고 있는가?

- 메뉴상품 제공시간이 늦지는 않는가?
- 메뉴상품 품질이 낮지는 않는가?
- 서비스 수준이 업종, 업무와 일치하는가?

위에서 살펴본 이유로 인한 '매출액 부족'이 아니라면 다음 사항을 체크해 볼 필요가 있다.

④ 원가가 너무 높은 것은 아닌가?

· 이유

- 메뉴 제공이 오버 포션이 되지 않았는가?
- 전처리 준비단계에서 음식재료의 손실이 많이 나지 않았는가?
- 주문 실수로 인해 원가율이 높은 것이 아닌가?
- 식재료 구매단계에서 비싼 재료를 사는 것이 아닌가?

· 이유

- 아르바이트를 너무 많이 채용하지 않았는가?
- 임금체계가 잘못된 것은 아닌가?
- 교대근무에 대한 관리를 정확하게 하고 있는가?
- 고임금 종사원을 많이 채용하지 않았는가?
- 수도광열비 등 변동성 운영비용들을 계획 이상으로 많이 쓰고 있지 않은가?

제4절 시장조사

외식창업을 포함한 사업을 통한 이익추구를 목표로 한다면 다음의 각 부문에 대해서도 사전조사가 충분히 이루어져야 한다.

- 시장 및 시장 잠재력 조사
- 시장 세분화 분석
- 시장 및 운영 분석
- 경제 분석
- 관련 업계의 시장동향 보고서 또는 분석자료와 연감 등의 자료
- 사전 재무 분석
- 투자수익률(ROI) 분석
- 매출/실적 예측 및 사례 연구

위 각 항목들은 용어 각각의 의미와 접근방식은 달라도 궁극적으로 판매와 이익을 가능하게 하는 점포의 시장잠재성을 결정하고자 하는 목적이 있다. 투자수익률 분석의 경우는 자본금과 운영자금, 현금흐름, 투자수익률과 같은 재무적 사항들이 강조된다. 그러나 아무리 훌륭한 사전 재무조사보고서가 있다하더라도 근본적인 관점에서 훌륭한 경영진 하에서 투자수익률이 좋아진다는 것은 당연한 일이다.

1. 시장조사

외식창업을 위해 시장조사를 실시할 때, "무엇 때문에 점포를 만드는가?"에 대한 목적을 뚜렷하게 가지고 있어야 한다. 특히 신규 개점하는 점포의 경우는 이 창업의 동기 여부에 사업의 성패가 좌우된다고 할 수 있다.

고객들에게 인기를 얻으면 돈을 많이 벌 수 있을 것 같아 즐겁고 행복한 삶을 살아갈 수 있을 것이고, 다른 직업에 비하여 자신이 생각한 대로 하기만 하면 될 것 같다라는 단순한 창업 동기는 요즘과 같은 무한경쟁의 외식업계에서는 실패하는 것이 당연한 일이다. 이러한 이유는 개인이 운영하는 자영업 형태의 외식점포뿐만 아니라 자본력도 있고, 인재도 풍부하고 마케팅 능력 등 모든 면에서 앞서가고 유리한 조건의 대기업이 외식사업에 진출하여 성공하지 못하는 경우를 보면 잘 알 수 있다.

창업을 계획하는 경영주 자신이 "정말 음식점 운영을 통해 자신이 행복하게 될 것인지, 일하는 종사원을 행복하게 해 줄 것인지, 나아가 외식업계와 사회에 공헌하는 점포를 만들기 위해 창업을 하는 것인가?"라는 신념이 무엇보다 중요하다. 다시 말해, 외식창업을 하는데 있어서 "무엇을 위한 창업인가", "어떤 점포를 만들 것인가?"라는 목표의식을 명확하게 하고 창업계획을 세워야 한다.

창업을 위한 사전 시장조사에는 마이크로 조사(micro research)와 매크로 조사(macro research)로 구분할 수 있다. 마이크로 조사에는 해당 물건의 전면도로 교통량과 관련된 조사가 주가 된다. 전면도로가 몇차선 도로인가, 직선도로인가, 중앙분리대가 있는가, 좌회전신호인가, 유턴신호인가, 교통정체지역인가, 도보객 수준, 점포의 가시성, 차량출입의 용이성, 토지의 형태

등이다.

다음으로 물건(토지나 건물) 자체의 조사이다. 토지가 적절한 규모인가, 주차 규모, 토지의 형태, 입구의 방향, 경사도, 점포영업이 가능한 용도의 구역인가, 점포의 건폐율, 용적률, 상수도, 하수도, 가스종류 및 유무, 정화조 규모 등이다.

마이크로 조사 다음에는 매크로 지역조사에 들어간다.

해당 도시의 위치, 기후, 지리, 기질, 습관부터 인구, 인구신장률, 주간시간대 인구, 산업별 인구, 외식업 현황(경쟁점 조사), 쇼핑센터와 같은 유통업 현황, 소득지수, 저축지수, 승용차 보유율 등을 정확히 조사한다.

〈시장조사 진행의 단계〉

① **통계자료 조사** : 인구수, 세대수, 가족구성원수, 주거형태(단독, 아파트, 다세대 등)

② **상권 형태 및 규모** : 주간상권, 야간상권, 고정상권, 유동상권

③ **통행인구 조사** : 성별, 연령별, 시간대별, 요일별 통행객수를 관찰하고 통행성격과 통행객의 수준을 파악

④ **통행차량 조사** : 통행차량의 수와 어느 시간대에 많이 지나가는지 파악

⑤ **경쟁점포 조사** : 예상되는 경쟁점포의 이용객수, 계층, 메뉴가격대, 메뉴의 유사성, 매장구성 장단점 파악

⑥ **상권의 향후 전망** : 주변 상권의 확대 또는 축소 가능성을 파악, 주변 건물의 신축 또는 철거계획, 교통도로망 변동계획 등을 조사

2. 상권의 종류

외식창업을 위한 입지 · 상권조사는 매출을 예측하는 것이 아니라 사업의 실패를 미리 예방한다는 의미이다. 즉 입지 · 상권조사는 영업이 잘 될 것 같은 자리를 찾는 작업이며, 물리적인 장애, 교통시설, 집객시설의 현황 및 여러 요인들의 영향으로 인해 형성되는 도보 통행인들의 흐름과 거주민들의 생활패턴 및 구매패턴을 토대로 상권 볼륨의 크기와 질을 평가해서 창업예

정 점포의 개별상권이 형성되고, 개별상권 간에 영향을 주지 않는 가운데 상호 독립적인 특성을 지닌 상권을 분석하는 것을 말한다. 이런 과정을 거쳐야 새로운 하나의 점포가 영업을 시작해도 될만한 상권으로서의 가능성을 확인할 수 있다.

또한 입지 · 상권조사는 매출예측의 정확도를 판정하는 기준이 아니다. 개별상권을 설정해서 개별상권 내에 있는 '우수 입점예정 후보지'를 선정하고, 우수 후보지 간 상호 비교를 통해 최고의 입지를 선정하는 과정에서 매출부진이 예상되는 후보예정지를 선택하는 실수를 미리 예방하는 것이라고 이해해야 한다.

대부분의 경영주들이 이 부분을 착각하는데, 입지 · 상권조사는 그 업종의 한 점포가 출점해도 될만한 독립상권이 형성되어 있는지를 분석하는 데 목적이 있으며, 여기서 산출된 예상매출액은 어디까지나 추정치일 뿐이다. 따라서 그 조사 결과만으로 사업의 성공을 확신하는 것은 무리가 따른다.

1) 지역 및 특성에 따른 분류

① **종합상권(General Trading Area)** : 행정구역과 일치하는 상권으로, 도시 또는 군 전체의 유통기관이 합쳐져 형성된 상권이며, 지역상권이라고 한다. 서울상권, 광주상권 등으로 부른다.

② **지구상권(District Trading Area)** : 도시의 여러지구 가운데 특정지구 내에 형성된 상권으로, 부분적으로 겹치기도 한다. 지구상권은 행정구역의 명칭을 그대로 사용해 부르거나 지구상권을 대표하는 시설물로 부르기도 한다. (예 : 대학로 상권, 연신내 상권 등)

③ **점포상권(Individual Trading Area)** : 지구에 관계 없이 특정점포가 흡인하는 상권을 말한다.

2) 고객의 분포에 따른 분류

① **1차 상권(Primary Trading Area)** : 고객의 50~70%를 흡인하는 상권 범위이며, 점포에 가장 근접해 있고 고객 밀도가 가장 높은 지역이다.

② 2차 상권(Secondary trading Area) : 15~25%의 고객을 흡인하는 상권 범위이며, 1차 상권의 외곽에 위치해 고객이 넓게 분산되는 경향이 있다.

③ 3차 상권(Tertiary Trading Area) : 1, 2차 상권의 외곽지역으로 전체 고객의 10~15%를 흡인하는 상권 범위이며, 고객이 아주 넓게 분산되어 있다.

④ 기타 상권(Fringe Trading Area) : 상권 밖의 지역으로, 영향권이라고도 부른다. 고객의 5~10%를 흡인하지만, 이들 고객은 유동적이고 산발적으로 분산되어 있다.

3차 상권과 기타 상권의 고객 비율은 메뉴상품, 경쟁, 도로 특성, 지형 등의 시장요인과 지역의 특성에 따라 다양한 차이를 보이며, 이러한 특성 때문에 3차 상권과 기타 상권을 구분하지 않기도 한다.

3. 종합상권의 변화 추이

1) 신흥 상권은 형성기간이 길다.

신흥 상권이 제대로 형성되려면 상당히 긴 시간이 필요하다. 한 예로, 상계동은 7년, 목동은 10년이라는 시간이 소요되었다. 그 이유는 아파트단지의 상업 용지율이 너무 높게 설정되어 상가가 공급과잉 상태를 보였기 때문이다.

2) 기성상권의 쇠퇴가 느리다.

대형 쇼핑몰/할인점이 출점하면 재래시장 등 이미 형성된 상권이 영향을 받긴 하지만, 대부분 생계형 점포여서 곧바로 쇠퇴하지 않고 얼마간 유지되는 현상이 나타난다.

3) 소매업이 상권의 열쇠를 쥐고 있다.

사람은 생활에 필요한 물건을 주기적으로 사야 하기 때문에 소매점을 규칙적으로 찾는다. 반면, 외식업종은 기호품에 가깝다. 서비스 업종 역시 필수적인 성격의 업종을 제외하고 대부분 간헐적으로 이용한다. 따라서 상권의 열쇠는 소매업이 쥐고 있다. 그래서 지구 상권은 백화점이나 할인점을 상권 내에 평면적으로 펼쳐놓은 모습이어야 한다.

4) 좋은 목의 조건은 인구밀도, 유동인구, 경쟁점

좋은 목은 다음과 같이 정의할 수 있다. 점포 배후지의 인구밀도가 높고, 점포 주변에 유동인구가 많고, 경쟁점과 거리가 먼 곳일수록 좋은 목이다. 동일한 상권 내에서라면 통행인이 많은 장소가 좋은 목이다.

상권이 서로 다른 지역을 비교할 때는 배후지의 인구밀도가 높고 유동인구가 많은 곳이 좋은 목이다. 전문점은 유사업종이 모여 있을 때 유리하다.

배후지의 인구밀도가 높은 지역은 대형 오피스 건물이나 대규모 고층아파트단지가 들어선 곳이다. 이러한 지역에서는 상권이 크게 발달하는데, 서울에서는 명동, 종로, 영등포, 잠실, 신촌지역 등을 꼽을 수 있다.

유동인구를 비교할 때는 통행인의 보행속도까지도 고려해야 한다. 유동인구가 적더라도 통행인의 보행속도가 느린 곳이 좋은 목이다. 또한 통행로가 넓을수록 걸음 속도가 느려지는 점도 참고할 만하다.

4. 후보점포 선택 시 고려사항

1) 상권의 발전 가능성

후보점이 속한 상권이 도입기, 성장기, 성숙기, 쇠퇴기 중 어느 단계에 있는지, 입주율이나 거주자 전 · 출입률은 어느 정도인지, 오피스 공실률은 얼마인지 등을 기준으로 상권의 성장 가능성을 1년 단위로 나누어 가늠해야 한다.

2) 상권변화에 긍정적으로 작용하는 요인

① 대규모 아파트 단지 입주나 오피스건물 신설
② 전철역, 버스노선, 마을버스 정류장 신설이나 노선확대

③ 관공서나 대형 병원 신설
④ 상업지역으로의 용도 변경

3) 상권변화에 부정적으로 작용하는 요인

① 재개발, 재건축 공사 시작
② 지하철 공사 시작
③ 유동인구를 줄이는 버스정류장 신설
④ 대형할인점 신설
⑤ 관공서 이전
⑥ 반경 500미터 내에 중심 상업지역 신설

4) 규모의 경제성

고객은 같은 가격이면 크고 시설이 좋은 점포를 찾으며 사람이 모이는 곳을 선호하는 경향이 있다. 소형점포는 영업비용의 비중이 높고 마케팅 능력이 취약하기 때문에 불황기에 더 많은 손실을 입는다.

즉 사업이 잘 될 경우 대형점은 투자를 빠르게 회수하고 많은 수익을 얻지만, 소형점은 수익에 한계가 있다. 따라서 좌석수가 수익의 원천이 되는 서비스업의 경우에는 규모의 경제가 중요하다.

5) 적정 권리금

권리금을 지불하고 점포를 얻을 경우에는 점포 매각 시점까지 고려해야 하는데, 이 때 가장 중요한 원칙은 계약기간 내에 지불한 권리금을 회수할 수 있어야 한다는 것이다.

권리금에는 영업권리금, 시설권리금, 바닥권리금 등 세 가지 종류가 있다.

영업권리금은 전 점포 주인이 영업활동을 해서 형성한 고객 또는 순수익을 1년으로 계산한 금액이다. 임대료와 인건비 등 모든 지불금을 제한 순수익이 월 300만원이라면 영업권리금은 3,600만원이 된다.

시설권리금은 실내인테리어 및 장비 기물에 대한 권리금으로, 시설에 대한 감가상각은 통상 4년을 기준으로 계산한다. 통상 4년을 기준으로 1년 단위로 25%를 감한 뒤 실사를 통해 그 상태에 따라 권리금을 결정한다.

바닥권리금은 상원의 잠재가치를 평가하는 권리금이다. 이 권리금은 신축 건물인 상가에 붙는 권리금으로, 주변 시세를 통해 결정되기도 하지만, 사실상 근거가 없는 권리금이므로 영업 권리금으로 대체해야 한다.

6) 적정 임대료

외식업의 적정 임대료는 매출액의 10%를 넘어서는 곤란하다. 특히 외식업은 소매업과 달라 좌석수의 제한이 있어 평당 매출이 낮으면 임대료도 충당이 어려운 상황이 발생한다.

창업초기에는 정확한 매출 예측이 힘들다. 따라서 월 임대료를 기준으로 하루 예상매출이 얼마 정도 나와야 한다는 역산이 필요하다. 특히 외식업처럼 좌석수와 회전율에 따라 매출이 좌우되는 업종은 하루 몇 명의 고객이 방문하여야 하는지 목표 고객수를 정하고 운영해야 한다.

7) 초기 운영비용

오피스 밀집지역이나 역세권에 자리잡은 점심식사 위주의 음식점은 1개월 정도면 승부가 난다. 주택가에 입지한 음식점은 3개월 정도 걸린다고 생각하면 된다. 점심식사 위주에서 벗어난 주류와 함께 저녁식사 메뉴까지 취급하면 자리잡기까지 더 오랜 시간이 걸린다.

주로 술 손님을 대상으로 하는 고깃집이나 횟집은 일반음식점보다 자리잡는데 더 많은 시간이 걸린다. 그 이유는 이들 업종의 경우 고객들이 단골가게를 쉽게 바꾸지 않기 때문이다. 고급음식점은 더욱 긴 시간을 염두에 두어야 한다.

5. 후보점 상권조사 노하우

외식업은 목적형 구매에 속하므로 유동인구보다 배후지 인구가 더 중요하다. 대다수의 상권은 과당경쟁을 하고 있는 상태이기 때문에 상권 내 경쟁점과의 경쟁관계가 가장 중요한 변수가 된다. 따라서 상권분석 시 경쟁점 조사에 중점을 두어야 한다.

배후지 인구나 유동인구를 분석할 때에는 전체 인구보다 타깃고객이 얼마 정도인지를 파악하는 것이 중요하다.

1) 상권분석 일정수립

외식업의 매출특성은 1주일을 단위로 반복되게 마련이다. 입지 · 상권조사를 왜곡시킬 수 있는 특별이벤트가 있거나 눈이 내리는 날은 피해야 한다. 주초 가운데 하루와 주말 3일은 반드시 조사를 하여야 한다. 한편, 유동인구 중심의 상권은 배후거주자 조사를 생략해도 된다. 대신 주동선을 파악하고 유동인구의 흐름을 조사해야 한다. 즉 유동인구의 몇 퍼센트 정도가 후보점을 지나는지를 조사해야 한다.

조사기간은 10~14일 정도로 잡고 이른 아침부터 늦은 밤까지 조사를 진행해야 한다.

2) 상권조사 스케줄

(1) 상권범위 설정방법

상권범위는 기본적으로 점포 면적과 구매빈도에 따라 결정된다.

점포 면적과 상권의 범위는 비례하기 때문에 점포 면적이 넓을수록 상권의 범위가 넓다.

구매빈도와 상권의 범위는 반비례하기 때문에 구매빈도가 낮을수록 상권의 범위는 넓다. 주거지 근무지, 지하철역, 버스정류장을 기준으로 했을 때 걸어서 10분이 넘게 걸리는 거리에 점포가 있다면 주차장을 준비해야 한다.

(2) 외식업의 상권범위

업종이 결정되지 않았을 때의 상권 범위 : 점포의 면적을 기준으로 30평 이하의 점포는 반경 300미터를 상권의 범위로 설정하며, 30평에서 10평씩 늘 때마다 100미터씩 범위가 커진다.

6. 입지의 7가지 유형

① 주거지 입지
② 오피스 입지
③ 유흥가 입지
④ 학원가 입지
⑤ 역세권 입지
⑥ 대형 건물 내 입지
⑦ 오피스텔 입지

1) 주거지입지

주거지 입지는 고립상권이기 때문에 경쟁점의 출점 시 기존의 고정 고객이 분산되므로 매출이 20~30% 정도 하락된다. 따라서 출점 시에도 기존 경쟁점의 수나 입지 우위여부를 주의해서 판단해야 한다.

고정 고객의 비율과 여성의 통행 비율이 높으며, 임차료가 낮아 저 투자로 적정 수익을 낼 수 있다는 것이 특징이다.

2) 오피스입지

20~30대 직장인이 많고 평일과 주말의 매출 편차가 크다. 배후 거주자도 사무실 근무자가 대부분이며, 근무자의 수와 남녀 근무자의 비율이 상권 구성에 영향을 미친다.

한편, 상권 내에 회식하기에 좋은 대형 식당이 많으면 좋은 상권이다. 외식업의 경우 점심식사를 주력으로 할 것인지 저녁식사를 주력으로 할 것인지에 따라 업종 및 점포의 구성이 달라진다. 저녁시간에는 고객의 체류시간이 길므로 주류를 겸할 수 있어야 한다.

매출을 예측할 때에는 주5일 근무제의 영향을 정확하게 파악하는 것이 중요하다.

3) 유흥가입지

유흥업종은 특정지역에 집중되며, 외식업소와 공동상권을 형성해 시너지 효과를 누린다. 따라서 이 지역은 대로보다 유흥업종이 밀집해 있는 이면도로를 중심으로 출점하는 것이 유리하다.

4) 학원가입지

학원가는 대부분 주거지와 유흥가의 복합입지다. 초 · 중 · 고등학교 상권의 경우 학생들의 활동시간이 제한적이며, 객단가도 매우 낮아 매출을 크게 기대하기 힘들다.

5) 역세권입지

기차역, 터미널, 지하철역 등으로 인해 통행량이 많은 곳이다. 역세권은 상권의 규모가 크고 통행량도 다른 입지유형에 비해 많다.

배후지의 유형에 따라 주거지 복합형, 오피스 복합형, 유흥가 복합형으로 구분된다.

6) 대형건물 내 입지

오피스건물의 경우 연면적 1만평에 상주인구 3,000명 이상일 경우 단독지구상권을 형성한다. 오피스건물의 배후인구는 사무실 근무자 및 방문객으로 구성된다.

건물 내 상권의 가장 큰 특징은 독점적 지위가 보장된다는 점이다. 그러나 건물 외곽에 위치한 상가와의 거리를 측정해 경쟁관계에 있는지 여부를 판단해야 한다. 또 다른 특징은 전화주문에 따른 배달 수요가 크다는 점이다.

7) 오피스텔입지

오피스텔 입지는 개방형과 폐쇄형으로 나눈다. 이주세대가 200세대 이하면 개방형이던 폐쇄형이든 단독상권을 형성할 수가 없다.

8) 통과율조사

후보 점포의 입지유형을 파악한 후 주요 구획으로부터 후보 점포로 통과할 확률을 구한다. 이 경우 주요 거점으로부터 후보 점포로 향하는 확률이 40%를 넘을 경우 좋은 위치라고 할 수 있다.

한편, 입지 유형별로 조사 시간대를 달리해 측정하는 것을 원칙으로 하며 입지 유형별 조사 시간대는 다음과 같다.

- 주택가 입지 : 출근시간대 및 퇴근시간대
- 오피스 및 학원가 입지 : 점심시간대 및 퇴근시간대
- 유흥가 입지 : 저녁시간대 및 야간시간대

7. 좋은 점포의 조건

1) 점포 앞의 보도 폭은 3미터가 넘어야 한다.

점포 앞 통로의 폭이 좁을 경우 같은 방향으로 걸어가는 사람과 경쟁심리가 작용해 걸음이 빨라진다.

걸음이 빨라진다는 것은 점포에 대한 시계성과 인지성이 떨어져 점포옆을 그냥 지나치게된다는 것을 의미한다. 따라서 점포 앞의 보도 폭은 7미터가 적당한 수준이며 최소한 3미터가 넘어야 한다.

2) 점포 전면의 길이는 7미터 이상이 좋다.

특별한 마케팅을 하지 않는 한 점포를 알릴 수 있는 수단은 보도에 노출된 점포 전면과 간판뿐이다. 사거리 또는 삼거리에 입지한 점포가 좋은 이유는 그만큼 고객들의 눈에 쉽게 띄기 때문이다.

고객이 특정 점포를 인지해 점포로 들어갈 것인지 지나칠 것인지 결정하는 데는 5초 정도 걸린다. 따라서 평균적으로 초당 1미터의 속도로 걷는 고객이 점포를 인지해 점포로 들어갈 것인지를 판단할 때까지 점포가 노출되려면 점포의 길이는 7미터 정도가 되어야 한다.

3) 간판의 위치는 높이 3미터 이상, 간판의 길이는 7미터 이상이 좋다.

간판은 고객이 적어도 7미터 전방에서 점포를 편하게 알아볼 수 있도록 하려면 간판의 위치는 고객 시선의 10~15도 위에 있어야 하며, 간판의 길이는 점포 전면의 길이와 같은 적어도 7미터가 되어야 한다.

4) 점포 형태는 직사각형에 3 : 2 비율이 좋다.

점포 형태는 좌석배치 및 카운터 배치 등 레이아웃에 영향을 미친다. 따라서 점포 전면과 측면의 비율은 황금비율이라 불리는 3:2가 가장 이상적이다.

5) 점포는 저지대의 평탄한 곳에 있어야 한다.

물이 모이는 곳에 사람이 모인다는 풍수설도 있다. 따라서 저지대의 평탄한 지역이 명당이라는 사실을 알 수 있다. 또한 계단에 대한 사람들의 심리적 저항감이 커지고 있다.

계단은 고객에게 두 가지 심리적 저항감을 준다.

첫째는 올라가야 한다는 부담감을 주며, 둘째는 위압감을 제공해 불편함을 준다.

계단이 있는 점포의 매출이 10% 정도 떨어진다는 말이 있을 정도로 계단은 매출에 부정적인 영향을 준다.

6) 전화로 점포위치를 쉽게 설명할 수 있어야 한다.

출점 대상 점포를 찾아오려는 사람이 있다고 가정한 뒤 점포 위치를 설명해 보라. 그러면 출점 대상 점포가 좋은 위치에 있는지 나쁜 위치에 있는지 감을 잡을 수 있다. 설명하기 쉽고 찾기 쉬울수록 좋은 위치다.

7) 지하층은 신중히 선택해야 한다.

외식업의 경우 지하에 입점할 경우 외부의 간판 외에는 점포를 알릴 방법이 없어 영업에 큰 지장을 받는다. 특히 환기 문제를 비롯해 고객의 심리적 저항감 문제를 극복할 수 있어야 한다.

8. 경쟁점 조사

경쟁점이란 70% 이상 동일한 메뉴로 동일한 고객층을 겨냥하여 상권 내에서 경쟁하는 점포를 뜻한다.

외식업의 경쟁점을 조사하는데 있어 눈여겨 보아야 할 점은 그 음식점을 찾는 고객층이다. 주 고객층에 대한 분석이 선행되어야 점포의 컨셉을 세우고 강점과 약점도 비교할 수 있다.

조사해야 할 항목은 다음과 같다.

- 이용하는 주 고객의 세대층
- 후보점과의 위치 및 거리
- 영업시간, 종사원수
- 취급 음식의 수, 주력 아이템
- 매장 평수 및 점포가 위치한 층
- 판매가격, 매출 규모
- 주문부터 음식이 나오기까지의 소요시간
- 반찬의 종류, 음식 맛
- 피크 시간대에 일하는 종사원수
- 고객을 대하는 종사원의 말씨와 복장
- 사장의 말씨와 복장
- 실외 및 실내 인테리어

9. 수요예측과 매출

수요예측은 시장성 검토에서 주된 내용으로 외식기업의 입장에서 판매되는 상품량과 금액을 추정하는 것이다. 즉 수요예측은 판매되는 예상매출액으로서 수치화되는 것을 의미하며, 수요예측이 중시되는 이유는 판매계획 및 자금조달 운용계획이 수요예측에서 이루어지기 때문이다. 그러나 사전 시장 조사를 통한 수요예측을 하고, 매출계획을 세울 때, 이전의 충분한 경험이 있더라도 경기의 침체기 또는 연간 비수기 동안 심각하게 매출이 감소할 수 있다는 것을 인지하지 못하는 경우가 있다.

매장의 배후에 거주하고 있거나, 근무하고 있는 사람들의 식사 패턴이나 습관들은 모든 종류의 식당의 총 매출액에 중요한 영향을 미친다. 판매량의 증감을 분석하기 위해서는 소비자의 성향을 분석해야 하는데, 이는 소비자 성향변화와 연령분포, 소비자 세분화, 기호변화 등에 대한 추이를 통하여 분석할 수 있으며 동종업계의 출현 가능성 및 경쟁사의 광고전략 등을 비교분석하는 것도 중요하다.

10. 매출액 추정방법

예상 매출액을 산출하기 위해서는 첫째, 예상되는 좌석수에 각 식사시간의 좌석 회전율을 곱하고 좌석의 점유율이 모두 100퍼센트가 될 수 없음을 감안하여 조정을 한다. 예를 들어, 200석 규모의 구내식당의 경우 아침, 점심, 저녁의 매 식사시간의 좌석 회전율이 2.2회전이라고 가정하면,

200석 × 2.2회전 = 440명 이용자
440 이용자 × 3식 = 1320명 이용자/일

모든 좌석이 다 채워지지 않으므로 회전율 및 좌석 점유율이 약 20퍼센트 감소할 것이라는 가정을 하면,

440명 이용자 /식 × 0.8(20% 감소분) = 352명 / 이용자/식

둘째, 평균 객단가를 적용하는 것이다. 만약 기존의 점포를 운영하고 있다면 실제의 객단가를 적용하거나 또는 새로운 메뉴의 가격을 적용하면 된다. 그러나 새롭게 사업을 계획하고 있다면 그 지역에서 기존에 운영하고 있는 레스토랑의 객단가를 이용하거나 설문지를 이용하였을 경우 조사된 객단가를 적용시킬 수 있다.

각 식사시간의 예상 객단가를 각각 예상되는 이용자 수에 곱하여 준다.
대학 구내식당의 예를 들면,

- 아침식사의 예상 객단가: 2,500원 × 352명 = 880,000원
- 점심식사의 예상 객단가: 3,500원 × 352명 = 1,232,000원
- 저녁식사의 예상 객단가: 4,000원 × 352명 = 1,408,000원

일일 총 예상 매출: 3,520,000원

일평균 객단가: 3,334원

셋째, 영업일수와 주 중의 매출액 변동현황을 반영하여 1주일에 대한 각각의 식사 수요를 예측한다.

	일	월	화	수	목	금	토	합계
아침	50	200	225	250	250	220	100	1,295
점심	70	300	350	375	375	300	200	1,970
저녁	100	320	350	350	300	200	150	1,770
							주간 총 이용고객수	5,035명

수정된 주간 예상 매출은 다음과 같다.

- 아침식사: 1,295명 × 2,500원 =3,237,500원
- 점심식사: 1,970명 × 3,500원 =6,895,000원
- 저녁식사: 1,770명 × 4,000원 =7,080,000원

주간 총 예상매출: 17,212,500원

수정된 일 예상매출: 3,418원

산출된 주간 매출을 기초로 하여 월간 매출을 산정할 수 있으며, 연간 매출의 경우 성수기와 배수기의 경우를 가정하여 위의 주간의 경우와 마찬가지로 조정을 하여 연간 예상 매출을 산정할 수 있다.

※ 외식업의 경우

매출액 = 좌석수 × 좌석점유율 × 회전율 × 객단가 × 영업일수

좌석점유율은 최대 80%며, 평균회전율은 점심식사형이 1.5~2회, 저녁식사형은 1~1.5회이다. 저녁식사형은 점심식사형에 비하여 고객 체류시간이 길기 때문에 회전율이 낮아진다. 그러나 통행인구가 많은 역세권에서는 2~3회까지 회전율이 높게 나타나기도 한다.

일반적으로 술집의 경우 평균 체류시간은 2시간 정도다.

〈시장 점유율에 의한 매출액 추정방법〉

시장점유율은 지구상권 내 브랜드력이 높은 업종의 매출액을 추정할 때 사용한다. 배후지 인구 및 유동인구를 조사해 나온 매출액과 시장점유율법을 통해 나온 매출액이 차이가 날 경우 상권분석의 오류가 있는지 점검해야 한다.

시장점유율을 이용한 매출 추정 절차는 다음과 같다.

- 구매빈도와 점포면적 등을 고려해 업종의 상권을 추정한다.
- 인구조사 자료를 기초로 상권 내 가구수를 파악한다.
- 상권의 시장잠재력 척도인 가구당 해당 동종업 내 소비액을 추정한다.
- 상권 내 총면적 대비 신규점포 면적의 비율을 곱한다.

상권 내 가구수 × 가구당 평균소득 × 해당 업종 M/S(Market Share 시장점유율)=해당 업종매출액

해당업종매출액 × 해당점포 M/S = 해당점포 매출액

해당점포 M/S = 해당점포 면적 / 상권 내 동종업종 연면적

11. 재무 측면의 사전조사

창업자 또는 점장은 새로운 프로젝트이거나 기존의 시설을 개 · 보수하건 간에 모두 재무계획에 대하여 알고 있어야 하며, 창업자는 소요자금의 규모 및 운영과 연관된 매출대비 현금의 흐름에 대하여도 알고 있어야 한다. 점장의 경우는 그에세 배정된 예산에 대하여 정확히 파악하고 있어야 하며, 아울러 손익과 관련된 창업자의 기대치에 대하여 알고 있어야 한다.

일반적으로 재무 측면의 사전조사에는 다른 첨부 보고서와 일정표와 함께 예상 대차대조표와 예상 손익계산서의 두 가지 기본서류가 사용된다.

1) 예상 대차대조표

대차대조표는 기업의 재무상태를 일정한 형식을 이용하여 이해하기 쉽도록 나타낸 표를 대차대조표라고 한다. 즉 대차대조표는 일정시점에 있어서 기업실체의 재무상태를 나타내는 회계보고서이다. 또한 회계 정보는 진술한 기간별 보고의 가정에 따라 정기적으로 보고할 필요가 있다 그래서 회계에서는 보통 회계년도 말 혹은 월말, 분기말, 반기말 등 특정 시점을 기준으로 작성하게 된다.

대차대조표의 자산 항목

- 운영자금으로 필요한 현금의 총액
- 식품 재고와 일치하는 현금의 총액
- 토지 또는 건물에의 투자
- 가구, 설비, 장비, 기구들의 비용

대차대조표의 자본과 부채 항목

- 단기차입금
- 미지급금액
- 토지와 빌딩에 대한 장기 저당권 금액
- 창업자가 출자한 총 금액(자본금)
- 비즈니스와 관련된 결정사항
- 비즈니스의 형태(소유권, 파트너십, 주식회사 등)
- 소유권의 지배력(주주 지배력, 주주의 수, 주식의 판매 현황 등)

대차대조표

회사명 :

과 목	금 액
자 산	
현 금	300,000,000
식음료재고	50,000,000
가구 설비	70,000,000
건 물	200,000,000
자산 총계	620,000,000
부 채	
외상매입금	80,000,000
부채 총계	80,000,000
자 본	
자 본 금	500,000,000
당기순이익	40,000,000
자본 총계	540,000,000
부채와 자본총계	620,000,000

2) 예상 손익계산서

예상 손익계산서(P & L)는 경영주 또는 점장, 식음료 업장의 경영과 연관된 사람들에 의해서 작성된다. 이 손익계산서는 특정기간 동안의 계획된 수입과 지출에 관한 보고서이다.

재무측면의 사전조사를 하기 위하여는 3년 정도의 충분한 기간이 고려되어야 한다.

3) 손익계산서 작성을 위한 필요 항목들

매출원가는 메뉴가 결정된 후 각 메뉴가격을 결정하게 될 것이다. 점포의 경영주 또는 점장은 메뉴가격 결정시 적절한 마진을 붙이거나 경쟁사의 가격을 고려하여 결정하고 있다. 이러한 가격결정 방법은 환영할만한 일이 아니며, 재정적 손해 또는 최소한의 이익만을 가져올 수 있다. 메뉴의 가격을 결정하기 위하여는 고객에게 제공되는 모든 메뉴의 원가에 대한 지식이 요구된다. 원가를 산출하기 위하여 메뉴원가형식을 사용하는 것이 가장 쉬운 방법이다. 이러한 형식은 다음의 정보가 필요하다.

- 모든 식재료 항목
- 각 재료의 Portion(1인분) 크기
- 각 재료의 원가
- 총 비용

메뉴의 원가분석 예

메뉴: 바비큐 치킨 샌드위치 단위: 원

재료명	수량	단위	재료 가격	단위당 가격	구성비
빵(Burger bun)	1	Ea	156	156	12.5%
버터(Butter)	0.5	Oz	92	184	14.8%
닭가슴살(Chicken Breast)	6	Oz	801	134	10.7%
치즈(Jack cheese)	0.75	Oz	153	205	16.4%
비비큐 소스(BBQ Sauce)	0.5	Oz	24	48	3.9%
슬라이스베이컨 (Bacon Sliced)	2	Ea	488	244	19.6%
후라이드 어니언 (Fried Onion String)	2	Oz	450	225	18.1%
후렌치후라이 (French Fries)	4	Oz	200	50	4.0%
총계 2,364원					

만약, 메뉴가격에 식전 제공되는 빵 또는 샐러드, 디저트, 음료 등의 아이템이 포함되어 있다면 위의 리스트에 나머지 무료로 제공되는 모든 아이템을 포함하여 원가 총액을 구해야 한다. 또한 메뉴에 포함되지 않는 씨즈닝 또는 다른 향신료 등에 대한 비용도 반드시 포함되어야 한다. 위와 같은 방법으로 각각의 메뉴원가(A la carte menu) 또는 전체의 메뉴원가(table d' hote menu)가 결정된 후 인건비, 임대료, 기타 비용, 세금, 이윤 등의 적절한 비

용을 더하여 판매가격을 결정한다.

판매가격 결정을 하기 위한 두 가지 방법은 다음과 같다.

4) 원가비율에 따른 메뉴가격 결정

이 방법은 점포 관리자가 식음료 원가와 인건비, 임대료 등 제반 경비를 포함하여 이익을 낼 것이라고 생각되는 만큼의 배율을 정하여 판매가를 결정하는 방법으로 가격결정의 가장 고전적인 방법이다. 예를 들어, 이러한 방법에는 2, 2.5, 3 또는 3.5배 등이 사용된다. 예를 들어, 바비큐 치킨 샌드위치의 원가가 2,364원이며 3배수를 사용한다고 가정하면,

$$3 \times 2,364 = 7,092 \text{ 원}$$

끝자리를 반올림한 위 바비큐 치킨 샌드위치의 판매가는 7,100원이 될 것이며, 판매가에 대한 식음료 원가비율은 약 33.2퍼센트가 된다.

$$2,364 \ / \ 7,100 = 33.2 \ \%$$

5) 일정금액 부과 방식의 메뉴가격 결정

산출된 메뉴원가에 일정금액을 더하여 판매가를 정하는 방식은 메뉴가격 결정의 또 다른 방법이다. 아래 예에서 보듯이, 모든 메뉴 아이템의 산출원가에 6,000원을 더하여 가격을 결정한 것이다. 이 방식에 따라 산출된 가격은 다음 표와 같다.

메 뉴	원 가	판매가
비프스테이크(Beef Steak)	9,504	15,504
비비큐치킨샌드위치 (BBQ Chicken Sandwich)	2,364	8,364
씨푸드파스타 (Seafood Pasta)	6,276	12,276

위의 예에서, 원가에 더한 6,000원은 각 메뉴마다 원하는 최대 마진 또는 이익을 낼 수 있는 금액을 가정한 것이다. 이 방식은 원가비율 방식보다 더 편리한 범위의 판매가격을 얻기 위하여 실시하는 방법이라고 볼 수 있다. 그러나 이러한 방식을 사용하는 경우 메뉴의 종류 및 원가의 범위가 넓은 경우 어떤 아이템의 경우 원가가 높게, 그리고 어떤 아이템의 경우 너무 낮게 나타나게 될 수 있다. 따라서 이 경우는 메뉴마다 원가 차이가 크지 않은 경우 사용하는 것이 바람직하다.

많은 경영주나 점포 운영관리자들은 식음료 원가 비율, 인건비 비율 등 매출에서의 최대 이윤을 얻기 위한 기준을 찾고 싶어한다. 외식산업에서 모든 부문을 충족시킬 만한 기준이 존재하지 않는 한 고급 레스토랑, 패스트푸드 체인, 패밀리 레스토랑 등 비슷한 메뉴와 서비스를 제공하고 있는 부문별로 이미 비슷한 형태의 레스토랑을 운영하고 있는 업체 또는 유사동일한 경쟁점포로부터 데이터를 수집하여 기준을 참고하여 사용하는 것도 좋은 방법이라고 할 수 있다.

우리나라의 경우 일반적으로 호텔 또는 고급 레스토랑의 경우 식재료의 표준 원가는 약 38% 내외를 유지하고 있으며, 음료의 경우 27% 정도를 유지하는 것이 고객에게 제공하는 음식의 질을 유지할 수 있는 적정한 원가 범위로 산정하고 있다.

일정금액 부과방식의 메뉴가격 산정방식을 사용하여 계산하였을 경우 원가비율의 계산은,

각 메뉴의 원가 / 판매가격 = 판매 원가비율

임금과 급료는 예상 손익계산서 작성을 위한 총 인건비 산정방법은 먼저 각 직무에 필요한 인원을 결정한 후 직원 근무스케줄을 작성한다. 예상 월급과 시간당 급료 등을 산정한 후 각각을 곱하여 연간 총 인건비를 산출한다. 산출된 예상 인건비에 약 10~12퍼센트의 시간외 수당 및 휴일 급여를 더해 주어야 한다.

인건비의 계산방식은 다음과 같다.

직 책	인 원 수	주간 근무시간	월 급 여
점장(Manager)	1	40~50	3,500,000
부점장(Asst. Manager)	1	40~50	2,200,000
주방장(Chef)	1	40	2,500,000
주방사원(Cook)	2	80	3,600,000
세척(Dishwasher)	3	120	1,920,000
홀 서버(Food Server)	4	160	2,432,000
월간 인건비			16,152,000
월간 인건비×12개월			193,824,000
오버타임 비용			19,382,400
수당 (20%)			38,764,800
연간 총 임금			251,971,200

위의 예는, 재무측면의 사전 조사를 위하여 필요한 백업데이터를 제공하기 위하여 가장 일반적인 접근법을 통하여 매우 단순하게 만들어진 것이다. 인건비와 관련된 4대 보험료 같은 세금과 직원 복지비용 등 다른 간접비용은 제외된 것인데, 영업을 시작한 후에는 전문세무사를 통하여 정확한 비용이 산출되고 손익계산 및 세무관련, 더 나아가서는 점포의 운영를 위해서 중요한 판단기준이 되는 자료들이다.

12. 수익성 및 경제성 분석

수익성 및 경제성 분석의 범위는 추정 재무제표의 작성을 전제로 하여 3~5년의 수익전망과 추정손익계산서의 작성을 통해 예측이 가능하며, 예측된 매출액 및 당기순이익 규모에 의해 손익분기 분석이 가능하다.

수익성을 추정 대차대조표 및 자금 수지 예상표를 작성한 후, 이를 근거로 기준시점 이후 3년 내지 5년 간의 수익 전망 및 흑자실현 가능시점 등을 검토하는 것이다.

손익분기점 분석의 경우에는 손익분기점 매출액, 즉 기업이 영업활동에서 발생하는 수익과 비용이 일치하는 매출액과 비용은 어느 정도이며, 어느 시점에서 실현 가능한지를 분석한다.

투자수익 및 계획사업의 경제성 분석은 각종 투자 수익률 산출방식에 의해 투자 수익률을 산출함과 동시에 계획사업의 경제성이 있는지를 분석하는 것이다.

13. 프로젝트 진행여부의 결정

시장 및 재무적 측면의 사전조사를 마친 뒤 조사된 자료를 통해 창업자나 예상 투자자, 은행과 같은 외부의 자금유입기관에게 사업계획서를 제출하는 경우도 있다. 이러한 과정을 통하여 창업자는 예상 창업 점포의 잠재적 성공 여부에 대하여 객관적이고 좋은 판단을 내릴 수 있을 것이다. 사전조사를 통하여 축적된 자료 외에도 자금조달계획 및 투자자의 투자의향, 은행들의 대출 가능여부 등의 사항들이 창업자의 프로젝트 수행 결정에 영향을 미치게 된다. 바꾸어 말하면, 만약 프로젝트가 재정적으로 건전하고, 시장이 확실하며, 레스토랑의 필요가 존재하며, 자본을 조달할 수 있다고 판단되면 프로젝트를 수행하는 것을 결정할 것이다.

만약 프로젝트를 수행할 것인가 말 것인가를 결정하는 요소 중 하나 또는 그 이상의 요소가 불확실하다면 불확실한 요소들을 개선할 수 있는, 다음의 3가지 방안이 있다.

첫번째 방법은, 나타난 문제점을 수정하는 것이다. 규모가 너무 크지 않는가? 인건비가 너무 높지 않은가? 시장을 위한 메뉴가 잘 맞지 않는가? 검토하고 있는 지역의 경쟁이 너무 심하지 않은가?

두번째 방법은, 프로젝트를 포기하고 다른 곳에 투자를 하는 것이다.

세번째 대안은, 마지막까지 결정을 유보하는 것이다. 그러나 이 방안은 재정적 위험을 가지고 있다. 왜냐하면, 이러한 결정을 하기까지 지출되어야 할 각종 준비 비용들을 계속 지불해야 하기 때문이다.

그래서 성공적인 외식창업 프로젝트를 만들기 위해서는 외식컨설턴트나 창업 전문가와 같은 외부 전문가의 도움이 필요하다. 간혹 외식창업을 준비하는 과정에서 가장 큰 실수는 경험자나 업계 전문가의 도움이 없이 창업자나 관리자 스스로 판단 하에 계획을 실행하여 어려움을 겪는 경우가 종종 발생한다.

14. 계획과 디자인 전문가

일반적으로 외식창업을 위한 사전 준비계획 과정에서는 반드시 숙련된 업계전문가의 도움을 받는 것이 실패를 줄일 수 있는 방법이다. 만약 음식점 설비를 하거나 개보수를 할 경우 전문가에게 요청을 하지 않을 경우의 대안은 다음과 같다.

- 대기업에 의하여 운영되고 있는 검증된 프랜차이즈 패키지를 구입한다. 경험이 많지 않은 창업희망자들이 개인창업보다는 어느 정도 성공이 검증된 외식프랜차이즈를 통하여 성공하는 사례가 많이 있다. 이는 점포를 오픈하기 전 프랜차이즈 본사로부터 여러 가지 조언과 경영방법을 지도받을 수 있기 때문이다. 만약 프랜차이즈 회사가 대기업이 아닐 경우 프랜차이즈 회사가 많은 노하우를 가지고 있는지 재무적으로 건실한지, 직영점 보유여부 등을 반드시 확인하여야 한다.
- 현재 영업을 하고 있는 설비를 구입하거나 운영하고 있는 음식점을 인수하여 창업자 스스로 만드는 방법이다. 이 방법은 대부분 많이 접근하는 방법인데, 간혹 과도한 초기투자로 음식점의 실패를 만드는 중요한 이유 중의 하나이다.
- 인테리어나 건축가의 도움을 받아 음식점을 만드는 방법이다. 이러한 대안은 전문가의 도움을 얻어 실패의 시간적 · 경제적 손실을 줄이기 위해 접근하는 방법이다.

이런 경우 인테리어 업자나 건축가는 주로 계획중인 점포의 디자인을 하거나 설계도를 작성하여 창업자에게 제출하기 위하여 디자인 부분은 그 회사에서 진행하는 경우가 많고, 주방계획은 외부의 주방업체에게 하청의 형태로 주방도면을 작성하는 경우가 대부분이다. 이런 경우 외부주방업체가 추천하는 주방도면을 인테리어나 건축가들이 정확하게 판단할 수 있는 능력이 없으면 외식점포 설계의 특수성이나 동선이 고려되지 않은 설계배치와 부적절한 장비의 선정, 비효율적인 운영환경 등 수없이 많은 비용적인 피해를 가져올 수 있다.

외식창업

제3장

외식창업 실전

제3장

외식창업 실전

제1절 기본계획

1. 점포 설계의 기본

외식점포의 운영은 치열한 경쟁과 그에 따른 여러 가지 영업노력의 결과로 소비자들의 음식점에 대한 의식은 맛있는 음식을 먹을 수 있는 것은 당연한 일이고, 이제는 얼마나 쾌적한 공간에서 편안한 서비스를 제공받는가에 관심이 변화되고 집중되고 있다.

성공한 외식점포가 되기 위해서는 사업적인 특성, 즉 집객력을 만들어주는 소비적인 상권 및 장소가 구비되어야 하는 입지력이 필요하고, 전문성과 차별성을 가진 메뉴의 상품력, 기능적인 숙련도와 함께 정신적인 가치창출로서 서비스로 고객을 창출하는 서비스력, 점포의 정확한 테마와 컨셉을 표현하는 점포력 등이 종합적으로 조화와 균형을 이루어야 성공하는 점포가 된다.

외식점포를 디자인할 때는 디자인을 통해 고객에게 즐거움과 만족을 주는 동시에 중요한 것은 고객의 동선과 직원들의 서비스 기능적인 동선흐름, 청결과 위생적인 디자인, 기능성과 실용성, 디자인과 색채, 조명과 소품장식,

실내온도와 환기, 쾌적성, 음향 등이 조화되어야 그야말로 '점포력'을 갖춘 점포가 되는 것이다.

대부분의 음식점은 겉으로 보여지는 아름다움, 즉 디자인에만 신경을 쓴다. 기발한 첨단의 디자인이나 다른 점포에서 하지 않은 인테리어를 도입하기만 하면, 그것으로 점포력 있는 디자인이 되었다고 생각하는 경우가 많다. 그래서 점포 설계 디자이너나 음식점 경영자에 이르기까지 진지하게 생각하는 것은 점포의 외관이나 어떻게 하면 눈에 띄는 가게를 만들 수 있을까 하는 점에만 전력을 쏟고 치중한다. 그리고 점포 안의 벽 색깔이나 의자의 모양 등 고객의 눈에 직접 호소하는 물건의 선택에 많은 시간을 할애한다. 주방이나 설비 등은 제쳐 놓고, 심지어는 점포의 건축이 시작되고 나서 겨우 주방기기나 장비의 선택을 시작하는 경영자가 매우 많은 것이 현실이다.

분명 외부의 모습이 아름답고, 차별화된 점포를 만들면 많은 고객들이 한 번은 방문할 가능성이 있을 것이다. 그러나 그렇게 점포를 선택한 고객이 정말 만족하고 즐거운 마음으로 돌아가는 것, 즉 점포방문 결과 좋은 점포와 나쁜 점포로 구별되어 지는 선별의 측면과는 별개의 문제인 것이다. 음식점이란 당연히 식사를 하는 장소이지만, 적절한 시간에 신속하게 음식이 제공되지 않고, 또 언제나 같은 품질로 제공되지 않으면 어떠한 점포라도 의미가 없게 된다.

직원들은 동선이 능률적이지 못해서 일하기 쉬운 환경이 아니기 때문에 웃는 얼굴로 서비스를 하지 못하는 경우가 발생하게 되고, 이것 또한 고객에게 기억되고 성공하는 점포가 되기는 어렵다. 외식업계에서는 유명한 건축 디자인으로 알려진 유명설계가가 음식점을 디자인한다는 말을 자주 듣는다. 완성된 점포는 디자인적으로는 아주 훌륭해서 감성이나 이미지 면에서는 어느 하나 결점이 없지만, 점포내부에 놓인 의자에 앉아서 식사를 하다보면 매우 불편하거나 고통스러운 경우가 있다. 디자인이 우선 고려된 의자는 너무 딱딱해서 앉아있기가 불편하든가, 식사할 테이블과 의자의 간격이나 높이가 맞지 않아서 이상한 자세로 식사를 해야 하거나 식사 나오는 시간이 몇 십분이나 걸렸다든지, 나중에는 대리석 바닥에서 접시를 든 종사원이 미끄러져 넘어지는 등 참담한 모습이 연출된다.

일반적으로 음식점의 점포 만들기는 다른 소매업이나 서비스업과는 근본적으로 다르다는 점을 인식해야 한다. 일반 소매점이라면 그 점포에 들어온 손님이 기껏 20분 정도, 밖에서 본 아름다움을 나타내기만 하면 충분하겠지만, 음식점은 패스트푸드가 아닌 한 적어도 40분 이상은 그 점포 내부에서 머무르게 된다. 또한 음식점은 식자재 구매와 같은 측면에서는 유통업과도 유사하며, 조리의 측면에서는 생산업, 메뉴주문을 받고 제공하기까지는 서비스업과 관련이 되는 경제사회의 3대 요소를 모두 동일한 장소에서 이루어져야 하는 복잡한 기능을 가지고 있는 곳이다. 그래서 외식업 점포의 특성을 잘 반영한 점포 만들기의 이론과 이념을 갖고 있지 않으면, 성공적인 점포 만들기가 불가능한 것이다.

이러한 측면에서 성공하는 점포력은 다음의 요소들을 충족시켜야 한다.

① 기능적인 면, ② 스페이스, ③ 동선, ④ 디자인, ⑤ 실내온도, ⑥ 컬러, ⑦ 조명, ⑧ 음향 등을 전략적으로 균형있게 점포디자인에 포함되어야 한다.

지금까지 성공한 점포의 공통점들을 살펴보면 다음과 같다.

① 좋은 점포설계란 성공한 점포 만들기와 같은 의미이며, 결코 아름다움이나 진귀함의 표현이 아니다.

② 경영 컨셉을 점포 컨셉으로 실현시키는 프로세스가 점포 설계이어야 한다.

③ 레이아웃 단계에서 손님이 즐겁게 식사하는 모습을 생각나게 하는 디자인 계획이어야 한다.

④ 기능, 오퍼레이션, 이미지가 전체적인 디자인에서 일관되게 적용되어야 한다.

⑤ 주방 오퍼레이션을 충분히 이해하고, 키친 레이아웃을 설계 초기단계부터 고려해야 한다.

⑥ 초기투자비용, 운영비용 등 지속적인 운영과정에서 발생하는 비용들을 감안한 설계라야 한다.

이상의 내용들을 전제조건으로 한 다음 점포설계를 해야 한다. 그렇지 않으면 경영자, 종사원, 고개 모두에게 불편을 초래하고 결국 실패하는 점포가 되고 만다.

2. 기능적인 오퍼레이션 만들기

성공적인 음식점 만들기를 위해 가장 중요한 것이라면 '싸울 수 있는 기능'을 갖는 것이다. 눈으로 보기에 아무리 좋은 점포라도 음식을 제공하는데 20분이나 30분 걸린다든지, 점포 안을 걷는 것만으로도 종사원이 피곤하고 힘들어서 웃음을 잃는 것과 같은 점포는 당연히 실패하기 때문이다. 점포에서 꼭 필요한 기능적 오퍼레이션을 도입하기 위해서는 첫째, 효과적인 조닝, 둘째, 기능적인 주방시스템, 셋째, 일하기 쉬운 홀 동선, 넷째, 쾌적한 분위기를 만들기 위한 효과적인 시설의 설치 등이 필요하다.

1) 효과적 조닝(Zoning)

외식 점포는 기능면에서 서비스를 담당하는 홀과 메뉴생산을 담당하는 주방의 두 부분으로 구분된다. 그 외 설비실, 창고, 직원용 화장실, 탈의실, 사무실 등 여러 가지 기능을 가진 장소로 구분되지만, 그 기능별 공간을 어떻게 배분하고, 배치할 것인가라는 일련의 작업을 조닝이라 부른다.

점포공간의 분배비율이나 배치방법은 업종 업태에 따라 다르며, 조닝이라는 작업이 끝나는 시점에서 점포 만들기의 80%가 완성되었다고까지 말할 정도로 중요한 작업이라고 할 수 있다.

지금까지 대부분의 음식점 설계를 보면, 가장 먼저 결정하는 것이 홀이나 객석의 위치를 잡는 것이고, 그 다음이 주방의 순으로 결정된다. 그 과정에서 경험이 없거나 좌석수가 많으면 매출이 높아진다는 잘못된 인식으로 좌석수는 한없이 많아지고, 그 결과 주방은 점포의 남는 공간이나 동선이 고려되지 않는 불편한 위치에 자리잡게 되는 경우가 많다.

좁고 일하기 불편한 주방에서 맛있는 요리가 나오기는 어렵다. 메뉴를 수정 · 보완하려고 해도 주방공간의 한계 때문에 포기해야 하는 일들, 인원채용의 문제 등 미처 생각하지 못했던 것들이 생겨나는 곳이 주방이다. 또 아무리 많은 객석을 가지고 있다고 하더라도, 그 객석이 모두 가득 찼을 때의 고객의 오더에 신속히 대응하지 못할 주방이면, 음식제공이 늦어지고 결과적으로는 고객을 화나게 만드는 일이 된다.

효율이 좋은 장소에 적절한 크기의 주방공간을 배치하는 일이 조닝 성공의 최대 포인트가 된다. 특히 신축 건물인 경우에는 조닝을 고려해서 점포설계를 할 수 있는가가 사업성공의 중요한 결정요소이다.

2) 효과적인 조닝을 할 수 있는 점포의 형태

신축건물이나 임대 점포든 점포의 형태를 결정하는 것부터 점포 만들기가 시작된다.

점포를 구하는 경우, 가능한 한 정방형(正方形)에 가까운 형태가 좋다.

정방향의 상자 같은 점포는 특징이 없고 디자인에 재미가 없다라고 표현을 하지만, 예를 들어, 삼각형 모양의 점포라든가, 요철이 심한 얼핏보면 변화가 많은 재미있는 점포도 자주 보이지만, 일하기 쉬운 점에서 생각하면 최악의 점포이다. 주방을 어디다 두면 좋은가 손님에 대한 서비스를 진지하게 생각한다면, 그와 같은 점포 만들기는 쉽게 접근하기가 어렵다. 정방형 점포가 좋은 이유는 점포 중심에서 어느 방향으로 걸어도 같은 거리로 이동할 수 있는 편리함이 있기 때문이다.

특히, 전면이 좁고 안쪽이 깊은 것은 점포는 효율적인 면에서 가장 나쁘다. 그리고 원칙적으로 한 바닥에 점포를 만드는 것이 가장 바람직하다. 바닥이 나누어지면 작업 효율이 현저히 저하되고, 관리하기가 어려운 부분들이 많다. 객단가가 상당히 높은 업태이거나, 반대로 셀프 서비스인 패스트푸드 업태가 아닌 한 2층이나 3층 입점계획도 신중하게 고려해야 한다.

또 이것저것 많은 계획을 점포 하나에 채워 넣어, 여러 가지 이미지를 지닌 홀이 많아져서 통일성이 없는 점포가 되어버린 예도 많다. 적어도 점포면적이 200㎡ 이하인 경우에는 이미지는 단일로 하고, 300㎡에서 270㎡까지인 경우에도 2가지 컨셉 정도의 이미지로 구성하는 것이 무난하다.

3) 효과적인 주방위치

점포의 평면이 이상적인 정방형인 경우, 주방 위치는 비교적 간단히 결정된다.

점포 기능 중심인 주방은 위치적으로도 중심부에 자리하는 것이 좋다. 어느 객석에서도 같은 거리를 유지하는 점포의 중심 위치에 위치하는 것이 바람직하다. 하지만 대부분의 점포의 경우 좁고 긴 점포의 맨 뒷쪽면에 배치해

놓던가, 객석에서 먼 곳에 위치한다면 기능적이고 효율적인 측면에서 좋은 위치가 아니다.

4) 점포면적 기준 적정한 주방 규모

아무리 주방위치가 좋아도 면적이 너무 작아서 적절한 기능을 발휘 못하면 소용이 없다. 또 역으로 말해서, 점포 바닥 면적에 비해 주방이 너무 넓으면 작업효율이 떨어진다. 과도하게 넓은 주방이면 인원이 너무 많이 들고, 동선이 너무 길어서 매출상승이 이루어져도 인건비 과다로 이익이 창출되지 않는다. 평균적으로 서비스 홀 부분과 주방의 적정비율은 홀과 백에어리어를 포함한 주방 비율이 절반씩을 기준으로 생각해도 좋다. 즉 50평인 점포이면 25평이 객석부분이고, 25평이 주방관계로 필요하다는 것이다.

당연히 이 비율은 업종업태에 따라 달라진다. 예를 들면, 비교적 긴 메뉴 제공시간이 허용되는 업태인 고급 음식점의 경우에는 홀의 허용 공간은 약간 넓어 60%, 한편 신속함과 스피드가 전제가 되는 패스트푸드인 경우에는 55% 이상을 주방공간으로 할애해야 한다.

조리공정상 기능성이 요구되는 업태일수록, 주방시설이나 장비에 소모되는 공간이 많아지는 것은 너무나 당연하다.

작업효율이 그리 중요하게 작용하지 않아도 영업이 가능한 캐주얼한 업태의 경양식 정도의 업태에도 이제부터는 외식업의 다양화 추세와 소비자의 욕구에 순발력 있게 대응하려면, 최저 40%의 주방 공간은 확보해 두어야 하는 상황이 되고 있다. 간혹은 주방 공간으로 많은 부분이 할애되면 좌석수가 줄어들어서 매출이 감소하는 것이라고 생각하는 경영자들이 많지만, 외식점포 만들기에서 가장 중요한 점은 몇 명의 고객을 점포로 방문하게 할 것인가가 문제가 아니라, 몇 사람의 고객을 만족시켜 돌아가게 하는가가 중요한 일이다. 주방 공간의 대소(大小)는 고객만족도의 대소에 비례한다는 것을 반드시 인식해야 한다.

5) 협소한 주방공간을 활용해야 하는 경우

건물 구조 등으로 계획한 대로의 주방공간을 확보할 수 없을 경우에는 어떻게 하면 좋은가?

이런 경우에는 먼저 조리공정을 간소화, 외부화의 방법으로 접근해야 한다. 냉동식품이나 통조림 소재이면 품질이 좋은 기성상품들을 활용해서 어떻게 전 처리공정 등을 줄여나갈 것인가를 연구해야 한다. 또는 한두 가지만의 전문 메뉴상품으로 업종을 전환시켜 적은 주방 공간으로도 효율성을 가질 수 있도록 아이디어를 만들어 나가야 한다. 점포가 작으면 작을수록 아이러니하게도 주방 공간을 어떻게 하면 크게 만들 수 있을까에 고민을 해야 한다.

3. 기능적인 주방시스템

점포를 만드는 과정 중에서 계획단계부터 오픈에 이르기까지 가장 중요하게 다루어야 하는 부분이 주방이다. 공간을 구분하는 조닝에서도 주방은 최우선으로 취급한다. 당연히 주방시스템 자체도 신중하게 고려해서 만들어야 한다. 이 때 연관되는 것이 영업컨셉을 결정하는 일이다.

영업컨셉이란 ① 어떤 손님에게, ② 얼마만한 객단가로, ③ 어떤 상품을 팔 것인가를 결정하는 것이다. 이 영업컨셉을 기준으로 어떤 요리를 할 것인가를 결정하고, 주방의 동선을 하나하나 읽고, 주방 레이아웃을 신중히 정할 필요가 있다.

일반적으로 음식점의 경영자가 점포를 만들 경우, 막연하게 판매 메뉴에 대한 이미지는 가지고 있어도 어떤 상품 구성으로 어떤 주방기기를 사용해서 조리할 것인가까지는 생각지 않고 점포 설계를 하는 경우가 많다. 심한 경우에는 건축가나 인테리어 디자이너에 의존해서 점포를 완성시키고 나서 주방으로 구획되어진 공간에 주방업자를 초빙해서 주방기기들을 채워 넣는 방식으로 설치한 후 이런 저런 메뉴구성에 대해 의논을 하는 경우도 있다.

주방설계는 주방업자나 설계사에게 일임해서 될 일이 아니다. 설계상에 주방 내에서 일하는 사람들의 명확한 의도가 반영되지 않으면 비용을 들여서 가장 불편한 쓸모없는 공간을 만드는 작업이 된다.

주방 설계에 있어서는 점포의 형태와 투자가능 비용, 업종업태에 따라 수정보완이 있지만, 가장 많이 사용하는 시스템은 아일랜드시스템과 백키친시스템이 이용되고 있다.

아일랜드시스템은 요리를 식기에 담는 작업대를 주방 한 가운데에 설치하고, 그 오른편에 편에 조리구역, 좌측에 세정구역, 그리고 정면이 디쉬업(음식이 나가는 장소)으로 되어 있다. 마치 요리를 식기에 담는 작업대가 섬(아일랜드)처럼 되어 있고, 그 외곽주변을 업무에 따라 주방직원들이 담당구역에서 일하는 형태거나 아일랜드 작업대를 중심으로 빙글빙글 돌면서 조리해 나가는 형태를 일컬어 부르는 주방시스템이다.

백 키친시스템의 특징은 아일랜드시스템과의 차이나는 것이 주방의 장비 배치가 업무라인에 따라 구별되어 순서대로 배치되어 있는 것이 특징이다.

객석에서 봐도 제일 앞쪽 줄이 서비스 에어리어, 밥을 그릇에 담거나 스프, 국, 여러 가지 컨디먼트 등 특수한 기술을 요하지 않고, 사전 조리가 가능한 음식들을 단순하게 그릇에 담아 제공하는 것은 서비스 담당 홀 직원들이 한다. 조리사의 손을 번거롭게 하지 않고 이들 작업을 할 수 있기 때문에, 주방 직원들은 영업시간이나 피크타임에 조리에 전념할 수 있는 장점이 있다.

그 다음 라인은 조리사가 주요리(메인)를 하는 조리구역, 그리고 뒤쪽이 파트타임 등 조리보조요원이 조리를 위한 전처리 준비를 하는 라인인 백에어리어, 냉장 · 냉동 및 선반 등의 공간으로 구성되어 있다.

주방 뒤쪽 백 에어리어에서 영업 중 한가한 아이들(Idle) 타임 때에 초벌준비를 한 식자재를 피크타임 전에 조리구역에 옮겨 피크타임에 대비하고, 바쁜 시간대에는 주요리에 전념할 수 있는 것이 이 시스템의 특징이다. 최소한의 인원으로 효율적으로 조리할 수 있는 시스템이다.

세정구역은 백 에어리어의 옆에 있으며, 전문기술을 요하지 않는 이들 일련의 작업이 효율적으로 파트타임 등의 손으로 할 수 있도록 설계하는 것이 좋다. 또한 거의 모든 조리기구를 조리구역의 전후좌우에 배치하여 조리사들이 몸을 조금만 움직이면 대부분의 일을 편리하게 할 수 있도록 설계한다. 반면, 아일랜드시스템에서는 조리사는 중앙에 있는 작업대 주위를 빙글빙글 돌면서 작업을 하기 때문에 그만큼 작업동선이 길어져 쉽게 피로해지는 단점이 있다. 또 아일랜드시스템에서는 세정구역과 조리구역이 중앙에 있는 조리대를 사이에 두는 경우가 많아, 백 키친시스템처럼 완전히 분할되어 있지 않기 때문에 싱크대에서 튀는 물이 바닥 전체를 젖게 만드는 경우가 많다. 주방을 물기 없이 유지하기가 어렵다.

특히, 주방을 물기 없이 유지할 수 있는가의 문제는 쾌적한 주방작업을 할 수 있는가의 중요한 포인트이다. 고무장화를 신지 않으면 안심하고 작업을 할 수 없는 주방에서 일하는 것과, 운동화를 신고 작업할 수 있는 주방과는 어느 편이 좋겠는가는 주방에서 한번이라도 일해본 경험이 있는 사람이면 누구나 당연히 쾌적한 주방공간을 원할 것이다.

그리고 작업 인원도 절감되는 효과가 있다. 예를 들어, 월 매출이 8,000만원 점포에서 아일랜드시스템인 주방에서는 6명을 필요로 하는 조리사가 백 키친시스템에서는 4명으로 일을 진행할 수 있다.

이같이 백 키친시스템의 장점들을 잘 알면서도 아직 도입이 많지 않은 이유는 백 키친시스템은 주방설비 비용이 초기에 많이 든다는 점이다. 그러나 주방인원의 차이로 인한 인건비절감을 감안하면 과잉투자라고만 볼 수는 없다 .

참고로, 주방시설 투자에는 월 목표 매출액만한 금액을 들여서 시설을 만드는 것이 좋다. 즉 월매출을 4,000만원 올리려는 가게에는 4,000만원, 8,000만원 올릴 가게에는 8,000만원의 주방설비 투자가 필요하다는 것이다.

아일랜드시스템은 프랑스나 영국의 호텔이나 디너하우스 등에서 발달한 주방시스템으로, 그랑쉐프가 조리사 여럿을 거느리며 요리를 하는데 적합하다. 이 노하우를 도입하여 그것이 일반 점포로 널리 보급되었다. 이전처럼 요리사의 노하우와 직급에 대한 권위의식이 많이 사라진 오늘날에는 과거 피라미드식의 주방직급 구조에서 비롯된 아일랜드시스템이 현실적으로 그리 환영을 받고 있지는 않다.

한편, 백 키친시스템은 미국의 군함 주방에서 발달된 것으로 전투 병사들을 위하여 한번에 또한 빨리 요리를 제공하기 위해 개발된 것이다. 특히 군함이라는 특수한 공간 제약조건을 갖는 장소를 유용하게 사용토록 고안이 되었기 때문에 그야말로 효율성이 높은 조리 오퍼레이션을 실현시키기 위해서는 가장 적합한 시스템이라 할 수 있다.

이런 주방설계의 접근방식이 바다에서 육지로 상륙하여 미국의 일반 레스토랑으로 도입되면서부터 음식업계는 비약적으로 발전하고 산업화를 이룬

원인의 하나가 되기도 하였다.

미국을 비롯한 일본, 우리나라의 대규모 외식체인점은 이 백 키친시스템을 적극적으로 받아들여 성공하고 있다. 간혹 미국에서 들여온 시스템이기 때문에 한식이나 일식, 중국요리 등에는 적용하기가 나쁘다고 하지만, 최근에는 양식 이외의 여러 업종, 업태에도 널리 보급되고 있다. 패스트푸드에서 패밀리 다이닝에 이르기까지, 객단가가 높고 조리사의 조리기술을 발휘하는 일이 차별화의 최대 포인트로 되는 일부 디너하우스 이외의 업태에 있어서는 백 키친시스템은 효율적이고 유용한 주방공간 만들기의 포인트라고 할 수 있다.

4. 일하기 쉬운 홀 동선

주방 다음으로 점포 안에서 종사원이 일하기 쉽도록 동선을 만드는 작업이다. 주방의 경우도 일반적으로 많이 사용되고 있는 아일랜드 키친시스템과 백 키친시스템과는 동선의 길이와 복잡함이 다르기 때문에 작업 효율이 현저히 달라진다는 것을 설명하였다.

홀의 동선도 그에 못지않게 중요하다. 종사원이 움직이는 동선을 무시하고, 좁고 긴 홀을 디자인적인 부분에만 치중하여 설계하는 점포들이 많이 있다. 이런 경우 종사원의 작업동선이 길어져 바쁜 영업시간을 보내고 나면, 종사원은 피곤에 지쳐서 미소 띤 얼굴이란 기대할 수 없는 상태에 이르고 만다. 그 결과 이 가게는 '서비스가 나쁘다' 라는 평가를 만들게 된다.

상품을 빨리 제공할 수 있는 객석 배치가 되어 있는가, 서빙 직원들의 동선을 방해할 만한 장소에 칸막이나 화분들이 놓여 있지나 않은가, 손님에게 물을 따르거나 물수건(냅킨) 서비스를 하기 쉽도록 서비스 스테이션이 설치되어 있는가, 이처럼 서비스를 담당하는 홀 측의 동선을 생각해 나가면 점포의 평면도는 점점 정방형에 가까워진다. 너무나 긴 정방형이나 열쇠꼴, 원형인 점포로는 기능성(機能性)의 추구(追求)는 불가능하다. 간혹 성공한 외식 브랜드에서 점포개발을 할 때 점포 형태의 기준을 고수하는 것도 이러한 이유 때문이다.

다음으로, 객석 배치도 신중히 고려해야 한다. 될 수 있는 대로 한바퀴 돌

수 있도록 통로를 만들어야 하며, 재미있는 이미지를 추구하기 위해 진행통로를 도중에 막히는 통로로 만드는 설계는 피해야 한다.

또 요리를 내는 장소와 손님이 식사를 끝낸 뒤 치우는 장소로 돌아보는 통로와는 별도로 만드는 등 고객동선과 직원 동선이 겹쳐지지 않게 설계해야 한다. 그렇지 않으면 피크타임 시에 종사원끼리 정면충돌하여 예견치 않은 혼란을 초래한다. 마지막으로, 점포 전체의 동선계획을 세울 때에 절대 잊어서는 안 될 것은 입구와 주방의 위치 관계이다.

별도의 카운터 전담 직원이 없는 경우, 식사를 마친 고객이 계산할 때마다 점포 안쪽이나 다른 곳에서 작업을 하던 직원이 뛰어와 포스시스템을 다루는 경우가 많다. 그 작업을 하는 중에도 다른 작업은 완전히 정지되고 만다.

이같은 사례를 보더라도 점포의 동선 레이아웃을 생각할 때에는 먼저 입구의 위치와 계산카운터 장소를 결정하고, 그 연장선상에 주방의 위치, 스페이스를 정해야 한다. 그리고 최후에 홀 스페이스를 정한다.

거의 대부분의 점포가 이와는 정반대의 프로세스로 점포를 설계한다. 그리고는 점점 동선이 나쁜 일하기 힘든 점포를 만들어간다. 점포가 효과적인 동선을 가지고 있는가, 혹은 효율성을 높인 동선을 가진 점포를 만들 경우에 체크해야 할 포인트는 다음과 같다.

▶ 체크 포인트 ◀

(1) 웨이터 스테이션

① 객석 홀 전체를 내다 볼 수 있는 위치에 있고, 손님이 부를 때 곧 대응할 수 있는 장소인가.

② 카운터 근처에서 손님이 가게에 오면 곧 다음 액션을 취할 수 있는 위치에 있는가.

③ 손님이 만석일 때에 기다리는 상황을 알 수 있는 위치인가.

(2) 서비스 구역

손님은 식사 상황을 파악할 수 있고, 서비스 카운터에 가까워 오더 전표를 이동하기 쉬운 위치에 있는가.

(3) 세척 구역

① 객석 홀과의 동선 거리가 거의 같고, 출입 중복 동선이 짧을 것.

② 식기나 비품을 홀에서 회수할 때에 귀로가 짧은 장소일 것.

(4) 메인 키친

① 가로의 작업 동선이 적고, 전후의 동작으로 모든 조리가 가능할 것.

② 주방장의 정 위치에서 주방 전체를 파악할 수 있고, 지시를 내리기 쉬운 레이아웃일 것.

(5) 사전준비 구역

① 전처리 준비 장소(프리퍼레이션) 장소가 확립되어, 다른 조리구역과의 연동이 잘 이루어질 것.

② 창고와 전처리 구역이 직결되어 있고, 식사재의 수불이 원활히 될 것.

5. 쾌적한 분위기 연출

주방과 서비스 부분의 설계 외에도 좋은 점포 만들기를 위한 시설로서 배려해야 하는 것이 쾌적한 분위기 연출이다. 이것은 종사원이나 고객이 점포에서 편안함을 느끼게 하는 부분이다.

점포를 설계할 때에, 고객의 편의를 도모하는 것에는 비교적 성의를 다하지만, 자칫 부족하기 쉬운 부분이 점포에서 일하는 직원들이 쾌적하게 일할 수 있도록 배려하는 일이다. 종사원이 즐겁게 일하면, 자연히 미소 띤 얼굴로 서비스를 할 수 있게 되는 것이다.

먼저 문제되는 것이 주방의 후방시설이다. 가스통을 놓아두는 장소나 음식물쓰레기 등을 놓는 장소, 식자재를 놓아두는 상온창고 등이다. 이것들은 주로 주차장 한쪽 구석이나 건물 후방부에 방치되어 있는 것을 자주 보는데, 결코 보기에도 좋지 않을 뿐더러 고객들은 그러한 부분을 보면서 그 점포 전체의 이미지나 수준을 판단하게 되는 것이다 그리고 단독 점포인 경우에는 특히 종사원의 휴게실이나 종사원 전용 화장실이 필요하다. 종사원이 식사하는 장소가 없어 객석에서 먹고 있든지 간혹은 주방에서 선채로 식사하는 일이 있다. 또 주방 뒤에 있는 상온 창고가 그대로 종사원의 휴게실과 탈의실이 되어 있는 것을 자주 보지만, 이것은 점포를 직장으로서 인식하게 하는 부분과 더 나아가서는 직업의식과도 연결되는 중요한 부분이다. 건강하지 않고서는 맛있는 요리나 훌륭한 서비스는 바랄 수 없기 때문이다.

점포의 화장실을 더럽히는 것은 손님이 아니고 주방 종사원이 주방의 더러움을 화장실로 묻어 들여오는 것이 최대의 원인이라는 것은 잘 알려지지 않고 있다. 고객도 위생복이나 유니폼을 입은 종사원이 고객용 화장실을 쓰고 있으면 결코 기분 좋은 일은 아닐 것이다. 아무리해도 불결하다는 생각을 가지게 된다.

이런 일들은 어찌 생각해 보면 이해할 것도 같지만, 홀측에서 객석을 하나라도 더 많이 만들려는 욕심에서 점포의 전체적인 이미지를 망쳐 놓은 좋은 예이다.

이러한 점들을 배려한다면 보다 근무하기 좋은 점포로 인식되어 이직률에도 많은 영향을 미치게 된다.

다음은 고객을 위한 점포의 배려는 다음과 같다.

먼저, 대기고객을 위한 공간이다. 점포가 성공하면 할수록 피크타임에 고객이 집중되는 경향이 높다. 만석 상태에서도 기분 좋게 빈자리를 기다릴 수 있도록 쾌적한 공간을 준비해 두는 것이 꼭 필요하다. 또한 화장실은 남녀 따로 구분하는 것이 바람직하다. 규모도 여성용 화장실을 좀 크게 내부장식도 한층 고급스럽게 만드는 것이 효과적이다. 이러한 쾌적한 공간을 위한 시설배치들은 대부분 교외의 단독 점포인 경우에는 마인드의 변화와 발상의 전환으로 설치가 가능하겠지만, 시내중심가나 특히 임대건물 점포인 경우에는 꾸미고 싶어도 물리적으로 무리가 될 때가 많다. 하지만 비록 그럴 경우에도, 가능한 한 위와 같은 이상적인 조건들을 하나라도 접근하려는 노력은 꼭 필요하다.

6. 점포설계를 위한 비용계획

1) 음식점 경영에 필요한 3가지 비용

창업계획을 하면서 투자 가능한 자본 범위 내에서 될 수 있는 대로 적은 비용으로 최대의 효과를 내는 점포 만들기가 필요하지만, 여기서 주의해야 할 것이 눈앞의 저렴함이 아니고 최종적으로 알뜰하고 실속 있는 점포 만들기가 되었는가이다. 최종적으로 로우 코스트화(Low Cost化)가 되었는가를 알기 위해서는 다음의 3가지 다른 비용에 대한 개념을 이해해야 한다.

(1) 제1비용 - 초기 투자비용

점포를 만들 때에 필요한 비용이다.

(2) 제2비용 - 운영비용

이것은 점포를 오픈하고 나서 그 점포를 유지해 나가는데 필요한 여러 가지 비용을 말한다. 수도광열비나 각종 경비 등 직접적인 러닝 코스트는 매출에서 차지하는 비율은 상당히 크다. 그러나 제1 코스트인 초기 투자비용을 낮추려고 하다가 운영비가 늘어나서, 경영을 압박하는 일이 있음을 주의해야 한다. 주방설비의 비용을 덜 들이려고 중고 설비를 잘못 설치한 경우, 기기 효율이 나빠서 광열비가 많이 드는 일이 발생할 수도 있다. 또 이들 직접적인 운영비뿐만 아니라 일하기 힘든 점포가 되기 때문에 인건비가 너무 많이 드는 점포도 생각해 보아야 한다.

조직적인 주방 키친시스템을 만들 필요가 있다고 말했지만, 사전 준비구역 장비시스템 등은 그 좋은 예이다. 보통의 주방시스템과 비교하면 약간 많은 설비투자가 필요한 이 시스템은 결과적으로는 주방 내의 작업인원이 덜 들어 좋다든가, 기술자의 수가 적어도 되기 때문에 긴 안목으로 보면 운영비가 절감된다고 할 수 있다.

눈앞의 비용절감(로우코스트)이 아니고, 결과적인 로우 코스트화의 첫 단계는 제2의 운영비 절감이 되어야 한다.

(3) 제3비용 - 7년 후의 코스트

아무리 노력과 정성과 시간을 들여 만든 점포라도 결코 영원한 것은 없다. 설비나 인테리어 등이 노후되면 다시 개보수를 해야 한다. 외식 점포에서는 그 기간을 통상 7년으로 기준을 잡는다. 다시 말해, 7년간은 개보수가 없어도 영업이 가능할만큼 처음 오픈때 점포를 잘 만들어야 한다.

그러나 최초의 투자비용을 너무 절감하든지, 또 소재(素材)를 선택하는 방법이 잘못되었을 경우 7년이 채 되지 않아도 개보수를 해야 하고, 결과적으로 절감이라기 보다 가중투자가 되는 점포가 되고 만다. 또 컨셉의 진부화가 너무 빠르기 때문에, 설비나 점포 인테리어가 괜찮아도 개보수하지 않으면 안 될 상태가 되기도 한다. 그래서 무엇보다 수명이 긴 업종과 업태를 신중히 선택하고 컨셉에 알맞은 질 높은 투자를 해야 할 것이다.

제2절 레스토랑 디자인 순서

건축가와 레스토랑 디자인 컨설턴트에 의하여 사용되는 계획 모델 또는 디자인 순서를 기능적 순서에 따라 다음과 같이 분석하였다.

① 사전 미팅
② 현장 조사
③ 프로그래밍
④ 기본 디자인과 비용 평가
⑤ 엔지니어링 디자인의 개발과 세부내역 명세서(시방서)
⑥ 입찰과 계약에 대한 심사
⑦ 건축과 내부 조율
⑧ 검사와 승인
⑨ 실행과 교육의 실시

1. 1단계: 사전 미팅

창업은 준비하면서 건축이나 인테리어와 관련하여 그 비용이 얼마인지를 조사한다. 레스토랑 디자인 컨설턴트들에게 의뢰를 하는 경우는 일반적으로 창업희망자가 구상하고 있는 프로젝트에 대하여 논의를 하고 업무수행 범위를 결정한 후 충분한 자료를 수집하여 제안서를 작성하게 된다. 일반적으로 첫 번째 미팅에 대하여는 비용을 청구하지 않는다. 그러나 만약 시외이거나

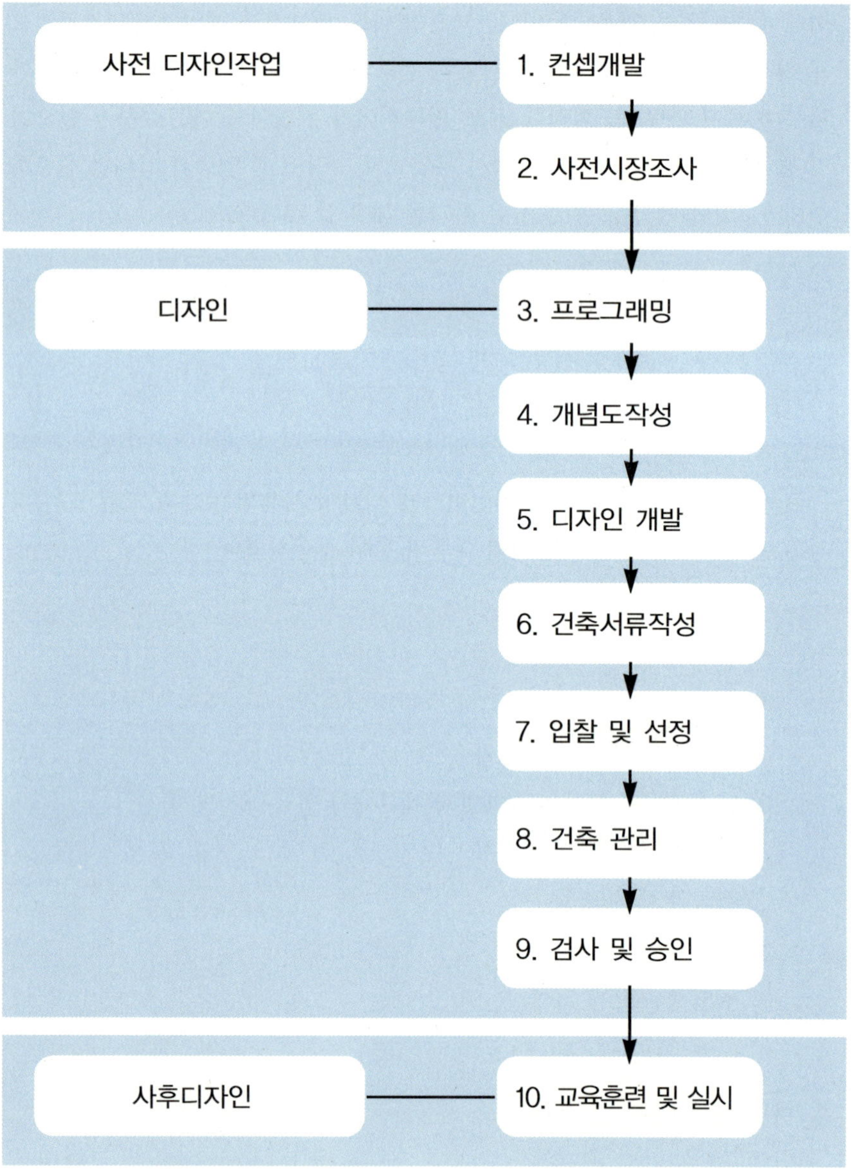

[그림 3-1] 외식업체 디자인 순서도

프로젝트의 평가에 대하여 하루 이상 소요될 경우 비용을 청구할 수 있다. 제안서는 다음의 세 가지 기본적인 내용으로 작성된다.

① 디자인 컨설턴트의 신용 및 경력을 증빙하는 자료

② 수행하는 작업에 대하여 기술

③ 비용의 계산

2. 2단계: 현장 조사

해당점포의 공간이나 건축물을 조사하고 요약하여 기초데이터로 활용한다.

- 벽의 두께(외부와 내부)
- 파이프 새시
- 기계실
- 계단들과 비상구들
- 복도
- 입구
- 사용하지 않는 공간

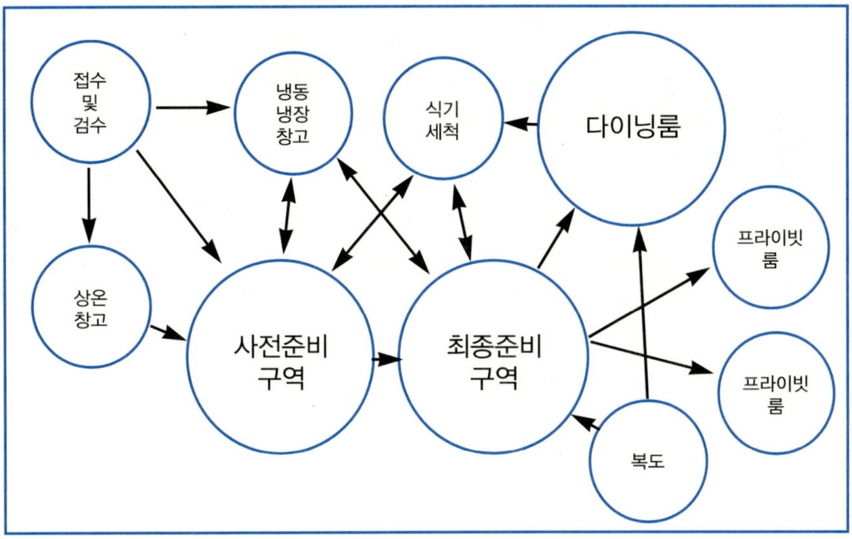

[그림 3-2] 레스토랑 내에서의 공간관계

총면적은 반드시 창업자 또는 투자자의 예산에 맞추어야 한다. 항상 적정하게 필요한 공간은 거의 언제나 투자가능한 금액을 초과한다. 따라서 레스토랑 디자인 전문가는 반드시 창업자 또는 건축가와 협력하여 조정과정을 거

수행되어야 할 일

① 새로운 시설을 위한 예비 도면에 대한 검토를 위한 건축가, 고객, 관련 담당자들과의 미팅
② 공간의 타당성을 확인하기 위하여 예비 도면을 검토하기 위한 건축가와 엔지니어들과의 미팅
③ 기본 도면의 작성

쳐야 한다. 그러나 이러한 일은 일반적으로 주어진 점포 공간의 크기가 정해져 있기 때문에 쉽지 않은 과정이다. 따라서 아래의 내용들은 이러한 시점에서 반드시 질문해 보아야 할 사항들이다.

- 식당의 좌석수를 줄일 수 있습니까?
- 우리가 진정으로 2개의 워크인 냉장고가 필요합니까?
- 식기세척 공간의 사이즈를 줄일 수 있습니까?
- 라운지의 사이즈를 줄이거나 아예 없앨 수 있습니까?

공간과 예산을 줄이려는 훈련에 대하여 표현하는 한마디 말은 '양보'라는 말이다. 협의조정내용이 결정되면 디자인이 시작된다.

3. 3단계: 예비도면 작성과 비용 예측

예비도면 작성의 기본 목적은 점포의 형태와 출입구, 고객 흐름의 형태, 다이닝룸과 주방의 위치, 기타 다른 구성요소의 위치들을 보여주기 위한 것이다. 이 시점의 도면은 점포의 외부의 입면도, 건물의 외관, 도로의 위치, 보도와 주차장 등을 보여줄 수 있으며, 창업자는 디자인에 대한 제안을 받아들이기 전에 건축가 또는 디자인 컨설턴트에게 몇 번의 계획 수정을 요청할 수 있다. 예비도면은 종종 건축심의의 목적을 위하여 사용되거나 잠재적 투자자에게 투자를 유치하기 위한 홍보의 목적으로도 사용된다.

예비도면은 일반적으로 작은 스케일로 작성된다. 따라서 전체 설비 도면이 한 장의 종이 안에 표현된다.

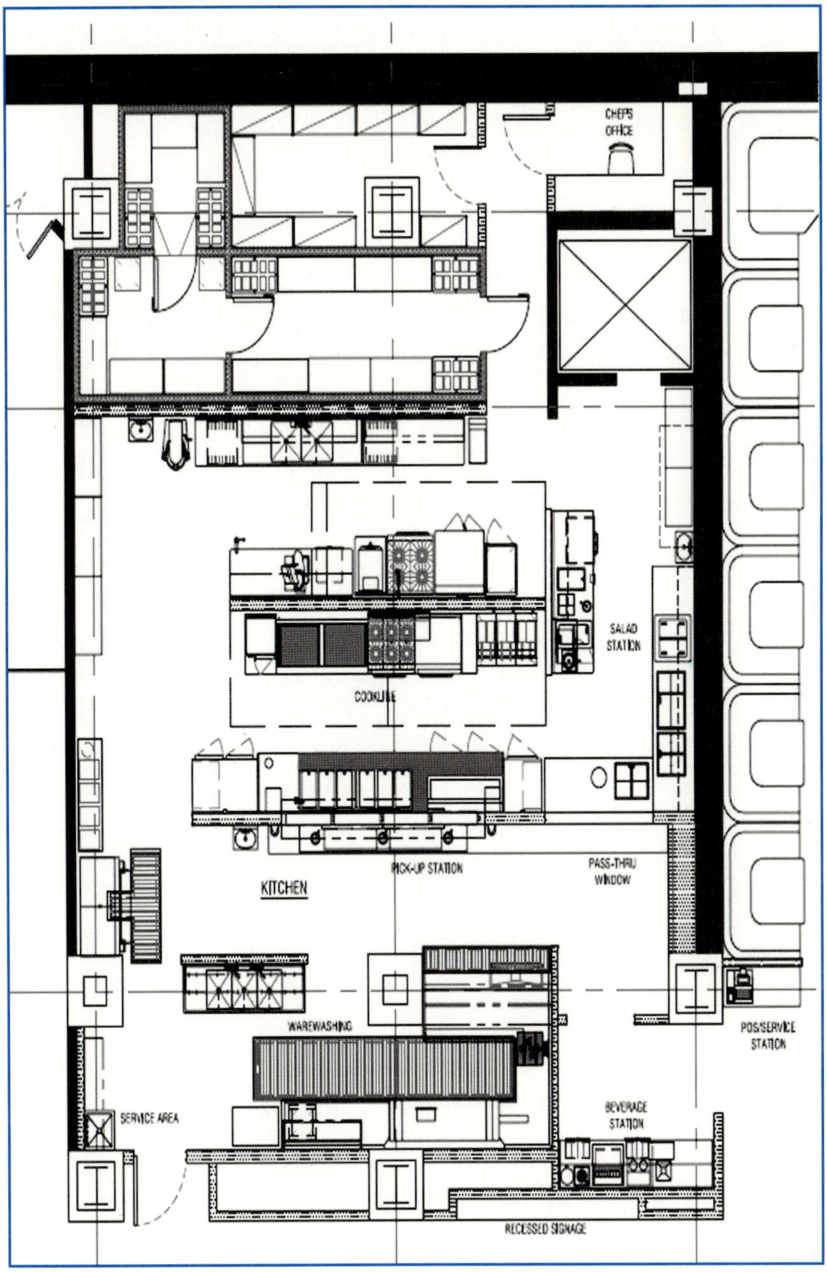

[그림 3-3] 예비 도면(주방부문)의 예

1) 레스토랑 프로젝트를 위한 비용의 예상

창업자 또는 투자자는 건축에 관한 최종 결정 또는 재정적인 지원을 받기 전에 비용에 관하여 반드시 알고 있어야 한다. 비용에 대한 예산은 일반적으로 두 번에 걸쳐 만들어진다.

① 첫 번째 예산 : 프로젝트의 비용에 대한 첫 번째 예산은 종종 건축가와 엔지니어, 레스토랑 디자인 컨설턴트들이 함께 협력하여 만들어진다. 건축가는 일반적으로 평당 건축비와 각 공간들의 마감재의 질 등을 기준으로 소요비용을 산출한다. 엔지니어들도 역시 각 공간의 크기, 필요한 HVAC(히터, 환기, 에너컨디션) 시스템의 유형, 각 공간에서 필요한 도구들의 종류와 양들을 조사한다. 디자인 컨설턴트는 엔지니어들에게 추정된 전기의 용량, 스팀 용량, 필요한 특별환기 시스템 같이 레스토랑을 위하여 필요한 모든 기구들에 대하여 책정된 예산에 대하여 알려 주어야 한다.

최종적인 건축가에 의하여 작성된 비용 견적은 다음사항들이 포함된다.

- 건축 또는 인테리어 예상비용
- 대지 비용(건축의 경우)
- 전기 및 각종 배관, 기타 기계적인 사항
- 대지개발 비용 또는 임대료
- 각종 주방장비들의 비용
- 인테리어 디자인과 가구, 비품들의 비용
- 계획과 건축 동안 발생할 수 있는 여러 가지 제반 비용 및 수수료

② **두 번째 예산** : 예비 도면이 완성된 후 그리고 프로젝트의 진행을 할 것인가 말 것인가를 대략 결정할 즈음 두 번째 예산이 완성된다. 이 시기에는 건축가와 엔지니어, 디자인 컨설턴트들이 프로젝트의 범위와 건축에 대한 세부적인 아이디어에 관하여 더 많은 아이디어를 가지게 되므로, 두 번째 예산은 첫 번째 예산보다 조금 더 정확해진다. 이 시기에 예비 레스토랑 설계도면은 대략 10분의 1 비율로 작성하게 되며, 기구들

을 나타내지만 자세하게 나타내지는 않는다.

전형적인 레스토랑 기구들의 비용 예측은 다음사항들이 포함된다.

- 장비의 가격
- 주문 제작할 장비를 제외한 장비의 모델 번호
- 각 장비의 운반비와 설치비

예산은 일반적으로 도매가격과 소비자가격 간의 차이를 고려하여 작성하여야 한다. 일반적으로 정확한 가격 견적을 산출하기 위하여 레스토랑 디자인 컨설턴트로서 다년 간의 경험이 있어야 한다. 이러한 가격에 대한 정보를 획득하기 위해서 다음과 같은 방법들을 사용한다.

- 공급업체의 카탈로그 상의 제품 표시가격과 예상되는 할인가
- 최근 수행된 프로젝트의 입찰가격
- 공급업체의 견적서. 이러한 견적서는 일반적으로 후드, 컨베이어 시스템 또는 식기세척 시스템과 같은 복잡한 장비들에 대한 비용을 산출하기 위하여 사용된다.

주방회사들은 물론 각종 장비에 대하여 장비의 설치, 운반, 취급수수료, 제반 경비 등의 비용을 상계하기 위하여 이윤을 붙일 것이며, 이익내기를 원할 것이다. 주방의 대부분의 시스템은 전기 및 가스, 배기, 급수시설들과 반드시 연관되어 있다. 따라서 주방장비의 효율적인 사용 및 배치를 위하여 어떤 계약은 주방장비업자가 기타 전기, 가스, 수도 등 설비업자와 업무연계를 필요로 하며, 창업자는 이들이 유기적으로 협력할 수 있도록 정보를 제공하여야 한다.

2) 프로젝트 수행여부의 결정

프로젝트의 진행에 대한 최종 결정 이전에 프로젝트에 예상되는 모든 비용에 대하여 하나의 보고서로 만들어야 한다. 이를 위하여 엔지니어들은 예상되는 배수 및 배관설비, 전력 소요량, HVAC, 기타 기계설비 소요량을 책정

하여야 하며, 건축을 할 경우 구조담당 엔지니어들은 철근 수요량, 콘크리트의 양, 지붕 트러스 등 필요한 자재에 대하여 결정해야 한다. 레스토랑 디자인 컨설턴트는 사전 레이아웃과 소요되는 모든 장비의 비용을 산출하여야 한다. 건축가는 자재와 인건비를 포함한 모든 건축에 소요되는 건축비를 산출하여야 한다. 만약 단독 건축을 하지 않고 내부 인테리어 공사만을 수행할 경우 인테리어 및 설비에 관련된 레이아웃과 사용되는 자재 및 소요되는 모든 비용을 산출하여야 한다.

가능한 빠르게 이들 모든 비용들이 보고서로 작성되는 대로 최종 예비도면과 모든 설비에 대한 비용 및 규격내용들이 정리된다. 그런 후 창업자는 프로젝트에 대한 진행 또는 예산의 삭감, 프로젝트의 포기 등에 대한 결정을 할 수 있을 것이다.

4. 4단계: 디자인 개발/엔지니어링과 시방서

만약 전단계에서 프로젝트의 진행이 결정될 경우 디자인 컨설턴트와 건축가, 엔지니어들은 이제까지 진행되어온 과정들을 구체적이고 자세하게 만들기 시작한다. 실시도면들과 각 시설들을 누가 실제적으로 작업을 수행할 것인가에 대한 구체적인 계획은 디자인개발 측면에서 결정된다. 장비의 선택, 주방 장비 브로슈어의 수집, 각종 설비의 설치 일정 등이 이 단계에서 진행된다. 이렇게 수집된 모든 자료들은 엔지니어들에게 전달된다.

디자인개발 단계에서 레스토랑 디자인 컨설턴트는 여러 번 창업자 또는 매니저를 만나 장비 선정과 관련된 아이디어를 공유하고, 특정부분에 대한 세부사항 및 고객에 대한 서비스방법 등을 협의한다. 많은 결정들이 이와 같은 협의를 통하여 결정되며, 컨설턴트는 각각의 미팅이 효율적이 될 수 있도록 조언을 해야 한다. 이 시점에서 컨설턴트는 반드시 고객과 매우 투명하고 확실하게 의견을 나누어야 한다. 만약 의견의 조율이 없이 조립된 고가의 기구들이 도착했을 때 창업자가 놀란다면 매우 곤란한 상황이 발생할 수 있다. 스테인리스스틸 제품들은 조립공장을 떠나 설치된 후 고치려고 할 때는 매우 어렵거나 다시 제작을 하는 등 비싼가격을 지불해야 하며, 렌지, 오븐 및 각종 대형 장비들은 설치 후 교환이 매우 어렵다.

장비에 대한 세부명세서(시방서)는 디자인 개발과정 중의 가장 중요한 부분이다. 설치되는 장비의 수량과 품질, 부속물품 및 그에 따른 전기, 수도, 가스의 공급 등 요구되는 설비들에 대한 세부명세서는 계약서의 일부가 될 것이며, 고객과 계약자 사이에 발생할 수 있는 관련 논쟁을 해결할 수 있는 기본적인 법률 증빙서류가 될 수 있다. [그림 3-4]는 장비와 관련된 세부명세서의 사례이다.

LOCATION NAME		LOCATION #			ORDER DATE	2005. 5. 30
ORDERED BY		MANAGER'S APPROVAL				
						(VAT 별도)
ITEM	DESCRIPTION	QTY	UNIT	ORD. QTY	PRICE	REMARS
Montague	Griddle Top	1	EA	3,860,000	3,860,000	M36-7
Montague	Broiler	1	EA	6,400,000	6,400,000	UFLCS-72R
				1,300,000	1,300,000	서랍식냉장고추가
Montague	Cheese Melter	1	EA	2,770,000	2,770,000	CM36
Montague	Double Convection Oven	1	EA	10,604,000	10,604,000	2-116A
Montague	Six Burnner Range w/Oven	1	EA	6,360,000	6,360,000	136-6
HOBART	2 TANK	1	EA	7,600,000	7,600,000	C64, 중고
Frymaster	Fryer Portables Filter	3	BAT	18,910,000	18,910,000	MJH60-SC / PF60S
Frymaster	Fryer	1	EA	2,100,000	2,100,000	MJH60-SC, 중고
Frymaster	Fryer Cover	4	EA	26,000	100,000	국내제작
중고제품	Henny Penny		빵워머기	1,800,000	1,800,000	중고
TOTAL					69,694,000	

[그림 3-4] 주방장비 명세서

1) 일반적 조건과 세부명세서

일반적인 조건과 세부명세서는 디자인 컨설턴트와 건축업자 양쪽 모두 사용하는 다음과 같은 일반적인 내용들을 기술한다.

① 창업자, 레스토랑 컨설턴트, 건축가와 계약업자 간에 관계를 정립한다. 이 경우 계약업자란 주방설비업자를 말한다.

② 입찰 마감일, 입찰자 이름의 기재방법, 입찰 형식 등 입찰을 위한 조건을 기술한다.

③ 프로젝트의 범위와 입찰 또는 세부명세서와 관련된 질문에 대한 답변을 해줄 담당자에 대한 기술

④ 제출에 관한 방법과 제출이 늦었을 경우에 대한 벌칙 등을 기술

⑤ 다음 요구조건에 대한 기술

- 작업 감독자
- 설치 중 및 설치 후의 청결
- 설치 전의 장비 보관
- 운반 또는 설치 동안 발생할 빌딩 파손에 대한 책임의 부여
- 장비에 대한 보증
- 보험 관련 사항

⑥ 모든 장비와 재료비, 인건비들에 대한 지불일정에 대하여 기술

⑦ 법률 및 지역 법규 규제의 준수에 관한 기술

⑧ 입찰된 물품이 동일한 품질의 설비 또는 기구일 경우 가격 조건이 유리한 공급업자를 선택한다는 조건에 대하여 기술

2) 기술표준서

기술표준서의 목적은 세부명세서의 부분에 대하여 조립될 장비와 카탈로그 장비에 대한 제작 및 설치 시 고려해야 하는 자세한 부분에 대하여 기술한 것이다. 대부분의 레스토랑 디자인 컨설턴트들은 기술표준서를 가지고 있으며, 기술표준서의 세부사항을 지역의 규제 및 법규에 따라 변경하여 계속적으로 사용한다. 한편, 장비의 카탈로그에는 기술명세서와 품질의 설정, 다른 여러 가지 요구사항에 따라 선택할 수 있는 다양한 옵션들이 있다.

3) 장비명세서

장비명세서는 여러 가지 다른 방법으로 기술될 수 있다. 그러나 고려되어야 할 가장 중요한 것은 장비에 대한 정확한 요구사항에 대하여 분명하게 기록하여야 한다는 것이다. 카탈로그 장비는 제조업자에 의하여 만들어진 표준 구조와 품질이 있다. 장비에 대한 기술은 입찰에 참가하는 납품업자들이 가능한 최상의 장비를 저렴한 가격에 납품할 수 있도록 기술되어야 한다. 예를 들어, 최고의 제품은 장비명세서와 정확하게 일치하는 장비를 말한다. 납품업자는 장비명세서에 명시된 품질과 맞지 않을 경우 낮은 품질의 제품을 입

찰할 수 있으며, 이러한 경우 가능한 낮은 가격에 제출하도록 노력할 것이다. 협상에서의 오해를 피하기 위하여 대부분의 납품업자들은 장비명세서에 명시된 장비의 제조업체 및 모델번호 등을 기입하여 입찰에 응하는 것이 바람직하다.

4) 장비명세서 체크리스트

장비명세서는 다음과 같은 사항들을 따라하므로써 실수 또는 누락을 방지하는 데 도움을 줄 수 있을 것이다.

다음 사항들은 체크리스트의 요소들이다.

- 물품 번호: 설계도면에서 사용되는 장비명세서 물품번호와 장비조달 계획
- 명칭: 장비의 일반적인 명칭(그릴, 오븐 냉장고 등)
- 번호: 요구되는 수량
- 제조업체 및 모델: 모델 번호와 제조업체의 주소 등
- 규격(사이즈): 길이, 폭, 높이의 규격
- 설명서: 품질에 대한 명세서와 일반적으로 만들어진 표준부품을 이용하여 조립된 물품에 대한 품질기준
- 유틸리티들: 각 기구들을 위한 전기, 급 · 배수, 스팀, 환기 등의 유틸리티들에 관한 리스트
- 액세서리: 가격에 근본적으로 영향을 미치는 선택적 부품 또는 마감재, 형태 등
- 인증: KS, UL, KFDA, 가스안전, 전기형식승인 등의 안전 및 제품규격에 대한 인증 및 형식승인
- 기타 사항: 설치에 관한 특별한 요구사항 및 특별한 장비에 대한 설치 규정 등은 입찰자들에게 고객의 요구사항을 정확하게 전달하고 이해하는 데 도움을 줄 것이다.

5) 성능명세서

성능명세서는 필요한 작업의 양과 장비의 용량 및 표준 성능에 대하여 기술하여 놓은 것이다. 성능명세서는 예를 들면, "튀김기계는 반드시 1시간에 45kg의 후렌치 프라이를 튀길 수 있어야 한다"고 명확하게 명시를 하는 것이 성능명세서이다. 그러나 이러한 형식의 성능명세서 상의 문제점은 성능을 판단하거나 측정하기가 매우 어렵다는 것이다. 튀김기계가 설치된 후 컨설턴트 또는 창업자가 어떻게 실제 결과를 특정할 수 있을 것인가? 아마 45kg의 후렌치 프라이를 1시간 이내에 튀겨내는 것이 가능할지 모른다. 그러나 몇 도에서 잘 익겠는가? 그리고 후렌치 프라이는 냉동인가 또는 신선한 감자인가? 따라서 성능명세서는 좀더 명확하고 판단하기 쉽게 재료의 상태에 대한 상세한 자료를 제공해주어야 한다.

6) 계약서

계약서는 일반적으로 다음사항들을 포함한다.

- 건축 및 개 · 보수에 필요한 그래픽 데이터들(site drawing, floor plans, mechanical drawings, elevations schedule 등)을 포함한 최종 도면
- 일반건설, 조감도, 전기배선, HAVC, 급 · 배수, 구조, 철거, 주방도면, 나머지 부문 등 각 부문별로 나누어진 세부명세서
- 건축허가서 및 여러 가지 관련 면허 등과 같은 필요한 서류들 및 입찰자에 대한 특별 요구사항

계약서들은 창업자 및 발주자와 납품업자 또는 주방장비 납품업자의 일부가 된다는 의미를 내포한다. 만약 총괄 건축업자와 주방장비의 납품업자가 분리된다면 계약서도 따로 분리하여 준비하여야 한다.

7) 구매비용

기기의 최종적인 가격을 평가할 때 고려해야 할 항목은 다음과 같다.

① 최초의 가격 : 시장가격과 특수한 기기의 희소가치 등을 비교 평가

② 설치비용 : 기기가격에 많은 비용을 추가할 수 있다. 입찰가격에서 설치비를 포함하지 않는 경우가 있다. 그러므로 입찰 시 특별한 조건이 있는지 꼼꼼하게 확인하여야 한다.

③ 수리비 : 사용에 무리가 없고 견고하며 비용이 적게 드는 장비이며 자주 수리를 하지 않아야 한다. 주방의 경우 대부분 여분의 장비가 없으므로 고장이 발생하면 비용의 발생뿐만 아니라 영업에 많은 어려움을 줄 수 있다. 따라서 초기 비용이 조금 더 발생한다 하더라도 고장이 적은 제품을 선택하는 것이 중요하며 제작업체가 수리부품 등을 공급하는데 신속하고 신뢰성이 있어야 한다.

④ 감가상각 : 최종 비용에 중요한 요소가 된다. 제품의 수명이 10년인 경우 매년 10%의 감가상각이 발생한다. 잘 재작된 주방기구의 경우 15~20년 정도의 수명을 유지한다.

⑤ 보험료, 제정비용

⑥ 운영비용 : 기기를 운영하는데 소요되는 비용을 말한다. 운영하는데 필요한 소모품의 비용 또는 용량, 청소비용 등이 포함된다. 초기 구입비용은 저렴하나 소모품의 비용이 비쌀 경우 장기간 운영에 따른 손해를 볼 수 있다. 따라서 주방기기는 단순하며 운영비용이 저렴한 것을 골라야 한다.

5. 5단계: 입찰과 계약의 체결

입찰 및 계약의 체결과정은 오븐 또는 레인지의 교체와 같은 간단한 프로젝트라 하더라도 몇일의 시간이 소요된다. 주방 한 부문의 구매를 위한 과정이라도 제안서와 입찰 준비기간을 포함하여 아마도 상당기간 걸릴지도 모른다. 만약 대형 프로젝트의 경우 입찰공고 및 입찰에 약 4~6주, 그리고 입찰서류의 검토 및 계약의 체결까지 약 2주를 포함하여 총 2달의 기간이 소요될 수 있다. 프로젝트의 크기가 클수록 입찰기간이 늘어나는 이유는 각각의 입찰자는 각기 다른 거래선으로부터 프로젝트에 필요한 물품 및 인건비 등의 견적을 받아 최종 입찰가격을 정해야 하기 때문이다.

계약서는 모든 항목이 빠짐없이 기록되어 있는지 꼼꼼히 살펴보아야 한다. 만약 계약서에 서명이 된 후 계약자에 의해 한 가지라도 누락된 아이템이 발견될 경우, 그로 인하여 수백 만원의 손해를 가져올 수 있다.

건축업자는 계약체결 후 그리고 건축에 관한 허가를 받은 후 비로서 건축 또는 개·보수 공사를 시작할 수 있다.

6. 6단계: 건설 또는 인테리어 공사

건설 또는 인테리어 공사의 단계동안 레스토랑 컨설턴트는 다음과 같은 업무를 확인하여야 한다.

- 장비의 조립을 위한 매장 도면의 검토
- 계약자 또는 건축가로부터의 질문에 대한 답변
- 작업과 관련된 회의의 참석
- 조립공장에서 조립과정에 있는 물품들에 대한 검사
- 계약자들에 의해서 작성된 도면에 대한 승인

7. 7단계: 감리/승인

레스토랑은 건설과정 중 마지막 과정에 적어도 두 번의 점검을 받는다. 첫 번째 점검은 아마도 모든 장비들이 제자리에 설치된 후 장비의 연결이 완료된 상태에서 실시되며, 이 때 레스토랑 컨설턴트와 장비의 납품업자, 건설업체의 대표자, 점장(매니저) 등의 인원이 점검에 참석하게 된다. 이 단계에서 어떤 문제점이 발견되면 문제점들을 기록하여 놓으며, 문제점이 발견된 항목에 대하여 납품업자들은 두 번째 점점 전에 발견된 문제점들을 해결 및 보완하도록 조치하여야 한다. 두 번째 점검은 모든 장비들의 연결이 완료된 뒤, 테스트를 실시하고 조리가 가능한 상태가 되었을 때 실시된다. 이 시기에는 문제점들의 발견 요소가 적어지고 레스토랑의 운영을 준비하기 위한 결정이 내려져야 할 시기이며, 레스토랑 오픈을 위한 시설 디자인작업의 마지막 단계라고 할 수 있다.

8. 8단계: 교육과 운영

종사원들에게 기구들의 설계 및 배치에 대하여 설명하기 위한 시연 및 교육은 매우 중요하며 설치된 기구들을 사용하는데 많은 도움이 된다. 설치된 장비의 정확한 사용법에 대한 교육은 장비업체의 담당자, 제조업체의 교육프로그램 등에 의하여 실시된다.

레스토랑 창업 프로젝트를 수행하기 위해 팀의 각자가 다른 사람의 업무를 이해한다면 가장 효과적으로 일을 수행할 수 있다. 이 장에서는 디자인 컨설턴트에 의하여 일반적으로 수행되어야 할 업무들을 기술하고 다양한 팀원들과 창업자, 점포관리자들이 수행하여야 할 기능에 대하여 설명하였다. 프로젝트가 계획되고 계획이 진행되는 동안 일반적으로 발생하는 작업 공정표는 '디자인 순서' 라는 항목 아래에 자세하게 기술하여야 한다. 건축가와 레스토랑 디자인 컨설턴트는 많은 부분을 함께 일을 같이하게 된다. 그럼에도 불구하고 레스토랑 컨설턴트는 사전조사와 계획의 실행, 교육훈련 등은 일반적으로 레스토랑 디자인컨설턴트 고유의 책임 부문이다.

계약서는 계약자 간에 법률적 관계를 성립시켜 주며 계약자에 의하여 수행되어야 할 작업의 품질에 대하여 기준을 제시하고 수행된 작업의 품질을 점검하는데 사용된다. 각종 기술서들은 계약서의 일부분으로 납품되어야 할 각종 장비들의 수량과 품질에 대하여 명확하게 기술되어야 한다.

외식창업

제4장

레스토랑 디자인의 기본

제4장

레스토랑 디자인의 기본

제1절 디자인 기본원칙

레스토랑의 서비스방법, 메뉴, 물리적인 배치 등이 현저하게 다르다 하더라도 어떤 장소의 형태에 관계없이 레스토랑 디자이너에 의하여 기본적으로 지켜지는 디자인 원칙이 있다. 이들 원칙들은 고객과 종사원들을 위하여 즐거운 환경과 효율성을 제공하여 주는 것이다. 그러나 이러한 효율성은 한가지의 특별한 배치의 결과로 얻어지는 것은 아니며, 전체적인 흐름을 가지고 조화롭게 설계가 되었을 때 효율성을 가져올 수 있다.

디자인에 관한 일반적인 오해는 공간의 운영과 장비를 배치하는 방법은 오로지 한 가지 옳은 방법 밖에 없다고 생각하는 것이다. 사실 하나의 장소를 위하여 만들어낼 수 있고 고객에 의하여 받아들여질 수 있으며, 실행이 가능한 디자인은 매우 많을 수 있다. 유능한 디자이너는 각각 다른 여러 가지의 다양한 디자인을 제안하고 설득하려고 접근해야 한다는 것을 알고 있을 것이다.

레스토랑은 그들이 가지고 있는 점포자체의 구조적인 문제들을 해결하기 위하여 독창적으로 접근하여야 한다.

창업자는 '디자인'과 '레이아웃'의 차이점을 반드시 이해해야만 한다. 디자인은 제2장 컨셉의 개발에서 논의되었던 모든 고려사항들을 포함한 전체 시설들을 포함한다. 레이아웃은 레스토랑 안의 작업 공간 또는 각각의 작은 단위에 대한 배치를 포함한다. 일반적으로 건축가 또는 레스토랑 디자인에서 의미하는 '디자인'은 레스토랑의 건축, 또는 인테리어 전체의 설계를, '레이아웃'은 주방 부문, 또는 베이커리 부문 등의 영역을 의미한다고 할 수 있다.

1. 협의와 조정

모든 창업 디자인 프로젝트에서 상반된 의견으로 인하여 디자이너가 함께 일을 할 수 있도록 절충이 필요한 사항들이 발생하게 된다. 예를 들어, 다이닝룸 디자인의 경우 창업자들은 단체고객을 위하여 단체용 룸을 포함하기를 희망할 것이다. 이들 룸은 단체고객들의 편리한 이동 동선을 고려하여 입구쪽에 위치할 것인가, 아니면 뜨거운 음식을 제공하기 편하게 하기 위하여 주방근처에 위치할 것인가? 답은 '양쪽 모두'이다. 그럼에도 불구하고 만약 단체용 룸이 입구 또는 주방 양쪽 모두 디자인 구성요소들에게 방해가 된다면 최선의 해결방안은 다이닝룸을 다른 부분으로 옮기는 것이다.

또한 주방 담당자는 조리의 편리성을 우선하여 넓은 주방공간을 요구할 것이며, 홀 담당 매니저는 서비스 동선 및 서비스 효율성을 고려해 가능한 넓은 통로의 확보 및 많은 서비스 스테이션의 배치를 요구할 것이다. 이와 같이 디자인 과정에서 의견의 충돌은 언제든지 발생할 수 있다. 그리고 단지 기술과 경험이 있는 사람만이 논리적이고 절충의 결과를 통하여 우선순위의 균형을 가져올 수 있다.

종종 창업자의 우선순위가 디자이너의 우선순위와 다를 수 있기 때문에 만족스런 업무관계를 형성하기 위하여 솔직한 대화와 모든 업무 담당자들 간에 주고받기 식의 절충을 통하여 결과를 도출해 나가야 한다.

디자이너는 그의 업무내용을 프로젝트를 시작하기 전에 의뢰한 창업자에게 분명하게 제시된 원칙에 따라 수행해야 한다.

디자인의 수정은 일반적으로 발생하며, 주요 프로젝트의 디자인을 위하여 적어도 네 번에서 여덟 번 정도의 수정은 상당히 일반적인 현상이다. 디자인의 수정은 "좋은 디자인은 많은 사람들의 최고의 생각들을 모아 표현한다"라는 생각으로 건전하게 접근하는 자세를 가져야 한다.

2. 일반적인 레스토랑 디자인의 원칙

각각의 디자인 전문가들은 레스토랑 디자인에 있어 나름대로의 효율적인 접근방식을 통하여 만들어 놓은 가이드라인들을 가지고 있다. 그러므로 어떤 원칙이 보편적으로 받아들여진다 하더라도 외식업 분야에 있어서 모든 전문가들의 작업을 위한 표준 디자인 원칙은 없다. 아래의 원칙들은 레스토랑 디자인 전문가들이 디자인 과정에 접근하기 위한 일반적인 구성을 제공하기 위한 기본 원칙들이다.

- 유연성과 모듈의 원칙
- 단순함의 원칙
- 사람과 물건들의 효율적인 흐름의 창조
- 위생 및 안전의 용이함의 원칙
- 감독의 용이함의 원칙
- 효율적인 공간 활용의 원칙

1) 유연성과 모듈의 원칙

레스토랑에서 사용되는 주방장비의 제작을 위하여 두꺼운 스테인리스스틸을 사용하는 것이 거의 일반적인 방식이다. 스테인리스스틸은 녹이 슬지 않으며, 쉽게 청소가 가능하며 물기에 강하고 쉽게 마모되지 않는다. 그러나 이러한 장점에도 불구하고 스테인리스스틸은 잘 구부러지지 않는 단점을 가지고 있다. 주방에 있는 하나의 스테인리스스틸 테이블은 주방 디자인 변화에 맞추기 위하여 쉽게 모양을 수정할 수 없다. 예를 들어, 4미터 길이의 작업대가 필요하다면 유연성의 원칙에 따라 디자이너는 1.5미터와 2.5미터의 두 개의 테이블로 제작하는 것으로 제안해야 한다. 이들 두 길이의 테이블은 만약의 경우 주방의 설계가 변경될 경우 테이블을 잘라야 하는 필요성을 사전에 방지하며 재배치 시의 유연성을 높여준다. 유연성의 원칙은 작은 구성요소로 나누는 것을 필요로 하며, 이러한 요소들은 새로운 매니지먼트에 따른 새로운 메뉴 또는 서비스 방식의 변경, 새로운 준비 방식과 같은 환경변화 요구에 쉽게 적응할 수 있다. 변화를 위한 디자인은 기본적으로 유연성을 가지는 것을 의미한다.

다이닝 공간에서 유연성은 이동 가능한 벽을 이용하여 공간을 나누는 것이다. 서비스 지역에서 공간은 뷔페서비스와 테이블서비스를 고려하여 나누어 질 수 있다.

디자인에 있어서 모듈화는 장비와 공간의 기능과 규격의 표준화를 제공해준다. 예를 들어, 건축산업에 있어 문들은 사업표준에 의하여 크기가 정하여져 있으므로 모듈화 되어 있다. 레스토랑에서 사용하는 리치-인(Reach-in) 냉장고도 일반적으로 기능과 크기에 있어 규격화되어 있다. 자유롭게 이동하는 카페테리아 안에서의 서비스 구성요소들도 모듈화되어 있을 것이다. 그럼으로써 메뉴와 소비자 기호의 변화에 따라 서비스 라인을 쉽게 변화시킬 수 있다. 레인지 부문에서의 모듈화는 일반적으로 사용되며, 디자이너는 다양한 종류의 기구로부터 선택하는 것과 이들 선택된 기구들을 원활하고 연속적으로 배열하는 것을 가능하게 해준다. 기구배치에서 장비의 빠르고 쉬운 분리와 저렴한 비용으로 변경이 가능한 것은 유연성과 모듈화의 좋은 예라고 할 수 있다. 몇 년이 지난 후 만약 일부 장비를 교체해야 하는 경우에도 모듈화 주방은 나머지 장비에 관계없이 장비를 제거하거나 교체할 수 있다.

2) 단순함의 원칙

레스토랑 디자인에 있어 단순함에 대한 노력은 대단히 많은 이점을 제공해 준다. 레스토랑은 복잡하게 보일 수 있다. 이러한 작업장에서의 복잡하고 어질러진 상태는 열악한 위생 상태와 혼란, 비효율을 가져올 수 있으며 더욱이 고객들로 하여금 불편함과 분주함을 느끼게 할 수 있다.

단순함의 원칙은 외식산업 구성요소의 디자인과 다양한 방법의 시스템들을 포함할 수 있다. 이에 대한 예들은 다음과 같다.

- 레인지 부문을 위한 어질러진 부문을 깨끗이 함
- 흙이 있는 부분이나 윤활유가 있는 부분을 위하여 간단한 벽걸이용 테이블의 사용
- 가끔 움직이는 기구에서 바퀴의 제거
- 바닥을 관통하여 연결하는 각종 유틸리티들의 제거(기구 뒤의 벽을 통하여 연결)
- 기구의 선정 시 불필요한 액세서리의 제거
- 다이닝 룸 내에 편리한 곳에 서비스 구역 설치
- 다이닝 룸 내에 웨이터와 손님들이 편안하고 자연스럽게 이동할 수 있는 통로를 확보할 수 있는 테이블의 배치

단순함의 원칙에 위배되는 예들은 많은 레스토랑의 주방에서 찾아볼 수 있다. 예를 들어, 장비 제조업체들에 의하여 판매된 그릴과 튀김기계들을 설치하기 위한 대형 스테인리스스틸 기구들은 매우 값비싸며 청소하기에 매우 어렵다. 이러한 것에 대한 한 가지 해결책은 기구 주문 시 받침대가 없는 기계 자체만을 주문하는 것이며, 이를 위하여 단순한 스테인리스 테이블을 받침대로 제작하여 사용하는 것이다. 이러한 방식은 예산을 수십 만원 이상 절약할 수 있으며 종사원들이 청소도 손쉽게 할 수 있다.

3) 사람과 원재료의 흐름 원칙

레스토랑 안에서의 음식의 이동은 주문으로부터 시작하여 쓰레기의 처리로 끝나는 논리적인 순서에 따라 이루어진다. 일반적으로 접수와 쓰레기의 처리는 모두 주방의 뒷부분에서 이루어지며 레스토랑 안에서의 음식의 순환은 다음 [그림 4-1]과 같다.

만약 음식이 [그림 4-1]과 같이 순환되지 않는다면 종사원들에 의하여 낮은 품질의 메뉴생산과 노동력의 낭비 같은 일들이 발생할 것이다.

다음 사항은 디자인 시 고려해야 할 몇 가지 흐름에 대한 예들이다.

- 주방의 한 부분으로부터 다른 부분으로의 종사원의 이동
- 식기세척시스템을 통하여 조리구역 및 서비스 지역으로 돌아가는 식기들의 흐름
- 레스토랑 안에서 입구로부터 칵테일 라운지 또는 테이블에 이르는 고객들의 흐름
- 카페테리아 안에서 입구로부터 티켓을 구입하거나 수거하는 곳을 통해 접시를 놓아두는 곳까지의 고객들의 흐름 및 배식구역의 흐름
- 주방의 주요 통로를 통하여 준비 구역에 이르는 가공되지 않은 음식재료들의 흐름

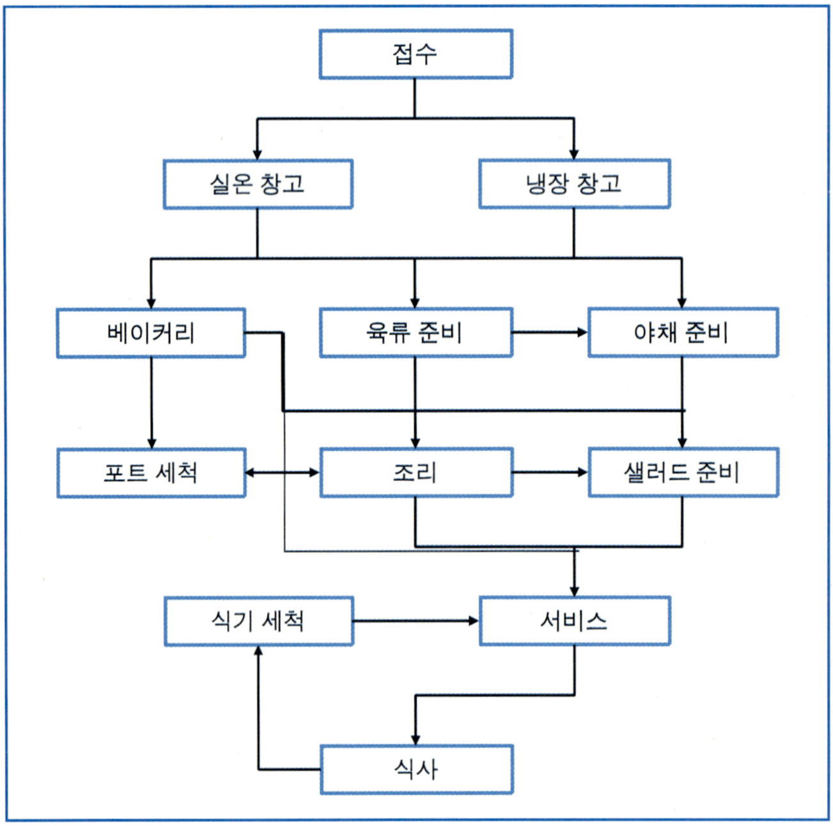

[그림 4-1] 사람과 원재료의 흐름

요한 인원의 수를 줄일 수 있게 되었다.

다른 층으로의 생산 구역을 분리하는 것은 단지 감독의 용이함의 원칙을 위배하는 것일 뿐 아니라 필요한 감독자의 수를 증가시키는 결과를 가져온다. 또한 각 층 간의 물류 흐름에 부담을 초래할 수 있다. 따라서 디자이너는 언제든지 가능한 한 층을 나누어 생산구역을 분리하는 것을 피해야 한다.

후드 아래 작업구역 사이에 중간 높이의 벽을 설치하는 것은 바람직하다. 약 130cm 높이의 벽을 설치함으로써 각각의 작업을 위한 독립공간을 나누어 주며, 감독자의 시야도 확보해 줄 수 있다.

중간 높이의 벽은 다음과 같은 이점을 제공하여 준다.

- 벽에 부착하는 기구들을 위한 장소
- 각종 기구들을 연결하기 위한 위생적 장소
- 물이 엎질러져 넘어오는 것을 방지

6) 공간효율성의 원칙

빌딩의 건축과 유지보수 비용이 상승함에 따라 디자이너는 끊임없이 그들의 작업에서 공간을 절약하려는 아이디어를 많이 만들어야 한다. 공간의 절약은 작고 잘 설비된 레스토랑 주방 디자인에서 공간 효율성으로 전환된다는 이점으로 작용한다.

작고 효율적인 주방은 사용하는 사람들에게 즐거움을 줄 수 있다. 그러나 너무 작을 경우 조리사와 함께 일하는 사람들에게 불편함을 줄 수 있다. 어떻게 디자이너는 작고 효율적인 디자인과 너무 작은 디자인 간의 차이점을 알 수 있을까? 다음에 제시되는 사항들은 종사원들이 일을 효율적으로 하기 위하여 주방의 각 부문에 필요한 장비와 수납공간 들을 제시하여 놓은 것이다.

- 작업 공간(테이블)
- 싱크대

- 절단 공간
- 조리 기구들을 위한 수납공간
- 각종 팬들을 위한 수납공간
- 조리되지 않은 재료들을 위한 수납공간(창고)
- 조리된 제품들을 위한 수납공간
- 이동을 위한 적절한 공간

만약 각각의 작업공간이 위의 사항들을 포함한다면, 그리고 작업공간이 효율적으로 배치되어 있고 활용하기에 적합하다면 레스토랑은 효율적 공간 활용을 하고 있다고 할 수 있다.

제2절 인체공학

작업자의 안전과 편안함을 위주로 설계된 작업환경은 종사원의 생산성에 지대한 영향을 미칠 것이다. 만약 종사원이 일하는 곳에 대하여 즐거움을 느끼며, 알맞은 장비와 기구들을 제공받는다면 그들은 그들의 일을 즐기게 될 것이며 작업에 있어 효율성을 발휘하게 될 것이다. 다음사항들은 작업장에서 품질에 영향을 주는 기본적인 요소들에 대한 사항들이다.

- 적절한 온도와 습도
- 충분한 작업공간
- 각종 도구들의 효율적 사용 가능
- 소음 정도의 조정
- 적절한 조명
- 적절한 장비의 높이

1. 온도와 습도

온도와 습도는 주방의 종사원들의 작업 효율성에 영향을 미치는 중요한 요소 중의 하나이다. 높은 온도에 지속적으로 노출되거나 높은 습도, 브로일러와 각종 레인지 등 여러 장비들이 뿜어내는 복사열 등으로 인하여 종사원들은 불쾌감을 느낄 수 있다. 대부분의 종사원들은 이들 요소들이 적절하게 조절되었을 때 최적의 업무 성과를 낼 수 있다. 대부분의 사람들이 쾌적함을 느끼는 온도와 습도의 범위를 우리는 편안함을 느끼는 범위(Comfort zone)라고 부르며, 이와 같이 최적의 업무효율을 낼 수 있도록 요구되는 온도 구간은 겨울에는 18.3~21.1℃, 여름에는 20.6~22.8℃를 유지하도록 제시되고 있다. 이러한 기준은 성별 또는 나이에 따라 약간의 차이가 있을 수 있으므로 적절하게 조절하는 것이 요구된다. 비록 주위의 환경이 적절한 온도로 유지되고 있다하더라도 종사원들은 아주 뜨겁거나 찬 환경에 노출되는 결과가 발생할 수 있다. 오븐이나 브로일러, 그릴, 튀김기 근처에서 작업을 하는 종사원은 지속적으로 뜨거운 환경에 얼굴과 피부가 노출되는 결과를 가져올 수 있으므로 불쾌감을 초래할 수 있다.

쾌적한 환경을 유지하기 위하여 요구되는 습도의 범위는 40~60%이다. 높은 습도는 불쾌감을 초래할 수 있으며, 낮은 습도는 피부의 건조를 초래하는 원인이 된다. 따라서 작업환경을 설계하는 경우 모든 사람들의 쾌적함에 영향을 미치는 이러한 환경적 디자인의 측면에 대하여 이해하고 있어야 한다.

우리나라와 같이 사계절이 있는 경우 겨울에 만약 실내 기온이 너무 높으며 습도가 너무 낮다면 고객들은 건조함으로 인하여 쾌적함을 느끼지 못하게 될 것이다. 겨울의 경우 외부 공기의 습도가 매우 낮으며 이러한 공기가 빌딩 안으로 유입되어 난방기로 약 21°C로 가열된다면 습도는 매우 낮은 수준으로 떨어질 수 있다. 여름에는 반대의 경우가 발생할 수가 있다. 습기가 많은 공기가 외부로부터 유입되어 냉방이 된다면 습도를 높이는 결과를 가져올 수 있다. 이러한 환경을 개선하기 위하여 여름철 에어컨디션의 사용은 덥고 습한 공기를 감소시켜 낮은 온도와 낮은 습도를 유지하여 쾌적한 환경을 제공하여 줄 수 있으며 겨울철 가습기의 병행 사용은 낮아진 습도를 어느 정도 올릴 수 있을 것이다.

레스토랑에서 주방과 디쉬워싱 구역은 아주 제한된 양의 에어컨을 사용하는 지역이다. 따라서 쾌적한 작업환경을 위한 공기의 순환은 필수적 요소이다. 만약 온도가 약간 높다하더라도 공기의 순환이 빠르면 땀의 증발로 인하여 충분히 쾌적함을 느낄 수 있을 것이다. 레스토랑 내에서 디쉬워싱 지역과 레인지 부문은 일반적으로 쾌적함을 유지하기 힘든 지역들이다. 디쉬워싱 구역은 디쉬워싱 기계로부터 발생하는 높은 습기와 스팀으로 인하여 높은 습도가 유지되며, 이러한 습도는 작업자를 불쾌하게 만들고 접시들이 빠르게 마르지 않는 두 가지 문제를 발생시킨다.

디자이너는 엔지니어와 긴밀하게 협조하여 디쉬워싱 기계의 흡기구와 배출구의 양쪽에 충분한 공기의 순환을 도울 수 있는 덕트를 설치하여 줌으로써 이러한 문제를 해결할 수 있다.

2. 충분한 작업공간

최대의 효과와 생산성을 창출하기 위한 식음료시설 설계의 중요한 단계 중 하나가 작업공간의 디자인이다. 작업공간이란 한 명 또는 그 이상의 인원들이 부여된 과업을 수행할 수 있도록 설계되어진 공간으로 정의할 수 있다. 작업공간의 디자인은 필요한 바닥의 넓이 작업을 위한 공간, 창고 공간, 필요한 장비를 설치할 공간의 확보 등을 포함하여야 한다. 또한 전체적인 레스토랑의 디자인을 위하여 여러 종류의 각기 다른 작업공간을 반드시 고려하여야 한다.

다음 사항들은 일반적인 지침으로 사용되는 사항들이다. 아래 사항들이 모든 상황에 적합하다고는 볼 수 없다. 그러나 주어진 요구상황에 따라 적절하게 상식적인 평가와 조정을 통하여 최적의 결과를 이끌어 낼 수 있을 것이다. 개개인의 작업자가 필요한 공간은 다음의 상황에 따라 영향을 받을 수 있다.

- 작업의 종류 및 형태
- 작업공간에서 일하는 작업자의 수

- 장비의 종류와 수
- 장비의 문을 열기 위하여 요구되는 공간
- 취급하고자 하는 음식의 종류
- 재료 및 물건들을 저장하기 위하여 필요한 공간의 양
- 재료 및 물건들이 움직이는 동선

〈표 4-1〉 돌출된 장비들로 이루어진 양방향 통로의 예

공간의 종류	필요한 복도의 넓이(cm)
제한된 장비의 단일 통로	76 ~ 91
제한된 장비의 양방향 통로	107 ~ 137
돌출된 장비들로 이루어진 단일 통로	107 ~ 137
돌출된 장비들로 이루어진 양방향 통로	137 ~ 168
통행량이 적은 복도	91 ~ 122
통행량이 많은 복도 (주요 통로)	122 ~ 183

1) 복도 공간

복도 공간은 아래의 도표에 기술한 바와 같이 각기 다른 종류의 공간을 필요로 한다.

도표에 언급되었듯이 통행량이 많은 주요통로의 넓이는 122~183cm의 넓

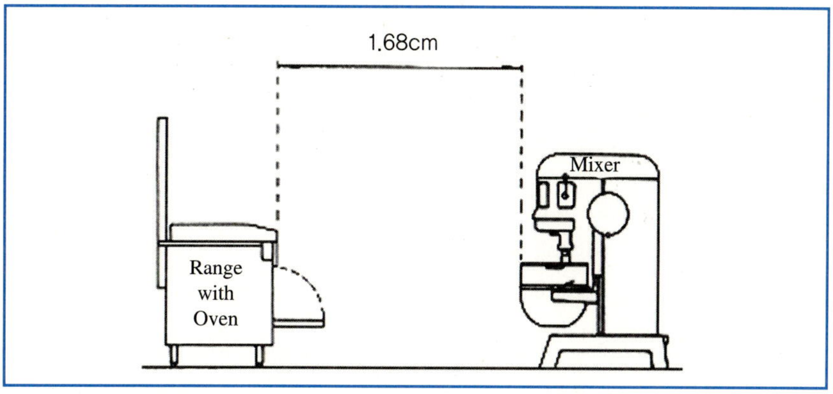

[그림 4-2] 돌출된 장비들로 이루어진 양방향 통로

이가 필요하다. 주요통로는 창고로부터 제조를 위한 장소로 사람과 물자가 이동하기 위하여 사용되는 통로 또는 제조 장소로부터 서비스 장소로 이동하는 통로를 말한다. 돌출된 문들을 사용하는 장비들은 절대로 이러한 주요통로 상에 위치해서는 안 된다. 냉장고 또는 오븐 등 모든 돌출된 문을 사용하는 장비들은 통행에 방해가 되지 않으면서 적절한 넓이(137~168cm)의 공간을 확보해야만 한다.

적절한 규격의 복도를 확보하는 것은 레스토랑의 전체 규모와 운영의 효율성에 심대한 영향을 미치기 때문에 매우 중요하다. 만약 통로가 너무 좁다면 직원들이 공간 안에서 작업하기가 어려울 것이며, 만약 공간이 너무 넓다면 직원들은 일하는 동안 다른 작업을 위하여 이동하는 구간이 많아 짐으로써 피로와 낮은 생산성의 결과를 유발할 것이다.

2) 작업장 내의 표면들

레스토랑의 장비를 위하여 사용되는 표면 종류들은 다음의 3가지 형태가 있다. 음식이 닿는 표면과, 물에 적셔지는 표면, 음식이 닿지 않는 표면으로 나누어진다.

① **음식이 닿는 표면** : 음식이 취급되는 곳에서 사용되는 표면의 조건은 표면의 재질이 매끄러워야 하며 부식이 되지 않아야 하고 독성이 없어야 하며 견고하고 물기를 흡수하지 않아야 한다. 또한 불순물의 원인이 되거나 악취, 색깔, 맛 등에 영향을 미치면 안 된다.

② **물에 적셔지는 표면** : 표면은 매끈하여야 하며, 쉽게 교체가 가능하여야 하고, 부식이 되지 않거나 깨지지 않거나 금이 가지 않도록 하는 재질에 부식이 되지 않도록 만들어야 한다.

③ **음식이 닿지 않는 표면** : 표면이 매끄러워야 하며, 부식이 되지 않거나 부식이 되지 않도록 하여야 한다.

작업 테이블의 높이는 작업의 효율에 중요한 영향을 미친다. 만약 작업 테이블이 낮게 설계되었을 경우 작업자의 허리에 무리를 줄 수 있으며 이는 피

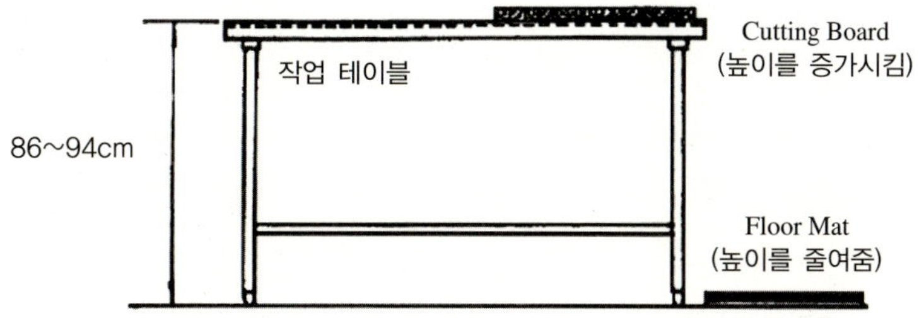

[그림 4-3] 작업을 위한 표준 높이

로의 원인으로 작용하여 노동 생산성이 저하될 수 있다. 작업대 표면의 높이는 잘게 써는 일을 하거나 구부림 없이 다른 손으로 일을 할 수 있어야 한다. 작업대 표면의 높이는 반드시 근로자의 키에 맞출 수 있어야 하며, 작업대 위에 올려지는 물건에 따라 높이가 조정될 수 있다. 예를 들어, 두꺼운 도마는 약 3~7cm의 높이를 증가시킬 수 있다.

대부분의 디자이너들에 의하여 사용되는 작업대의 표준 높이는 여성의 경우 약 94~99.1cm이며, 남자의 경우 99.1~104.1cm이다[그림 4-3]. 만약 작업장이 무겁고 부피가 큰 물건들을 위하여 사용된다면 86.4~91.4cm의 낮은 높이의 작업대가 선택될 것이다. 작업자를 위한 약간의 높이 조정은 플로어 매트를 사용하거나, 테이블 위에 높은 도마를 사용하거나, 작업대의 높이 자체를 조절함으로써 작업자의 키에 맞추도록 조정해야 한다.

3) 물건 운반용 기구들

레스토랑에서 일하는 작업자에 의하여 무거운 물건들을 들어 올리는 것은 사고와 개인적 상해를 일으킬 수 있다. 아래 기술된 물건들을 운반용 도구와 장비들은 이러한 작업자의 상해를 상당히 줄일 수 있다.

- 포크리프트
- 핸드 포크리프트
- 카트

- 핸드 트럭
- 이동식 컨베이어

물건 운반용 기구들은 주방 안에서 음식들을 조리하기 위하여 가장 빈번하게 사용하는 도구일 것이다. 이들 카트들은 직원들에 의하여 물건이 가득 담긴 식품 케이스를 선반 위에서 카트로 떨어뜨리거나 거칠게 다루어지는 등 오용되기도 한다. 디자이너는 이러한 손상과 오용을 방지하기 위하여 가능한 최대한의 무게를(약 250~450kg) 견딜 수 있는 제품을 구매하여야 한다.

포크 리프트는 일반적으로 대규모 급식소의 물류창고에서 사용된다. 그러나 손으로 조작하는 수동식 포크리프트의 경우에는 중형급 또는 대규모의 급식소에서도 사용되고 있다. 수동식 포크리프트의 경우는 식재료들이 실린 팔레트를 약 7~15cm정도 들어올려 냉동고 또는 창고로 쉽게 이동할 수 있게 하여준다. 핸드트럭은 L자형 모양으로 두개의 바퀴가 달려있어 직원들이 손으로 손잡이의 균형을 잡고 상자 등을 운반하기에 편리한 도구이다.

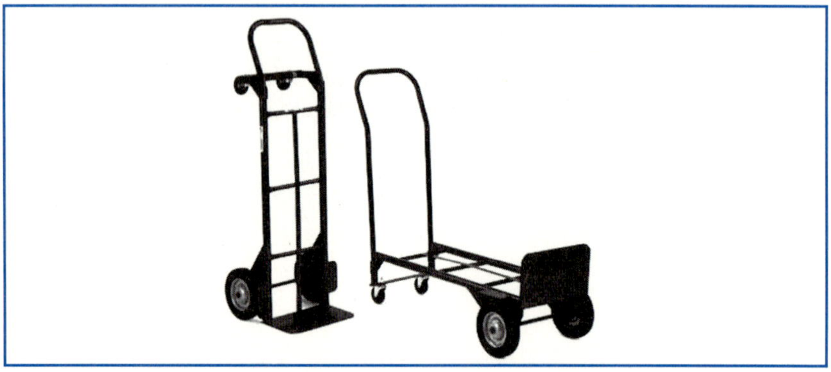

[그림 4-4] 핸드 트럭

4) 알맞은 조명

조명의 밝은 정도를 말하는 조명도에 대한 단위는 룩스(Lux)이다. 1㎡의 넓이에 1lm(루멘)의 광속(光束)이 균일하게 분포되어 있을 때의 면의 조명도, 즉 1cd(칸델라)의 점광원으로부터 1m 떨어진 곳에 있는 광선에 수직인

〈표 4-2〉 공간 내 적절한 조명의 양

공 간	Lux	Footcandles
주방 작업 공간	323~430	30~40
교실	430~538	40~50
캐쉬	538~646	50~60
창고	107~161	10~15
레스토랑 입구	107~215	10~20
화장실	107~323	10~30
호텔: 일반 구역	107~215	10~20
경리와 회계	1076~1615	100~150
레스토랑 다이닝 룸		
패스트 후드	430~538	40~50
일반 식당	107~215	10~20
고급 식당	53~161	5~15

면의 조명도가 1lx이다. 미터촉광은 광도의 예전 단위로서, 1.0067cd가 1촉(燭)에 해당한다. 이러한 조명은 광원에서 멀어질수록 낮은 밝기를 나타낸다. 다음의 도표는 레스토랑을 위한 적절한 조명의 밝기를 선정하는데 참고가 될 수 있을 것이다.

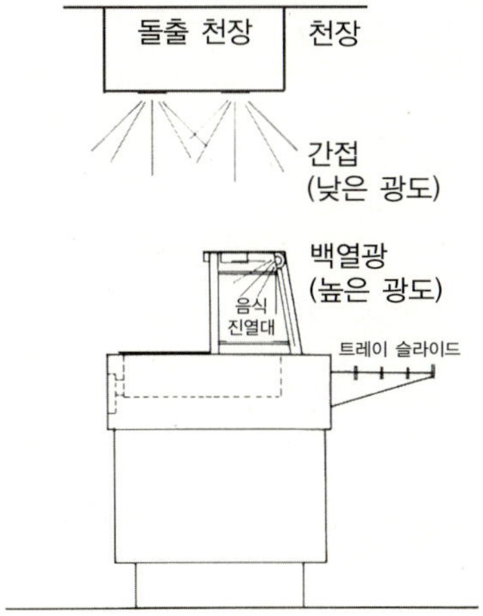

[그림 4-5] 카페테리아 서비스 카운터의 조명

조명은 단지 분위기를 제공할 뿐 아니라 영업적인 측면에서 적절한 조명의 밝기는 고객의 만족을 가져올 수 있다. 만약 조명의 밝기가 너무 밝으면 고객들은 너무 노출된 느낌을 받을 것이며, 반대로 조명이 너무 어둡다면 아마도 약간의 두려운 감정을 느낄 수 있다. 이러한 이유로 고객들이 볼 수 있는 충분한 조명을 제공해야 하지만 너무 어색하지 않도록 적절한 조명이 설치되어야 한다. 이러한 적절한 조명의 배치를 위한 방법은 천정의 높이를 낮추거나 충분한 양의 조명을 설치함으로써 편안하고 부드러운 효과를 제공하는 결과를 가져올 수 있다.

모든 구역에 대한 조명의 밝기는 분위기를 좌우하는 다른 요소(색상, 장식물)들에 영향을 줄 수 있도록 반드시 충분히 설치되어야 한다.

서비스 지역에서는 일반적으로 룸의 주요 지역은 낮은 광도의 조명으로 음식의 위에는 높은 광도의 조명을 제공함으로써 매우 효과적인 조명을 제공할 수 있다. [그림 4-5]는 음식 진열을 위하여 높은 광도의 조명이 사용되는 예를 보여준다.

[그림 4-6] 카페테리어 서비스 카운터

인체공학적 디자인 체크리스트

바닥

( ) 바닥을 건조한 상태로 유지하기에 충분한 개수의 바닥 배수구

( ) 미끄럽거나 물을 자주 사용하는 지역의 타일에 미끄럼 방지시설의 설치

( ) 비닐 장판 바닥에 미끄럼 방지 왁스 또는 테이프의 부착

( ) 카트 또는 핸드 트럭을 위하여 창고 또는 접수 및 검수지역에 레일형 손잡이와 경사로 설치

( ) 한곳에 오랫동안 마물러 작업하는 곳에 작업자를 위한 바닥 매트의 설치

( ) 워크-인 냉장고를 주방의 높이와 동일하게 설치

( ) 대형 스팀 압력솥 주위에 바닥 뜨거운 액체들이 빠르게 빠져나갈 수 있도록 바닥 배수구 및 경사면 설치

( ) 바닥의 모서리에 덮개를 설치 청소를 용이하게 함

물건의 취급

( ) 모든 음식물 운반을 위한 핸드트럭 또는 카트를 구비

( ) 내구성이 강하며 쉽게 청소가 가능한가?

( ) 운반이 용이한 선반

( ) 선반의 높은 곳에 물건을 보관하거나 꺼내기 위한 사다리

( ) 조리된 음식물을 이동하기 위한 카트

조리기구 취급

( ) 칼 보관함

( ) 작업도구 보관 서랍은 청소가 용이하며 도구들을 고정하기 위하여 설치

된 고정 틀이 쉽게 분리될 수 있는가?

( ) 모든 작업장의 테이블에 작업도구 보관용 서랍이 설치되어 있는가?

( ) 머리 위쪽에 위치한 작업도구 보관함

( ) 밀가루, 설탕, 소금을 보관하기 위한 이동용 커버가 달린 용기

( ) 이동용 도구, 만약 필요 시 부서에 하나 이상 준비

( ) 청소의 편리를 위하여 벽에 부착하거나 다리에 바퀴를 부착

( ) 튀어나온 부분, 날카로운 모서리, 손이 닿기 힘든 부분을 없앰

( ) 믹서를 위한 보호 가대와 같은 안전을 위한 장치와 장비에 안전보호대

( ) 모든 식품제조 구역에 폐기물 처리장의 설치

( ) 음식 부스러기 또는 조각들이 바닥에 떨어지는 것을 방지하기 위하여 싱크대와 모든 테이블 모서리에 턱을 설치

( ) 다른 부문으로부터 온 장비들이 머물 수 있는 적절한 공간의 확보(창고로부터 가져온 식재료, 브래드 랙 등)

식기세척 장비

( ) 포트 세정구역 또는 부근 각 작업구역 옆에 포트 저장용 랙 설치

( ) 더럽혀진 린넨을 담기 위한 용기

( ) 각각의 주요 작업구역에 철재 용기와 박스, 잔을 보관

( ) 조리도구를 분류하기 위한 테이블

( ) 세정구역 내에 분리수거를 위한 용기

( ) 수작업용 사전 행굼을 위한 장치

( ) 호스를 감는 장치

( ) 카트를 세정하는 지역

서비스와 다이닝

( ) 서비스지역에서 가까운 곳에 서비스지원 도구 또는 향신료와 양념들을

보관

( ) 사용한 접시들을 편안하게 놓을 수 있는 곳의 설치

( ) 음식을 픽업하는 곳으로부터 서비스장소까지의 최소한의 거리

( ) 주방까지 가는 횟수를 줄이기 위하여 잘 디자인 된 서비스 스테이션

( ) 접시와 유리컵 잔들을 두 번 옮기는 것을 방지하기 위하여 카운터 아래 포터블 카트를 설치

( ) 식사장소 근처 편리한 곳에 위치한 린넨 창고

3. 소음의 조절

레스토랑에서의 높은 소음 수준은 근무자들로 하여금 매우 불쾌한 환경을 가져올 수 있다. 지나친 소음은 근무자의 피로와 사고를 발생시킬 수 있으며, 소음의 볼륨과 직접적으로 연관된 낮은 생산성의 원인이 될 수 있다는 것이 산업 통계를 통하여 입증되어 있다. 이러한 소음을 줄여줄 수 있는 몇 가지 기술들은 다음과 같다.

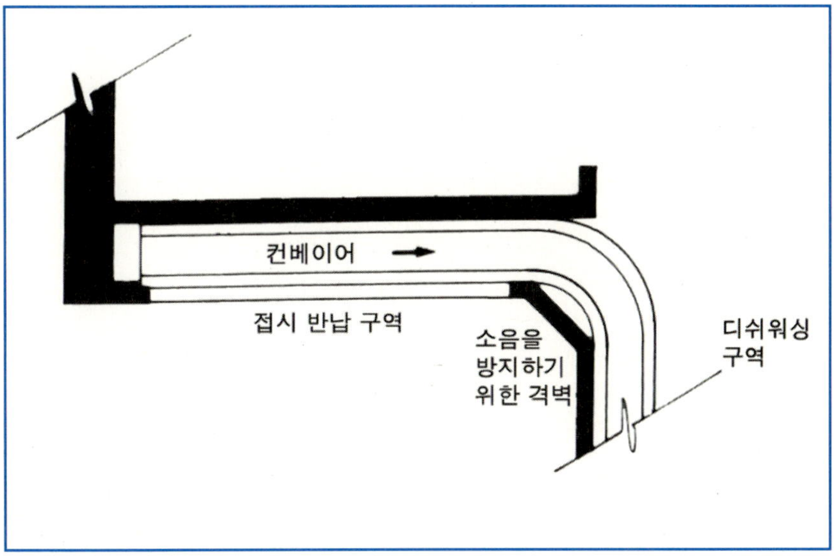

[그림 4-7] 디쉬룸 소음의 차단 예

- 모든 테이블과 카운터에 소음을 줄여줄 수 있는 방음재의 분사
- 식기세척기와 같은 소음지역의 분리, 세정구역과 주방 사이에 소음을 차단할 수 있는 벽을 설치
- 식사를 마친 그릇을 놓는 곳과 세정구역 사이에 벽과 컨베이어 벨트를 설치
- 다이닝 룸과 주방 사이에 2중 출입구 설치
- 다이닝 룸 좌석 아래 카페트의 설치
- 다이닝 룸과 주방 양쪽에 백그라운드 뮤직의 설치

외식창업

제5장

레스토랑 공간에 대한 분석

제5장

레스토랑 공간에 대한 분석

제1절 공간분석

얼마나 큰 규모의 레스토랑을 만들 것인가? 주방의 규모는 얼마로 해야 할 것인가? 식기세척과 창고를 위한 공간은 얼마나 필요한가? 이러한 그리고 이와 연관된 질문들은 디자인 프로젝트의 초기 단계에서 반드시 결정해야 할 사안들이다. 이러한 질문에 대한 대답이 결정된 후 레스토랑의 총 규모와 그에 따른 총 예산 등이 결정될 것이다. 각각의 필요한 공간이 결정되면 창업자 또는 건축가는 실질적인 기본 공사비용을 계산할 것이다.

실시 설계가 시작되기 전에 레스토랑의 각 부문에 필요한 공간의 결정은 디자인 컨설턴트의 일이다. 이러한 사항은 계획된 레스토랑의 특성에 관한 기본 데이터를 모아서 만들어지는 것이므로 무척 어려운 작업이다.

▶공간구획 및 검수

창고

- 상온 창고

- 종이류와 청소용품 창고
- 냉장창고와 냉동창고
- 조리도구와 청소도구 창고

▶사무실

조리 준비 공간

- 조리 준비
- 뜨거운 조리 준비
- 찬 조리 준비
- 최종 준비

베이커리

직원 락카룸과 화장실

서비스구역

다이닝 룸

바(Bar)

식기세척 구역

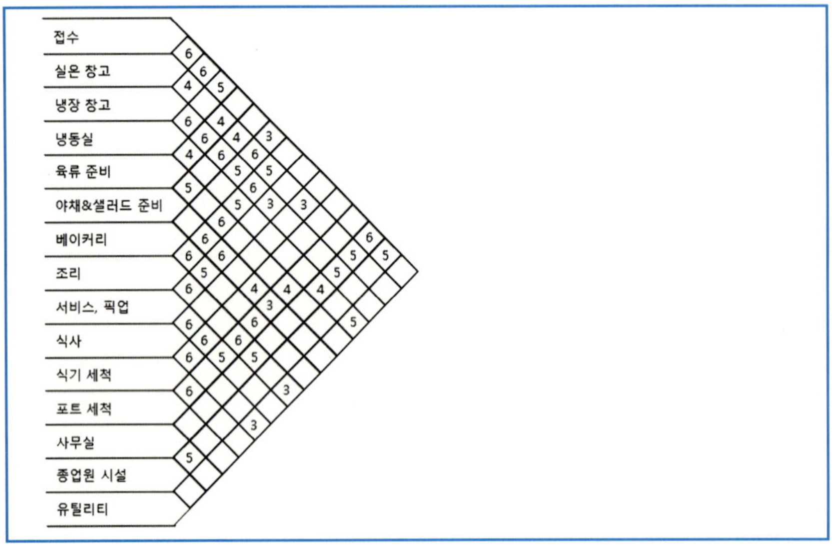

[그림 5-1] 식음료시설 간의 연관관계 차트

식음료 시설 간의 연관관계에 관한 비율을 숫자 척도로 보여주며, 척도는 구역의 최종적인 배치를 위하여 필요한 연관 비율을 나타내 준다.

〈표 5-1〉 배치를 위한 연관 척도표

비 율	척 도
6	절대적으로 근접함이 요구
5	근접함이 많이 요구됨
4	근접함이 요구됨
3	일반적으로 근접함
2	근접함이 필수적이지 않음
1	근접함이 요구되지 않음

제2절 납품 및 검수장

납품장 지역은 도로변 입구 또는 자동차가 쉽게 접근할 수 있는 장소에 위치해야 한다. 일반적으로 건축가는 사람들의 주요 출입구, 배달용 트럭, 서비스용 트럭들의 진 · 출입구를 결정하여야 한다. 레스토랑 디자이너는 건축가와 협력하여 접수 하역장으로 진입하는 차량의 이동이 용이하도록 충분한 공간을 확보하도록 하여야 한다. 또한 접수 하역장은 쓰레기장으로부터 적절하게 차단되어 있어야 한다. 아울러 빌딩의 창문 또는 도로를 지나가는 사람들의 시야에서 접수 하역장과 쓰레기장이 보이지 않도록 차단되어 있도록 만드는 것이 좋다.

납품공간과 창고는 연관성이 크다. 창고들이 흩어져있거나 건물의 다른 층에 위치하고 있을 수 있다. 창고의 위치에 상관없이 납품 하역장으로부터 무거운 물건들을 쉽게 움직이고 운반할 수 있어야 한다. 또한 납품 하역장은 다음과 같은 이유로 주방에 쉽게 접근할 수 있어야 한다.

- 많은 식재료들이 납품 하역장으로부터 직접 주방의 준비구역으로 이동하게 된다.
- 냉장창고 지역은 대부분 주방에 인접한 곳에 위치하며, 냉장이 요구되는 제품들은 납품 하역장으로부터 바로 냉장창고로 이동하여 보관하게 된다.
- 작거나 중간 규모의 레스토랑들의 매니저와 주방장과 같은 관리자들은 개인적으로 식재료의 납품에 대한 책임을 담당하게 될 것이다. 따라서 납품 하역장으로부터 주방으로 식재료들을 쉽게 운반하는 것이 필요하다.

납품 하역장과의 중요한 다른 연관성들은 쓰레기장, 세척구역, 세척도구들을 포함한다.

납품 하역장에 필요한 공간은 받는 식재료의 양과 운반의 횟수, 접수구역과 창고와의 거리에 따라 다양하게 결정된다. 만약 접수를 담당하는 직원이 식재료들을 창고에 저장하기 전에 운반하는 거리가 길다면 추가적인 공간을 하역장 부근에 지정하여 식재료들을 쌓아놓을 수 있는 곳이 필요하다. 종종 잡다한 장비들과 부서진 물품들을 쌓아놓는 곳으로 하역장의 너무 많은 공간이 남비됨으로써 식음료의 운반 및 하역에 방해를 줄 수 있다. 다음의 표는 일반적으로 하역장을 위하여 필요한 적절한 공간에 대한 일반적인 가이

〈표 5-2〉 하역장의 규모 및 정차 가능 차량의 수

레스토랑의 형태	정차가능 트럭의 수	평방미터	평
· 페스트후드	1	3.27~5.58	1~1.7
· 소규모 레스토랑(75석 이하)	1	5.58~7.44	1.7~2.3
· 중형 레스토랑(75~150석) 또는 소규모 단체급식소(300~1,000 식사 규모)	1	7.44~9.3	2.3~2.8
· 대형 레스토랑(150-400석) 또는 중형 단체급식소(1,000-2,000식/일)	2	11.16~13.95	3.4~4.2
· 간단한 메뉴를 제공하는 대형 단체급식소(2,000식/일)	2	13.95~16.28	4.2~5.0
· 대형 호텔 또는 다양한 메뉴를 제공하는 단체급식소, 케이터링 설비	3	16.28~18.60	5.0~5.6

드라인이다.

다음의 디자인 체크 항목들은 납품 하역장 구역의 디자인을 위하여 반드시 고려해야 할 사항들이다.

- 통제
- 날씨로부터 보호
- 규모
- 재료 운반 도구

제3절 창 고

레스토랑에서 창고의 규모는 기본적으로 하루에 제공하는 음식의 양과 메뉴에 나타난 음식의 종류, 배달의 간격 및 매니저의 운영정책 등에 의하여 좌우된다. 경영자는 매월 한 번의 재고조사를 실시하는 것을 원칙으로 해야 한다. 상하기 쉬운 음식물은 적어도 일주일에 2회 이상의 교체를 해주어야 하며, 향신료나 청소용품 등은 자주 교체해 주지 않아도 된다. 따라서 재고조사와 공급주기에 대한 점포관리자의 의견에 대하여 설계를 시작하기 전에 반드시 논의되어야 한다. 왜냐하면, 예를 들어 매니저가 재고를 많이 가지고 운영하고자 하는 경우 제품 창고가 너무 작게 설계되어 요구하는 만큼의 재고를 갖고 있지 못할 수 있으며, 반대의 경우 매니저가 현금유동성을 높이기 위하여 재고를 줄이고자 할 경우 크게 설계된 창고는 공간의 비효율성을 가져올 수 있기 때문이다. 식음료 산업에서 컴퓨터의 사용은 매니저가 정확한 예측을 통하여 언제든지 보유해야 할 필요한 식품 재고의 양에 대한 예측이 가능하게 해 주고 있다. 또한 컴퓨터는 식음료 공급업체에게 좀더 효율적인 배달을 통하여 작은 공간의 창고를 가지고 운영할 수 있도록 해준다.

다음 4가지 종류의 창고는 레스토랑에서 필요한 모든 종류의 창고들이다.

- 상온 창고
- 일회용품 및 청소용품 창고
- 냉장 냉동 창고
- 조리도구와 청소도구 창고

창고 구역은 통풍이 잘되며 건조하고 청소가 용이한 표면으로 제작되어야 한다. 콘크리트 또는 타일 바닥, 시멘트 블록 벽에 에폭시 페인트는 냉장·냉동 창고를 제외한 모든 창고를 위하여 일반적으로 사용되는 방법이다. 출입을 위한 대형 입구와 높은 수준의 방범시스템은 디자인 시 역시 고려되어야 한다. 디자인에서 가장 중요한 연관성은 창고 구역과 접수 하역장, 음식 조리구역 등과의 손쉬운 접근성이다. 창고로부터 음식 조리구역으로의 이동이 하역구역으로의 이동보다 훨씬 많이 발생한다. 따라서 조리구역으로부터 냉장 및 상온창고까지의 거리는 가능한 짧게 설계하여야 한다. 대부분 찬음식 조리부문의 바로 옆에 가능한 한 워크-인 냉장고를 설치함으로써 샐러드 재료들 및 빈번하게 사용하는 신선식품 재료들을 조리하는데 몇 발자국만 움직일 수 있도록 하고 있다.

1. 상온 창고

많은 변수들의 영향을 받기 때문에 상온창고의 표준 양을 계산하는 것은 어렵다. 이 때 사용하는 방법은 저장된 식재료의 양이 불안정하기 때문에 다

〈표 5-3〉 상온창고의 규모

레스토랑의 형태	평방 미터	평
· 페스트후드	4.65 ~ 11.63	1.4 ~ 3.5
· 소규모 레스토랑	9.30 ~ 13.95	2.8 ~ 4.2
· 중형 레스토랑 또는 소규모 급식소	18.60 ~ 27.90	5.6 ~ 8.4
· 대형 레스토랑 또는 중형 급식소	37.20 ~ 93.00	11.2 ~ 28.1
· 간단한 메뉴를 제공하는 대형 급식소	93.00 ~ 232.50	28.1 ~ 70.2
· 대형 호텔 또는 다양한 메뉴를 제공하는 단체 급식소	279.00 +	84.3 +

[그림 5-2] 상온창고

양한 변수들을 고려하여 계산하여야 한다. 따라서 일반적으로 각기 다른 형태의 시설에 따른 업계의 경험에 기초하여 필요한 면적을 산정하는 것이 좋은 방법이 될 수 있다.

2. 일회용품 및 청소용품 창고

일회용품과 청소지원용품 창고는 레스토랑 운영을 위하여 많은 양의 일회용 컵, 포장용기, 냅킨플라스틱 용기 등의 사용으로 인하여 많은 공간을 필요로 하는 문제점을 가지고 있다. 아울러 이러한 공간에 대한 표준 규격도 없다. 왜냐하면, 각 점포에서 사용하는 일회용품의 사용량과 배달의 규모 및 횟수 등의 요건에 따라 규모가 달라지기 때문이다. 독립적으로 운영되는 레스토랑의 경우 종이류 또는 일회용품 공급업체들이 경제적 이유로, 또한 로고인쇄 등의 이유로 한 번에 많은 최소 주문단위를 요구하는 경우가 많아 부득이하게 또는 많은 양을 구매하게 되는 경우도 있다. 또한 많은 양을 한꺼번에 구매할 경우 할인을 해주는 경우도 있어 경제적 이유로 많은 양을 한 번에 구매하기도 한다.

청소지원용품의 경우는 교차오염 및 음식과 세제가 섞이는 위험을 방지하기 위하여 반드시 음식관련 용품과 분리하여 보관되어야 한다. 만약 부득이하게 동일한 장소에 보관할 경우 세제 등의 청소 지원용품을 아래에 보관하여 음식 관련용품에 화학제품이 접촉하는 것을 방지하여야 하며, 가능한 선반을 달리하여 보관하는 것이 좋다. 일회용품과 청소지원용품 창고를 위한 가이드라인은 아래 도표와 같다.

〈표 5-4〉 일회용품과 청소 지원용품 창고의 규모

레스토랑의 형태	평방 미터	평
· 페스트후드	5.58 ~ 9.3	1.6 ~ 2.8
· 소규모 레스토랑	6.98 ~ 11.16	2.1 ~ 3.4
· 중형 레스토랑 또는 소규모 급식소	11.16 ~ 16.28	3.4 ~ 4.9
· 대형 레스토랑 또는 중형 급식소	16.28 ~ 23.25	4.9 ~ 7.0
· 간단한 메뉴를 제공하는 대형 급식소	23.25 ~ 27.90	7.0 ~ 8.4
· 대형 호텔 또는 다양한 메뉴를 제공하는 단체 급식소	27.90 +	8.4 +

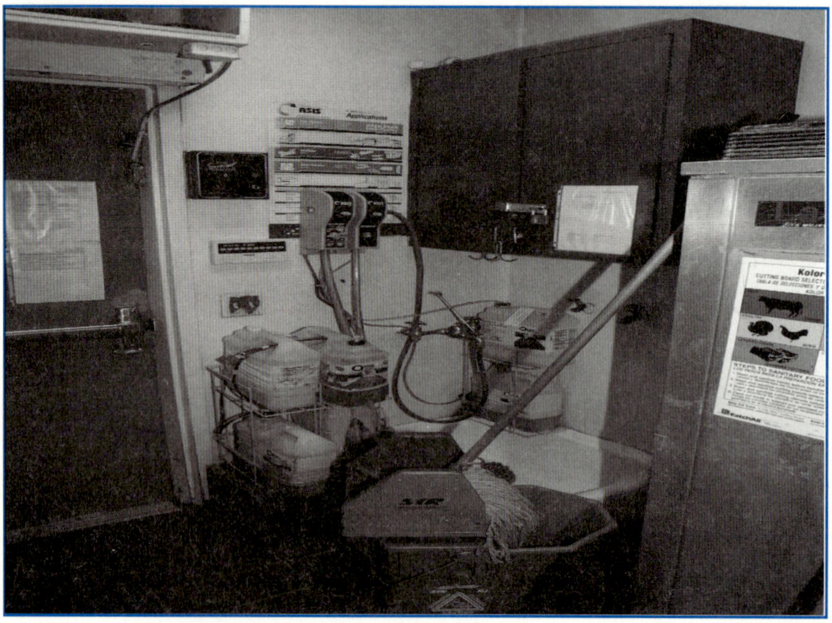

[그림 5-3] 청소용품 창고

3. 냉장 · 냉동 창고

대규모의 냉동 · 냉장된 식품의 저장을 위하여 필요한 공간은 메뉴와 식품의 배달주기에 기초하여 결정되어야 한다. 만약 메뉴의 많은 부분이 냉동제품을 사용하는 것을 중심으로 구성되어 있다면 냉동고의 용량은 증가되어야 한다. 페스트후드 레스토랑의 경우 일반적으로 많은 양의 냉동 프렌치후라이(감자튀김)를 사용하며, 뷔페식당의 경우 많은 양의 냉동 채소를 사용할 수도 있다. 또한 해산물 전문 식당의 경우 많은 양의 냉동생선과 냉동식품을 사용하고 있다. 또한 호텔의 연회 부문의 경우, 사용량은 많지 않지만 많은 다양한 종류의 냉동식품을 보관하고 있다.

냉동식품들은 일반적으로 사각형 형태의 판지형 박스에 담아 보관함으로써 쉽게 쌓아둘 수 있으므로 냉동고의 높이는 설계에서 중요한 부분이다. 냉동고의 크기는 필요한 공간을 입방미터로 계산하여 결정하여야 한다.

워크-인(Walk-in) 냉동고의 경우 공간을 차지할 뿐만 아니라 매우 비싼 비용이 드는 장비이므로 매우 비싼 공간이다. 따라서 필요한 공간에 대한 매우 세심한 계산을 필요로 한다.

일반적으로 2m 30cm 높이의 표준 워크-인 냉동고가 사용되며, 그 안에는 약 180cm 정도의 높이만을 사용할 수 있다. 왜냐하면 바닥 및 천정으로부터 최소한 20cm 이상 떨어트려 물건을 저장하여야 하기 때문이다. 또한 실질적으로 공간의 50퍼센트 이하의 공간만을 사용할 수 있게 된다.

일반적으로 워크-인 냉동고의 경우 3m 60cm 길이와 2m 70cm의 넓이를 사용한다. 2m 70cm의 경우 양쪽에 약 61cm의 선반을 설치하고, 약 1m 20cm의 통로 공간을 확보할 수 있다. [그림 5-4]는 워크-인에서의 사용 가능한 공간을 보여주는 예이다.

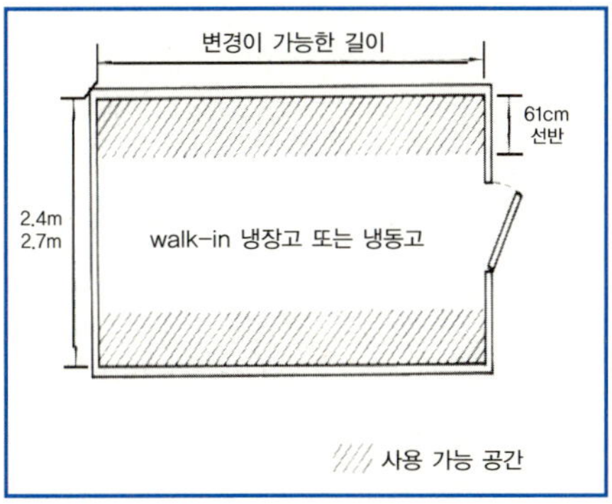

[그림 5-4] 워크-인에서 사용 가능한 공간

워크인 냉장고의 경우도 유사한 방법으로 면적을 결정할 수 있다. 그러나 냉장고 안에 저장되는 식품

[그림 5-5] 워크인 냉장고

의 경우 냉동식품과는 달리 사각형이 아니기 때문에 더욱 어려운 계산이 필요하다. 신선한 야채와 고기류, 유제품, 조리된 식품 기타 다양한 종류의 품목들이 보관되어야 하기 때문에 이러한 아이템들의 필요한 체적을 계산해내는 것이 무척 어려울 수 있다 따라서, 이러한 다양한 제품들을 저장하는 워크-인 냉장고의 필요한 공간을 계산해 내는 것이 매우 어려운 것이다.

적은 종류의 메뉴를 제공하는 작은 규모의 레스토랑의 경우 단지 리치-인 냉장고 만이 필요하거나 하나의 워크-인 냉장고만이 필요할 수 있다. 최소의 규모로 운영하기 위하여 유제품과 고기류를 분리하여 저장할 수 있다. 대형 호텔 또는 레스토랑, 급식소의 경우 3~4개의 워크-인 냉장고가 필요할 수 있으며, 각 부문에 위치할 수 있다. 다음의 도표는 워크-인 냉장고가 필요한 공간을 결정하기 위한 일반적인 가이드라인으로 사용될 수 있을 것이다.

〈표 5-5〉 워크-인 냉장고의 규모

레스토랑의 형태	워크-인 냉장고의 수	평방 미터	평
· 페스트후드	1	8.4~11.2	2.5 ~ 3.4
· 소규모 레스토랑	1	11.2~14.0	3.4 ~ 4.2
· 중형 레스토랑 또는 소규모 급식소	2	16.7~22.3	5.0 ~ 6.7
· 대형 레스토랑 또는 중형 급식소	3	22.3~37.2	6.7 ~ 11.3
· 간단한 메뉴를 제공하는 대형 급식소	3	37.2~55.8	11.3 ~ 16.9
· 대형 호텔 또는 다양한 메뉴를 제공하는 단체 급식소	4	55.8~83.7	16.9 ~ 25.3

[그림 5-6] 워크-인 냉장고 내부

4. 조리도구와 세척용 도구 창고

일반적으로 레스토랑에서는 칼, 서빙용 스푼 등 빈번하게 사용하는 조리도구와 세척용 기구들을 보관하는 창고를 별도로 가지고 있지 않다. 그러나 가끔 뷔페식을 서비스 하는 경우 쉐핑디쉬 펀치용 그릇 등 뷔페용 기구들을 보관할 필요가 있을 것이다. 이러한 공간을 위한 표준량의 계산은 어렵다. 작은 규모의 레스토랑의 경우 붙박이 장을 설치하여 이러한 기구들을 쉽게 보관할 수 있으며, 컨트리 클럽의 경우 다양한 종류의 행사와 뷔페 리셉션들을 위한 기구들이 필요할 것이며, 실질적인 양의 크리스마스 장식품 및 다양한 행사를 위한 장식품들을 보관할 필요가 있을 것이다. 대규모의 레스토랑의 경우 보안상의 이유로 이러한 조리도구들과 청소용 도구들을 분리하여 보관하는 것도 바람직하다.

제4절 사무실

사무실 공간은 매니저, 어시스턴트 매니저, 주방장 또는 사무직 직원을 위하여 필요하다. 이들 공간이 필요한 이유는 직원들과 협력업체 그리고 비즈니스와 관련된 중요한 이야기를 독립적인 환경에서 할 수 있는 공간의 확보와 조용한 환경에서 매니저가 일을 할 수 있도록 하기 위함이다. 매니저의 사무실은 반드시 주방공간을 통과할 필요가 없으며 고객과 접촉할 수 있는 곳에 위치하여야 한다.

일반적으로 작은 사무실의 규모는 5.6~7.4㎡ 정도이며, 자금과 공간이 허락하는 한 증가시킬 수 있다. 일반적으로 매니저 사무실과 사무직 직원의 사무실은 가까운 곳에 위치하는 것이 좋으나 가능한 분리를 시키는 것이 좋다.

일반적으로 사무실은 형광등 조명을 사용하며 사무용 테이블과 의자, 책꽂이, 전기 콘센트와 데이터 케이블, 전화, 배전장치, 음향장비 등이 위치한다.

제5절 조리를 위한 구역

잘 설계된 주방의 경우, 음식의 조리구역은 일반적으로 4개의 구역으로 구분된다. 비록 작은 규모의 주방인 경우 이러한 구역들은 종종 합쳐지며, 각각의 구역은 디자인의 중요한 부분으로 인식되고 있다. 주방에서의 4개의 구역은,

- 사전 준비구역
- 뜨거운 음식 조리구역
- 찬 음식 조리구역
- 최종 조리구역

1. 사전 준비구역

주방에 있어 사전 준비구역은 음식의 제조와 믹스, 절단, 로스팅, 세척 등의 식품 제조과정 전 단계를 말한다. 샐러리를 잘게 써는 일, 다진 고기들을 섞는 일, 수프를 끓이는 일, 감자의 껍질을 벋기는 일, 샐러드 드레싱을 만드는 일 등이 사전준비 활동들이다. 주방에서 이 부분의 공간은 싱크대와 대형 식품 사전 조리를 하기 위하여 필요한 모든 종류의 기구들이 갖추어진 대형 작업공간이 필요하다.

사전 작업구역은 일반적으로 음식이 조리되기 전에 처리하는 작업을 위한 모든 도구들이 필요로 하며 이 구역에 위치해야 하는 도구들은 다음과 같다.

- 작업 테이블
- 각종 오븐들
- 도구 창고
- 믹서들
- 각종 솥
- 슬라이서
- 가스랜지
- 각종 랙들
- 틸팅 후라이팬
- 싱크대

사전 준비구역에서 필요한 장비들과 작업테이블의 양은 메뉴와 조리되는 음식의 양에 따라 결정되어진다. 소규모 레스토랑을 위한 사전준비구역의 규모는 약 3.96m × 5.3m(21㎡) 규모이다. 추가적으로 바깥쪽에 위치한 복도를 추가하면 약 8.4㎡가 추가되므로 총 29.4㎡가 필요하게 된다.

[그림 5-7] 사전 준비구역

2. 뜨거운 음식 조리구역

[그림 5-8] 뜨거운 음식 조리구역

주방에서 렌지들이 위치한 부문을 일반적으로 뜨거운 음식 조리구역이라고 칭한다. 이곳은 음식물에 열을 가하여 조리하는 구역이므로, 반드시 높은 열기를 견딜 수 있어야 하며 기름기 등으로 더러워지는 것을 막아야 한다. 또한 조리구역의 윗부분에는 정교한 환기장치가 설치되어 있어야 한다. 이 구역은 반드시 선정된 메뉴와 장비의 선택이 일치하도록 설계되어야 한다. 주방에서의 가장 빈번한 실수는 제공되는 메뉴에 맞도록 특정한 장비를 선정하기보다 모든 음식의 조리에 맞는 일반적인 장비들을 선정하는 것이다.

3. 차가운 음식 조리구역

소규모 또는 중형규모의 주방에서 이 구역은 샐러드를 만들고 디저트를 접시에 담으며, 서비스를 위한 에피타이저를 준비하는 등의 기능을 하는 '팬트리'라고 불린다. 대규모 레스토랑 또는 호텔의 경우 에피타이저와 샐러드, 뷔페를 위한 데코레이션이 필요한 찬음식 등을 조리하기 위하여 필요한 부문이다. 일반적으로 찬음식을 위한 사전준비 또는 최종준비는 동일구역 내에서 일어난다고 볼 수 있다. 웨이터 또는 웨이트리스들이 쉽게 접근할 수 있게 하기 위한 픽업 구역의 설치는 찬음식 조리구역 설계의 일부분으로 디자인에 고려되어야 할 사항 중의 하나이다.

4. 최종 조리구역

최종 조리구역은 음식조리과정 중 모든 준비를 마치는 단계에 필요한 공간이다. 이 구역은 디자인에 있어 매우 중요하며, 최종 조리구역 내에 필요한 모든 장비를 정리하여 필요한 위치에 설치하는 것은 매우 중요한 작업이라고 할 수 있다. 프랜치후라이, 토스트, 햄버거 등의 아이템 등은 주문과 동시에 빠르게 준비될 수 있어야 한다. 왜냐하면, 이들 제품들은 빠르게 품질이 저하될 수 있기 때문이다. 이 구역에서는 조리된 음식을 고객에게 제공되기 전까지 최소한의 시간만을 보유하여야 한다. 성공적인 페스트후드 체인에서 정교하게 공들여 만든 디자인의 의미는 음식이 손님에게 제공되기까지 최종 준비구역 내에서 5 내지 6분 이상을 머물지 않도록 만드는 것이다. 최종 준비구역은 일반적으로 렌지, 브로일러, 그릴, 튀김기 등의 장비들을 포함하고 있다.

창고로부터 최종 준비구역까지의 사람과 재료의 흐름은 [그림 4-1]에 간단하게 잘 나타나 있다. 비록 그림이 매우 간단하게 보이지만 좋은 주방의 디자인을 만들기 위하여 이러한 개념은 매우 중요하다. 만약 복잡한 주방에서 스팀 자켓 케틀(steam jacketed kettles)이 최종 준비구역에 설치되어 있다면, 반대로 튀김기가 사전 준비구역 내에 설치되어 있다면 비록 장비를 중복하여 사용할 수 있다고 하더라도 사람과 재료의 흐름에 큰 혼잡을 유발할 것이다. 디자인은 반드시 이들 기능적으로 연관된 지역 사이의 사람과 음식의 이동의 움직임과 연관관계를 고려하여야 한다. 예를 들어, 최종 준비구역과 고객과의 거리는 음식의 움직이는 거리가 멀수록 음식의 질이 떨어지게 되므로 반드시 가까워야 한다. 반대로, 준비구역과 직원들이 사용하는 락카와의 거리는 그리 중요하지 않다.

수평적 관계와 같이 수직적 연관관계도 반드시 고려하여야 한다. 설비들을 반드시 다른 층에 분리하여 설치하게 될 경우 일반적인 가이드 라인으로써 주방과 다른 층에 위치하여도 크게 관계가 없는 기능들은 다음과 같다.

- 대용량 상온 창고
- 대용량 냉동 창고
- 일회용품과 조리도구 창고
- 직원 락커 룸
- 접수 및 하역장

다음 기능들은 반드시 주방과 같은 층에 위치하여야 하는 기능들이다.

- 식기세척 설비
- 다이닝 룸
- 서비스 구역

각기 다른 조리구역의 규모는 제공되는 메뉴와 조리되는 음식의 양, 사용되는 조리 방식에 따라 결정될 것이다. 필요한 공간을 산정하는 일반적인 방법은 필요한 장비의 목록을 만들고, 약 1/30의 스케일로 축소하여 도면에 장비들을 배치하여 보는 것이다. 장비 리스트를 만들 경우 레스토랑 컨설턴트는 창업자와 매니저 또는 주방장과의 협의를 통하여 필요한 장비를 선정하여야 한다. 다음 도표는 최종 준비를 위한 장비 체크리스트의 예제이다.

〈표 5-6〉 조리구역에서 요구하는 장비 체크리스트

항 목	수 량	규격 또는 용량
(　) Convection oven		
(　) Fryers		
(　) Grill		
(　) Kettles, table top		
(　) High-pressure steamer		
(　) Broiler		
(　) Reach-in refrigerator		
(　) Reach-in freezer		
(　) Hot top range		
(　) Open top range		
(　) Pickup table		
(　) Steam table		
(　) Worktable		
(　) Spreader plates		
(　) Beverage pickup		
(　) Plate storage		
(　) Others		

[그림 5-9] 최종 조리구역

프로젝트 시작시점에서 고객 또는 건축업자로부터 주방과 관련된 가장 많은 질문은 다이닝 룸의 비율과 주방을 위한 공간의 비율에 관한 것이다. 일반적으로 디자인 컨설턴트들은 여러 가지 경우에 따라 다르다고 대답을 한다. 첫째, 주방과 다이닝 룸과의 표준 비율이 존재하지 않으며, 둘째, 운영형태에 따라 필요한 공간의 요구사항도 달라지기 때문이다. 공간은 다음과 같은 사항에 따라 달라진다.

- 메뉴의 종류와 가지수(아이템의 수)
- 준비의 복잡성에 대한 요구(패스트푸드 또는 비싼 테이블 서비스)
- 인스턴트 음식 대 조리음식의 사용 비율
- 단일 주방에 의하여 제공되는 푸드서비스 기능의 수 (연회장 서비스, 커피, 매인 다이닝 룸의 푸드서비스 등)

주방의 규모와 다이닝 룸의 규모는 다음의 표를 참고할 수 있다.

〈표 5-7〉 레스토랑 형태에 따른 다이닝 룸과 주방의 규모

레스토랑의 형태	MEALS PER DAY	DINING ROOM SIZE		조리구역의 규모	
		평방미터	평	평방미터	평
레스토랑 좌석수(100석 규모)	1,000	130.20	39.4	120.90	36.6
레스토랑 좌석수(100석 규모)	1,800	244.13	73.8	186.00	56.2
컨트리 클럽(200석 규모)	600	316.20	95.6	119.78	36.2
병원, 카페테리아(200 병상 규모)	1,400	209.25	63.3	213.90	64.7
대학 카페테리아(350석 규모)	2,400	390.60	118.1	139.50	42.2
대학교 카페테리아 또는 케이터링 부문	4,000	523.13	158.2	235.29	71.2
커피숍(100석 규모)	800	113.96	34.5	79.05	23.9

※베이커리와 창고, 식기세척(세정구역) 구역은 포함되지 않음.

음식 조리공간들은 기름기와 음식물 부스러기들로 인하여 얼룩이 질뿐만 아니라 지속적으로 열기의 영향을 받는다. 따라서 손상을 방지하고 청소가 쉬운 표면이 필수적이다. 스테인리스 스틸로 된 장비 표면은 가장 실용적이다. 장비의 뒤쪽에 부착된 세라믹 타일 또는 표면 광택이 있는 타일의 사용은 기름기와 열기로부터 잘 견딜 수 있을 것이다. 유성페인트가 칠해진 시멘트 블록 벽은 사용하지 않는 것이 좋다. 왜냐하면, 높은 열기에 의하여 페인트 벽면이 변색되거나 검정색으로 변할 수 있기 때문이다. 또한 위생의 문제를 예방하기 위하여 장비 주위의 벽면에 금이 가지 않도록 하여야 한다.

제6절 베이커리

베이커리는 다양한 후레쉬 또는 냉동제품들의 등장에도 불구하고 레스토랑에서 가장 인기가 있는 부문이다. 레스토랑 매니저 또는 창업자는 레스토랑 디자인 컨설턴트에게 점포 내에서 준비하고자 하는 제빵제품의 양에 관하여 정확하게 알려주어야 한다.

규모가 작거나 중형 규모의 레스토랑(150석 미만)의 경우, 몇 가지의 필요한 제빵 또는 디저트를 만들기 위하여 단지 작업대와 믹싱 볼, 믹서, 베이크 오븐 만이 필요할 것이다. 만약 대규모 급식소의 경우 다양한 제품을 만들기 위한 대규모 시설이 필요할 수도 있다. 레스토랑을 위한 장기적인 계획은 조심스럽게 접근하여야 한다. 제과 · 제빵 공간을 위한 계획에 있어서 창업자는 다음의 질문에 대하여 결정할 필요가 있다.

① 점포 내에서 제과 제빵을 할 계획이 있거나 외부 공급자로부터 제빵 제품을 공급받을 계획인가?

② 만약 제과 · 제빵을 점포 내에서 만들 수 있는 설비를 갖춘다면, 어떤 제품을 점포 내에서 만들 것인가?

· 롤 케이크

· 비스킷

· 파이 류
· 케이크
· 데니쉬 페스트리
· 도넛
· 샌드위치용 식빵
· 햄버거 번 등

③ 베이커리 부문으로부터 신선한 상태로 가져올 것인가 아니면 대량으로 냉동의 상태로 가져와 필요할 때까지 냉동보관할 것인가?
④ 베이커리 제품을 다른 레스토랑에 소매로 판매할 것인가?
⑤ 어떤 제품을 직접 제조할 것인가, 믹스를 이용하여 제조할 것인가?

베이커리는 레스토랑의 주요 작업으로부터 분리할 수 있는 제조부문이다. 만약 충분한 공간이 있다하더라도 베이커리는 반드시 메인 주방구역 가까이 위치해야 한다. 그럼으로써 관리감독이 용이하며 때때로 장비를 같이 사용할 수 있고 일반적인 창고를 같이 사용할 수 있다. 만약 베이커리가 레스토랑 안에서 떨어진 곳에 위치하고 있다면, 반드시 제품을 받을 수 있도록 쉽게 접근할 수 있어야 하며, 베이커리를 위한 독립된 상온 창고와 냉장 · 냉동 창고를 보유해야 할 필요가 있을 수 있다.

제조를 마친 제품의 주방 또는 서비스 지역으로, 이동은 바퀴가 달려있으며 문을 닫을 수 있는 이동용 카트에 담아 이동하여야 한다. 만약 제품을 제조하는 곳과 판매 또는 서브하는 곳의 높이가 다를 경우 경사로 또는 엘리베이터의 설치를 반드시 계획하여야 한다. 만약 중앙 집중형태의 베이커리를 통하여 여러 레스토랑에 공급하고자 하는 경우에는 반드시 제품의 수송도중 파손이 되지 않고 적절한 온도를 유지할 수 있는 잘 설계된 운반시스템을 계획하여야 한다.

아래 도표는 베이커리에서 필요한 공간의 규모에 대한 대략의 기준으로 사용할 수 있다. 그러나 이러한 공간을 결정하기 위하여는 많은 다양한 변수가 있을 수 있다는 것을 반드시 고려하여야 한다.

베이커리 주방의 바닥은 베이킹의 과정에서 많은 양의 밀가루 및 설탕 등 여러 가지 분말 재료들에 의하여 쉽게 덮일 수 있다. 이런 분말가루들은 작

〈표 5-8〉 레스토랑 규모에 따른 베이커리의 규모

레스토랑 좌석의 수	제한된 베이킹		확장된 베이킹	
	평방미터	평	평방미터	평
50석 이하	3.72	1	7.44	2.3
50~100석	9.3	2.8	13.95	4.2
100~175석	23.25	7	37.20	11.3
175~250석	27.9	8.4	55.80	16.9
250~500석	37.2	11.3	74.40	22.5
500석 이상	55.8	16.9	130.20	39.4

※ 창고 공간은 포함되지 않음.

업장 바닥을 끈적거리게 만들 수 있다. 또한 작업장 내에 불쾌한 습기를 유발할 수 있으며, 하루의 작업이 끝난 후 제거하는 것을 어렵게 만든다. 따라서 이러한 베이커리 주방의 바닥은 쿼리 타일(Quarry tile) 또는 표면이 매끄러운 석재(marble, tile, terrazzo)로 시공함으로써 빈번하게 바닥을 닦아내거나 물청소 등이 용이하며, 이러한 빈번한 세척작업 등으로 인한 손상을 줄일 수 있다.

설비 엔지니어들은 일반적으로 단순한 오븐 베이커리를 위하여 급·배기 설비를 설치하여 공기를 순환시켜 주어야 한다. 이러한 공간을 위하여 시간당 30~45회 정도의 공기 순환이 일어나도록 만드는 것이 적당하다고 볼 수 있다.

제7절 식기세척

식기세척공간의 환경을 한마디로 표현하자면 '습기' 이다. 더운 음식 준비 공간을 제외하고 식기세척기와 주변 구역은 레스토랑의 어떤 다른 곳보다 더 많이 마모가 되고 험하게 쓰이는 곳이다. 바닥엔 물이 항상 있으며 쏟아진 음식, 고압의 수증기와 높은 습도 그리고 카트들이 험하게 드나들고 조리도구들이 벽에 걸려있는 것들이 식기 세척공간 환경의 일반적인 부분이다. 레스토랑 설비 디자이너나 건축가들과 엔지니어들은 바닥, 벽과 천정이 엄청난 습도에 견딜 수 있게 문제요소들은 제거하는데 노력을 아끼지 말아야 한다.

점포를 만들 때 식기세척구역에 대한 인테리어와 시설기준은 더욱 세심하게 만들어야 하는데, 이는 음식에서 발생되는 병이 퍼지는 것에 대한 가능성 때문이다. 식기세척구역은 위생적이어야 하고, 눅눅한 상태에 잘 버틸 수 있고 미끄럼 방지기능의 돌타일, 세라믹이나 구조적 유리타일의 벽과 방습기능이 있는 방음의 천장을 추천한다.

식기세척 구역과 가장 중요한 관계는 다이닝 구역이다. 더럽혀진 식기를 다이닝 구역에서 식기세척 구역으로 용이하게 이동할 수 있도록 설계되어야 한다. 대부분의 학교에서는 사용한 식기를 스스로 치우도록 권장하고 있으며, 식기세척구역은 반드시 식당구역의 출구에 근접해 자리잡고 있어야 한다. 그렇지 않은 경우는 고객들은 그들이 사용한 식기를 치우는 것을 고객이 원하지 않거나 불편하게 느끼는 상황이 발생하게 된다.

식기세척 구역과 식당이 근접했을 때 생기기 쉬운 가장 큰 문제는 소음문제이다. 오염된 식기를 이동시키는 컨베이어벨트, 석재 벽의 커버 또는 두겹의 문을 쓰는 것이 식기세척 구역을 소음문제를 해결하는 대부분의 경우이다.

식기세척 구역은 메인 주방과도 가까운 관계에 있다. 특히 냄비나 팬과 그 외 다른 도구들이 식기세척 구역에서 세척된다면 더욱 중요하다. 식기세척구역은 냄비싱크, 냄비세척기계, 또는 작거나 중간 사이즈의 용구를 세척하는 세 부분으로 나눠진다. 기존의 식기세척기를 사용하는 것도 실용적인 방법이 될 수 있다. 만약 냄비들과 기물들이 이 구역에서 씻겨진다면 음식을 조리하는 장소와 식기세척 구역은 상당히 가까워 질 수가 있다. [그림 5-10]에서 [5-11]의 그림은 다양한 식기세척구조 안들이다.

식기세척기의 등급은 대부분 기본 20×20인치의 랙의 숫자나 시간당 처리할 수 있는 식기의 숫자에 의해 분류된다. 대부분 식기세척기가 100% 효과적으로 운영된다고 할 때 70%를 기본적인 효율적인 요소로 본다. 다음의 차트는 몇 가지 다른 세척시스템의 요구되어지는 사이즈의 수치대를 보여주고 있다. 이 수치는 3단의 싱크대와 하수구 판이 식기세척공간에 포함되어 있는 가정 하에 정해진 것이다.

〈표 5-9〉 식기세척기 용량 및 필요한 공간

식기세척기 형태	시간당 세척용량	필요한 공간	
		평방미터	평
단일 탱크 식기세척기	1,500	23.2	7.0
단일 탱크 컨베이어 세척기	4,000	37.2	11.2
이중 탱크 컨베이어 세척기	6,000	46.5	14.1
플라이트형 컨베이어 세척기	12,000	65.0	19.7

위의 공간은 식시카트, 빈 랙들 그리고 냄비워싱이 포함된 수치이다. 위의 공간은 더러워진 식기와 깨끗한 식기의 레이아웃에 따라 다양한 변화가 있을 수 있다. 예를 들면, 단일탱크 세척기가 벽면에 따라 위치하고 있는 작은 식당이라면 겨우 11.6스퀘어미터 정도를 차지하게 된다.

요즘 레스토랑 디자인은 작업장에서의 시간과 동선이 식기세척보다 더 중요하다는 것을 인식하고 있다. 식기세척기는 보통 제한된 구역에서 사용되고 최소의 동선만 필요하다. 좋은 식기세척실의 디자인은 식기세척기가 만들어내는 각자의 동선에 대한 연구를 포함하여 식기들이 가장 효과적인 방법으로 취급되도록 만들어져야 한다. 식기세척에 대한 기본적인 순서는 아래와 같다.

① 식기를 종이나 쟁반 등에서 분리한다.
② 닦아낸다.(이 때 애벌세척을 할 수도 있다)
③ 걸쳐두기나 겹쳐두기
④ 쌓아놓기
⑤ 애벌세척(만약 2단계에서 안했다면)
⑥ 세척
⑦ 말리기
⑧ 깨끗한 식기 이동

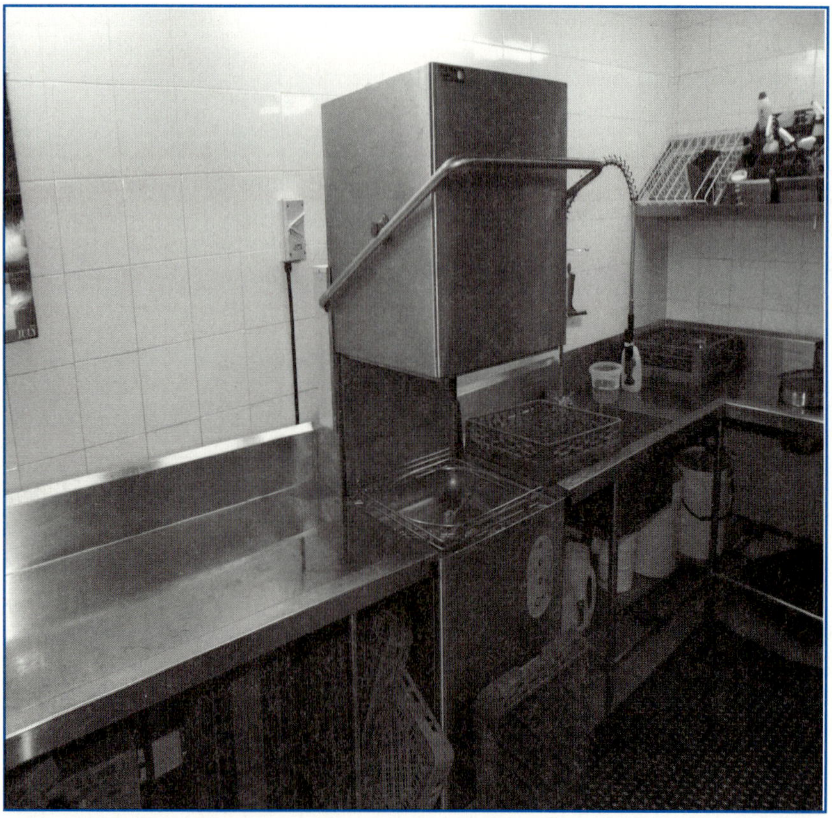

[그림 5-10] 식기세척기 구역

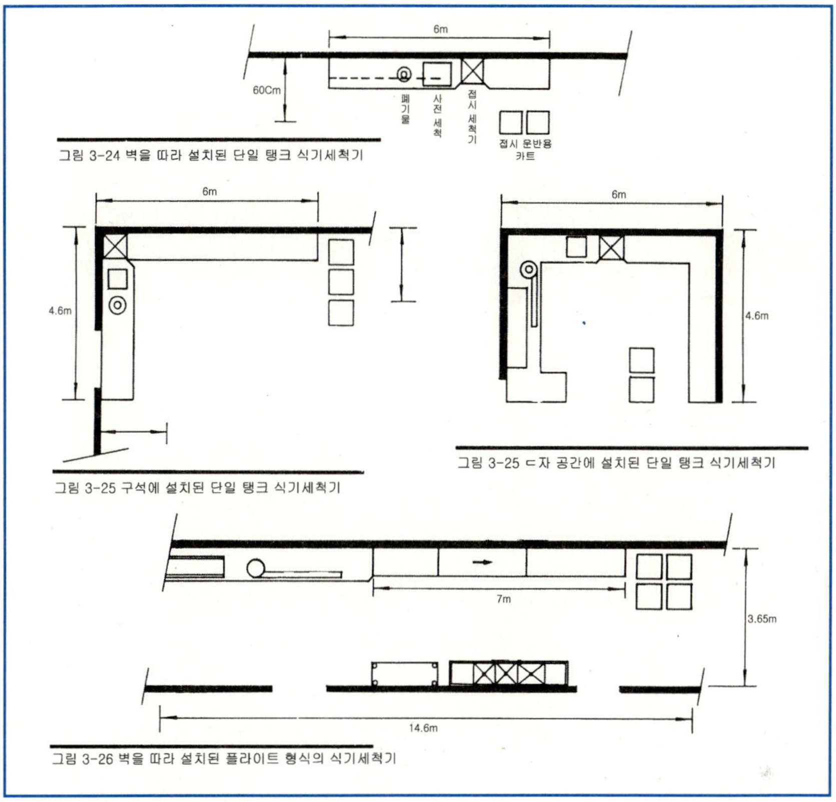

[그림 5-11] 형태별 식기세척기 배치

식기세척시스템 디자인을 할 때 꼭 주의해야 할 것은 앞에서도 논했듯이 단순함의 원칙이다. 정밀하게 고안된 컨베이어와 브릿지시스템은 오염된 식기 테이블에 혼잡을 가중시키게 하며 식기세척구역에 대한 비용이 더 발생하며 장애가 생기게 되는 결과를 낳게 되어 움직임에 방해를 받을 수 있다. 다른 극단적인 예로서는 식기를 쌓아 둘만한 충분한 공간을 고려하지 않거나 비효율적인 카트 저장공간 때문에 깨끗한 식기가 제대로 비치될 수 없는 디자인도 있다.

흡음 재질의 천장, 높은 위치의 조명(80 또는 100룩스 조명), 그리고 밝은 색상의 벽과 천장은 바람직한 디자인 특성이다. 식기세척실 엔지니어링에서 종종 되풀이 되는 한 가지 실수는 불충분한 공기순환의 문제이다. 보건복지가족부에서는 세척기 위에 환풍기와 작은 후드를 설치하여 젖은 공기를 제거할 것을 요구하고 있다. 공급과 배출 설비는 시간당 60퍼센트의 공기를 순환시키는 것을 권장하고 있다.

제8절 직원 탈의실과 화장실

레스토랑의 디자인 부문에서 주로 직원 탈의실과 화장실은 중요성이 고려되지 않고 있다. 이들 설비들은 직원들의 위생과 보안, 자세 등에 영향을 미치므로 주의를 기울일 필요가 있다. 만약 적절하게 계획된 공간이라면 깨끗하고 정리가 잘되어 있으며 밝은 모습을 가지고 있다면, 점포 내 다른 구역의 청결과도 밀접한 관계를 가진다.

직원 탈의실과 화장실은 같이 디자인 할 수 있다. 그러므로 효율적으로 사용할 수 있으며 유지 보수 및 관리가 용이하도록 만들 수 있다. 또한 주방 구역으로부터 떨어져 있어도 무방하다. 그러나 출입구 공간의 배치는 직원들의 작업구역으로부터 락커룸으로의 움직임을 쉽게 인지할 수 있도록 설계하여야 한다. 탈의실은 음식 또는 작업도구에 대한 통제의 문제가 발생할 수 있다. 만약 락커룸이 출입구 가까이 위치하거나 너무 멀게 위치할 경우 관리에 어려움을 겪게 될 수 있다.

탈의실과 화장실이 결합된 락커룸에 필요한 공간은 아래의 도표를 참고할 수 있다.

〈표 5-10〉 레스토랑 직원에 따른 락커룸의 규모

직원의 수	필요한 공간	
	평방미터	평
5명 이하	5.58	1.7
5~10	9.3	2.8
10~20	13.95	4.2
20~40	20.93	6.3
40~75	23.25	7.0
75~100	32.55	9.8

※ 한 번에 근무하는 최대 인원의 규모에 기준

[그림 5-12] 직원 락커룸

락커룸의 목적은 유니폼을 갈아입고 화장실의 사용, 작업 전 손세척의 목적으로 사용한다. 이 공간은 커피 브레이크나 직원들의 취식, 게임 등의 목적으로 사용할 수 없다. 이러한 락커룸의 디자인은 공간을 절약하기 위하여 2단으로 된 락커의 설치와 발판, 벤치 등을 설치할 수 있으며 대규모 급식시설의 경우 더럽혀지고 얼룩진 유니폼을 갈아입기 위한 린넨 보관실을 설치하여 운영할 수 있다.

레스토랑 매니저들을 직원들의 휴식 또는 식사를 위한 공간의 필요성에 대하여 부정적인 의견을 가지고 있다. 어떤 매니저들은 이러한 직원들의 공간이 긴 휴식을 조장하며 직원들은 반드시 고객들이 식사를 시작하기 전 다이닝룸에서 식사를 해야 한다는 생각을 가지고 있다. 반면에, 대형 호텔과 레스토랑들은 종사원 라운지를 제공하기도 한다.

제9절 서비스구역

다양한 레스토랑의 형태가 있듯이 서비스 구역의 형태도 다양하다. 아래의 레스토랑 운영형태에 따라 각각 다른 종류의 서비스 구역이 만들어 질 수 있다. 또한 아래 형태 이외의 레스토랑 운영형태도 있다.

- 테이블 서비스 레스토랑
- 스낵 바
- 런치 카운터
- 페스트후드 레스토랑
- 드라이브-인
- 그릴
- 와인 바
- 카페테리아
- 나이트 클럽
- 델리카트센
- 카페
- 티 룸
- 뷔페

레스토랑을 위하여 계획된 서비스 구역과 서비스의 형태는 디자인 과정의 컨셉개발 과정 동안 결정해야 할 첫 번째 요소 중의 하나이다. 작은 규모의 테이블 서비스 레스토랑은 주방에서 직접 음식 및 필요한 물품을 픽업하므로 매우 작은 규모의 서비스 구역만이 필요할 것이다. 여러 공간이 섞여진 카페테리아 형태의 대형 단체급식업체의 경우 184.8~277.2㎡ 규모의 대규모 서비스 공간이 필요할 수도 있다. 테이블 서비스 레스토랑에 있어 서비스 구역은 서비스 직원들이 음식을 가지고 갈 수 있도록 하기 위하여 음식을 조리하는 직원들이 효율적인 수단을 제공하는 공간이다. 셀프서비스 레스토랑에서의 서비스 공간은 고객에게 직접 조리된 음식을 제공하는 공간을 의미한다. 이들 양쪽의 환경들은 고객에게 음식이 제공되는 시간의 차이라고 말할 수 있으나 실제적으로 모든 종류의 서비스는 가능한 빠른 시간 내에 제공하는 것을 목표로 하고 있다.

서비스 구역의 가장 중요한 연관성은 레스토랑의 더운 음식과 찬 음식 조리부분과의 연계이다. 이들 두 기능적 공간 사이의 거리가 가깝다면 인건비를 줄일 수 있으며 최상의 품질을 제공할 수 있을 것이다. 반대로, 이 두 공간의 거리가 멀다면 인건비와 기구의 비용이 현저하게 증가하며 제공되는 식사의 적정 온도를 유지하기 어려울 것이다. 서비스 구역은 또한 레스토랑에서 아래와 같은 공간들과 기본적인 연관관계를 가지고 있다.

- 세정구역
- 다이닝 룸
- 단체 고객용 룸
- 고객 출입구
- 수납 또는 다른 통제 수단들

서비스 구역과 반드시 연결되어야 하는 다른 설비들은 다음과 같다.

- 각종 창고들
- 냉장고
- 베이커리
- 사무실
- 세척 도구들

레스토랑의 규모와 형태에 따른 다양한 변화는 필요한 표준 공간에 대한 예측을 어렵게 한다. 가이드라인으로 활용할 수 있는 몇 가지의 서비스 구역의 규모에 대한 범위는 다음 표들을 참고할 수 있다.

〈표 5-11〉 제한된 메뉴를 판매하는 테이블서비스 레스토랑에서 요구되는 서비스구역

좌석수	일일 음식 서비스량	서비스구역	
		평방미터	평
50석 이하	300	6.6	2.0
50~100석	500	9.2	2.8
100~175석	750	12.9	3.9
175~250석	1,000	14.7	4.4
250~500석	1,600	16.1	4.9
500석 이상	2,400	18.4	5.6

〈표 5-12〉 고가의 음식을 제공하는 고급 테이블 서비스 레스토랑을 위한 서비스구역

좌석수	일일 음식 서비스량	서비스구역	
		평방미터	평
50석 이하	200	9.2	2.8
50~100석	300	11.0	3.3
100~175석	600	14.7	4.4
175~250석	700	18.4	5.6
250~500석	1,000	23.0	6.9
500석 이상	1,500	27.6	8.3

〈표 5-13〉 일자 모양의 카페테리아 서비스를 위한 서비스구역

좌석수	일일 음식 서비스량	서비스구역	
		평방미터	평
100-175석	800	32.2	9.7
175-250석			
One Line	1,250	43.7	13.2
Two Line	1,500	82.8	25.0
250-500석	2,000	147.2	44.5
500석 이상	3,000	184	55.6

〈표 5-14〉 스크램블 스타일 또는 자유로운 동선 흐름을 위한 서비스구역

좌석수	일일 음식 서비스량	서비스구역	
		평방미터	평
175-200	1,500	165.6	50.1
250-300	1,800	184.0	55.6
350-500	2,250	220.8	66.8
500석 이상	5,000	276.0	83.5

서비스 구역에 필요한 공간에 대한 도표는 테이블 서비스로부터 셀프서비스에 이르기까지 서비스 수준에 따라 필요한 공간을 나타내주고 있으며, 필요한 공간의 양은 증가하게 된다.

[그림 5-13] 서비스 구역 I

[그림 5-14] 서비스 구역 II

제10절 다이닝 룸

건축가와 인테리어 디자이너는 다이닝 공간의 외관에 최우선을 둔다.

명백하게 고객을 위하여 즐거움을 주는 환경과 고객에게 즐거운 식사의 경험을 주는 데 도움을 주고자 하는 것은 레스토랑 디자인의 최종 목표이다. 청소가 용이한 바닥과 벽, 가구들과 음식들이 떨어져 바닥이 지저분하게 될 수 있는 것도 고려하여야 한다. 예를 들어, 카페트와 같은 재질로 바닥을 덮는 것은 테이블 서비스 레스토랑에서 보편적으로 사용하고 있다. 그러나 카페트는 음식물과 부스러기들에 의하여 더럽혀질 수 있는 위험성이 높으므로 다이닝 룸을 위하여 적합한 것은 아니다. 다이닝 룸에 포함되어야 하는 다른 요소들은 다음과 같다.

- 급기와 배기의 환기
- 히팅과 에어컨디셔닝
- 조망
- 음향 효과
- 좌석의 배치
- 웨이터 웨이트리스 스테이션
- 위생
- 조명
- 계산대 또는 다른 통제시스템

레스토랑의 매니저 또는 창업자는 프로젝트의 초기 계획단계에 다양한 레스토랑들을 방문해 보는 것이 좋으며, 아울러 사진이 풍부한 잡지와 가능한 참고서적을 많이 참조하는 것이 바람직하다. 다양한 다이닝 룸의 인테리어 디자인을 통하여 고객들의 친밀감을 얻기 위하여 색상과 직물, 조명 및 여러 가지 인테리어 특징 등 다양한 분위기를 선택할 수 있다.

레스토랑 체인들에서 소비되는 음식의 수와 같이 프렌차이즈 사업들도 성장하였으며, 호텔들과 체인 레스토랑, 페스트후드 레스토랑들은 그들의 레스토랑 인테리어 디자인 계획을 더욱더 세련되게 만들게 되었다. 스스로 인테리어를 하고자 하는 소규모 자영업자 또는 좀더 매력적인 인테리어를 만들기에 예산이 부족한 업체의 창업자들은 대형 체인 영업점들의 세련되고 독특한 인테리어 앞에 점점 더 비즈니스 기회를 잃게 될 것이다. 유사한 예로, 타일과 비닐타일 바닥과 값싼 의자와 테이블로 만든 단체 급식업체들도 점점 경쟁력을 잃어가며, 이러한 단체급식의 경우에도 점점 더 세련된 인테리어를 요구하게 되었다.

다이닝 룸은 반드시 서비스구역과 주방에 직접적으로 연결되어 있어야 한다. 호텔의 연회장 또는 프라이빗 다이닝 룸과 같은 원거리의 다이닝 룸들은 주방으로부터 떨어진 곳에 위치하고 있으므로 음식의 운반을 위하여 특별한 장비들이 필요할 수 있다. 원거리의 연회장을 위한 한 가지 해결책은 특별히 디자인 된 서비스 키친을 사용하는 것이다.

층으로 분리된 공간 간의 연결은 엘리베이터 또는 덤 웨이터(dumb waiter)를 이용하여 해결할 수 있다. 런던에 위치한 한 호텔의 경우 빌딩 전체의 연회장을 덤 웨이터 시스템 사용하여 일층에 위치한 메인 주방으로부터 모든 식사를 운반하여 제공하고 있다. 7층 높이의 빌딩은 속이 빈 파이프를 통하여 그곳에 큰 소리로 외쳐서 상호간에 필요한 것을 통화 하는 시스템으로 이 시스템은 스피커시스템 등의 필요가 없이 100년이 넘게 아무런 문제 없이 원활하게 사용되고 있다. 그러나 이러한 영국의 성공적인 예에도 불구하고 덤 웨이터는 일반적으로 음식을 옮기기 위한 좋은 방법은 아니다. 덤 웨이터는 사람을 수송할 수 없으며 운영을 위하여 반드시 두 사람이 있어야 한다. 또한 덤 웨이터는 청소가 어렵고 접시가 부숴지는 원인이 되며 의사소통의 어려움도 따른다. 예산과 공간이 허락한다면 덤 웨이터보다는 서비스 엘리베이터를 설치하는 것이 바람직하다.

다이닝 룸의 적절한 규모는 한 번에 계산될 수 있다. 그것은 레스토랑 안에 얼마나 많은 사람들이 앉을 수 있는가를 결정하는 것이다. 적절한 좌석수의 결정은 단체 급식과 같이 식수 인원을 알고 있다면 쉬워질 것이다. 상업적인 레스토랑 또는 카페테리아 프로젝트를 위한 경우 고객의 수가 불확실하므로 필요한 좌석의 수를 결정하는 것은 매우 어려울 것이다. 상업적인 레스토랑에서 기대하는 비즈니스의 볼륨을 예측하는 것은 종종 경험에 의한 추측에 불과하다. 다른 경우에, 레스토랑에서 계획된 좌석의 수는 가능한 공간 또는 자금에 기초하여 결정될 것이다. 디자인에 포함된 좌석의 수에 대한 결정은 기본적인 투자에 대한 질문이므로 반드시 조심스럽게 고려해야만 한다. 다이닝룸의 규모, 주방, 화장실, 주차장의 규모와 많은 다른 점포의 형태들은 좌석의 수에 영향을 받는다. 영업시간 중 수용할 수 있는 사람의 수는 테이블과 의자가 차지할 수 있는 공간의 넓이와 회전율에 의하여 결정된다. 각각 다른 서비스 형태에 따라 테이블과 의자를 위한 공간의 넓이가 달라질 수 있다. 예를 들어, 일회용품들을 사용하는 스낵바는 작은 테이블과 팔걸이가 없는 실용적인 의자들로 디자인될 수 있다. 반면에, 럭셔리 테이블 서비스 레스토랑의 경우에는 크리스털 유리잔들, 양념통, 화병, 각종 접시들을 놓을 수 있는 충분한 공간이 필요한 대형 테이블이 필요하다. 또한 럭셔리 레스토랑의 의자들은 대체로 폭신한 쿠션과 팔걸이들로 인하여 크기가 크다. 이러한 레스토랑의 복도들은 와인 아이스 버켓과 웨이터들의 트레이 받침대를 놓기 위한 충분한 공간이 필요하다. 아래의 다양한

〈표 5-15〉 서비스 형태에 따른 서비스 지원공간

서비스의 형태	100석 당 필요한 지원 공간	의자 당 요구되는 공간 (㎡)
적당한 가격의 테이블 서비스	9.3㎡	1.1-1.3
고가의 테이블 서비스	13.9㎡	1.2-1.5
럭셔리 테이블 서비스	18.6㎡	1.5-1.9
카페테리아 서비스	46.5㎡	1.1-1.3
스크렘블	55.7㎡	1.1-1.3
부스 서비스	9.3㎡	1.1-1.3
연회(프라이빗 다이닝)	2.3㎡	0.93-1.1
패스트푸드	4.7㎡	0.84-1.0

※ 위의 도표는 다이닝 룸의 사이즈와 별도의 공간임.

형태의 서비스에 따라 요구되는 공간들은 일반적으로 업계에서 통용되는 표준들이다.

[그림 5-25] 다이닝 룸 I

[그림 5-26] 다이닝 룸 II

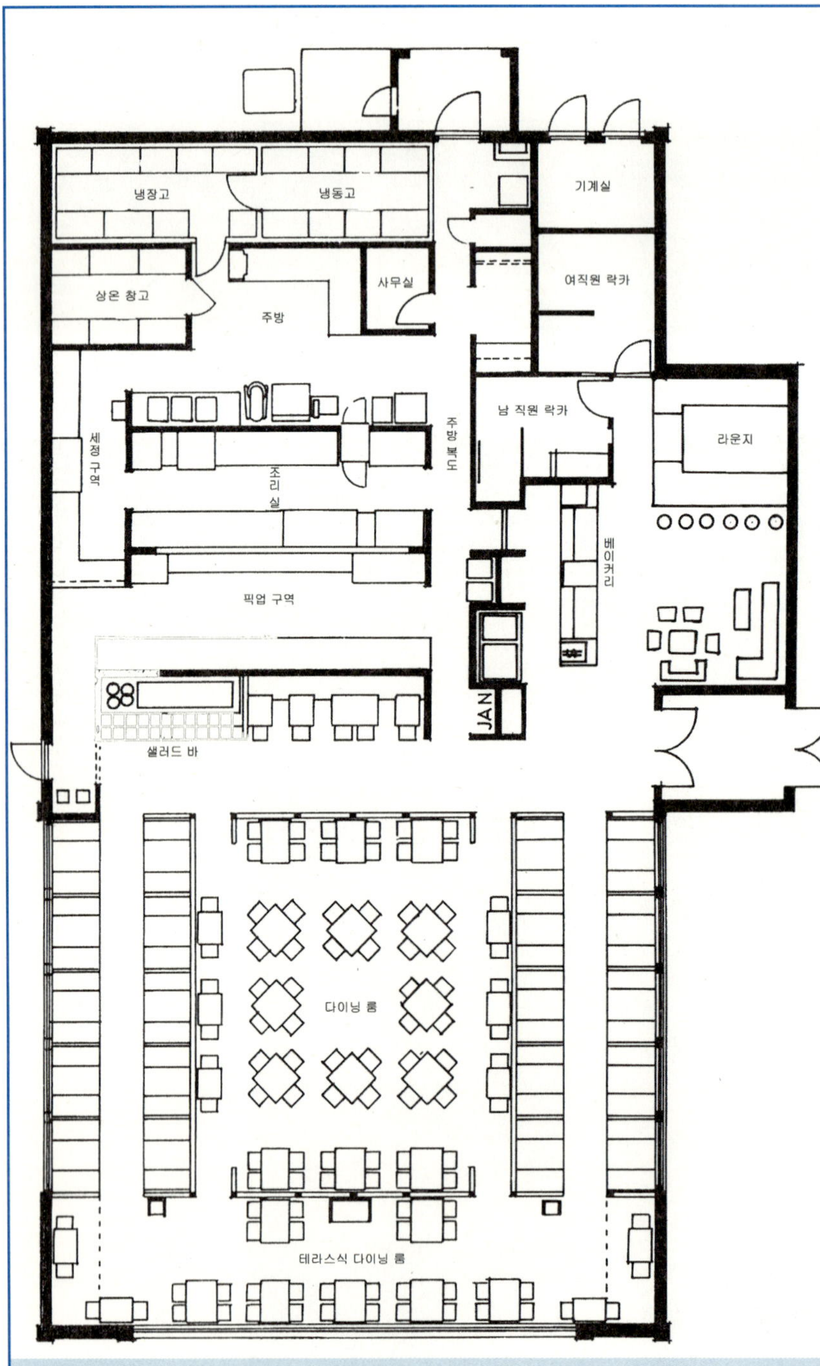

[그림 5-27] 패밀리 스타일 레스토랑을 위한 레이아웃

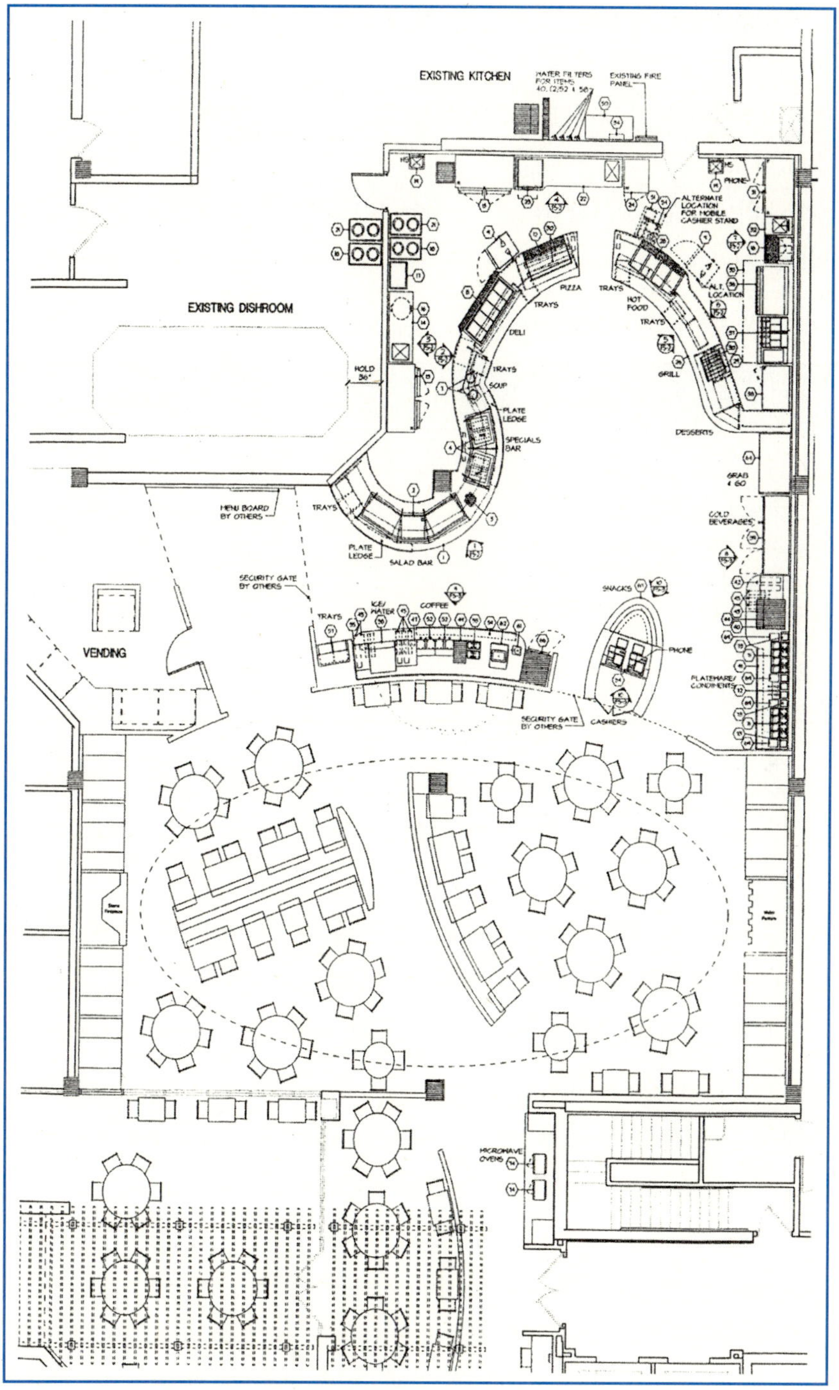

[그림 5-28] 스크렘블 서비스 형태의 레이아웃

다이닝 구역의 규모는 시간당 테이블 회전율에 영향을 받게 된다. 예를 들면, 고급 식당의 경우 매 두 시간마다 한 번의 회전이 발생할 경우 회전율 비율은 0.5배이다. 스낵바나 패스트 푸드점은 시간당 세배의 회전율을 경험할 수 있다.

아래의 도표는 외식산업의 각기 다른 업태들의 좌석 회전율 참고기준표이다.

〈표 5-16〉 서비스 형태별 레스토랑 회전율

서비스의 형태	좌석 회전
적당한 가격의 테이블 서비스	1.0~2.0
고가의 테이블 서비스	0.75~1.0
럭셔리 테이블 서비스	0.5~0.75
카페테리아 서비스	2.2~3.0
카운터 서비스	2.0~3.0
부스 서비스	2.0~3.0
페스트 푸드	2.5~3.5

다음은 중간가격의 메뉴를 제공하는 200석 정도의 음식점의 다이닝 구역과 서비스를 지원하는 구역의 크기를 결정하는 대표적인 계산법이다.

① **차트로부터 지원 구역의 크기를 정한다:** 200석의 음식점은 18.6㎡의 웨이터/웨이트리스 스테이션 공간이 필요하다.

② **다이닝 구역의 크기를 정한다:** 200석의 테이블 곱하기 의자당 1.2㎡를 하면 240㎡가 된다.

③ **레스토랑에서 한 시간에 제공할 수 있는 사람들의 숫자를 계산한다:** 테이블 200개 곱하기 1.5 회전을 하면 대략 한 시간당 300명이다.

위 예에서, 레스토랑은 음식에 부수되는 물품들을 가능한 한 많이 보관함으로서 웨이터/웨이트리스 스테이션의 사용을 극대화 하도록 만들 수 있다. 예를 들면, 웨이터/웨이트리스 스테이션은 아래와 같은 것을 포함하고 있어야 한다.

- 은식기
- 린넨(냅킨)
- 양념들
- 커피
- 음료수
- 얼음
- 유리잔들
- 쓰레기통
- 크렉커
- 컵과 접시들
- 빵
- 버터
- 크림
- 핫 티
- 콜드 티
- 우유
- 사전점검 기계(precheck machine)
- 스프

서비스의 종류, 필요한 지원 공간의 크기, 테이블 회전율을 정하고 난 후 마지막으로 테이블의 크기와 모양을 고려해야 한다. 고급식당의 테이블 형태는 [그림 5-29]와 같은 모습이다. 이 형태는 서비스하는 사람이 붐비지 않게 보조 접시와 와인 잔, 양념통과 음식에 따른 기타 부속물들을 놓을 수 있다. 카페테리아에서 이 형태를 쓰게 된다면 4명이 직사각형의 쟁반을 놓을 수 없게 되고 공간이 낭비되는 상황이 된다[그림 5-30참조]. 보기에서처럼 낭비된 공간은 큰 사이즈의 카페테리아의 경우 매우 심각한 문제가 될 것이다. 만약 400석의 카페테리아의 낭비되는 공간을 보면 0.4㎡씩 낭비된다고 해도 100개의 테이블인 경우 40㎡가 낭비된다. 이것을 건축비로 환산하면 40㎡에 평당 비용 10만원을 곱한다면 400만원이 낭비되는 것이다. 이러한 문제에 대한 해결방법은 [그림 5-31]과 같이 직사각형으로 4명이 제대로 앉을 수 있는 테이블을 선택하고, 테이블의 짧은 면으로 자연스럽게 통로가 생기게끔 배열하는 것이다.

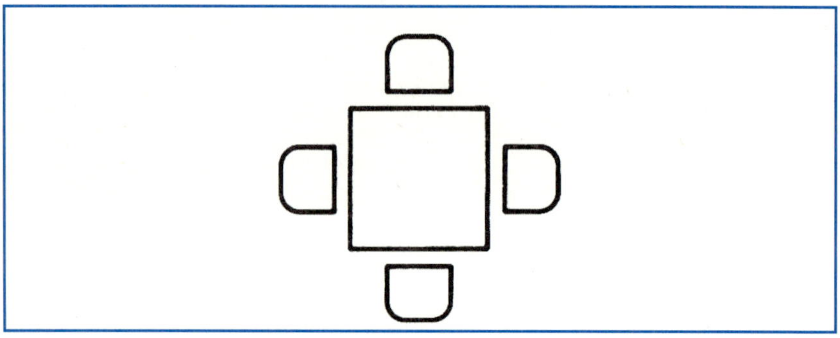

[그림 5-29] 사각형 테이블–풀서비스 레스토랑

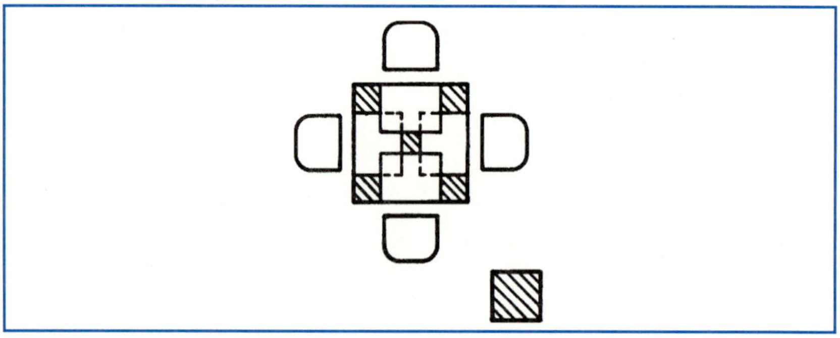

[그림 5-30] 동일 테이블–카페테리아 다이닝

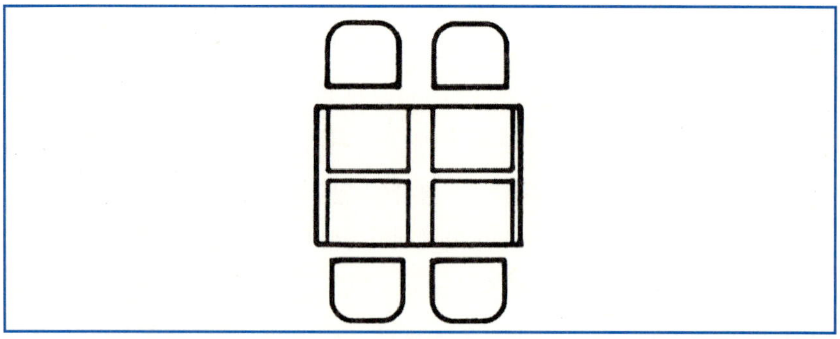

[그림 5-31] 직사각형 테이블–카페테리아 다이닝

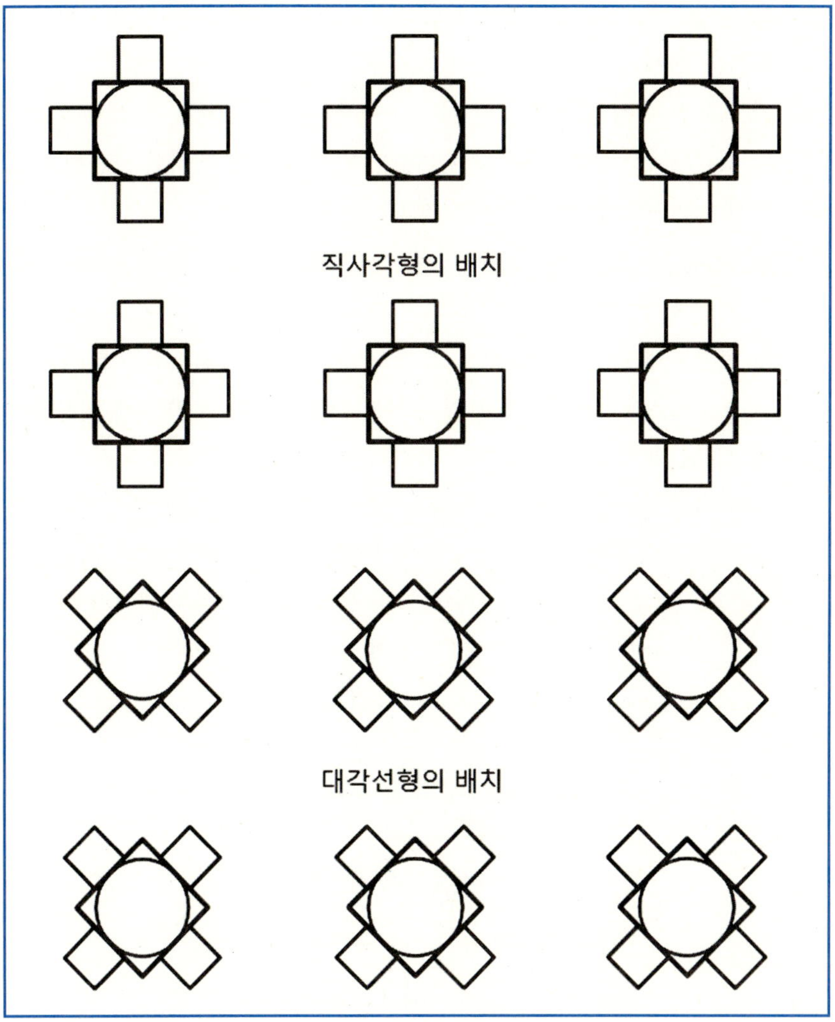

[그림 5-32] 레스토랑 테이블 배치의 예

전통적인 테이블 배치의 대안으로 패스트푸드 또는 스낵바의 좌석과 부스 좌석이 인기 있는 두 가지 다이닝룸 스타일로서 개발되었다.

○ **패스트푸드 또는 스낵바 좌석**: 패스트푸드 산업에서 발전되어온 효과적인 공간 활용과 청소의 용이성, 얼룩의 방지와 같은 특별한 디자인의 특징들은 어떤 식 음료 운영에도 적용될 수 있으며 바람직한 것들이었다. 이들의 다이닝 구역들은 식탁의 다리가 아예 제거되고 의자들은 테이블 기둥에 부착된 식이다. 이는 패스트푸드 시설에서는 일반적으로

많은 양의 음식물 부스러기나 냅킨조각들이 바닥에 떨어지므로 이러한 것들을 쉽게 쓸어 담거나 걸레질을 하는 것이 매우 중요하다. 또 한 가지 독특한 특징은 종종 낯선 사람과도 테이블을 이용할 수 있게 공간이나 빗각 무늬로 테이블 상단을 디자인하기도 한다. 이러한 구분선은 한 개의 테이블이 두 개인 것처럼 보이는 효과를 준다.

○ **부스좌석**: 부스좌석이 외식산업에서 이용하게 된 계기는 전통적인 테이블 배열에서 시각적인 차단을 주기 위해서였으며 개인적인 프라이버시가 보장되게 됨으로써 인기를 얻게 되었다. 초기 미국식과 빅토리안 데코는 주로 아주 높은 등받이와 사이드 패널로 거의 완벽하게 식사하는 손님들을 둘러쌓았다. 부스의 가격이 전통적인 테이블과 의자의 가격보다 비쌈에도 불구하고 공간 효율 면에서는 아주 뛰어났다. 그들의 더 높은 비용은 식당의 크기의 감소에 의하여 상쇄되었다. 공간 효율면의 결과로 부스가 서로 이어지면서 등과 등을 맞대는 식의 결과가 나타났다. [그림 5-33]은 보통의 표준공간에서의 부스배열이다.

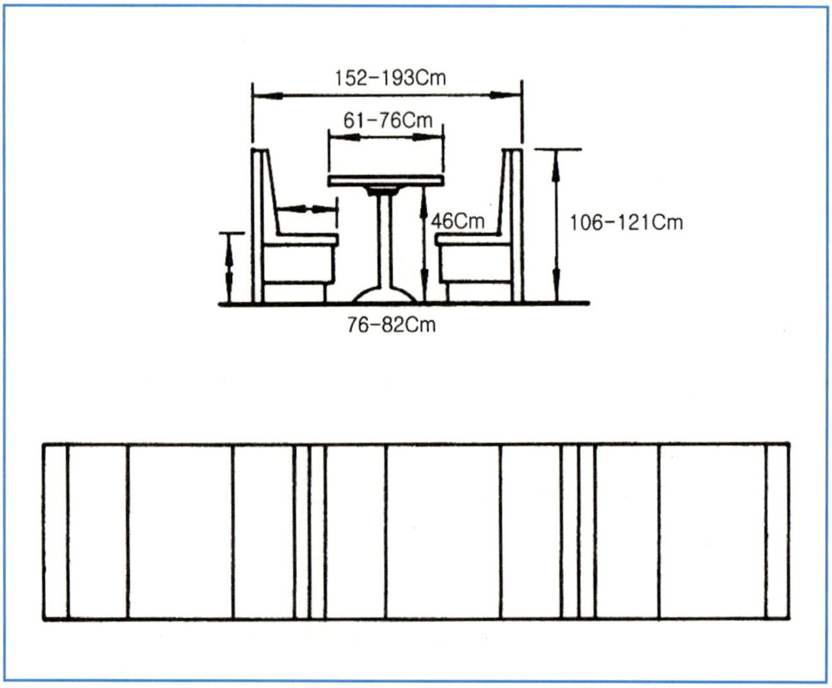

[그림 5-33] 직사각형 테이블-카페테리아 다이닝

[그림 5-34] 부스좌석

제11절 바

1. 바와 필요한 장비들

바는 음료서비스와 고객을 위한 바 서비스를 제공한다. 바는 일반적으로 고객을 위한 바(Customer bars)와 서비스 바의 두 가지 형식이 있다. 고객을 위한 바는 바 테이블에 앉은 손님 또는 테이블에 앉아 음료를 원하는 고객에게 음료서비스를 제공하는 것이다. 반면, 서비스 바는 오로지 서버들이 음료수를 픽업하도록 디자인 된 바를 말한다. 바 공간에 필요한 주요 구성 요소들은 바와 바 장비, 지원 공간 등이다.

일반적으로 바는 음료서비스 장비를 포함하며 목재, 청동, 가죽, 대리석, 장식용 라미네이트, 유리 등의 매력적인 마감재들을 사용하여 만들어진다.

바텐더가 있는 곳에 필요한 장비들은 다음과 같다.

- 각종 주류 병들을 진열하고 보관할 수 있는 공간
- 맥주, 와인, 음료수병, 믹스 등을 보관할 수 있는 냉장고
- 생맥주 디스펜서
- 잔들을 보관하거나 세척할 수 있는 공간
- 제빙기와 디스펜서
- 특별음료 제작을 위한 블랜더
- 커피 메이커와 디스펜서
- 싱크대
- 금전등록기 또는 POS 시스템

일반적으로 바는 두 단계로 나누어 공사가 진행된다. 첫 번째 단계는 바 장비들을 필요한 장소에 먼저 세팅을 한 후, 두 번째 단계로 세팅된 장비 주위로 바를 맏는 방식으로 공사를 진행한다.

2. 바 지원구역

바 지원구역은 음료를 보관하기 위한 창고를 제공한다. 탄산음료들은 잠금장치가 되어있는 창고에 보관될 것이다. 와인들은 차가운 셀라에 비스듬이 기울여 보관하여야 하며, 저그 와인은 창고의 선반에 보관하여야 한다. 생맥주용 저장통(Beer kegs)과 병 또는 캔맥주 등은 잠금장치가 되어있는 워크인 냉장고에 보관하여야 한다. 일반적으로 음료용 믹스 디스펜서는 박스에 담겨 바 지원구역에 보관되며 디스펜서까지는 튜브로 연결되어 있다. 또한 대규모 바의 경우 대형 제빙기가 지원구역에 위치하기도 한다.

3. 좌 석

일반적으로 바에서 이용되는 좌석은 스툴 또는 하이체어(High chairs)의 형태가 대부분이다. 일반적으로 바는 바 앞부분에 조그만 테이블이 배치되기도 하며, 바에서는 테이블에서와 마찬가지로 음식 또는 가벼운 식사가 제공될 수 있다. 서비스 바는 단지 서버들을 위하여 디자인 된 곳으로 고객들을 위한 의자는 배치되지 않는다.

[그림 5-35] 바 & 바 테이블

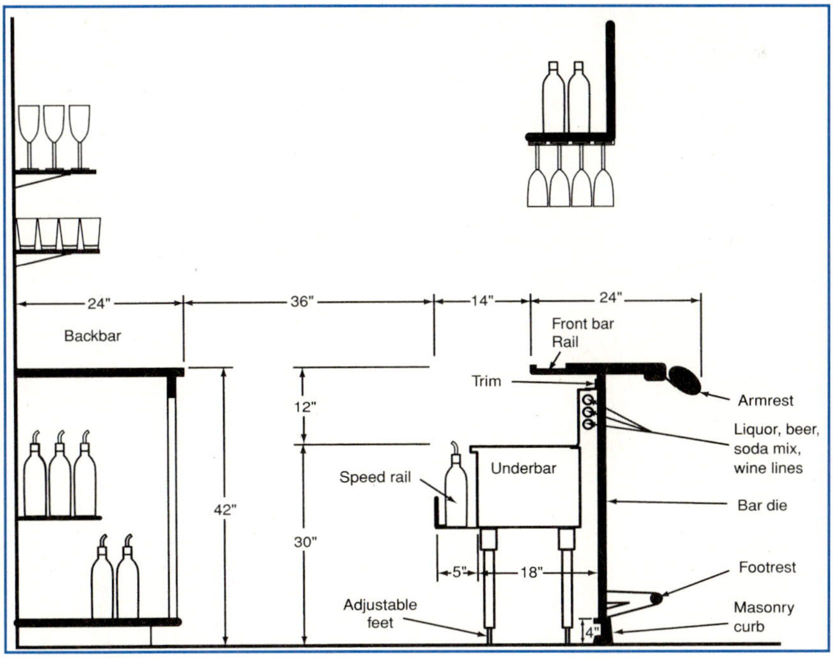

[그림 5-36] 바 다이어그램

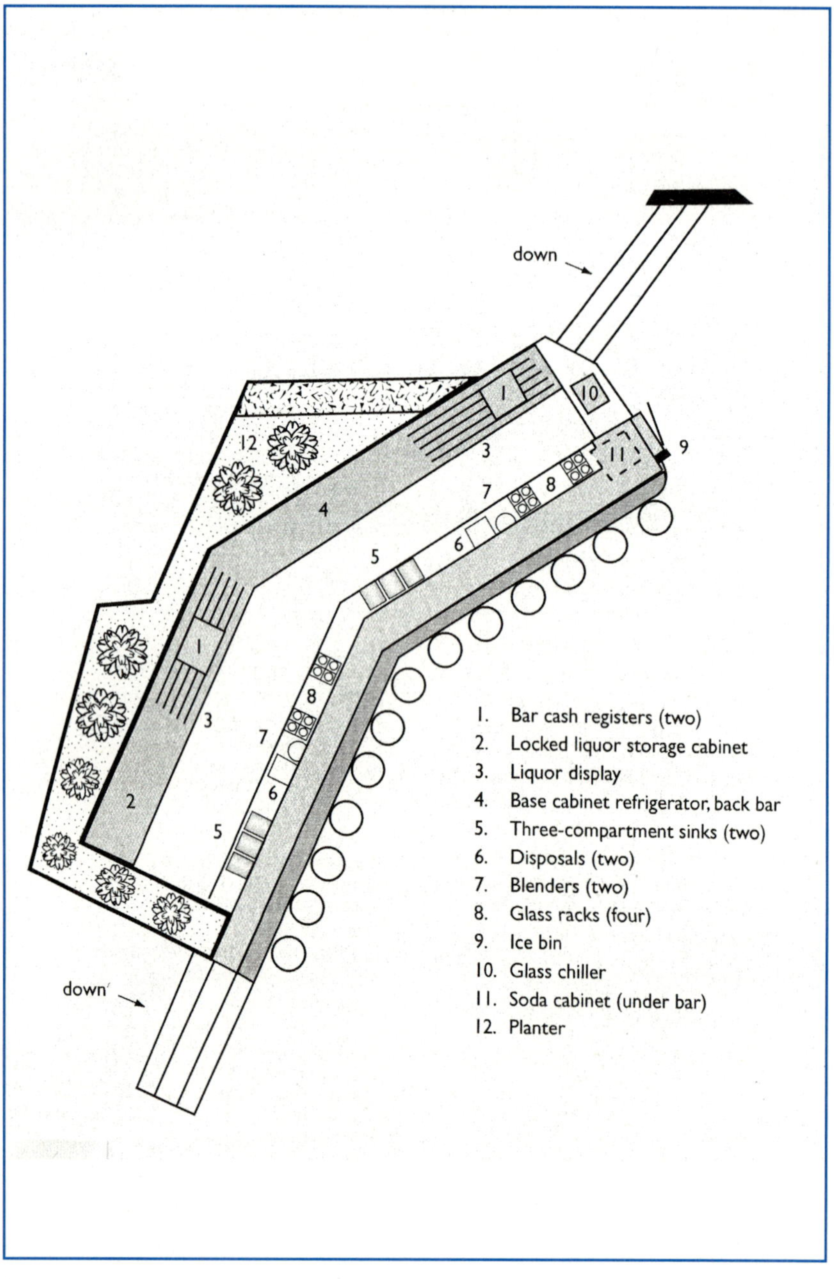
down
down
1
1
2
3
3
4
5
5
6
6
7
7
8
8
9
10
11
12
1. Bar cash registers (two)
2. Locked liquor storage cabinet
3. Liquor display
4. Base cabinet refrigerator, back bar
5. Three-compartment sinks (two)
6. Disposals (two)
7. Blenders (two)
8. Glass racks (four)
9. Ice bin
10. Glass chiller
11. Soda cabinet (under bar)
12. Planter

[그림 5-37] 바 레이아웃

외식창업

제6장

장비 레이아웃

제6장

장비 레이아웃

제1절 레이아웃의 영향 및 고려해야 할 점

레스토랑에서 각각의 부문을 위한 공간 할당이 적절하였다고 보일지라도 단순히 ㎡와 같은 숫자만이 디자이너의 관심사가 아니다. 작업공간은 반드시 배정된 업무를 수행하기 위하여 불필요한 동선을 제거할 수 있는 합리적인 장비 배열에 기본을 두어야 한다. 레이아웃이란 작업 구역 안에 효율적이고, 안전하며, 인체공학적으로 올바르게 장비를 배치하는 것이다. 바람직한 레이아웃은 어디서든지 각자의 작업 공간 내에 장비들을 비치하는 것에 초점을 두고 설정되어야 하며, 이러한 형태의 배치는 에너지소비 측정에 중점을 두고 있는 '인체공학' 의 주요한 관심사이다. 만약 작업 공간들이 논리적으로 배치되어 있고 설비들이 배치에 맞게 신중하게 선택되었다면 그 공간은 높은 수준의 생산성을 창출할 수 있는 가능성을 갖게 된다. 이러한 레이아웃에서 고려해야 할 요소들은 다음과 같다.

- 기본재료들에 대한 접근
- 흐름

- 다른 부문과의 관계
- 필요한 도구들과 조리도구들에 대한 접근

1. 기본재료들에 대한 접근

원재료 또는 가공되지 않은 재료는 대부분 워크인 냉장고나 냉동고, 상온창고에서 보관된다. 조리에 사용되는 재료들은 다음과 같은 곳에서 찾을 수 있다.

- 워크인 냉장고
- 리치인 냉장고
- 식기 보관 캐비냇 또는 카트
- 스팀 테이블
- 슬라이싱 기계
- 푸드 홀딩 캐비닛
- 이동식 식품선반
- 음료창고 또는 디스펜서
- 유틸리티 또는 리시빙 카트

모든 기본 재료들은 모든 작업 장소에서 사용이 가능하여야 하며 최소한의 움직임으로도 음식을 조리하는데 필요한 재료들을 손쉽게 닿을 수 있거나 가공할 수 있어야 하며, 다음 작업장소나 보관 장소로 보내는 것이 쉬워야 한다.

[그림 6-1]은 편리한 장소에 기본재료를 보관한 찬음식 준비구역의 모습이다. 워크인 냉장고는 기본재료와 완성식품 모두를 보관해서 양쪽의 서빙이 가능하게 한다. 설계자들이 빈번하게 하는 실수 중에 하나가 워크인 냉장고를 정렬시켜서 작업자가 필요한 기본재료에 접근을 하는 것에 대하여 적게 배려하여 설계하는 것이다.

[그림 6-2]는 레스토랑의 렌지 부문은 통상적으로 튀김기 옆에 작은 냉장고와 냉동고가 자리잡는데, 이것은 빵가루를 입힌 해산물이나 프렌치후라이

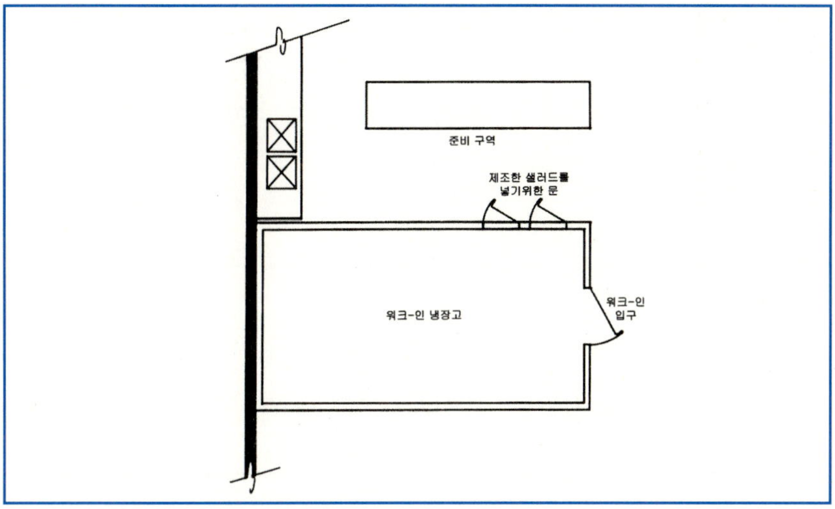

[그림 6-1] 찬음식 준비구역의 레이아웃

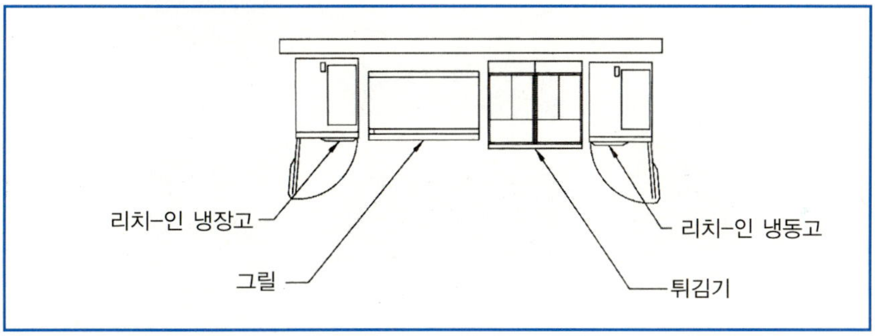

[그림 6-2] 최종 조리를 위한 원재료 보관

[그림 6-3] 워크인 냉장고 내 기본재료와
완성식품의 보관

를 신속하게 냉장고에서 튀김기로 이동시키기 위한 것이다. 그릴 옆 1단의 리치-인 냉장고는 스테이크나 햄버거용 패티, 닭 가슴살 등과 같이 그릴에 사용할 재료들을 신선하게 보관하여 사용할 수 있는 공간을 제공해 주어 효율성을 높이는 것을 보여주는 예이다.

2. 동 선

레스토랑 운영의 각 부문에 대한 레이아웃은 반드시 논리적인 순서를 따라야 하므로, 각 조리과정에 대한 레이아웃은 스트레스를 많이 받는 작업이

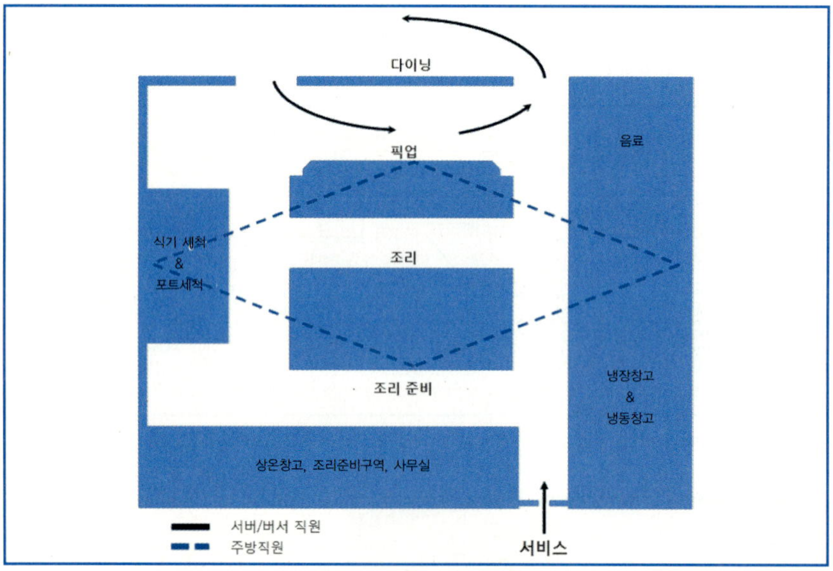

[그림 6-4] 주방 내에서의 동선

다. 만약 기본재료들이나 이미 조리가 끝난 조리의 일부분들이 필요순서에 의해 정렬되어 있다면 조리과정은 더욱 효과적으로 될 것이다.

각각의 작업공간 간의 흐름 관계는 일직선상이거나 L자 모양의 동선이 가장 효과적이다. 만약 작업자가 재료를 얻기 위해서 통로를 자주 왔다갔다 한다거나 하는 일이 빈번하게 발생하게 되거나, 다른 사람에게 돌아가서 일을 하게 된다면 비효율성과 작업자의 피로도가 높아질 것이다.

3. 다른 부문들과의 관계

조리과정의 각 부분은 다른 부분들과 가까이 연관되어져야 한다. 설계에서 시스템이라고 부르는 것은 주로 시설의 기능적인 부분을 표현하는데, 자주 쓰인다-전부를 형성하는 일정하게 상호작용하는 그룹성분이다. 식기세척기의 예를 들면, 이것은 시스템으로 표현될 수 있다. 왜냐하면 각자의 진행부분은 다른 부분과 연관이 있기 때문이다. 이와 동시에 식기세척기는 다른 기능 또는 시설의 시스템과도 연관이 있다. 예를 들면, 카페테리아에선 카페테리아 라인을 따라서 작은 식기카트에서 식기세척기로 옮겨진다. 좋은 카페테리아 공간의 레이아웃은 식기카트가 더운 음식 스팀테이블 아래에서 진행되어서 사람들이 위에서 식기를 쓰게 해줘야 한다. 이 서비스시스템의 특징은 식기를 취급하는데 손이 덜 가게 하고, 노동력과 식기가 깨지는 것을 감소시켜 준다.

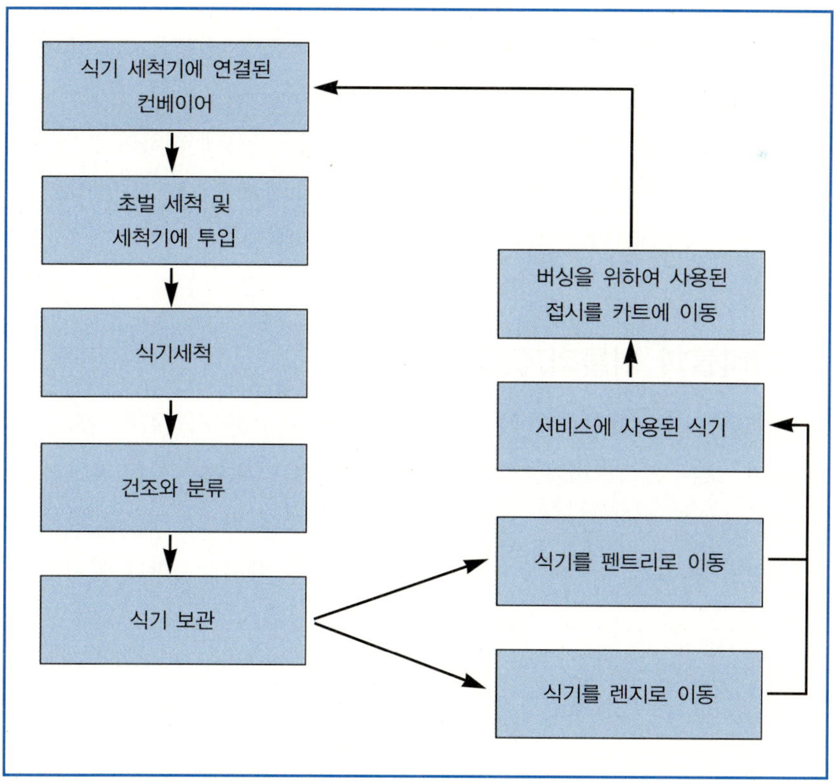

[그림 6-5] 식기세척 부문과 다른 부문과의 연관관계

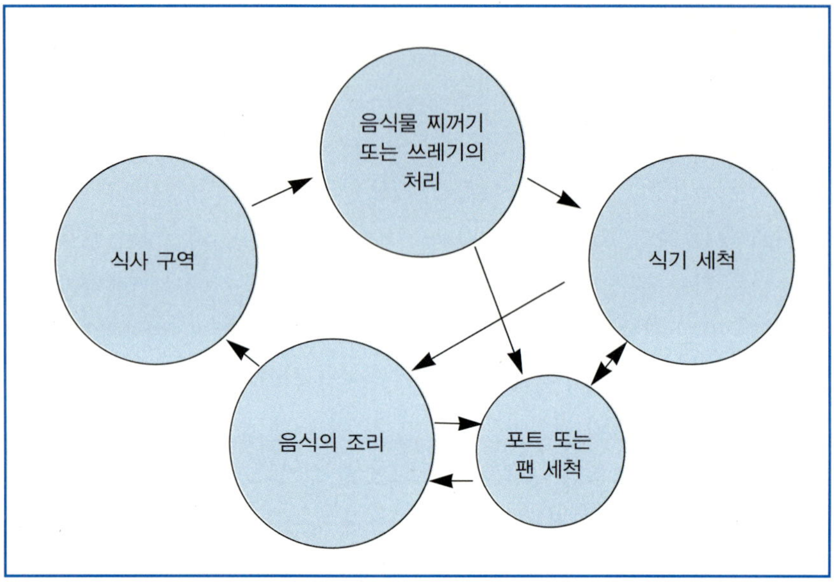

[그림 6-6] 각 부문 사이의 관계

한 파트의 레이아웃은 반드시 다른 부문과의 작업을 원활히 하도록 신중하게 고려되어야 한다.

[그림 6-5]는 식기세척기와 다른 부서와의 상호작용에 대하여 간단하게 보여주고 있다. 어떤 부문과는 하나 또는 두 개의 관계를 가지고 있으며, 세 개 또는 그 이상의 연관관계가 있음을 보여주고 있다.

4. 장비들과 기물의 접근성

레스토랑의 각 작업구역에는 그 작업공간에 필요한 설비들이 있다. 예를 들면, 모든 음식준비와 서비스 공간은 반드시 냉온수가 있는 싱크와 조리도구 보관을 위한 공간이 있어야 한다. 설비 중에 빈번하게 사용하지 않는 것이나 두 개씩 두기에는 너무 비싼 것들은 각 작업장소마다 설치할 수 없다.

슬라이싱 기계의 예를 들면, 주로 이동식스탠드를 써서 한 공간에서 다른 공간으로 이동하기 용이하게 하여 중복을 막을 수 있다. 믹서의 경우 샐러드 준비공간 작업자는 하루에 두 시간 정도 필요하며, 더운 음식 준비파트의 조리사는 하루에 세시간정도 필요하다. 이럴 경우 한 개의 믹서를 두 작업 공간 사이에 배치하여 이용하거나 각자의 파트에서 각각 하나씩 작고 빠른 푸드 프로세서를 보유할 수도 있다. 이것은 크기도 작고 가격도 비싸지 않으며 사용도 하루에 한 시간 정도이므로 빠른 음식 조리를 위하여 직접 소유할 수도 있다. 설비의 중복에서 고려해야 할 다른 요소는 설치장소의 가능여부이다. 이러한 문제는 종종 작은 주방에서 발생한다. 음식제조공간에서 두 가지의 설치장소가 필요하며, 하나는 기본재료들의 보관카트를 임시로 보관할 장소이고, 하나는 조리가 끝난 식품을 보관할 장소이다.

장비의 위치를 선정할 때 고려해야할 또 하나의 요소는 카트를 세워놓을 수 있는 공간의 확보이다. 이러한 사항은 작은 규모의 주방에서 종종 문제가 되고 있다. 0.9m 깊이×1.2m의 공간은 대부분의 이동식 카트를 보관할 수

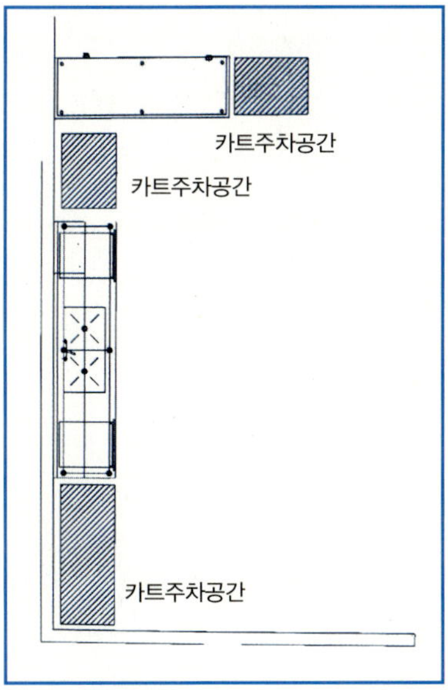

[그림 6-7] 샐러드 준비 구역 내에서의 카트 주차공간

있다. 보통 샐러드 준비공간 에서의 카트용 공간은 [그림 6-7]과 같이 설계할 수 있다.

훌륭한 설계와 그렇지 못한 설계의 차이는 각 작업공간의 세부사항에 대하여 얼마나 주의를 기울이는가에 달려있다. 기물 저장소를 위한 체크리스트는 효율적인 레이아웃을 위해서 분석해야 한다.

5. 청결과 위생의 용이성

상세한 장비 레이아웃에서 매우 주의해야 하는 것은 작업공간을 설계할 때 위생관리와 청소가 용이하도록 장비를 배치할 필요가 있다는 것이다. 청결과 위생의 용이함은 고려하여야 하는 몇 가지 요소 중 아주 중요한 요소이다.

기물 저장소 체크리스트

- 각자 작업테이블에 이동 가능한 기물서랍이 장착되어 있다.
- 각 종사원을 위한 기물서랍이 있거나 작업테이블의 1.2m 당 한 개의 서랍이 있는가?
- 3개씩 쌓여진 기물서랍들이 커다란 워크스테이션에 놓여져 있는가?
- 더운음식과 찬음식 준비지역 위쪽에 선반형 기물 선반들이 달려있는가?
- 대형 스팀 솥(Steam-jacketed kettles)을 위한 주걱이나 거품기를 걸거나 보관할 수 있는 후크나 선반들이 바로 옆 또는 주변에 준비되어 있는가?
- 각 작업테이블 밑에 선반이 되어있거나 커다란 유텐실 보관소를 위한 건조대 비치
- 테이블 위로 벽에 잘 설치된 선반
- 믹서파트나 bowl을 위한 선반
- 빵, 더운 음식준비 그리고 샐러드 준비공간을 위한 대형 선반과 sheet fans, baking fans과 다른 커다란 도구들
- 칼들과 다른 도구를 위한 특별 보관선반(이것들은 손상되기도 쉽고 다른 도구서랍에서 보관하기엔 위험할 수 있다)
- 케이터링 공급을 위한 대형선반 또는 특별 보관실(chafing 식기, 펀치볼, 은쟁반 등등)
- 각 사전 준비구역 내에 칼 보관함 설치

작업대와 디쉬 테이블과 같이 조립된 장비들도 역시 위생과 청소가 용이

하도록 제작되어야 한다. 다음은 제작 시 고려해야 할 요소들이다.

- **스테인레스 스틸 하부구조** : 테이블 제작 시 철제 다리에 페인트를 칠한 하부구조는 스테인레스 스틸에 비하여 비용이 저렴하다. 그럼에도 불구하고 페인트로 칠한 부분은 일반적으로 샌드페이퍼(사포) 작업을 거친 후 페인트를 칠하게 되어 있으며 습기와 열기로 인하여 쉽게 벗겨질 수 있으므로 매 3년마다 이러한 작업을 반복하여야 한다. 따라서 구입 시 조금 더 비싸다 하더라도 스테인레스 다리로 된 제품을 구입하는 것이 위생적이며 효율적으로 될 것이다.
- **튀는 것의 방지** : 식기 세척용 테이블 또는 포트 세정구역의 작업 테이블이 벽과 만나는 곳은 물기가 벽에 튀는 것을 방지하고 청소를 용이하게 하기 위하여 약 254~406mm 높이의 턱을 만든다. [그림 6-8]은 물이 튀는 것을 방지하지 위하여 턱을 설치한 것을 보여준다.

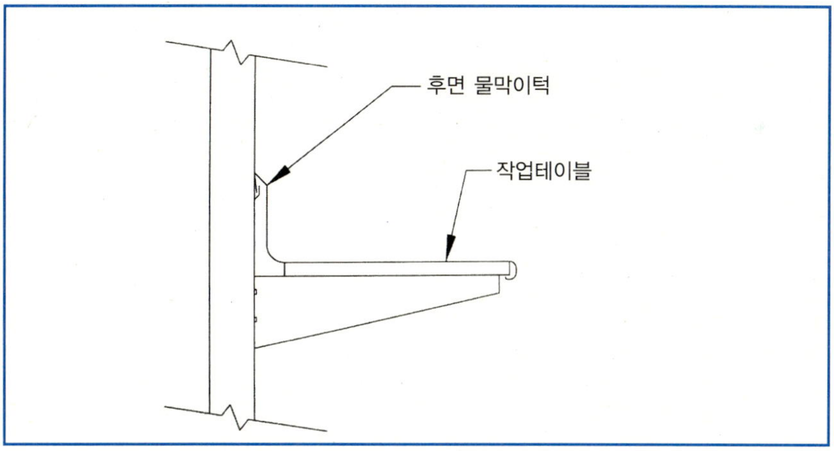

[그림 6-8] 벽걸이 작업대에서 벽에 물 튀기는 것의 방지

- **모서리의 처리** : 음식물이 닫는 표면은 어디든지 90도의 코너 또는 모서리로 되어 있다. 그러나 위생과 청소의 용이함을 위하여 약 20mm의 이내에서 모서리를 처리할 수 있다. 그렇지 않으면 음식물 찌거기가 모서리 사이에 끼게 되어 박테리아가 증식할 수 있는 요인이 될 수 있다. [그림 6-9]는 스테인레스 작업대 상판의 모서리 처리방법을 보여준다.

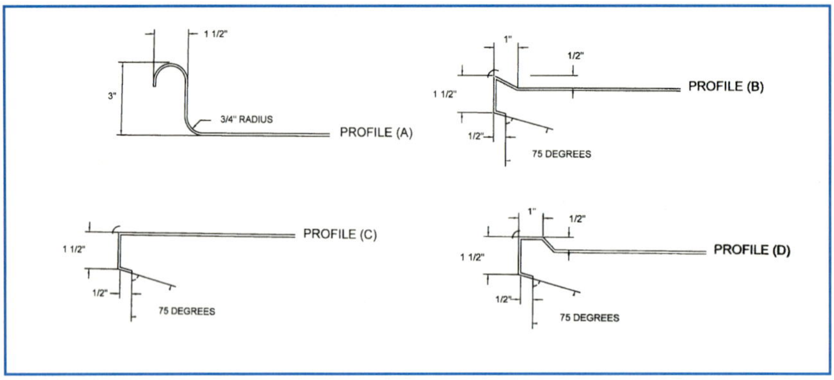

[그림 6-9] 스텐리스 작업대 상판의 모서리 처리방법

제2절 장비배치의 물리적 특성

좋은 배치의 판단여부는 음식시설 설계자나 외식업계에서 오랜 시간을 일한 사람들의 경험에 의해서 가능하다. 배치는 앞에서 이미 논했듯이 공간 배분과 원하는 배치관계에 따라 설계된다. 다른 장비 배치의 특징은 효율적인 종합설계가 달성되는 것을 추구한다.

- 상대적 배치
- 장비를 설치하는 방법
- 도구 연결 방법

1. 레이아웃의 배치

작업공간의 가장 대중적인 형태는 일자타입, 엘타입, 유타입의 세 가지이다. 모든 형태는 각각 장점과 단점이 있다. 하지만 일자 형태는 시간과 동선 효율면에서는 가장 좋은 배열로 알려져 있다. 식기세척 설계는 깨끗한 또는 오염된 식기테이블 모양에 따라 다양한 형태로 설계되어왔지만, 더 정교하고 비싼 설계는 효율 면에선 떨어진다.

일직선 배치의 경우 식기들이 비어있고, 닦여지고, 쌓여지고, 그리고 식기세척기로 바로 갈 수 있게 자리잡고 있는 것이 대부분 제일 효율적인 것이라고 볼 수 있다. 이런 배치의 예는 [그림 6-10]에 묘사되어 있다. 이 형태의 단점은 대량의 식당운영 시스템에선 식기를 놓을 곳이 한정된다는 것이다. 그래서 그 결과로 L자 형태의 배치가 탄생하게 되었다.

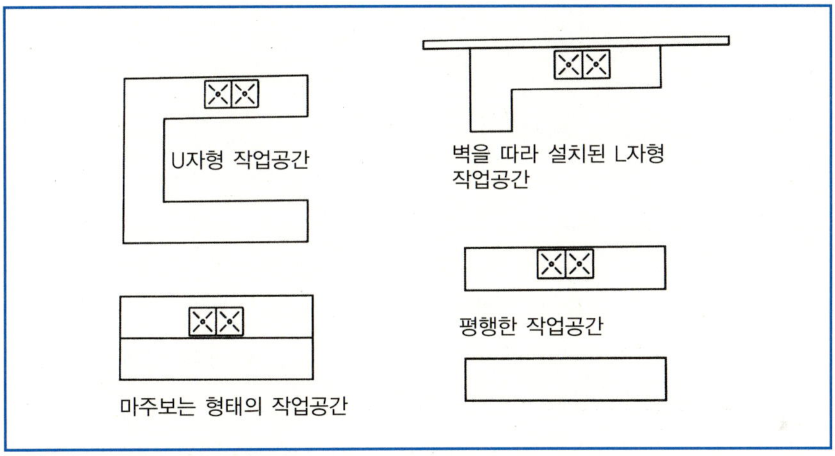

[그림 6-10] 작업 구역 레이아웃

이것과 비슷한 배치들은 각자 특별한 장점으로 음식준비 장소에서 쓰이게 될 수 있다. 다른 비슷한 예들은 [그림 6-10]에서 볼 수 있다. L자 형태의 배치는 한정된 공간에서 쓰여지며, 이것은 아주 편리한 작업공간을 제공해준다. 이 배열은 또한 복잡한 통로를 벗어난 작업공간을 창출하는데, 이것은 다른 집기들이 작업공간에 제대로 자리 잡았다면 바람직한 특징이 될 것이다. U자 형태의 배치는 많은 테이블 공간을 제공하지만 U자 안을 왔다갔다 하는 것은 노동자의 하루 운동량을 늘리게 된다. 평행면과 등을 지고 있는 평행테이블은 작업공간으로는 아주 능률적이어서 이런 이유로 식품 가공 배열로 빈번하게 쓰이곤 한다. 테이블은 보통 76cm 넓이이지만, 그림에서 보여지듯이 각 형태는 바닥공간에 따라 다른 형태가 쓰일 수 있다.

2. 장비설치방법

공간을 효율적으로 설계하는데 작업공간의 배치는 반드시 3차원 시각으로 고려되어야 한다. 디자인 컨설턴트는 위쪽 공간이나 테이블 밑의 공간을 활용하는 것을 신중히 고려하여야 한다. 테이블 밑면에 가장 중요하게 고려되는 것은 장비를 설치하는 방법을 고려하는 것이다. 일반적인 설치방법은 아래와 같다.

- 작은 철재다리
- 장비 스탠드
- 이동용 바퀴의 설치

1) 작은 철다리들

주방 장비를 위한 표준 다리의 높이는 152mm이다. 이것은 장비 아래의 청소를 용이하게 하기 위한 것이지만 완벽한 청소는 어렵다. 렌지나 브로일러 같은 큰 장비들은 앞에서 뒤까지 거리가 있기 때문에 다리가 있다고 하더라도 청소하는데 어려움이 있다. 따라서 이러한 문제를 해결하기 위하여 이동용 바퀴를 이용하는 것이 선호되고 있는 기술이다.

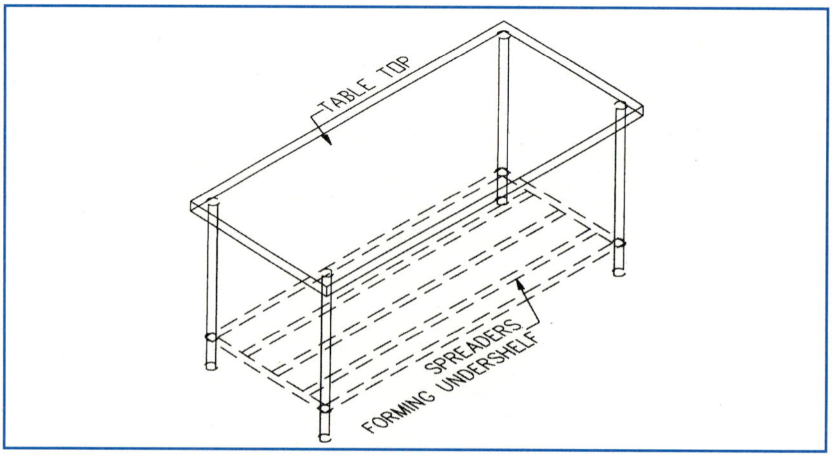

[그림 6-11] 작업대 받침대

2) 장비 스탠드

레스토랑 설비에서 렌지부문은 전통적으로 다른 장비들과 줄을 지어 열을 맞춰 설치한다. 이 배열은 몇 가지 문제점이 있다.

- 기름기가 다른 장비와의 틈새로 흘러들어 제거하기가 힘들어진다.
- 짧은 다리 위에 장비가 설치되므로 장비 밑을 청소하기 힘들다.
- 유틸리티들이 장비 뒤쪽으로 연결되므로 청소와 수리가 어려워진다.
- 오븐들은 다른 장비들 중에서 바닥과 가깝게 위치하므로 음식을 집어넣거나 빼기가 어렵게 된다.

이 문제들의 좋은 설계 해결책은 이 설비를 장비스탠드 위에 설치하는 것이다. 장비스탠드는 렌지 섹센의 사이즈에 따라 조립이 용이하게 되어 있어서 설계자는 각자 부분에 맞는 정확한 스탠드의 사이즈를 명시할 수 있다.

[그림 6-12]는 장비스탠드 위에 설치된 렌지섹션의 일반적인 모습이다.

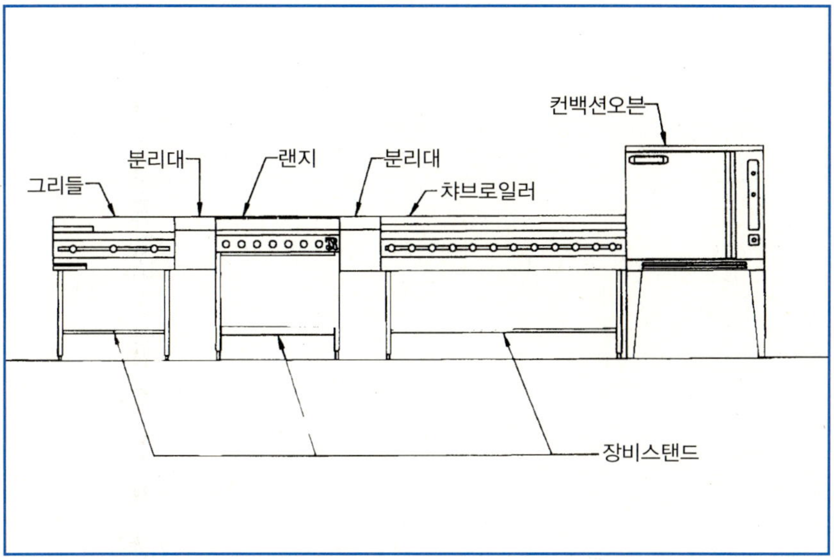

[그림 6-12] 장비스탠드 위에 설치된 장비

3) 이동용 바퀴의 설치

레스토랑 장비에 바퀴를 설치하는 것은 일반적인 선택이다. 이동성은 청소를 하거나 한 파트에서 다른 파트로 옮길 때 쉽게 이동이 가능하여 더 많은 활용도를 보인다는 바람직한 특징을 갖고 있다.

바퀴는 드레인 또는 덕트와 같이 한곳에 영구히 설치하여야 하거나, 종종 가스나 물을 연결해서 써야 하는 제품을 제외한 대부분의 장비부분에 쓰일 수 있는데, 일부 제품의 경우 호스 또는 분리가 되는 컨넥터 등을 이용하여 융통성 있게 사용할 수 있다. 한 가지 이 이동식 장치의 단점은 한 장소에 다른 장소에서 옮길 경우 전기연결장치 또는 호스, 가스 등의 연결을 끊지 않은 상태로 옮기다가 파손되는 경우가 많다는 것이다. 파손된 파워코드와 벽에 있는 코드를 수리하는 것은 비용이 많이 든다.

제3절 기능적 부문의 레이아웃

1. 접 수

좋은 배치를 만들기 위해서는 레스토랑 시설 내 각 공간의 기능을 충분히 잘 고려하여야 한다. 기능적 공간이라고 하는 부분들은 아래와 같다.

- 보관실
- 준비작업
- 마지막 준비작업
- 서비스와 식당 공간
- 식기세척
- 보조공간
- 워쉬다운 룸

- 린넨 룸
- 락커룸
- 서비스 키친

2. 창 고

1) 창고의 구성

워크인 냉장고에 대한 것은 이미 5장에서 언급했고, 8장에서도 다시 논할 예정이다.

상온창고는 보통 이렇게 구성되어 있다.

- 캔에 들어간 음식들
- 파스타
- 양념들
- 밀가루, 설탕, 소금
- 건조식품들
- 조미료
- 냉장을 요하지 않은 기타 음식들

상온창고는 식품 말고 이런 물품도 포함된다.

- 세척제품
- 페이퍼용품
- 린넨들
- 유니폼
- 유텐실, 도기들, 잔들

건조식품 보관실을 배치할 때 설계자는 반드시 깨끗한 세척용품과 식품은 따로 보관해야 한다는 점을 명심해야 한다. 이런 규율은 만일의 경우 사고로 음식과 깨끗한 세척용품이 섞이는 것을 방지하기 위함이다. 이런 음식제품과 페이퍼용품이나 유니폼의 구분은 이 물건들의 운영 효율을 높이고 직원들에 의한 도난을 막을 수 있다.

만약 주방에 음식 부속상자를 만드는 것이나 보관실에 보관하지 않는다거나 하는 것을 결정했다면, 그 부속 상자들을 부서지지 않은 케이스에 넣어서 다른 섹션에 분류 보관해야 한다.

오픈상자의 경우는 다른 타입의 선반을 이용해야 다른 오픈되지 않은 상자의 경우에 비해 도난의 위험이 적어진다.

양념부품과 부서진 케이스들은 보관실의 특별지역에 보관하는데, 튼튼한 선반과 특수 제작된 펜스가 보통 해결방법이다.

2) 선반과 통로공간

보관실의 통로공간은 음식과 공급품의 동선을 고려한 다음에 정해져야 한다. 예를 들면, 만약 건조보관실에 큰 목제 팔레트가 이용된다면 통로는 반드시 183cm 넓이가 되어야 한다. 팔레트는 보통 10에서 13cm 두께로 반드시 손으로 작동하는 포크나 포크리프트 트럭을 이용하게 된다. 포크리프트 트럭은 굉장히 넓은 통로가 필요하고 보통 창고운영에서 많이 쓰인다.

3) 선반의 위생기준

식음시설에서는 철재 3,4단 선반이 가장 대중적으로 보관실에 많이 쓰인다. 금속제품은 민물무늬, 단순무늬, 양각무늬들을 구입할 수 있다. 보건당국은 단순무늬나 양각무늬를 권장하는데, 이것은 냉장고에서 음식이나 더러운 것들이 다른 선반으로 떨어지는 것을 막아주기 때문이다.

민물무늬는 건조식품을 보관하는데 적합한데, 이것은 상자주위로 공기순환을 하는 것을 용이하게 해주고 건조한 상태를 유지해준다. 위생규정에서는 어떤 선반을 쓸 건지에 대한 상세한 내용은 없지만, 음식보관함들이 반드시 바닥이나 벽에 붙어서 보관되는 것은 금지하고 있다. 선반은 다양한 넓이와 길이로 구입이 다양하므로, 설계자는 작은 공간에서 가능한 많은 보관 장소를 만들어 낼 수 있다.

좁은 창고에서 보관물을 쌓는 가장 좋은 방법은 수화물선반이다. 이 선반들은 지면에서 많이 떨어져 케이스상품을 지키기 위하여 집을 만들 때 사용되었던 나무로 된 선반으로 대체되었다.

3. 준비작업과 마지막 조리과정

음식가공구역과 음식준비구역은 보관실 가까이, 마지막 준비과정은 음식이 서브되는 곳 가까이에 배열해서 배치도를 짜야 한다. 만약 효율적인 설계가 만들어진다면 마지막 준비구역과 서비스구역의 간격은 아주 정확해야 한다. 예를 들면, 많은 패스트푸드운영에서는 마지막 준비과정과 손님과의 간격은 겨우 몇 미터 정도이다. 이 배열은 아주 효과적이다. 반면, 주방과 병원의 환자와의 사이는 몇 십미터에 위치한다(수평적이나 수직적으로). 이것은 음식을 서비스하는데 아주 어려움을 동반하고 비효율적이다. 푸드서비스 설계 컨설턴트는 반드시 엄격하게 이 간격을 좁히는 방법을 찾아서 최대한 빨리 음식이 준비되자마자 서비스 될 수 있게 하여야 한다.

카페테리아 운영은 반드시 야채 준비작업, 그릴과 프라이어가 최대한 스팀테이블 가까이 설계되어야 한다. 어떤 카페테리아는 마지막 준비과정 시설이 서비스 지역에 있거나 바로 뒤에 있게 설계되기도 한다.

그릴은 서비스 카운터에 바로 위치하여 조리하자마자, 손님에게 드릴 수 있도록 한다. 호텔연회서비스 지역은 종종 브로일러와 프라이어가 설치되는데 이것은 이미 준비된 음식을 최단시간에 최상의 상태로 서비스하기 위해서이다.

4. 서비스와 다이닝 구역

다이닝 구역 내 서비스 구역의 복합성은 한쪽 방향의 스탠드를 직원들이 대기하는 다양한 스테이션으로 정교하게 구성하는 방법을 통하여 조절할 수 있다. 식당에서는 마지막 준비과정과 서비스 사이의 간격이 바로 인건비에 영향을 준다. 이 간격은 잘 설계된 서비스 구역을 이용함으로써 눈에 띄는 개선을 할 수 있다. 빠르고 효율적인 서비스를 위한 서비스 구역의 중요성은 아무리 강조해도 지나치지 않는다.

만약 서비스인원이 반드시 주방을 통해 통상적인 테이블 셋업을 픽업한다면 아래와 같은 과정이 발생하게 된다.

첫번째, 린넨, 잔, 식기와 양념을 꺼낸다.
두번째, 물, 얼음, 버터, 크랙커, 빵 등을 꺼낸다.

주문을 받은 다음에는 다음과 같은 추가 과정이 필요하게 된다.

세번째, 서비스바에서 칵테일이나 와인주문 받을 것을 준비한다.
네번째, 전채요리와 샐러드 주문 받은 것을 포스입력하는 것을 통하여 주문한다.
다섯번째, 전채요리를 픽업한다.

칵테일과 전채요리가 서비스된 다음에는 다음과 같은 과정이 생길 수 있다.

여섯번째, 앙뜨레 요리를 주문 받은 것을 포스에 입력한다.
일곱번째, 앙뜨레 요리를 픽업한다.
여덟번째, 전채요리와 칵테일을 치운다(또는 이것은 7번째 과정에 포함될 수 있다).
아홉번째, 앙뜨레 접시를 치우고 디저트 오더를 받는다.
열번째, 디저트를 치우고 더러워진 린넨, 그리고 모든 잔들과 식기를 치운다.

만약 잘 설계되고 제대로 위치한 웨이트 스텝 스테이션이 있다고 하면, 위 단계 중에서 셋 또는 네 단계는 주방으로 가지 않고도 해결될 수 있다. 다음은 서비스 구역에서 보관해야 할 중요 목록들이다.

- 빵
- 버터
- 버터플레이트
- 빵 바구니
- 커피 기계

- 커피와 필터
- 커피 컵과 접시
- 크림
- 크림통
- 설탕
- 은식기
- 물과 물통
- 물잔
- 얼음
- 냉차
- 뜨거운 차와 상카
- 끓는 물
- 린넨 냅킨과 테이블천
- 더러운 린넨
- 우유
- 크랙커
- 재떨이스탠드 또는 재떨이 선반
- 양념(샐러드 드레싱, 소스, 양념들)
- 샤워 크림
- 수프
- 프리첵 머신 또는 수표 기입할 수 있는 장소
- 전자레인지
- 소프트드링크
- 쓰레기통
- 픽업 콘트롤 보드

주방으로 가는 네 가지 과정을 생략한다면 아래와 같은 장점이 있을 수 있다.

- 서비스속도 향상
- 서비스인원을 줄일 수 있다.

- 주방이 북적대지 않는다.
- 서비스 인원이 손님에게 좀더 집중할 수 있다.

한 가지 단점은 스테이션으로 이동 중에 물건을 분실하게 되는 경우가 많다는 것이다. 이런 이유로 스테이션에 놓는 물건 리스트들은 가격이 비싸지 않거나 서비스 인원이 먹거나 훔칠 수 없는 음식을 비치한다. 디저트나 술, 음료 또는 비싼 전채요리를 스테이션에 비치하는 것은 좋은 방법은 아니다. 이런 비싼 품목들은 손님에게 주문을 받은 뒤 찬음식 구역에서 꺼내야 한다.

5. 식기세척 구역

워시다운룸은 보통 접시 반납하는 곳 근처에 위치하는데, 크린닝 카트나 쓰레기통이 쓰인다. 소규모나 중간규모의 외식업체에서는 호스더미가 충분히 들어갈 정도의 크기, 큰 바닥 배수구와 하나나 두개의 고정된 카트가 필요하다. 1.82m 넓이에 3m 거리가 적당하다고 볼 수 있다. 큰 호텔이나 병원 음식서비스 시설은 더 큰 워시다운룸이 필요한데, 카트를 많이 쓰기 때문이다. 워시다운 룸은 스팀클리너와 발로 작동하는 캔 워셔를 설치할 수 있는데 꼭 필요한 것들은 아니다.

6. 린넨과 락커룸

테이블 린넨은 보통 특별한 보관장소에 보관되며 이것은 습기로부터 보호하고 서비스 인원이 일하는데 편하기 위함이다. 유니폼은 보통 직원들에게 교환방식으로 지급된다.(직원들이 오염된 유니폼을 깨끗한 것으로 갈아입는 것) 린넨룸과 락커룸, 화장실을 같이 쓰는 방법은 유니폼을 교환할 때 공간을 절약할 수 있는 설계가 된다. 직원공간은 여자/남자 직원들이 더러워진 유니폼을 락커에서 깨끗한 것으로 갈아입는다. 다른 락커에서는 코트나 평상복 보관으로 제공된다.

7. 서비스 키친

연회장과 프라이빗 룸은 음식을 최고로 서비스하는데 가장 좋은 방법이 될 수 있다. 만약 연회장과 프라이빗 룸이 주방 가까이 있다면 서비스 주방은 그렇게 필요하지 않다.

서비스 주방은 장비가 갖춰진 보조주방과 잘 만들어진 더운 음식과 찬음식 보관 캐비닛으로 이뤄져 있다.

빈 방에 이동식 설비를 이용해서 같은 기능을 제공할 수도 있다. 최소의 설비를 갖춘 간단한 서비스주방이 대부분의 음식설비설계자들에게 선호된다. 아래의 시설은 서비스주방에 고려되는 품목들이다.

필요 품목	필요할지도 모를 품목
냉온수 싱크	식기세척기
얼음제조기	냉장고
도기보관소	튀김기, 그릴스 또는 구이기
홀딩서비스	시설 테이블 스팀 테이블
Coffee urn	캐터링 시설 보관소
이동식시설을 위한 전원코드	더운 캐비닛
	컨백션 오븐
	세부분의 싱크

만약 테이블과 의자를 위한 보관장소가 필요하다면 위의 필요조건에 맞춰서 공간을 추가로 하면 된다. 가이드라인에 따라 테이블과 의자의 보관장소는 의자당 0.05㎡가 추가되면 된다.

외식창업

제7장

레스토랑 설비

제7장

레스토랑 설비

제1절 장비의 선택에 영향을 미치는 요소들

모든 레스토랑을 위한 장비는 중요한 모든 고려사항들에 대한 연구에 기초하여 선정될 것이다. 이들 중요한 요소들은 다음과 같다.

① 메뉴
② 제공되는 식사의 형식 또는 횟수
③ 구매되는 식품의 형태
④ 서비스 스타일과 서빙시간의 길이
⑤ 가능한 노동시간
⑥ 작업을 하는 종사원의 능력
⑦ 접근성과 유틸리티 비용
⑧ 예산과 장비를 구매하기 위하여 배정된 금액
⑨ 도면과 공간 배치

대부분의 외식업체는 오븐, 랜지, 틸팅 후라이팬, 튀김기, 브로일러, 스팀-자켓 케틀, 스팀 압력솥, 커피메이커, 냉장고, 냉동고, 믹서, 제빙기, 푸드커터, 싱크, 작업테이블 중 하나 또는 그 이상의 아이템을 포함한다.

사용의 필요성과 자금이 허락하는 한 추가적인 다양한 장비들이 구매될 수 있다.

최종 결정을 내리기 전에 각각의 장비에 대하여 디자인과 사용의 편리성, 사용하고자 하는 목적에 적합한가, 내구성이 있는가, 세척이 용이한가, 안전한가, 설치하고자 하는 장소에 적합한 크기인가, 성능은 어떤가, 유지보수와 부품의 교체 등에 관하여 반드시 고려하여야 한다. 비용과 구매방법도 또한 장비선택의 주요한 고려사항들이다.

그러나 레스토랑 장비 선택에 있어 가장 중요한 것은 창업자 또는 매니저가 구매하고자 하는 장비가 반드시 필요한 것인가에 대하여 결정하는 것이다.

제2절 장비의 선택

중요한 장비를 구매 하는 것은 레스토랑 운영의 매니저나 경영자에게는 중요한 일이며, 다음과 같은 이유들로 인하여 새로운 장비를 구매하게 될 것이다.

- 새로운 레스토랑 시설의 한 부분으로서 장비 선택
- 현재 설비의 교체가 필요할 때
- 레스토랑 내에 메뉴의 변화나 비즈니스 볼륨의 변화로 인한 추가적인 장비의 설치가 필요한 경우
- 설비가 노동비용을 감소할 수 있는 경우
- 설비가 유지비용을 감소할 수 있는 경우
- 설비가 에너지 절감이 되는 경우

외식업계의 트레이드 저널과 설비 전시회는 여러 흥미있는 설비를 보여줌으로써 구매력 있는 매입자를 유혹한다. 유효한 대안에 대한 주의 깊은 평가는 되도록 가장 낮은 비용에서 올바른 장비를 선정하기 위하여 매우 중요

하다.

장비를 구매할 때는 다음과 같은 요소들을 고려하여야 한다.

- 최초 구매가격
- 장비의 설치비용
- 직접 운영비
- 유지 보수 및 수리비용
- 장비를 운영하는데 필요한 인건비
- 장비의 수명

1. 최초 구매가격

장비 구매에 대한 결정은 때론 전적으로 최초 구매가격에 기초하여 결정되어진다. 예를 들어, 오븐의 구매가격이 600만원과 700만원의 두 가지 종류가 있을 때 600만원의 제품을 선택할 것이다. 그러나 불행하게도 항상 낮은 가격의 제품이 낮은 총비용을 의미하는 것은 아니다. 만약 365일 동안 쉬지 않고 아침, 점심, 저녁의 세 끼를 제공하는 식당이라면 비싼 제품을 구매하는 것이 더 유리할 수도 있다. 왜냐하면, 높은 가격은 높은 품질을 의미하며 좀더 열악한 환경에서 더 오랫 동안 견딜 수 있을 것이다. 반대로 초등학교와 같이 약 9개월 간 하루 한 끼의 식사를 제공한다면 비교적 저렴한 제품을 선택하여도 무방하다.

식음료 장비 업체들은 식음료 산업 내의 엄청나게 다양한 욕구를 인지하고 있으며, 운영에 필요한 요구사항의 모든 의견을 반영하여 디자인한 제품들을 제공하고 있다. 그러므로 창업자는 자신의 업장 운영에 필요한 장비를 선정하기 위한 특별한 요구사항을 확실하게 이해할 필요가 있다.

어떻게 창업자가 경쟁적인 브랜드들의 장비들의 장점들을 평가할 수 있을까? 하나의 중요한 정보의 원천은 특정 장비에 대한 사용경험이 있는 동종업계 사람들의 평가를 듣는 것이다. 두 번째 정보의 원천은 그 장비를 설치하여 운영 및 점검을 한 외식 컨설턴트의 의견을 청취하는 것이다. 세 번째 원천은 업계의 장비전시회에 참가하여 정보를 획득하는 것이다.

비록 최초 구매가격이 장비 선정에 적절하였다 하더라도 그것은 단지 평가의 한 요소에 불과하다. 어떤 장비에 대하여 가장 중요한 최초 고려사항은 장비의 비용이 얼마인가가 아니라 운영에 있어 얼마나 충실하게 임무를 수행할 수 있는가이다.

2. 설치비용

많은 식음료 장비들에 대한 설치비용은 작은 요소이다. 예를 들어, 슬라이서의 교체는 단지 간단하게 박스에서 제거하여 얹어 놓고, 청소를 한 후 위생처리를 하고 플러그를 꽂는 것만이 필요하다. 그러나 다른 장비들은 추가적인 설치비용이 발생할 수도 있으므로 아래 사항들을 고려하여야 한다.

- 챠브로일러의 추가적인 설치는 환기시스템 또는 새로운 후드 등의 값비싼 수정을 요구할 수 있다.
- 스팀-자켓 케틀(스팀 압력솥)은 트랜치 드래인의 설치를 위하여 바닥의 절개가 요구될 수 있다.
- 스티머를 설치하기 위하여 전기 스팀 제네레이터의 설치에 필요한 추가적인 전기회로를 요구할 수 있다.
- 만약에 건물의 지하에 위치하고 있으며 후드를 교체하여야 하는 경우, 추가적인 덕트 설치에 많은 공사비용이 들어갈 수 있다.
- 전기 용량이 큰 장비가 설치될 경우 전기 승압에 따른 추가적인 비용이 발생할 수 있다.

추가적으로 규모가 큰 장비의 설치가 될 경우 작은 문 또는 엘리베이터로 인하여 운반 및 접근에 어려움이 발생할 수 있으며, 그에 따른 추가적 비용이 발생할 수 있다.

새로운 장비의 구입 또는 교체에 소요되는 총비용은 구매 비용과 설치비용 모두가 포함되어야 한다. 따라서 구매 전에 설치에 필요한 비용에 대하여 확인하여 구매 후 추가적인 설치비용으로 인하여 놀라는 일이 없도록 하여야 한다.

3. 직접운영비

직접운영비는 가스, 전기, 스팀, 물과 같은 유틸리티와 연관된 비용을 포함한다. 케틀들, 스티머, 기울어지는 스튜 냄비 등과 같이 가스로 작동하는 장비들은 전기로 작동하는 경쟁제품들보다 구매하는데 비용이 많이 소요된다는 점에 주목할 필요가 있다. 그럼에도 불구하고 연관된 전기와 가스 요금은 높은 초기 투자비용을 낮은 간접비를 통하여 보상받을 수 있다. 식기세척기도 뜨거운 물을 사용하기 때문에 또 하나의 중요한 예를 보여준다고 할 수 있다.

장비의 직접 운영비는 제조사 카탈로그에 의하여 제공된 정보를 이용하여 지역 내 전기, 가스, 스팀, 수도요금과 같은 비용을 평가할 수 있다.

4. 유지보수 및 수리비용

장비의 소유를 위한 총비용은 유지보수와 연관된 비용도 포함하여야 한다. 유지보수가 요구되는 것은 종종 주요한 장비들에 대한 운영 매뉴얼을 읽는 것에 의하여 결정될 수 있다. 따라서 창업자는 구매에 관한 최종 결정을 내리기 전에 이들 매뉴얼의 유지보수 부문을 요청하여 확인하여야 한다. 또한 요구되는 유지보수가 내부에서 해결할 수 있는지 아니면 서비스 대리점에 서비스를 요청하여야 하는 것 역시 중요한 부분이다. 또한 중요한 것은 요구되는 유지보수의 복잡성과 빈도이다. 수리비용은 단순하게 예상하기 더욱더 힘들다. 왜냐하면, 장비의 고장을 예측하는것은 매우 어렵기 때문이다. 그럼에도 불구하고 구매를 고려하고 있는 중요 아이템들에 대하여 창업자는 수리 빈도와 항목에 관련된 비용을 업체에 물어보아야 한다.

5. 장비를 운영하는데 필요한 인건비

오래된 장비를 새로운 장비로 교체할 때 일반적으로 교체되는 장비가 원래장비와 비교하여 기능적으로 동일할 경우 운영에 필요한 인건비는 총 소유비용에서 중요한 요소가 아니다. 그렇지만 종종 새롭게 구매한 제품이 기능적으로 충분히 다른 제품을 구매할 수도 있다. 예를 들어, 만약 수동 슬라이서를 자동 슬라이서로 교체할 경우 인건비에 영향을 미칠 수 있다. 이 예에서 보듯이 인건비의 절감은 실질적으로 총 소유비용을 줄일 수 있다.

6. 장비의 수명

설비의 이용기간은 얼마나 될까? 언제 헌설비를 새설비와 교체해야 하는

〈표 7-1〉 식음서비스 시설기기의 예상수명 연수

항 목	내용년수
컨벡션 오븐	8-10
데크 오븐	10-15
로타리 오븐	12-20
믹서	15-25
랜지	10-15
스팀-자켓 케틀	15-25
푸드 챠퍼	12-15
버티컬 커터 믹서	10-15
틸팅 스킬렛	12-20
그릴	8-12
프라이어(튀김기)	8-12
브로일러	8-12
스티머(고압, 중압)	10-15
스티머-컨벡션	8-12
워크-인 냉장고, 냉동고	12-20
리치-인 냉장고, 냉동고	8-12
커피 기계	8-12
식기 세척기	10-15
스테인레스 스틸 작업대, 싱크	25-40
선반-스테인레스 스틸	25-40
선반-아연도금 선	8-12
제빙기	5-8
후드/환기 시스템	10-15

것일까? 이 질문들에 대한 대답은 설비에 대한 유지보수를 얼마나 하느냐와 식당운영에서 얼마나 이 설비를 강도 높게 사용하느냐에 따라 달라질 것이다. 만약 스팀-재킷 케틀이 흠이나 상처 없이 조심스럽게 다루어진다면 15년 이상도 충분히 사용할 수 있을 것이다. 밸브나 파이프 등 솥에 연결되는 부분의 이용기한은 기본 설비에 비해서 교체가 빨라질 수 있다.

다르게 얘기하자면, 만약 컨벡션오븐의 경우 하루종일 굽기, 빵굽기, 그릴 등에 쓰이며, 제대로 관리되지 않는다면 이용기한은 5년 정도 밖에 되지 못할 것이다. 다음 〈표 7-1〉의 차트는 각 중요설비의 이용기한에 대한 가이드라인이다.

제3절 식음서비스 장비 표준과 사양서

식음서비스 장비는 안전성 관련 산업 표준에 따라 제작된다. 표준 규격은 미국위생재단(National Sanitation Foundation; NSF), UL 마크(Underwrites Laboratories; UL), 미국가스협회(American Gas Association; AGA) 및 미국전기공학학회(American Society of Mechanical Engineers; ASME) 등에서 결정한다. 또한 정부기관도 급식 관련 기기의 제작과 설치에 관한 표준 규격을 제시한다. 특히 미국위생재단의 표준 규격과 승인과정은 모두 식품위생과 안전에 초점을 두기 때문에 서로 밀접한 관련성이 있다.

1. 미국위생재단(NSF)의 표준 규격과 인증마크

미국위생재단(National Sanitation Foundation)의 인증마크는 장비가 안전

[그림 7-2] NSF International 로고

표준규격 제품임을 인증하는 것이다. 이 표시는 장비가 위생과 안전의 제작 기준에 충족되었음을 구매자에게 확인시켜 준다. 미국위생재단은 비영리 기관으로 공중보건의 개선을 위해 노력한다. 장비 제조업자는 개발 중인 장비에 대해 미국위생재단 제품시험연구소에 기준의 적합 여부를 문서를 이용하여 문의할 수 있다. 제조업체는 미국위생재단에 일정 수수료를 지급하고 위생재단의 대표단이 제조공장을 방문하여 제품을 검사해 줄 것을 요청할 수도 있고, 장비를 미국위생재단 검사 연구소로 보내어 검사를 받을 수도 있다. 만약 장비가 검사에 통과되면 미국위생재단의 인증마크를 부착할 수 있게 된다. 미국위생재단의 인증마크가 계속 유효하려면 제조업체와 미국위생재단은 지속적으로 의사소통하여 제품의 변경사항이 미국위생재단의 표준규격에 적합함을 확인할 수 있도록 해야 한다.

미국 위생재단이 수행하는 활동은 다음과 같다.

- 산업계, 공중보건 전문집단, 일반대중 간의 의사소통을 촉진시키는 홍보역할을 한다.
- 보건관련 연구를 수행하고 보건 관련 장비, 제품, 서비스에 관한 표준을 설정한다.
- 연구결과를 유포하여 산업계, 규제기관 및 일반 대중에게 보건 위해 인자와 그 제거방법을 교육한다.
- 미국 위생재단의 표준 규격에 만족하는 제품과 장비에 NSF인증 마크를 발행한다.

NSF인증 마크 승인의 의미와 식음서비스 시설 설계전문가가 사양서에 표시하는 "장비는 미국위생재단 기준에 맞게 제작되야 함"의 의미는 서로 다르다. 사양서에 제시된 "NSF 인증 마크를 획득한 장비"의 의미는 미국위생재단이 인증하는 표준 규격 제품인 기성품 장비라는 의미이다. 반면에, "장비는 미국위생재단 기준에 맞게 제작되어야 함"의 의미는 미국 위생재단이 제시하는 제작방법과 기준(예 : 미국위생기준 핸드북)에 따라서 제작한 주문형의 장비를 지칭한다. 즉 기성품 장비는 미국위생재단의 기준에 합격하면 NSF 인증마크를 받지만, 주문형 장비는 미국위생재단 기준에 따라서 제작되어도 NSF 인증 마크는 획득할 수 없기 때문에 구분하여 표현한다.

2. 에너지 스타(Energy Star)

에너지 스타 프로그램은 에너지 효율성을 높이는 컴퓨터를 위해서 미국 환경보호기관(Environmental Protection Agency)에서 에너지 효율성이 높은 컴퓨터를 생산하기 위하여 1992년에 만들어졌으며, 공공기관 내의 효율적인 에너지 관리, 새로운 집, 작업장 내의 에너지 효율화를 포함한 35개 이상의 제품 종류를 포함하며, 2003년 8월부터 에너지 스타 라벨은 상업용 조리장비를 위해서 사용되기 시작하였다. 에너지 스타 프로그램은 에너지 효율적인 제품들의 사용을 높였고, 다양한 분야에서 장비의 에너지 효율을 개선토록 하였다.

3. 장비 사양서

전반적인 설계과정에서 장비 사양서의 역할은 해당제품이 구매자가 요구하는 사양을 지니고 정부의 최소요건과 산업계의 표준을 준수하여 제작되도록 하는 것이다. 장비 사양서의 표준은 4가지 주요 원천에서 비롯된다.

- NSF, UL, ASEM, AGA, EPA와 보건당국 등의 규제기관
- 제조업자의 표준 규격
- 구매자가 요구하는 기능상의 성능과 특징
- 산업계의 표준

장비 사양서는 기성품 장비 및 주문형 장비의 두 종류로 분류된다. 기성품 장비란 제조업체의 카탈로그에서 소개되는 장비이고, 주문형 장비는 구매자의 요구에 따라 제작되는 고객 맞춤형의 장비이다.

1) 기성품 장비

카탈로그를 통해 선택되는 기성품 장비의 사양서는 주문형의 장비보다 간

단하다. 장비 사양서의 작성자는 주로 소유주나 식음서비스 설계 전문가이다. 이들은 주요 제조업체의 카탈로그를 조사하고 해당 식음서비스 업장에서 필요한 기능상의 요건을 기초로 장비를 선정한다. 그런 후 구매하고자 하는 장비의 사양을 기술한 사양서를 작성한다. 이 단계에서 사양서는 여러 경쟁업체들이 입찰에 참여할 수 있도록 일반적인 내용을 골자로 한다. 사양서에 포함되는 항목은 장비의 종류에 따라 상이할 수 있으나, 일반적으로 다음의 내용을 포함한다.

- 장비의 규격
- 구매량
- 장비 품목의 설비 조건
- 장비 제작에 사용되는 재료
- 장비 제작기법
- 성능 표준
- 바람직한 특성, 부속품 및 선택 사양
- 관련업계, 협회, 정부 규격

사양서 작성 시 종종 특정 제조업체명이나 모델명을 제시하기도 하는데, 그 이유는 다른 제조업체와 경쟁제품을 배제하기 위함이 아니라, 참조기준을 정하여 다른 제품을 판단하기 위함이다. 또한 특정 제조업체나 모델명을 지명하면 프로젝트 공사에 필요한 설비요건을 정할 수 있기 때문이다. 만약 입찰자가 다른 제품을 공급하려 한다면 제시되는 제품보다 성능이 우수하거나 적어도 동등함을 입증해야 하고, 다른 설비서비스를 제공하는 데 필요한 비용도 제시해야 한다.

8장에서 음식서비스와 관련된 기성품 장비들의 종류를 살펴본다.

2) 주문제작 기기

주문제작 기기의 사양서는 완전하고 포괄적으로 작성되어야 한다. 퇴식식기 테이블을 주문제작할 경우, 이에 관한 상세한 사양서가 있어야 주방기기 공급자나 제작자가 제작방법을 결정할 수 있을 것이다. 판매인이나 주문 제작자가 기기의 외양과 일반 제작 품질을 쉽게 이해할 수 있도록 식음서비스 시설 전문가가 기기의 평면도나 측면도를 작성하여 주기도 한다. 도면에는 기기의 정확한 제작방법과 기기의 상세한 내역을 포함한다. 일반적으로 기기 제작자는 주문형기기의 사양서를 주의 깊게 읽고 제작도면을 작성하고, 세부사항을 표시한 후, 이를 구매자와 식음서비스 설계 전문가에게 제출하여, 승인을 받은 후에 기기를 제작하게 된다.

4. 기기 제작 재료

식음서비스 기기를 제작하는데, 일반적으로 사용되는 재료는 스테인리스 강철, 알루미늄, 플라스틱, 나무 등이다.

- 스테인리스 강철
- 알루미늄
- 아연 철판
- 플라스틱
- 나무

1) 스테인리스 강철

식음서비스 시설에서 이용되는 스테인리스 강철의 사양 표준은 미국 표준 18.8 성분배합(18% 크롬, 8% 니켈)의 유형 302나 유형 304이다. 스테인리스 강철은 #4로 광택을 내게 되고 두께는 표준치수에 의해 정해지는데, 이는 가격에 많은 영향을 미친다. 사양서 작성자는 반드시 기기의 각 부분에 필요한 최소 두께를 알고 이를 명시해야 한다. 〈표 7-2〉는 스테인리스 강철의 표준치수에 따른 활용 용도를 보여준다.

스테인리스 강철은 압력 하에서 성형되고 용접된 후 광택처리 된다. 용접재료는 용접되는 금속과 같은 재질이어야 한다. 보통 즉석 용접이나 납땜,

볼트 조이기는 허용되지 않는다. 다만, 기기의 부분이 다른 부분에 붙어 있으면 볼트조이기는 허용되나, 이음새 부분은 실리콘으로 봉합하여 기름이나 습기가 틈새에 끼이지 않도록 해야 한다.

2) 알루미늄

녹이 슬지 않는 이 가벼운 금속은 카트, 이동 가능한 걸이들, 캐비넷 그리고 선반형 냉장고의 인테리어에 주로 쓰인다. 알루미늄은 스테인리스보다 값이 싸나 그만큼 단단하지 않고 닦기 어렵다. 알루미늄 조리용기들은 녹스는 문제가 있고 얼룩을 남기기 때문에 상업용 주방에는 드물게 사용된다. 베이커리에서는 paper pan liners로 덮힌 알루미늄 sheet pans을 많이 사용한다.

〈표 7-2〉 두께(Gauge)에 따른 스테인리스 강판 사용

표준규격	일반 용도
8-10	무거운 기기나 힘을 받는 지점을 지탱하는 용도
12	테이블 위, 냄비 싱크대, 기타 표면 등 많이 닳는 부위에 널리 사용
14	테이블 위, 싱크대, 선반 위 및 선반 받이와 같이 자주 사용되는 표면이나 무거운 것을 운반하는 부분에 사용
16	작고 가벼운 것을 지탱하는 기기의 위 또는 측면에 이용 : 기기 밑 선반과 자주 사용되는 측면 패널
18	닳지 않는 측면 패널, 기기 문, 후드, 파티션
20	냉장고나 절연 문과 같은 지지 패널 또는 절연 패널을 덮는 것

3) 아연 철판

아연 철판은 식음서비스 기기제작에서 자주 사용된다. 이 재료의 이점은 스테인리스 강철보다 가격이 저렴하다는 점이다. 아연 철판은 기기의 구조나 하부버팀대(underbracing) 용도로 사용된다.

주방설비 자금이 부족한 식음서비스시설에서 아연 철판의 이용이 많은 편이며, 싱크대, 테이블, 선반의 재료로 많이 이용된다. 아연 철판관은 스테인리스 강철보다 저렴하기 때문에 기기의 다리로 자주 사용된다. 아연 철판의 이점은 가격이 싸다는 점이고, 단점은 도장면이 빨리 벗겨지고 받침과 선반 하부가 깨끗하게 유지되기 어렵다는 점 때문에 덜 매력적이라는 점이다.

4) 플라스틱

열가소성의 플라스틱 도마와 그 상판은 깎이지 않고 금가지 않는다는 점 때문에 미국위생재단으로부터 기기제작 재료로 승인되었다. 일반적으로 많이 사용되는 단풍나무 재질의 도마는 사용기간이 길어지면 금이 가고 틈이 생겨 박테리아와 찌꺼기가 끼는 문제점을 지니고 있으므로, 특히 자르고, 다지고, 조각을 하는 작업이 많이 곳에 열가소성의 플라스틱 재질을 사용함으로써 이러한 문제를 해결하고 있다. 일반적으로 샌드위치와 샐러드 제조용 작업대나 작업대의 상단에 플라스틱 재질로 입힌다. 도마로 사용되는 플라스틱의 용도는 color coding을 가능토록 함으로써 교차오염을 방지할 수 있도록 하였다(예: 주방에서 굽지 않은 생고기 대 서비스 지역에서 조제된 고기).

플라스틱은 강도가 높고, 가볍고, 세척이 용이하다는 이유로 운반카와 밀폐형 캐비닛의 제작 재료로 이용되고 있다. 적층 플라스틱(plastic laminates)은 식당 테이블로 오랫동안 사용되었는데, 최근에 식음서비스 기기 재료로 자주 사용되고 있으며, 특히 서비스 구역에서 수직면과 수평면을 덮는데 사용된다. 카페테리아 카운터, 서버 구역, 스낵 바, 조미료 스탠드, 식기 엔클로저 및 작업대도 플라스틱 적층물로 마감처리된다. 스테인리스 강철보다 가격이 저렴하기 때문에 적층 플라스틱을 이용하면 싸고 다양하게 기기를 변화시킬 수 있다. 그러나 플라스틱 적층물의 표면은 얇기 때문에 일상적인 사용으로 쉽게 긁히고 손상된다. 특히, 배식대의 모퉁이와 모서리는 빈번한 접촉으로 쉽게 상처가 난다. 대안책으로 최근에 나온 '단단한 표면' 물질(예 : coriantm)은 적층 플라스틱보다 내구성이 높기 때문에 많이 닳는 부분

〈표 7-3〉 색상에 따른 도마 사용의 예

도마의 색	음식물
적 색	가공되지 않은 육류
회 색	가공되지 않은 어패류
초록색	가공되지 않은 과일 또는 야채
노랑색	가공되지 않은 가금류
백 색	유제품
파랑색	조리된 음식물

에 사용된다.

5) 나 무

단단한 단풍나무와 호두나무 상판은 식음료업소에서 식당 테이블과 베이커리 생산용 작업대에 많이 사용된다. 제빵사들은 단풍나무로 제작된 작업대 상판을 선호하는데, 그 이유는 표면이 깨끗하게 세척되고 밀가루 반죽과 밀가루가 작업대 상판에 달라붙지 않기 때문이다. 밀가루 반죽에 있는 지방이 테이블의 나무가 물과 함께 포화되는 것을 막아주므로 나무의 상판이 분리되는 현상은 베이커리 코너에서 일어나지 않는다. 베이커리 코너에서 사용하는 단풍나무 작업대나 카운터는 잘 관리만 하면 오랫동안 사용할 수 있다.

서비스 구역이나 카페테리아 카운터를 목재로 마감처리하는 경우는 주로 장식용도 때문이다. 일반적으로 나무재질은 식품과 직접적으로 접촉하는 곳에서는 사용하지 않는다. 반면에, 식당의 배식라인, 장식용 스니즈가드, 진열 선반대의 모서리 및 식당서버 구역의 칸막이 등에는 나무재질이 많이 사용된다.

위에서 언급한 것 이외의 재료들도 식음서비스 기기의 제작에 사용된다. 새로운 재료들이 끊임없이 개발되기 때문에 식음서비스 기기 및 기구 제작에 사용되는 모든 재질을 다 열거하기는 어렵다. 그러나 기기 표면은 미국위생재단의 표준 규격에 따라 제작되어야 하며, 식품과 식품 취급자가 접촉되는 표면의 경우 그 재료는 세밀하게 조사되어야 한다. 그 표면은 매끄럽고 구멍이 없어야 하며 사용 시 깎이거나 닳아져서는 안 된다. 그리고 소금, 식초, 기름에 부식되어서도 안 된다. 기기 제작에 사용되는 기타 재료는 다음과 같다.

- 유리
- 단단한 표면 재료 (예 : corian)
- 세라믹 타일
- 석재
- 고무

- 구리
- 놋쇠
- 주철

제4절 식음서비스 장비 사양서 개요

식음서비스 시설을 신축하거나 개·보수 시 필요한 식음서비스의 기기사양서는 설계와 시공과정의 표준에 따르며, 기기 사양서는 일반적인 개요, 제품 및 실행의 3부분으로 구성된다.

1) 일반적인 개요

식음서비스 기기 사양서의 일반 부문에는 다음 조항을 포함한다.

- 입찰자가 프로젝트의 모든 조건을 이해하는데 필요한 계약 문서 외의 다른 부분을 언급하는 조항
- 장비 공급 계약자의 특정 책무를 기술하는 조항. 여기에는 장비를 설치하는 전기 기술자, 배관공, 기타 매매인의 책무도 포함된다.
- 배관연결 공사에 필요한 금속 부품(hardware)을 제공하는 사람(예 : 배관공, 기기 공급자)에 관한 조항
- 장비 공급자가 신축 및 개·보수 시설에서 기존에 사용했던 장비의 철거, 보관, 보수 및 재설치 방법을 논의하는 조항
- 점검과 승인을 위해 식음서비스 장비 공급자가 제출하는 서류의 요건에 관한 조항(예 : 점포도면, 카탈로그 인쇄물, 견본 등)
- 계약내용 이탈 시 조치방법을 장비 공급자에게 알려주는 조항. 계약 내용의 변경은 많은 요인에서 비롯될 수 있다. 예를 들면, 제조업자는 장비의 설비 요구조건을 변경할 수 있다. 변경이 발생되면 '특별 참조'로

표시하여 프로젝트 팀의 전원이 인지할 수 있도록 알린다.
- 설치 품질을 보증하는 표준에 관한 조항. 이 표준은 입찰자가 특정 장비의 설치를 완료하는데, 필요한 재정적 · 물질적 능력과 노동인력을 보유하고 있음을 보증하는 데 필요하다.
- 식음서비스 기기의 제작과 설치 표준에 관한 조항. '참조 표준'은 사양서에서 언급된 표준을 의미한다. 이 표준은 위생적인 시공기술, 인가된 전기 구성재와 시공, 방화, 안전한 보일러 공사, 건축구조상의 목재작업에 관한 품질표준 및 보건당국의 규칙에 준한 설치 등을 강조한다.
- 식음서비스 장비 공급자에게 장비의 보관, 배달, 취급에 관한 정보를 제공하는 조항. 이들 계약 조항은 장비 설치과정에 발생되는 복잡한 문제를 사전에 방지하는 데 필요하다.
- 장비를 설치하기 전에 장비 공급자가 설비 서비스의 적절성을 점검할 것을 요구하는 조항
- 모든 외식서비스 입찰은 항목별로 나눠져야 된다고 명시. 각 항목의 입찰은 입찰 서류 항목 번호와 반드시 일치해야 하며, 각 항목은 완성되고 제자리에 위치되어지기까지 모든 노동과 재료를 포함해야 한다.

2) 제품부문

식음서비스 장비 사양서의 제품부문에는 다음 조항을 포함한다.

- 주문형 기기와 기성품 장비에 사용되는 스테인리스 강철의 품질과 구성배합에 관한 표준을 정하는 조항
- 식음서비스 기기 제작에 사용되는 기타 재료의 표준을 정하는 조항
- 식음서비스 기기에서 사용되는 구성재의 최소요건을 묘사하는 조항. 여기에는 배관공(예 : 수도꼭지, 배수구)와 전기의 구성재(예, 접속함(junction boxes), 콘센트)의 요건을 포함한다.
- 스테인리스 강철로 제작 시 세공작업(예 : 접합방법, 용접품질)에 관한 표준에 관한 조항

- 주문형 기기의 설치와 제작에 관한 표준을 정하는 조항(예 : 스테인리스 강철 싱크대, 배수대, 기구 서랍, 작업대 표면, 다리 선반과 기타 기구 등)
- 건축구조상의 목공작업에 관한 표준을 정하는 조항. 여기에는 재료의 등급과 유형, 특정 건축기법에 관한 내용이 포함된다.
- 식음서비스 시설에 설치되는 기기의 제품에 관한 기술서를 제공하는 조항

3) 실행 부문

식음서비스 기기 사양서의 실행 부문에는 다음 조항을 포함한다.

- 전기 기술자와 배관공이 설치한 설비연결 위치를 식음서비스 기기 공급자가 확인할 것을 요구하는 조항
- 기기 설치조건과 동일한 치수의 기기가 설치되었는지를 기기 공급자가 '현장측정' 하여 확인할 것을 요구하는 조항
- 창고형 냉장고 및 냉동고의 설치에 관한 작업지시서를 제공하는 조항
- 장비의 현장 접합방법을 설명하는 조항. 이 조항이 필요한 이유는 현장 접합이 적합하게 실행되면 설치 품질과 위생이 향상되나, 부적합한 경우 접합부분에 찌꺼기가 끼고 세균이 증식하여 위생적으로 문제가 되기 때문이다.
- 완공검사를 포함하여 장비의 설치 품질을 보증하는데 필요한 검사 절차를 기술하고 최소 요건을 설정하는 조항
- 장비 공급자가 장비의 설치와 검사는 물론이고 필요에 따라 조정하고 사양서와 차이가 있을 경우 교체해 줄 것을 요구하는 조항
- 장비 공급자가 소유주에게 장비를 넘기기 전에 장비의 세척과 소독을 이행해야함을 요구하는 조항
- 장비 공급자가 소유주에게 장비 사용법을 시연하고 유지방법을 가르쳐 줘야 함을 요구하는 조항
- 제품보증과 보증기간 요건에 관한 조항

외식창업

제8장

주방설비

: 전처리 관련 장비

제8장

주방설비 : 전처리 관련 장비

일반적으로 검수, 준비 그리고 정리하는 옵션들은 일반적으로 다양하지 않다. cook-serve 제조방법은 공공단체에서 음식을 진열하는 방식으로 사용될 때 사용된다. 식사 주문이 되면 음식은 조리가 되고 손님에게 제공된다. 레스토랑에서 세팅할 때 완성된 음식이 주방장 카운터엔 짧은 시간 동안 있지만, 대기시간은 무시할 수 있다. cook-hold 방법은 조리하여 음식이 제공될 때까지의 대기시간을 60분까지 증가시킬 수 있다. 이러한 방법은 주로 카페테리아 형태의 세팅에서 사용된다. 음식은 여러 가지 장비들에 나눠져 보관되어 있으며, 고객들은 음식을 선택할 때 그들이 선택한 음식을 볼 수 있거나 보이지 않을 수 있다. 음식을 보관하기 위한 알맞은 장비의 선택은 품질 및 시각적, 음식의 영양 가치를 위해 매우 중요하다.

마지막으로, 조리 후 냉장보관(cook/chill) 방식 혹은 고도 음식제조법은 음식을 조리하고 재빨리 식혀서 나중을 위해 저장하는 방식이다. 이 방법이 25년 전에 업계에 소개되었으며, 주목적은 중앙조리시설(Centralized kitchen)을 위한 것이었다. 조리/냉장 그리고 조리/냉동 기술은 재고가 가능하게 하고, cook/chill 제품들은 5일에서 6주까지 보관이 가능하며, 조리/냉동 제품들은 6개월 또는 그 이상으로 보관이 가능하다. cook/chill 그리고 cook/freeze의 기술들은 다음과 같은 장점들이 있어서 음식생산에 도움을 준다.

- 인건비의 감소. 여러 곳에서 음식이 조리되는 것이 아니라 한 곳에서 조리되기에 노동력은 감축된다. cook/chill을 통해 인력이 제거될 수 있기에 비용을 감축시킬 수 있다.
- 식재료비의 감소. 음식비용은 음식 수익을 통해서 감소된다. 여러 곳에서 보다 하나의 주방에서 음식이 전달되기에 조리하고 대기해야 하는 방법을 줄여줄 것이고 조달하는 비용도 줄어들 것이다.
- 장비운영 비용과 유지보수비의 감소. 조리하여 냉장 보관하는 (cook/chill) 기술로 한 곳에서 음식이 조리되어지기 때문에 기존 음식 장비를 이용해 조리하는 것은 불필요하게 되었고, 음식을 한 곳에서 만들기 때문에 여러 곳에서 만드는 것보다 비용을 줄인다. 장비의 라이프 사이클을 높이고 유지비를 감소시킨다.
- 유틸리티 비용의 감소. 한곳에서 생산이 되기 때문에 전체적인 유틸리티 비용도 감소한다.
- 품질 유지 그리고 제조 관리. 제조가 여러 곳이 아닌 한 곳에서 만들어지기 때문에 품질 관리가 유지된다.
- 음식의 안전 향상. 향상된 음식 제조 장비는 시스템의 위생 상태를 조절하는 것이 용이하다.

고품질 식음제조의 중앙조리시설 또는 한 곳에서 제조하는 방법은 작은 규모 기기들의 발달을 조장하면서 장점들은 그대로 유지할 수 있다. cook/chill 방식은 체인 레스토랑과 단일점포 레스토랑, 건강관리센터, 호텔, 학교 그리고 다른 식음료 업체에서 사용되고 있다.

제1절 검수 및 저장관련 기기

1. 검수용 카트

식음서비스 업장은 검수 구역에서 저장고로 식품을 운반할 때 유틸리티 카트를 많이 사용한다. 그러나 유틸리티 카트는 비교적 얇은 판으로 만들어져 있기 때문에, 무거운 식품상자들을 운반하다보면 카트의 선반이 휘거나 부서져 못쓰게 되기 쉽다. 그러므로 무거운 물건들을 운반할 수 있도록 두꺼운 판으로 만들어진 검수용 카트는 식음서비스 업장의 필수품이다.

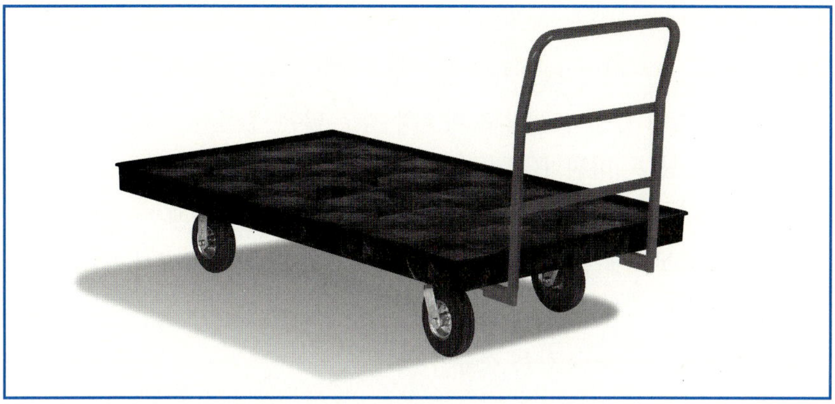

[그림 8-1] 플렛폼 트럭(자료제공 : Rubbermaid Commercial Products)

2. 검수용 저울 및 측정 장비

들어오는 물품들을 받을 때 주문한 물품에 대한 양, 품질, 상태, 대체품, 그리고 무게를 확인하는 것이 좋다. 검수용 저울은 물품의 무게를 확인하고 배송 라벨에 적혀져 있는 무게와 비교할 수 있게 된다. 또한 일반적으로 식음시설에서는 다양한 종류의 과일류를 주문하여 검수를 받게 되는데, 이 때 중요한 것은 과일의 상태 및 숙성도, 당도 등의 요소들이다. 과일의 당도가 부족하거나 너무 숙성이 되지 않았거나 과숙성이 된 경우 고객들의 만족도를 떨어뜨릴 수 있기 때문이다. 따라서 이러한 것을 방지하기 위하여 주문 시 일정 수준 이상의 당도를 명시하는 것이 좋으며, 검수 시 이를 확인하기 위하여 비중계 또는 당도계 등을 이용하여 측정을 하는 것이 좋다.

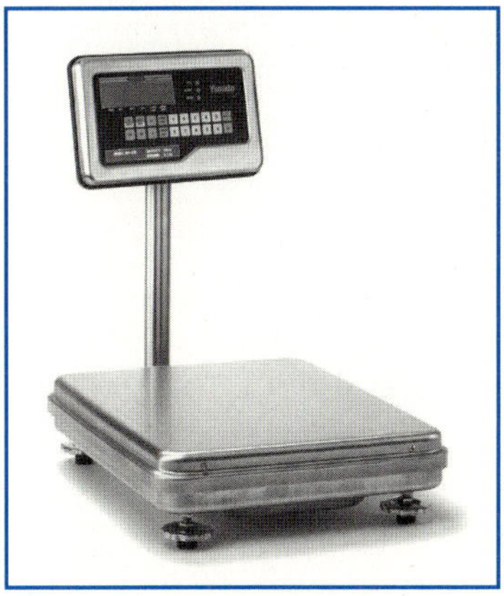

[그림 8-2] 전자저울
(자료제공 : Yamato Corporation)

3. 이동형 선반과 독립형 선반

선반시스템은 식품의 저장문제를 해결하기 위하여 기성제품을 구매하거나 어떤 종류의 공간에 맞추어 사용될 수 있다. [그림 8-3]은 전형적인 식음서비스 업소의 저장용 선반을 보여준다. 저장 공간의 효율성은 그곳의 선반들이 얼마나 효율적으로 배치되어 사용되고 있느냐에 따라 크게 좌우된다. 자체 제작된 나무 선반들은 주로 상온창고에 이용되긴 하지만, 이러한 선반들은 청소하기에 용이하지 않고 미국의 경우 많은 주에서 보건당국이 사용을 불허하고 있다. 바퀴가 달린 내구성이 강한 14게이지(1.9837mm) 또는 16게이지(1.5875mm) 스테인리스 강철 선반은 그 가격이 매우 비싸긴 하지만, 견고하며 청소에 용이할 뿐만 아니라 이동이 쉽다는 점에서 투자가치가 있다.

선반 종류에는 다음과 같은 것들이 있다.

- 이동식, 단독형, 또는 벽 부착형 선반
- 대량저장용으로 보통 4~5의 다단식 선반
- 울퉁불퉁하거나 평평한 표면의 선반
- 탈부착이 가능하여 식기세척기에서 세척이 가능한 플라스틱 격자단으로 이루어진 선반
- 스테인리스 강철, 아연 도금된 철, 알루미늄, 고충격 플라스틱 등의 재질로 만들어진 일반 선반
- 스테인리스 강철, 아연 철판, 크롬도금 되거나 에폭시 코팅된 고충격 플라스틱 등의 재질로 만들어진 와이어 선반

1) 다단식 선반

각종 액세서리들이 함께 사용될 수 있는데, 가장 보편적으로 사용되는 것들은 다음과 같다.

- 다리바퀴
- 직립형 스테인리스 강철 기둥
- 직립기둥에 부착된 회전 범퍼
- 일자형 또는 둘레용 범퍼
- 고하중용 여분의 철심
- 벽부착용 집게
- 와이어 상자(보안용)
- 서랍장과 바구니
- 라벨 클립

[그림 8-3] 다단식 선반
(자료제공 : InterMetro Industries Corporation)

2) 고밀도 선반(High-density shelving)

줄어든 면적 내에서 30에서 40%의 저장 공간을 늘려준다. 선반은 스테인리스 강철로 만들어졌으며(강도 때문에), 선반과 고정이 되어있는 바퀴를 따라 가로로 움직인다. 통로 공간을 위해서 움직일 수 있는 선반을 빼놓는다면 나머지들은 움직여서 저장할 수 있는 공간으로 만들 수 있다([그림 8-4] 참고).

[그림 8-4] 고밀도 선반
(자료제공 : courtesy of eagle group)

3) 고하중용 선반(Dunnage racks)

[그림 8-5] 고하중용 선반
(자료제공 : Cambro Manufacturing Co.)

캔이 들어 있는 상자와 같이 무거운 것들을 지탱해 주는 1단형 선반인데, 바닥에서 약 10인치(250mm) 정도 떨어진 선반 위에 물건을 쌓게 된다. 대형 식음서비스 업장의 건조창고와 냉동고에서 흔히 쓰인다.

4) 식음서비스 업장에서 가장 자주 쓰이는 선반의 크기는 다음과 같다.

① 가로 : 12인치(305mm), 18인치(460mm), 21인치(535mm), 24인치(610mm), 27인치(685mm) 등이 가장 보편적으로 쓰인다.

② 세로 : 36인치(915mm), 42인치(1,070mm), 48인치(1,220mm), 54인치(1,370mm), 60인치(1,520mm) 등이 가장 보편적인 크기이다. 세로 길이는 60인치 이상을 넘지 않아야 한다. 그 이상이 되면 선반이 견고하지 못하게 된다.

③ 높이 : 포스트는 매우 다양한 높이의 제품이 나와 있다. 보편적으로 36인치(915mm), 42인치(1,070mm), 72인치(1,830mm), 78인치(1,980mm), 84인치(2,135mm) 등의 높이의 제품이 많이 나와 있다.

5) 일반적인 선반 선택 시의 가이드라인은 다음과 같다.

① 창고형 냉장고 : 높이는 가능한 한 높고 넓이는 685mm 정도 되는 선반이 저장 공간을 가장 효율적으로 이용하기에 좋다. 2.3m 미만의 좁은 창고형 냉장고의 경우보다 좁은 선반을 설비해야 한다.

② 창고형 냉동고 : 냉동식품은 적재하기에 용이한 상자에 들어있는 경우가 많다. 쉽게 쌓을 수 있는 상자들을 위해서는 고하중용 선반을 사용하고, 쉽게 쌓기 어려운 형태이거나 작게 포장된 식품들은 이동식 4단 선반을 이용하는 것이 좋다.

③ 상온창고 : 향료들이나 열린 상자들, 또는 단체급식용 캔(10번 캔 또는 업소용 3kg 캔)들을 저장하기는 이동식 4단 또는 5단 선반이 용이하다. 많은 대형 식음업소의 경우, 일반 선반과 함께 트럭에서 운반될 때 쓰인 나무 팔레트를 이용하면 편리하다.

4. 기기부착형 선반

식음서비스 시설에서 주로 쓰이는 부착형 선반에는 상단 선반, 작업대 선반, 캐비닛 선반의 3가지 종류가 있다.

상단 선반은 기기 바로 위의 벽이나 기기 자체에 스테인리스 강철관으로 만들어진 지지대를 이용하여 부착된다. 기기 자체에 부착되는 상단 선반보다 벽에 부착되는 선반이 선호되는데, 그 이유는 기기의 상단으로부터 지지대가 필요 없기 때문이다. 하지만 벽에서 멀리 떨어져 배치되는 기기의 경우에는 할 수 없이 기기의 작업대나 천정에 선반을 부착해야 한다. 이 경우에 위생을 고려하여 선반의 지지대를 작업대의 물튀김 방지막에 부착해야 한다.

5. 냉장시설(냉장고와 냉동고, 창고형과 선반형)

현대식 식음서비스 시설에서 사용하는 냉장관련 기기에는 다음과 같은 것들이 있다.

- 선반형(Reach-in) 냉장고와 냉동고
- 창고형(walk-in) 냉장고와 냉동고
- 냉장 또는 냉동 작업대
- 롤인(roll-in) 냉장고와 냉동고
- 통과형 냉장고와 냉동고
- 냉각팬
- 소프트 아이스크림 기계와 아이스크림 캐비닛
- 진열 냉장고(예: 델리 카운터, 전시용 냉장고, 머천다이징용 집기 등)

각각의 냉장관련 시설에 해당하는 특성들을 이 책에서 모두 다루기에는 너무 다양하다. 이러한 정보들은 식음서비스 기기 또는 냉장시설에 관한 참고도서들을 이용하면 쉽게 찾을 수 있을 것이다. 가장 보편적으로 쓰이는 냉장관련 시설은 선반형 냉장고와 냉동고, 창고형 냉장고와 냉동고이다. 이와 같이 보편적으로 많이 쓰이는 냉장관련 시설은 다음과 같다.

1) 창고형 냉장고와 냉동고(walk-in refrigerators and freezers)

최근 들어, 사전조립형과 붙박이형의 2가지 종류의 창고형 냉장고와 냉동고가 많이 쓰인다. 사전조립형 창고형은 보통 4인치 두께의 기본규격판으로 만들어진다. 각 판은 두 장의 금속으로 이루어지는데, 이 두 장의 금속 사이의 공간은 우레탄 절연재로 채워져 있다. 이 때 금속의 종류에는 다음과 같은 것들이 있다.

- 아연 철판
- 페인트칠 된 아연 철판
- 알루미늄
- 페인트칠 된 알루미늄
- 18-, 20-, 또는 22 게이지 스테인리스 강철

창고형 냉장고와 냉동고에는 부분에 따라 여러 가지 마감재가 이용되는 경우가 많다. 예를 들어, 내부벽과 천정은 하얀색 페인트칠 된 알루미늄, 외부벽은 스테인리스 강철, 노출되지 않는 내부벽은 아연 철판, 내부 바닥은 아연 철판 시공 후 쿼리 타일로 마감하기도 한다.

[그림 8-6] 창고형 냉장고
(자료제공 : THERMO-KOOL.Mid-South Indsturies, Inc.)

이러한 판들은 각종 걸쇠와 볼트들로 서로 연결되어 냉장고의 외장벽, 천정, 칸막이, 바닥(선택적으로) 등을 형성한다. 이러한 판들은 다양한 높이, 너비, 길이 등의 크기로 구입 가능하다. [그림 8-6]은 창고형 냉장고의 예이다.

기성품 기본규격판을 이용하여 제작되는 사전조립형 창고 냉장고는 그 크기가 명목치수로 표시된다. 제조업체는 각기 고유의 명목치수를 가진 기본규격판을 만들어 낸다. 8×12 피트(2.44×3.55m) 규격의 냉장고가 명목치수의 기본규격판으로 제작된다면 실제로는 7피트 6인치×11피트 인치(2.32×3.45m)일 수도 있다. 추가비용을 들인다면 원하는 크기의 맞춤형, 즉 실제로 원하는 크기의 창고형 냉장고를 구입할 수도 있다. 기본규격판을 사용하여 제작되는 명목치수의 냉장고가 주문제작된 패널을 이용하여 제작하여야 하는 냉장고보다 훨씬 저렴하다. 그러므로 사양서를 작성할 때 명목치수의 표준형 냉

장고를 원하는지 정확한 크기의 냉장고를 원하는지를 명시하는 것이 중요하다.

사전조립된 창고형 냉장고를 건물 내부에 설치할 때에는 다양한 종류의 바닥시스템을 이용할 수 있는데, 각 시스템의 장단점이 아래에 설명되어 있다.

- 냉장고 바닥을 건물바닥보다 낮게 설치하는 시스템 : 4인치 정도(100mm) 깊이를 가지고 냉장고보다 약간 길고 넓은 구덩이를 건물의 콘크리트 내부 바닥 속에 만든다. 다음으로 냉장고의 바닥 패널을 그 구덩이 속으로 고정시킨다. 쿼리 타일 또는 비슷한 바닥재를 주방에서 냉장고 내부까지 연결하여 깐다. 이 방법의 가장 큰 장점은 냉장고 입구의 바닥에 턱이 없어서 카트나 랙의 입·출입이 용이하다는 것이다. 신축 건물의 시공시 이러한 시스템을 도입하며 약간의 추가비용으로 구덩이에 콘크리트 바닥을 만들 수 있어 이상적이다. 하지만 건물의 개보수 공사 시 현존하는 바닥에 구덩이를 만드는 것은 비용이 많이 들어 비현실적이다.
- 냉장고 바닥을 건물바닥보다 높이 설치하는 시스템 : 바닥을 오목하게 팔 수 없는 경우는 냉장고 속으로 경사로를 만들어야 한다. 경사로는 냉장고의 내부나 외부에 만들 수 있다. 내부 경사로는 창고형 냉장고의 제조업체가 만들고, 외부 경사로는 바닥을 마감하고 타일을 까는 하청업자가 만드는 경우가 많다. 이렇게 경사로를 만드는 경우는 경사가 심해 카트로 식품을 운반할 때 식품을 떨어뜨릴 수 있는 단점이 있다. 제조업자의 바닥은 물건, 카트 혹은 선반의 저장을 위해 최대로 실을 수 있는 무게가 명확하게 명시되어야 한다.
- 제조업자의 바닥 패널 없이 설치하는 시스템 : 사전 조립된 창고형 냉장고는 바닥 패널 없이도 설치될 수도 있다. 이런 경우, 냉장고 벽을 건물바닥에 고정시킨다. 이렇게 설치된 냉장고도 역시 문턱이 없이 평평한 진입로를 가지게 된다. 이런 방법을 사용하여 창고형 냉동고를 설치할 때는 바닥의 콘크리트가 온도 차이에 의해 갈라지는 것을 방지하기 위하여 바닥의 절연에 신경 써야 한다.

오랜 기간동안, 창고형 냉장고의 바닥면은 아연 철판으로 만들어져 왔는데, 이렇게 만들어진 바닥은 아연으로 도금되었음에도 불구하고 냉장고 속의 습기로 인하여 쉽게 부식한다. 냉장고의 다른 부분들에 비하여 바닥은 쉽게 부식되어 위생상의 문제점을 야기하기 쉽다. 이에, 미국위생재단(NSF)은 창고형 냉장고의 바닥재의 내구성에 대한 매우 엄격한 기준을 세워놓았다. 스테인리스 강철은 바닥재로 허용이 되고, 알루미늄 판도 완전히 굽혀서 바닥 시스템 안으로 완전히 포함된다면 허용이 된다. 아연 철판도 여전히 허용이 되지만 반드시 작업표면을 쿼리 타일과 같은 다른 재료로 덮여져야 한다.

붙박이형 냉장고나 냉동고는 사전조립형보다 훨씬 고가이다. 옆면, 바닥, 천정 모두 절연성 폼(Foam) 벽으로 시공되고, 옆면은 구조형 유광타일로 바닥은 쿼리 타일로, 그리고 천정은 알루미늄이나 스테인리스 강철로 마감된다. 붙박이형 대형 냉장고는 기본 절연재 위에 유리섬유를 첨가하기도 한다. 붙박이형 냉장고는 내구성이 강하다는 장점이 있지만, 시공비용이 비싸고 확장이나 위치변경이 어렵다는 단점을 가지고 있다.

창고형 냉장고나 냉동고의 냉각시스템은 냉장실 또는 냉동실의 위나 옆에 부착할 수도 있고, 좀 떨어진 곳에 설치할 수도 있다. 자체에 부착된 냉각 시스템의 경우는 냉장실이나 냉동실의 윗부분의 패널 뒤편에 설치되어 있는 경우가 많은데, 이 경우에는 냉각시스템 주위에 충분한 공간을 마련하여 시스템으로부터 발생하는 열이 빠져 나가는데 용이하도록 해야 한다. 만약 이 부분의 공간이 충분하지 않아 컴프레서로부터 발생하는 열을 효율적으로 제거할 수 없으면 통풍장치를 추가적으로 갖추어야 한다. 냉장실이나 냉동실에서 떨어진 곳에 냉각시스템을 설치하는 경우는 건물의 안이나 밖 어느 곳이든 가능한데, 멀리 설치할수록 에너지 효율이 낮아지지만, 주방의 소음과 열을 감소시킬 수 있다는 장점이 있다. 냉각시스템은 환경조건과 설비여건에 따라 공기냉각 또는 물냉각의 두 가지 방식 중 한 가지를 이용한다. 냉각시스템은 상당히 많은 에너지를 사용하게 되므로, 이를 설치할 때는 열재생기기를 구비하여 건물의 난방이나 온수의 공급을 위해 이용하는 것이 좋다. 다중 컴프레서를 가진 냉각시스템은 그 에너지 효율이 상대적으로 높고 압축기의 수명이 긴 장점이 있어 대형업장용으로 적절하다.

창고형 냉장고(또는 냉동고)의 일반적인 선택 사양은 다음과 같다.

- 외부용 냉각시스템
- 온도가 화씨 15도(섭씨-9.4도)까지 올라갈 때 알려주는 냉동경보시스템
- 김서리방지 처리된 여분의 내부조명
- 지붕덮개, 외부에 설치하는 경우
- 카트와의 충돌에 의한 손상을 방지하기 위한 벽 보호기(외장과 내장)
- 경사로, 건물바닥보다 높이 설치되는 경우
- 출입문 잠금장치
- 출입문의 창
- 외관을 위한 잠금판과 마무리 스트립
- 출입문이 열려 있을 때 찬 공기의 손실을 막기 위한 보온 비닐스트립 커튼
- 발로 작동할 수 있는 출입구 개폐장치
- 출입문의 개폐시 압력완화를 위한 공기 구멍
- 걸어들어가지 않고 음식을 들여놓을 수 있도록 만든 유리창문

2) 선반형 냉장고와 냉동고(reach-in refrigerators and freezers)

냉각기기에는 냉장고와 냉동고가 포함되는데, 냉장고는 온도를 섭씨 2.2~2.4도로 유지하는 냉각기기이고, 식음서비스 시설에서 가장 흔히 쓰이는 냉장고는 선반형 냉장고 [그림 8-7]이다. 선반형 냉장고는 다양하게 이용될 수 있고 가격도 많이 비싸지 않으며 공간효율도 높은 편이어서 인기가 있다.

선반형 냉장고는 1, 2 또는 3조형으로 구입할 수 있고, 다양한 선택 사양과 부속품이 있다. 선반형 냉장고를 구입할 때는 다음과 같은 점을 고려해야 한다.

[그림 8-7] 선반형 냉장고
(자료제공 : Continental Refrigerator)

- 공간과 예산이 적절한가?
- 일반적인 저장을 목적으로 사용할 것인가? 아니면 냉장고 내부의 슬라이드 선반에 보다 적합하고 특별한 식품의 저장을 위해 사용할 것인가?
- 내부에 선반이 필요 없는 이동식 카트이용에 적합한 모델을 구입해야 하는가?
- 조리 구역에 배치할 선반형 냉장고라면 어느 정도의 저장용량이 필요한가?
- 구입할 선반형 냉장고가 주요 냉장실로 활용될 것인가 아니면 창고형 냉장실이나 냉동실과 함께 보조냉장실로 사용될 것인가?
- 창업자가 원하는 특별한 사양은 무엇인가?

보편적인 사양은 다음과 같다.

- 바닥 배수가 필요 없도록 해주는 자동 압축 증기기
- 18×26인치 시트팬, 12×20인치 스팀테이블팬, 530×325mm 호텔팬 등 식음서비스 산업의 표준 팬을 수용할 수 있도록 조절 가능한 선반 또는 쟁반 슬라이드
- 문이 자동적으로 닫히도록 하기 위한 스프링 장착된 경첩
- 스테인리스 강철 내장과 외장 또는 산화 알루미늄과 스테인리스 강철의 조합 또는 전체를 산화 알루미늄 처리
- 외부에 설치된 온도계
- 내부조명
- 양쪽 문 또는 반쪽 문
- 유리창이 있는 문
- 앞뒤로 열리는 문

요약하면, 식음서비스 업장을 위한 냉장/냉동기기는 매우 다양하다. 이러한 기기에 대한 가장 좋은 정보원은 선두 제조업체에서 발간되는 기기 카탈로그일 것이다. 이러한 카탈로그는 식음시설 컨설턴트나 딜러들의 쇼룸에서 볼 수 있고 제조업체로부터 직접 구해 볼 수도 있다.

6. 식음 영업에서의 주용도

많은 레스토랑, 호텔식음서비스 시설, 단체급식 시설 등은 이러한 선반형 냉장고와 창고형 냉장고 두 종류를 함께 이용한다. 창고형 냉장고는 주로 대량의 식품을 저장하는데 쓰이는것에 반해, 선반형 냉장고는 조리 구역 가까이에 배치되어서 접근이 편리한 냉장보관고의 역할을 한다.

7. 크기와 용량의 결정

제5장에서 창고형 냉장고의 용량결정을 위한 계산법을 소개하였다. 선반형 냉장고의 용량은 보통 입방피트(또는 입방미터)의 단위로 나타낸다. 이것은 냉장고 내부 공간의 크기를 표시한다. 그러나 많은 경우 이렇게 표시된 내부 공간이 전적으로 저장 가능한 공간을 의미하지는 않는다. 증기기, 조명, 트레이 슬라이드 등이 차지하는 공간은 저장목적으로 사용할 수 없는 공간이므로, 실제로 사용할 수 있는 순 입방미터는 실제표시용량보다 다소 작을 수 있다.

〈표 8-1〉 업장 규모에 따른 냉장 시설의 직정 규모

업장규모(좌석수)	창고형 냉장시설*				선반형 냉장 시설†			
	냉동고		냉장고		냉동고		냉장고	
	개수	크기	개수	크기	개수	크기	개수	크기
50석 이하	0	–	0	–	1	B	2	B
50~100	1	X	1	X	1	C	3	B
100~175	1	Y	2	X	2	B	3	C
175~250	1	Z	2	X	2	B	3	C
250~500	1	Z	3	Y	2	C	4	C
500~750	2	Y	3	Z	2	C	5	C
750석 이상	2	Z	4	Z	3	C	5	C

*창고형 냉장시설 크기	†선반형 냉장 시설 크기
X : 9×12 feet (2.74 ×3.66 meters	A : 1조형
Y : 9×15 feet (2.74×4.57 meters)	B : 2조형
Y : 9×20 feet (2.74×6.10)	C : 3조형

(자료제공 : Sandra Ley, Foodservice Regrigeration [New York : Van Nostrand Reinhold, 1980])

1조형 : 21.5 입방피트(6㎥)
2조형 : 46.5입방피트(1.3㎥)
3조형 : 70.0입방피트(2㎥)

냉장고의 한 변형기기로서 냉장이 아닌 가열을 하는 냉장고형 기기가 있다. 이러한 가열 캐비닛은 더운 음식의 보관에 쓰이는데, 대용량의 보온고가 필요한 업장을 위해 유용한 기기이다.

〈표 8-1〉에 나와 있는 표는 필요한 냉장고 용량을 예측하는 데 도움이 될 것이다.

식음업장의 냉장기기는 하루 종일 작동시켜야 하므로 에너지를 절약할 수 있는 기기를 선택하는 것이 중요하다. 에너지 효율 증대를 위한 선택 사양은 최대한 선택하는 것이 좋다. 수냉식 냉각시스템으로부터의 열재생 장치는 다루기도 쉽고 투자할 가치가 충분히 있다. 중대형 업장의 경우는 중앙 냉각 시스템을 도입하여 창고형 및 선반형 냉장고, 진열냉장고, 샐러드바, 제빙기 등 기타 냉각 시스템을 관리하는 것이 좋다.

8. 온 도

위해요소중점관리기준 HACCP(hazard analysis critical control point) 안내서는 시간 증가와 온도 모니터링에 대해서 설명한다. 온도 모니터링 시스템은 자동적으로 부속물을 보류하고 필요한 자료는 일일이 같은 자료를 손수 모으는 것에 비해 시간, 노력 그리고 인력을 줄이는 데 도움을 준다. 이러한 시스템들은 무선 기술을 사용하기에 새로운 주방이나 개량된 주방에 쉽게 사용될 수 있다.

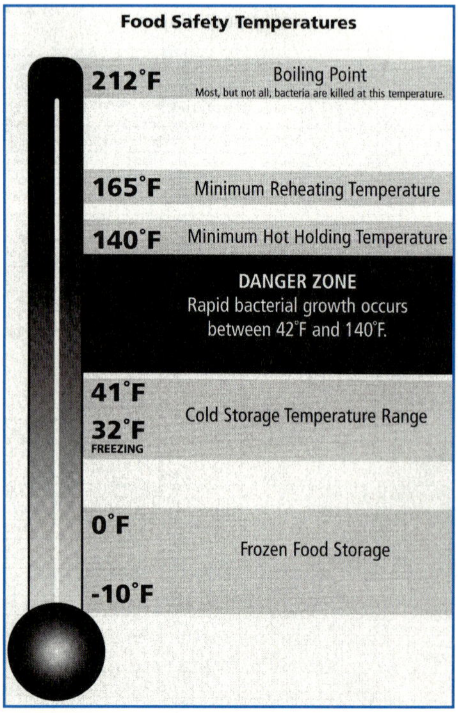

[그림 8-8] 음식의 안전 온도

제2절 사전조리용 장비 : 차가운 음식용

식음서비스 업소의 사전조리 구역은 음식의 최종 조리단계 이전까지의 처리가 이루어지는 구역이다. 이 구역에서는 보통, 식품의 세척, 혼합, 절임, 절단, 로스팅 등이 행해진다. 이 구역에서 쓰일 기기는 잘 엄선하여 배치하여야만 작업의 효율을 극대화할 수 있을 것이다. 경험이 없는 설계사들에 의한 빈번한 실수의 하나는 바로 이러한 사전 조리기기와 최종 조리기기를 구분 없이 섞어 배치하는 것이다.

사전 조리구역은 싱크대, 작업대, 소형집기 보관창고, 각종 조리기기를 구비해야 하고, 냉장시설 및 세척 구역과 근접하게 위치해야 한다. 이 구역에서 많이 쓰이는 기기들은 다음과 같다.

1. 믹서기(Mixer)

[그림 8-9] 믹서기
(자료제공 : Hobart Corporation)

믹서기(mixer)는 거의 모든 주방에서 사용되는 다용도 전처리 기기이다. 다양한 용량의 믹서기가 있고 선택 사양도 다양하다. 믹서기의 용량은 보울의 크기에 따라 결정되는데, 작게는 5쿼트(4.7ℓ)에서 크게는 140쿼트(132.5ℓ)의 보울이 존재한다. 보통 믹서기의 보울은 고정되어 있고 믹서기의 헤드가 보울의 내부에서 이중원형 동작으로 움직인다. 기본으로 따라오는 믹서기의 비터(beater)에는 3가지가 있다. 일반적인 믹싱을 위한 플랫 비터(flat beater), 휘핑크림과 같은 가벼운 먹거리를 만들기 위한 와이어 휩(wire whip), 무거운 이스트 도우를 위한 도우 훅(dough hook), 대형 믹서기(80쿼트 [75.7ℓ] 이상)는 보통 보울을 들어올리기 위한 전동 리프트 장치가 달려있다. 대부분의 믹서기는 선택적 부속 기기의 부착을 위한 동력 사출장치를 가지고 있다. [그림 8-9]는 식음 업소의 전형적인 소형믹서기를 보여준다.

믹서기는 대량의 식품을 섞는 작업, 다양한 부속 기기의 작동이 필요한 작업, 식품 가공처리작업 등에 사용된다.

〈표 8-2〉은 식음 업소에서 필요한 믹서기의 숫자와 용량을 결정하기 위한 표준 지침을 보여준다.

〈표 8-2〉 일일 식수에 따른 믹서기의 적정 규모

일일 식수 인원	믹서기(베이커리 제외)		믹서기(베이커리 포함)	
	개수	용 량	개수	용 량
100 이하	1	5 quarts (4.7 liters)		12 quarts (11.4 liters)
100~200	1	12 quarts (11.4 liters)		12 quarts (11.4 liters)
				20 quarts (18.9 liters)
200~400	1	12 quarts (11.4 liters)		20 quarts (18.9 liters)
	1	30 quarts (28.4 liters)		30 quarts (28.4 liters)
400~600	1	20 quarts (18.9 liters)		30 quarts (28.4 liters)
	1	60 quarts (56.8 liters)		60 quarts (56.8 liters)
600~1,000	2	60 quarts (56.8 liters)		60 quarts (56.8 liters)
				80 quarts (75.7 liters)
1,000~1,500	2	60 quarts (56.8 liters)	2	60 quarts (56.8 liters)
	1	80 quarts (75.7 liters)	1	80 quarts (75.7 liters)
1,500 이상	2	60 quarts (56.8 liters)	2	80 quarts (75.7 liters)
	1	80 quarts (75.7 liters)	1	140 quarts (132.5 liters)

2. 푸드프로세서(Food Proeessor)

지난 20여 년간 식음 업소에서는 가정용 푸드프로세서(food processor)와 비슷한 디자인인 고속 푸드프로세서가 많이 사용되어 왔다. 이러한 고속 푸드프로세서가 널리 쓰이기 전에는 버팔로 차퍼와 직립커터 믹서기(VCM)와 같은 푸드프로세서가 많이 쓰였다. 직립커터 믹서기는 대형 상업 주방에서 여전히 많이 사용되고 있고, 이러한 푸드프로세서는 각기 나름대로의 장점을 가지고 있다. 푸드프로세서의 종류를 나열하기에는 너무나도 종류가 많

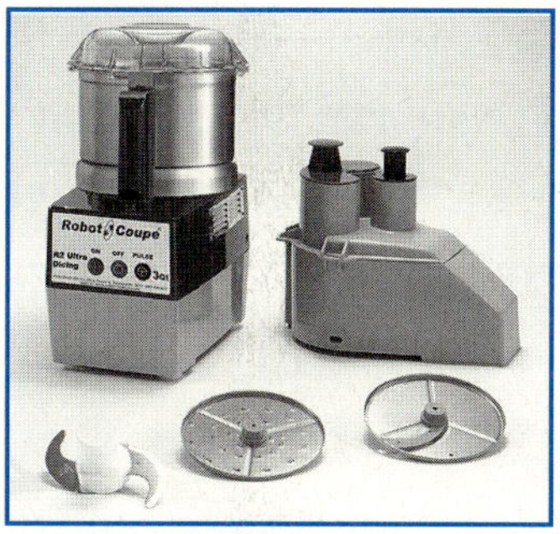

[그림 8-10] 푸드프로세서
(자료제공 : Robot Coupe)

다. 매니저 혹은 주인은 푸드 프로세서를 선택하기 전에 시범을 살펴보는 것이 좋다. 몇몇 작은 기업들은 여러 종류의 새롭고 작으며 속도가 높은 푸드 프로세서들을 만든다. 큰 식음업소에서는 특히 메뉴에 다양한 샐러드가 있으면 작은 버팔로 차퍼 혹은 VCM의 혼합형이 좋을 것이다.

3. 버펄로 차퍼(Buffalo chopper)

버펄로 차퍼[그림 8-11]는 반원형 칼날이 보호덮개 밑을 빠른 속도로 돌면서 식품을 절단하도록 디자인되어 있다. 식품은 돌아가는 보울의 바깥 모서리를 따라 움직이면서 수백 번 절단되는 과정을 거친다. 식품이 보울 속에서 이동할수록 더 잘게 잘려진다. 채소, 육류 및 기타 다양한 식품의 처리를 위해 버펄로 차퍼를 이용할 수 있다.

[그림 8-11] 버펄로 차퍼
(자료제공 : Hobart Corporation)

4. 직립커터 믹서기(Vertical cutter-mixer)

[그림 8-12] 직립커터 믹서기 (VCM)
(자료제공 : Robot Coupe)

직립커터 믹서기[그림 8-12]는 블랜더와 매우 유사한데, 블랜더 보다 매우 크고 비싸다. 직립커터 믹서기는 단시간에 식품을 자르고 섞고 혼합하는데 이용되는데, 주로 육류와 채소류의 절단에 많이 쓴다. 직립커터 믹서기는 또한 베이커리에서 도우나 프로스팅을 2,3분 이내에 섞는데 유용하게 쓰이기도 한다. 직립커터 믹서기에는 고속 스테인리스 강철 곡선형 칼이 장착되어 있어 이 칼이 보울의 내부를 돈다. 직립커터 믹서기는 세척의 편리성을 위해 배수구와 가깝고 냉온수를 쉽게 사용할 수 있는 곳에 배치해야 한다. 30~45쿼터(28.4~42.5ℓ) 정도의 보울 크기의 직립커터 믹서기가 보편적으로 가장 많이 사용된다. 일반적으로 많이 사용되는 직립커터 믹서기의 식품별 용량은 〈표 8-3〉과 같다.

〈표 8-3〉 직립커터 믹서기 용량

식 품	소요시간	30쿼트 직립커터 믹서기	45쿼트 직립커터 믹서기
빵가루	2분	2~4 lb (.91~1.81 kg)	496 lb (1.81~2.72 kg)
파이 도우	$1\frac{1}{2}$~$2\frac{1}{2}$분	2~6 lb (.91~2.72 kg)	3~8 lb (1.36~3.63 kg)
햄버거	1~2분	12~24 lb (5.44~10.89 kg)	18~36 lb (8.16~16.33 kg)
양상추	2-3회의 순간동작	4~6 heads	6~10 heads
미트 로프	1~$1\frac{1}{2}$분	12~25 lb (5.44~11.34 kg)	20~30 lb (9.07~13.61 kg)
케익반죽	$2\frac{1}{2}$~4분	15~30 lb (6.80~13.61 kg)	25~60 lb (11.34~27.22 kg)

(자료제공 : Hobart Corporation)

5. 슬라이서(Slicer)

슬라이서(slicer)는 카본 철판 또는 스테인리스 강철로 만들어진 둥근 칼날이 모터에 의해서 돌아가는 기기이다. 칼날과 이동손잡이 모두 수직으로부터 약 30도 정도 기울어져 식재료가 칼날을 지나 내려올 때 중력의 도움을 받게 된다. 대용량 슬라이서는 수평 절단 기능이 있을 수도 있고, 또는 잘라진 식재료의 사이사이에 왁스 페이퍼를 끼우면서 차곡차곡 쌓는 기능이 있을 수도 있다. 칼날의 직경에 따라 자를 수 있는 식품의 크기가 한정된다. 대부분의 슬라이서는 안전장치로서 고무 손잡이와 칼날을 감싸는 링가드가 부착되어 있다. [그림 8-13]은 업소용 슬라이서를 보여준다.

슬라이서의 부속품들에는 다음과 같은 것들이 있다.

- 다양한 종류의 식재료를 고정시키기 위한 식품집게
- 다양한 속도 조절
- 균일한 두께로의 절단을 위한 기어에 의해 작동하는 테이블 조절장치
- 완전 또는 반자동 슬라이스 기능
- 칼 연마기 (분리 가능형과 불가능형이 있음)

[그림 8-13] 슬라이서
(자료제공 : Globe Food Equipment)

슬라이서는 그때그때 필요한 장소에서 사용할 수 있도록 이동카트에 장착시켜 놓는 경우가 많다. 이때 사용되는 이동 카트는 하부에 개방형 선반이 있고, 접힐 수 있는 옆선반이 있는 것을 사용하는 것이 좋다. 이러한 여유 선반은 작업 전후에 식재료의 일시 보관을 위해 사용된다.

슬라이서는 매우 위험한 기기이므로 숙련되지 않은 초보자는 사용해서는 안 된다. 제조업자들은 이러한 위험성을 감소시키기 위해 각종 안전장치를 고안하여 장착하고 있지만 안전사고의 위험에 항상 주의해야 한다.

제3절 사전조리용 장비 : 뜨거운 음식용

1. 오븐(Ovens)

오븐의 종류는 다양하고 각각 나름대로의 특징을 가지고 있다. 보편적으로 많이 쓰이는 오븐은 다음과 같다.

- 표준형(렌지 밑에 설치된)
- 컨벡션
- 데크
- 로터리
- 컨베이어
- 마이크로웨이브
- 저속 로스팅

1) 표준형 오븐(standard oven)

식음서비스 산업에서 가장 널리 쓰이는 오븐은 핫탑, 오픈탑, 그릴탑 또는 기타 내구성이 높은 렌지 기기들에 장착되어 있는 표준형 오븐이다. 이러한 표준형 오븐은 주방의 렌지구역에 배치되어 있어 그 사용이 편리하고 가격 또한 저렴해서 매우 널리 사용되는 주방기기이다. 하지만 이러한 표준형 오븐은 여러 가지 결점이 있기 때문에, 이를 보완한 다양한 오븐들이 개발되었다. 표준형 오븐의 결점으로는 다음과 같은 것들이 있다.

- 렌지 밑에 있기 때문에 조리 시 오븐 내부를 들여다보거나 음식물을 넣고 꺼내기가 불편하다.
- 절연성이 떨어져 에너지 효율이 낮다.
- 오븐 문의 이음새 부분이나 온도조절장치의 내구성이 떨어져 잦은 수리와 관리가 필요하다.
- 오븐의 뒷면을 청소하기가 매우 힘들다.
- 용량이 다른 오븐들에 비해 작은 편이다.

표준형 오븐은 주로 중소형 식음서비스 업장에서 로스팅과 베이킹의 용도로 쓰인다. 하지만 공간 또는 자금의 부족으로 인한 불가피한 경우가 아니라면 표준형 오븐보다는 다음에 소개되는 오븐들을 선택하는 것이 좋다.

[그림 8-14] 표준형 오븐
(자료제공 : Vulcan-Hart Company)

2) 컨벡션 오븐(convection oven)

컨벡션 오븐 [그림 8-15]는 에너지효율이 높은 편이고 공간을 많이 차지하지 않기 때문에 식음서비스 주방에서 널리 쓰이는 오븐 중의 하나이다. 컨벡션 오븐은 1조 또는 2조형이 있다. 2조형 컨벡션 오븐의 경우 그 크기는 대략 36인치(915mm) 정도 너비에 40인치(1,016mm) 정도의 깊이를 가지고 있다.

컨벡션 오븐에 장착되어 있는 팬은 가열된 공기를 고속으로 순환시키는 역할을 한다. 이러한 팬의 작동으로 열이 식품 위로 빠르게 지나가게 되면서 열전달이 촉진되고, 따라서 조리시간이 단축되는 효과가 있다. 또한 이렇게 빨리 이동하는 공기는 오븐 내부의 곳곳에 도달하기 때문에 촘촘히 배치된 오븐 내부의 선반에 식품을 넣어도 조리가 잘된다. 즉 같은 크기의 표준형 오븐에 비해 조리 용량이 월등하게 크다.

[그림 8-15] 컨벡션 오븐
(자료제공 : Montague Company)

컨벡션 오븐이 에너지와 공간 효율이 높은 이유는 조리시간이 짧고 오븐 내부의 공간을 최대로 활용할 수 있기 때문이다. 전형적인 컨벡션 오븐의 경우 시트팬 다섯장이 들어간다. 선택 사양으로는 세척을 쉽게 해주는 이동식 바닥팬, 자동시간조절장치, 외장재료 등이 있다.

주용도 컨백션 오븐은 18×26인치의 시트팬이나 표준 호텔팬에 넣을 수 있는 다양한 식품을 조리할 수 있다. 육류, 구운 감자, 제빵/제과류, 소형 로스트 등을 조리할 수 있다. 칠면조 한 마리나 쇠갈비 같은 큰 육류 덩어리의 로스팅도 불가능한 것은 아니지만, 이러한 것들을 컨벡션 오븐을 이용해 조리할 경우, 촘촘히 배치되어 있는 선반을 사용할 수 없기 때문에 공간 효율성이 떨어진다.

컨벡션 오븐의 용량을 결정할 때는 오븐을 이용하여 조리하는 메뉴가 얼마나 되는지와 업장이 제과/제빵을 하는지 등을 고려해야 한다. 〈표 8-4〉는 전형적인 식음서비스 업장의 식수에 따라 필요한 컨벡션 오븐의 용량을 나타낸다.

〈표 8-4〉 일일 식수에 따른 컨벡션 오븐의 적정 규모

일일 식수	1조형 오븐	2조형 오븐
100 명 이하	1	0
100-200	1	0
200-400	1	1
400-600	0	2
600-1,000	0	3
1,000-1,800	0	4
1,800-3,000	0	5

3) 데크오븐(deck oven)

데크오븐 [그림 8-16]은 피자조리에 많이 사용되기 때문에 피자 오븐이라고도 불리운다. 데크 오븐은 1,2 또는 3조의 데크로 구성되어 있고, 가스 또는 전기로 작동한다. 과거 오랜기간 동안 데크오븐은 대형 레스토랑이나 단체급식소에서 각종 베이킹과 로스팅을 하기 위하여 쓰이던 매우 인기있는 오븐이었다. 이 오븐을 이용하여 많은 종류의 식품을 조리해 왔기 때문에 제조업자들은 이러한 요구에 맞추어서 다양한 크기와 용량의 데크오븐을 제작해 왔다. 그 한 예가 로스팅 오븐인데, 이 오븐은 일반적인 데크오븐의 내부공간보다 그 높이가 높아서 칠면조 요리를 비롯한 각종 대형 요리에 충분한 공간을 가지고 있다.

데크오븐의 일반적인 사양서는 다음과 같은 정보를 포함한다.

- 가스형 또는 전기형
- 외장재 : 스테인리스 강철 또는 검정색 라커로 마감된 아연도금 강철
- 데크의 개수
- 조리 공간의 높이
- 화덕의 종류 : 강철 또는 벽돌(프렌치브레드를 굽기 위해서는 벽돌 화덕이 선호됨)
- 피자를 굽기 위한 고열의 수준

데크오븐은 다양한 로스팅과 베이킹의 목적으로 쓰일 수 있는 다목적 조리기기라 볼 수 있다. 넓이가 상당히 커서 많은 공간을 차지하므로 소형업소에는 적합하지 않다. 소형 업소의 경우라면 데크오븐보다 컨벡션오븐을 이용하는 것이 공간 효율면에서 낫다. 하지만 중소형 베이커리에서는 아직도 데크오븐을 선호하는 경향이 있다. 데크오븐은 내부 공간이 넓어서 피자를 넣고 꺼내기가 편리하며 고열 조리가 가능하기 때문에 피자를 구워내기에 매우 좋다.

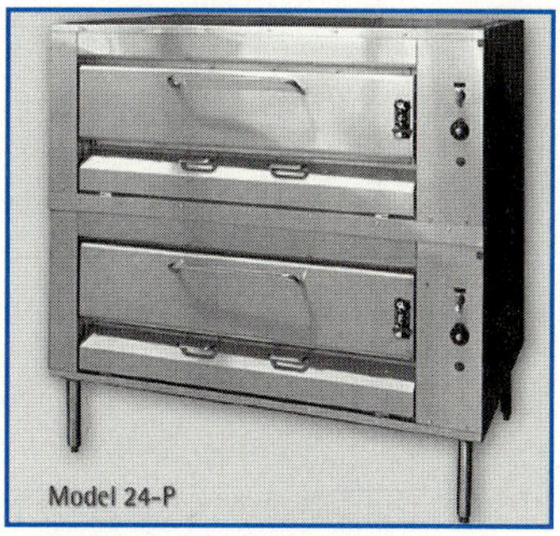

[그림 8-16] 데크 오븐
(자료제공 : Montague Company)

데크오븐의 표준형 42×32인치(1,067×813mm) 데크에는 표준형 로스팅 팬이나 18×26인치 시트팬의 경우 2장, 10인치 파이는 12개, 풀사이즈 (full size) 호텔 팬(530×325mm)의 경우는 4장을 넣을 수 있다. 오븐을 2개 또는 3개 겹쳐 올려서 쓰면 그만큼 용량을 증가시킬 수 있다.

4) 회전오븐(rotary oven)

회전오븐은 식품으로의 공기흐름을 증가시키기 위하여 설계된 오븐이다. 컨벡션오븐의 경우 팬을 이용하여 공기의 이동을 촉진시키는데 반해, 회전오븐의 경우는 식품자체를 이동시킨다. 식품을 담는 트레이는 유원지의 회전 관람차의 바퀴 휠처럼 회전하는 대형 휠에 고정되어 있다. 이 트레이가 대형 오븐 속에서 회전하면서 식품이 가열된다. 이런 방식의 오븐은 절연성이 좋아 에너지 효율이 높으므로 로스팅이나 베이킹에 적합한 조리기기이다. 식품 트레이가 순환하면서 발생되는 대류 공기에 의해서 식품이 더욱 균일하게 조리되는 효과까지 있다.

회전오븐의 주요 단점은 그 크기에 있다. 회전오븐은 그 차지하는 면적도 상당할 뿐더러 높이도 상당히 높다. 일례로 한 제조업체에서 생산하는 소형 회전오븐을 들면, 이 모델의 경우 너비는 2.05m, 깊이 1.12m에 높이는 2.08m나 된다.

베이킹을 목적으로 사용되는 회전오븐의 경우는 그 크기가 더욱 커서 제조업자가 업장으로 와서 제작해 준다.

회전오븐 구입 시 사양서에는 다음과 같은 것들이 포함된다.

- 외장재 (스테인리스 강철 또는 아연도금 강철 위에 에나멜 도장)
- 트레이 개수 (용량)
- 가열 방법 (가스 또는 전기)
- 문의 개폐형식
- 절연성
- 조절가능한 회전 선반
- 오븐 내부 공간의 환기 방법
- 온도 영역
- 바삭바삭한 빵을 위한 스팀 주입

[그림 8-17] 회전오븐
(자료제공 : Doyon Equipment Inc.)

회전오븐은 그 용량이 크고, 균일한 베이킹을 할 수 있다는 장점 때문에 제과/제빵업자에게 인기가 높다. 회전오븐은 얼라이언먼트나 수리 정도만 해주면 오랫동안 사용할 수 있는 비교적 제품 수명이 긴 조리기기이다. 소형 회전오븐의 경우는 로스팅을 위해서도 유용하게 쓰일 수 있는 기기로서 컨벡션 오븐과 함께 많이 사용된다.

5) 회전식 랙 오븐(revolving rack oven)

회전오븐과 마찬가지로 회전식 랙 오븐도 조리과정 중 식품을 이동시킨다. 이 오븐은 식품을 놓는 랙 전체를 오븐 속으로 밀어 넣도록 설계되어 있다. [그림 8-18] 랙이 오븐 속에 들어가면 그 속에서 순환하게 되고, 조리가 끝나면 랙 전체를 오븐 밖으로 꺼내게 된다. 이러한 회전식 랙 오븐은 회전오븐에 비해 다음과 같은 2가지 장점을 가지고 있다. 첫째로, 회전식 랙은 오븐에 비해 상대적으로 차지하는 면적이 작은데 비해 용량이 크다. 두 번째로는 팬을 랙으로 넣고 빼고 할 필요 없이 랙 전체를 오븐 안팎으로 이동할 수 있어 식품을 넣고 꺼내기가 편리하다.

회전식 랙 오븐의 전형적인 사양서는 다음과 같은 정보를 포함한다.

- 용량(랙의 개수 : 하나, 둘 또는 그 이상)
- 에너지원(가스, 전기)
- 주용도(베이킹, 로스팅)
- 바삭바삭한 빵을 위한 스팀 주입

회전식 랙 오븐은 용량이 크기 때문에 대형 업장에서 빵, 롤, 케이크, 파이, 쿠키 등을 베이킹하기 위하여 특히 많이 쓰인다. 또한 대량의 육류나 가금류를 로스팅하는데 쓰이기도 한다.

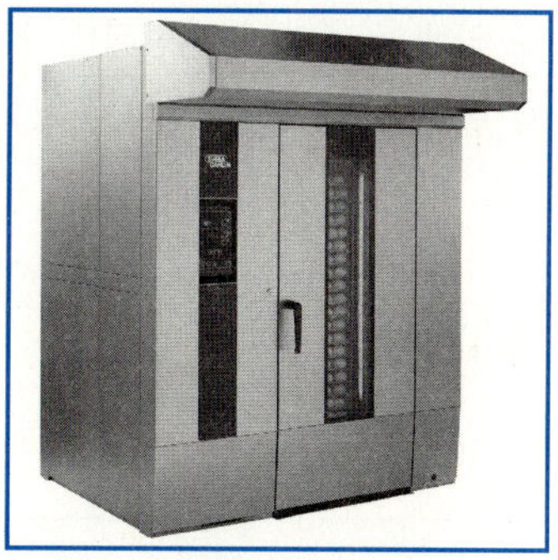

[그림 8-18] 랙 오븐
(자료제공 : Gemini Bakery Equipment Company)

6) 컨베이어 오븐(conveyor oven)

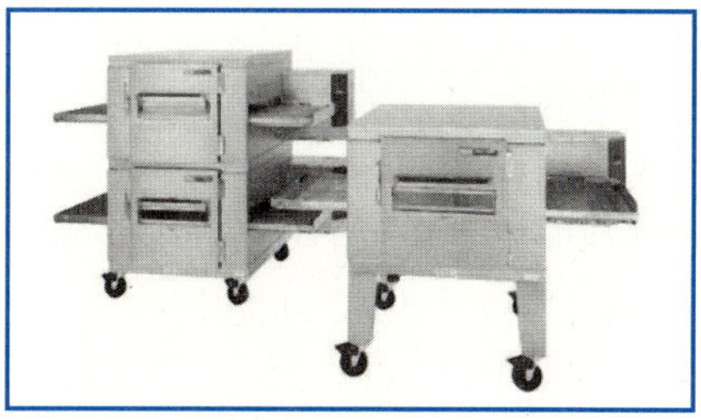

[그림 8-19] 컨베이어 오븐
(자료제공 : Lincoln/wearever, Inc.)

컨베이어 오븐 [사진 8-19]는 식품을 오븐 속으로 일정한 속도로 통과시켜 조리함으로써 모든 식품이 균일한 시간동안 조리된다. 이러한 종류의 오븐은 비숙련된 조리사들이 많은 업장에서 인기가 있으며, 특히 피자업소에서 널리 쓰인다.

가열방법에 따라 2가지 방식의 컨베이어 오븐이 있다. 열원이 금속 컨베이어 벨트의 위 아래에 있어서 오븐을 통과하는 식품의 양면을 동시에 조리하는 방식이 있고, 뜨거운 공기를 컨베이어 벨트 상 · 하에 위치한 작은 구멍으로 분사하는 임핀지먼트(impingement), 즉 고속분사방식이 있다. 고속분사방식은 식품 주위의 찬 공기층을 제거하는 효과가 있어 식품을 타거나 지나치게 조리될 염려없이 균일하게 익혀준다.

컨베이어 오븐은 대형 식음업장에서 주로 사용된다. 일단 컨베이어의 속도를 맞추어 놓고 나면 빠른 속도로 계속해서 균일한 음식을 완성할 수 있다. 피자, 쿠키, 머핀, 햄버거 등 너무 두껍거나 밀도가 높지 않은 음식은 컨베이어 오븐을 이용하여 균일하게 조리할 수 있다. 고객이 조리과정을 볼 수 있고 피자나 쿠키 등의 냄새도 맡을 수 있는 고성능 컨베이어 오븐을 배치하면 머천다이징 효과도 있다.

컨베이어 오븐은 컨베이어 벨트의 길이와 넓이, 그리고 벨트의 이동속도에 의해서 용량이 결정된다. 벨트의 길이에 따라 식품이 오븐 내부를 통과할 때 받게 되는 열의 양이 결정되고 벨트의 넓이에 따라 한 번에 얹을 수 있는 식품의 양이 결정된다. 또한 벨트의 속도는 익히는 정도와 받는 열량에 영향을 미친다. 이러한 요소들과 함께, 공학적인 특징들도 용량결정에 영향을 미친다. 〈표 8-5〉는 컨베이어 오븐의 생산용량의 예시이다.

〈표 8-5〉 컨베이어 오븐 용량

베이킹 공간 (feet/m²)	벨트 너비 (인치/mm)	시간당 피자개수	시간 당 BTU
8/.74	24/610	30	135,000
10.7/1.0	32/810	60	135,000
21.4/2.0*	32/810	120	270,000

*32인치 너비의 오븐 2개를 위로 겹쳐 놓으면 보다 대규모의 베이킹 공간을 만들 수 있음.

7) 저속 로스팅 오븐(slow-roasting oven)

고온 조리의 여러 가지 단점을 보완하기 위하여 저속 로스팅에 대한 연구가 오랜기간 동안 진행되어 왔다. 고온으로 단백질 식품을 조리하면 그 표면이 경화되고, 식품의 습기와 지방이 과도하게 마르고, 설탕이 카라멜화 되며, 결과적으로 식품이 수축된다. 이에 반해, 육류를 저온으로 로스팅하면 수축과 갈변현상을 감소시킬 수 있다. 저온 로스팅 오븐은 대략 화씨 200~240도(섭씨 104~116도)정도에서 조리하면서 육류로부터 나온 습기를 오븐 내부에 보존할 수 있도록 특별히 설계된 오븐이다([그림 8-20]). 제조업자들은 이러한 저속 로스팅 오븐이 식품수축을 30~40% 정도 감소시킴으로써 대량의 로스트 육류를 서비스하는 업장의 경우 상당한 원가절감의 효과를 가져올 수 있다고 주장한다. 일부 제조업자들은 구입 후 일년이면 저온 로스팅 기기를 구입하는데 든 비용은 이러한 원가절감의 효과로 상쇄시킬 수 있다고 주장한다.

저속 로스팅 오븐에 대한 사양서에서는 저소비전력, 2단형, 이동식, 보온기능 등을 포함시킬 수 있다. 보온기능이란 조리가 완료된 후 오븐 내부의 온도를 대략 화씨 140도(섭시 60도)로 자동적으로 하강시켜 육류가 더 이상 익지는 않으면서, 서비스하기에 적절한 온도상태로 보관될 수 있도록 해주는 기능이다. 이러한 보온 기능은 밤새 조리를 해서 아침 서비스를 위해 보온시켜 놓아야 하는 식음서비스 업장에 유용하다(세균 성장의 위험이 있으므로 오븐의 온도는 화씨 140도 이하로 내려서는 안 된다).

[그림 8-20] 저속 오븐
(자료제공 : Alto-Shaam, Inc., Menomonee Falls, Wisconsin, USA)

저속 로스팅 오븐은 주로 육류의 로스팅에 이용된다. 그러나 이 오븐은 또한 식품의 보온고나 제빵을 위한 발효기로도 효과적으로 쓰일 수 있다.

저속 로스팅 오븐은 80~120파운드(36~54kg : 조리전 중량 기준) 정도의 육류를 조리할 수 있다. 보다 큰 용량을 필요로 하는 업장의 경우, 2개의 오븐을 2단을 쌓아서 사용할 수 있다. 이 종류의 오븐은 공간 효율이 매우 높다. 예를 들면, 한 제조업체의 저속 로스팅 오븐의 경우, 겨우 23×28인치(560×750mm)의 면적을 차지한다. 저속 로스팅 오븐의 경우, 조리시간이 상당히 길기 때문에 유사한 크기의 컨백션 오븐에 비하여 그 용량이 작다. 조리시간은 육류의 크기와 원하는 최종 상태에 따라 다르지만, 조리하는데 보통 3시간 반에서 6시간 정도 걸린다. 같은 시간 동안 컨벡션 오븐이나 전통 오븐의 경우라면 로스팅을 여러 번 완료할 수 있다.

8) 콤비오븐/스티머(combi oven/steamer)

콤비오븐은 오븐과 스티머를 결합한 기기이다[그림 8-21]. 콤비오븐의 열원은 대류열과 스팀, 이 2가지이다. 그러므로 콤비오븐은 컨벡션 오븐 또는 스티머로 사용될 수 있고, 때에 따라서는 이 2가지를 결합한 기능으로 사용되기도 한다. 따라서 콤비오븐은 다양한 종류의 음식을 준비하는데 이용되는 다기능 조리기기이다. 대류열과 스팀, 이 2가지 열원을 동시에 사용하여 조리하면 매우 신속히 조리하면서도 음식이 마르거나 지나치게 조리되는 것을 피할 수 있다는 장점이 있다. 이외에도 콤비오븐은 다음과 같은 장점을 가진다.

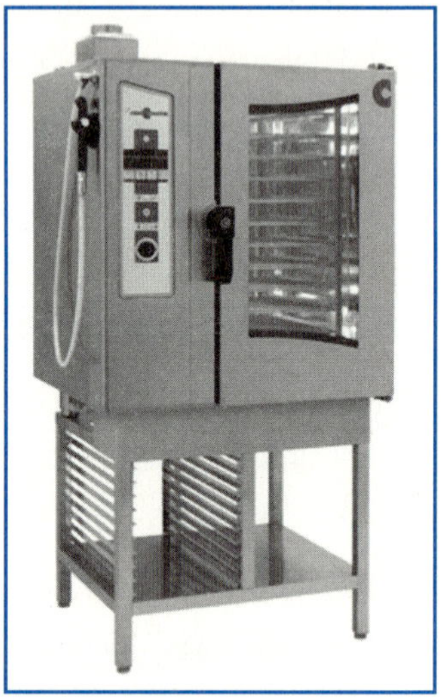

[그림 8-21] 콤비 오븐 스티머
(자료제공 : Cleveland Range Company)

- 조리된 음식의 균일한 풍미, 색 및 절감
- 풍미의 전이 없이 여러 음식을 한 번에 조리 가능
- 로스팅할 때 식품의 수축 감소
- 주방공간이 효율적 사용

콤비오븐은 스테인리스 강철 내장과 외장, 내장된 스팀 보일러, 내부 세척을 위한 호스, 컴퓨터에 의해 조절되는 조리 프로그램이 포함된다.

콤비오븐은 다양한 종류의 식품을 찌고, 굽고, 해동하는 등 다양한 방법으로 조리하는 데 이용될 수 있다. 콤비오븐은 컨벡션 오븐과 스티머를 각각 구입하는 가격보다 비싸기 때문에 식음서비스 업소 경영자들에게 매우 부담이 될 수도 있으나, 다양한 조리에 이용 가능하고 동시에 주방공간을 절약할 수 있다는 점에서 그만큼의 가치가 충분히 있다.

가장 작은 콤비 오븐에는 12×20인치의 스팀테이블팬 6개를 넣을 수 있고, 가장 큰 모델의 경우에는 40개 또는 그 이상의 팬을 넣을 수 있다. 보다 큰 콤비오븐의 경우에는 18×26인치의 대형팬을 넣을 수도 있다. 소형 콤비오븐들은 보통 베이킹 정도의 용도로 밖에 사용되지 않지만, 대형 오븐의 경우에는 대량급식용 운반차를 통째 넣을 수 있도록 조절 가능하다. 〈표 8-6〉은 한 유명 제조업체에서 생산되는 콤비오븐의 용량이다.

〈표 8-6〉 콤비오븐 용량

크 기	용 량	스팀테이블팬의 개수*
탁상형	75~100인분	6
소용량 스탠드형	100~200인분	10
대용량 스탠드형	200~400인분	20
이동식 카트형	400~600인분	40

*1/1(325 X 530mm) 호텔팬의 경우도 마찬가지임.

9) 전자렌지

전자렌지(microwave oven)는 1940년대 초반에 래이티온사(Raytheon Corporation)에서 처음 제작하였다. 이름이 마이크로웨이브(microwave : 극초단파) 오븐이라 명명되어진 이유는 이 오븐이 조리를 위해 복사하는 에너지의 파장이 매우 짧기 때문이다. 마이크로웨이브는 전자기 스펙트럼의 한 일부인데 라디오의 파장과 유사하다. 이 오븐은 장파장의 에너지 형태로부터 220볼트의 에너지를 단파장으로 전환한 후, 이 에너지를 오븐이 조리공간으로 전송한다. 이 에너지는 물과 기름분자를 고속으로 진동하게 만들어 열을 발생시킨다. 그러므로 습기가 많은 식품일수록, 또한 두께가 얇고 밀도가

[그림 8-22] 전자렌지
(자료제공 : Amana Commercial Products)

작은 식품일수록 빨리 가열된다. 즉 두꺼운 식품은 얇은 식품만큼 균일하게 조리되지 않으며 액체가 고체보다 빨리 가열된다. 한 번에 적은 양의 음식들을 조리하고 오븐에 전자관(마이크로웨이브를 발산하는 장치) 2개가 장착되어 있으면 보다 균일하게 조리할 수 있다. 한 전자관의 파워가 클수록 조리의 시간도 단축될 것이다. 업소용으로는 적어도 1,000W 이상의 전자렌지가 필요하다(400~800W 정도의 전자렌지는 업소용으로는 부적절하다).

전자렌지는 레스토랑에서 소량의 식품을 해동시키거나 단 시간에 익혀야 할 때 주로 쓰인다. 냉동상태의 식품을 미리 해동해 놓지 않아도 주문이 들어온 후에 전자렌지를 이용하면 단시간에 해동과 조리를 마칠 수 있다. 전자렌지는 대량 조리에는 적합하지 않아서 단체급식소에서는 널리 사용되지 않는다. 조리할 식품의 양이 증가할수록 조리시간이 증가된다.

전자렌지를 이용하여 조리할 때 소요시간에 영향을 주는 요인은 다음과 같다.

- 조리시작 시의 식품의 온도
- 식품의 수분량
- 식품의 두께
- 동시에 조리하고자 하는 식품의 총량
- 전자렌지의 전기용량

〈표 8-7〉 전자렌지 조리시간

식 품	중량, oz(g)	조리시간
로스트 비프	6(170)	25초
스테이크(해동전)	12(340)	20초
스프	8(227)	45초
사전조리된 베이컨	2(57)	15초
햄, 슬라이스	3(85)	30초
터어키, 슬라이스	5(142)	50초
미트 로프	5(142)	50초
핫 도그(2)	5(142)	1분, 10초
스터프 랍스타(해동됨)	12(340)	1분, 30초
피스 필레	5(142)	30초

〈표 8-7〉은 1,400W 전자렌지로 조리하는 경우의 식품별 예상 조리 시간을 보여준다.

10) 특수오븐(Specialty ovens)

(1) 장작오븐(Wood-fired ovens)

이탈리안 또는 피자 레스토랑에서 최근 유행하는 기기 중 하나가 주문제작된 장작용 벽돌오븐이다. 이러한 오븐은 돌판 바닥 위에 벽돌과 돌로 만들어진 절연성 높은 공간 내부에서 장작을 태운 열을 조리에 이용한다. 피자 등의 음식을 오븐의 내부의 불 가까이에 두면 연기의 풍미가 음식에 밴다. 이러한 장작오븐에 불을 지펴 유지하고 청소하는 작업에는 상당한 노력과

[그림 8-23] 장작오븐
(자료제공 : Wood Stone Corporation)

[그림 8-24] 장작오븐 구조(2Door)
(자료제공 : Wood Stone Corporation)

기술이 요구되기 때문에, 장작오븐은 숙련공만이 취급해야 한다. 이러한 운영상의 어려움을 극복하기 위하여 외형은 장작오븐과 비슷하나 가스버너를 사용할 수 있도록 설계된 오븐도 시장에 나와있다.

(2) 스피드오븐(speed oven)

이 터보오븐은 일반오븐보다 12배나 빠른 시간 내에 조리할 수 있다. 이 오븐은 고속도와 압축된 열과 전자 마이크로웨이브 에너지를 지닌다. 빠른 조리시간으로 인해서 음식을 주문할 때 더욱 빨리 주문하게 되고 음식의 품질도 그만큼 신선해진다. 일반적으로 터보오븐은 통풍이 필요하지 않아서 불필요한 고가의 후드나 화재 진압시스템이 필요 없어진다. 터보오븐은 피자, 로스트된 육류들, 얼은 애피타이저, 그리고 신선한 치킨과 같은 신선하

고 얼린 혹은 재가열해야 식품들을 조리하고 굽고, 갈색으로 굽고, 삶고 그리고 볶을 수 있다.

크기가 작은 스피드오븐들은 카페테리아에서 주로 사용된다. 아주 빠른 시간 내에 조리가 가능하기에 메뉴 아이템들은 빨리 가열할 수 있고 고객에게 빨리 줄 수 있다. 시장에 이제 진출하려고 하는 크기가 큰 스피드오븐은 컨벤션 혹은 콤비오븐과 같은 용도로 사용될 수 있을 것이다. 이러한 큰 오븐들은 조리를 할 수 있는 용적이 된다.

일반적으로 크기가 작은 오븐들은 서비스가 이루어지는 곳에서 많이 사용된다. 빠른 시간 내에 조리가 가능하게 고객 앞에서 주문을 바로 받고 전달해 줄 수 있다. 그러므로 작은 오븐은 카페테리아에서 이용하면 충분하다. 큰 스피드 오븐들은 아직 시장에서는 새로운 제품이기에 자세한 용량과 관련된 정보가 아직 제공되지 않는다.

11) 로티셔리(Rotisseries)

로티셔리(rotisserie)는 로터리형과 직립형 두 종류가 있는데, 이 중 어느 것을 선택할 것이냐는 수용의 정도와 제품의 조리량에 따라 결정해야 한다. 단체급식소나 연회업소는 보통 피크시간대에만 대량의 조리를 해야 함에 반해, 많은 레스토랑의 경우 영업시간 중 계속하여 서비스를 하게 되는 경우가 많다.

분산조리를 하는가, 연속적인 조리를 하는가에 따라 로티서리의 종류를 선택해야 한다. 분산조리를 하는 경우는 로터리형이 더 나은 선택이다. 로터리형 로티서리의 경우 오븐 내부의 꼬챙이가 회전함과 동시에 드럼자체도 회전하면서 이중회전 효과를 만든다. 이에 식품들이 돌아가면서 각각이 균일하게 익을 뿐만 아니라, 동시에 조리가 완성된다. 로터리형 로티서리의 장점은 대량의 요리가 동시에 생산된다는 것이다([그림 8-25]).

직립형 로티서리의 경우는 꼬챙이가 열원 앞부분에 한 줄로 정렬되어 있다. 상부에 있는 식품이 가장 먼저 조리되어 꺼내지고 꼬챙이가 한 단씩 이동하면서 맨 밑에 새로운 식품이 더해진다.

로티서리를 이용하여 조리를 하면 기름을 따로 첨가할 필요가 없고, 닭고

[그림 8-25] 로티세리오븐
(자료제공 : Henny Penny Corporation)

기 등의 육류가 자체의 육즙에서 생성되는 풍미를 가지게 된다는 장점이 있다. 투명한 유리를 통하여 조리되고 있는 닭고기 등을 손님들에게 보여 주는 전시효과도 있다.

다양한 용량의 모델이 시장에 나와있고, 대부분이 전시효과를 고려하여 설계되었다. 12~15마리 정도의 닭을 구워낼 수 있는 카운터 모델이 많이 사용되나, 로티서리용 메뉴가 많은 업소에서는 약 50마리의 닭을 한 번에 요리할 수 있는 정도의 용량을 가진 로티서리가 필요할 수 있다. 닭고기 1.1kg의 경우 약 한 시간, 1.6kg의 경우 약 75분 정도의 조리시간이 소요된다. 필요한 총 용량은 피크 시간대의 전체 필요량과 이 필요량을 충족시키기 위해 필요한 기계의 숫자에 의해 결정된다.

2. 스팀 조리장비(Steamer)

스팀 조리법은 다양하고 많은 음식을 빠르고 쉽게 조리할 수 있으며, 영양성분과 천연 혼합물들을 유지할 수 있는 조리도구이다. 그럼에도 불구하고 실제로 많이 이용되는 조리법이 아니기 때문에 레스토랑 조리사들은 흔쾌히 받아들이기를 주저한다. 그러나 학교 급식소 등을 중심으로 이러한 조리법을 받아들이고 스팀장비의 사용이 늘어나고 있으며, 새로운 기술의 발달과 건강에 대한 관심의 증가로 인하여 스팀을 이용한 조리법에 관심을 가지고 있는 사람들이 늘고 있는 추세이다. 오늘날 프로그램이 가능한 콤비네이션 오븐/스티머(일반적으로 콤비오븐으로 알려짐)는 많은 상업적 주방의 주요한 장비로 자리잡고 있다.

콤비오븐은 뜨거운 공기, 스팀, 뜨거운 공기와 스팀의 결합 등의 세 가지의 강력한 조리방법을 제공하며, 이러한 방법을 여러 부문에 적용함으로써 많은 비용과 공간을 절약할 수 있다.

스팀과 식품 사이에 열전달 속도는 매우 빠르기 때문에 스팀 조리는 매우 효율적인 조리방법이다. 스티머에는 고압, 저압 및 무압 모델이 있다. 저압과 무압 스티머(low-and no-pressure steamer)는 종종 사전조리기기로 분류되기도 하는데, 그 이유는 이러한 저/무압 스티머는 서비스 시간이 시작되기 전에 대량의 음식을 준비하는 데에도 사용되기 때문이다. 고압 스티머는 서비스 직전이나 서비스 중에 음식을 준비하는 데 사용된다.

1) 압력 스티머

만약 스티머의 구입을 고려하고 있다면, 첫 번째 조리하고자 하는 메뉴에 대하여 생각하여야 한다. 생선의 휠렛과 같은 다루기 힘든 아이템들은 무압 컨백션스티머로 조리함으로써 식감을 보존할 수 있다. 포크 로인(Pork Loin)과 같이 질긴 아이템들은 육질을 극적으로 부드럽게 하기 위하여 고압스티머에서 조리를 시작하며, 이 후 그릴에서 마무리 조리를 한다. 또한 한 번에 준비하고자 하는 음식의 양에 대하여 생각하여야 한다.

압력 조리기 또는 컴파트먼트 스티머로서 알려져 있는 압력스티머는 해동을 하거나 음식을 신선하게 조리하기 위한 이상적인 기구이다. 압력 스티머는 섭씨 109℃의 스팀으로 2psi(pound per square inch)에서 15psi의 압력으로 조리를 한다.

압력스티머는 고압스티머(15psi)와 저압스티머(2~5psi)로 구분된다. 저압스티머는 압력을 사용하지 않는 모델보다 낮은 운영비에서 높은 효율성을 제공한다. 그럼에도 불구하고 고압스티머는 일반적으로 더 빠르고 더 경제적이다. 고압스티머는 섭씨 121℃에서 조리를 하며 데치거나 재가열을 하는 것과 같은 기본적인 조리업무에 일반적으로 사용된다.

압력스티머는 일반적으로 전기(시간당 24~48Kw) 또는 가스(시간당 170,000~300,000btu)를 사용한다.

(1) 저압스티머

저압스티머 [그림 8-25]는 업소용 주방에서 주로 많이 쓰여 왔는데, 이는 5psi(pound per square inch) 이하의 압력에서 작동하며, 1단, 2단 및 3단형 모델이 있다. 각 조의 용량이 꽤 커서 2개의 대형 타공팬(12×20인치 [530×325mm] 호텔팬)을 넣을 수 있다. 각 조는 또한 6개의 대형 스팀 테이블

팬이 들어갈 수도 있다. 이렇듯 저압 스티머는 대용량으로 나오기 때문에 대형 단체급식소나 레스토랑에서 많이 이용된다.

(2) 고압스티머

고압스티머는 많은 양의 음식을 조리하는 곳에는 적합하지가 않다. 고압스티머는 단지 3개의 표준사이즈 호텔팬 만이 들어갈 수 있다. 그럼에도 불구하고 작은 양의 조리를 지속적으로 해야 할 경우 고압스티머를 사용한다. 고압스티머는 약 15psi의 압력으로 작동하므로, 음식의 조리 온도를 높여 줌으로써 조리시간을 단축할 수 있다.

(3) 무압스티머

무압 컨백션 스티머 [그림 8-27]은 최근 들어 그 인기가 증가하고 있는데, 이는 그 크기가 비교적 소형이면서 많은 양의 음식을 조리할 수 있어 주방장이나 조리사들이 선호하기 때문이다. 스티머들은 모두 대류열을 이용하여 음식을 조리하는데, 업계에서 무압스티머를 컨백션 스티머라고 부른 것은 단지 마케팅을 위한 것이다.

[그림 8-26] 압력 스티머
(자료제공 : Vulcan-Hart)

모든 스티머는 자동시간 조절장치, 다양한 크기의 팬을 이용 가능하도록 하는 내부 조절장치, 특수 외장마감 등을 갖추어서 살 수 있다. 바닥이나 벽부착형 또는 기본규격단위로 시장에 나와 있다. 스팀을 생산하고 생산된 스팀을 스티머의 조리공간으로 분출하는 방식은 모델마다 다르다. 스티머 모델의 많은 경우 그 아래나 옆에 스팀 브로일러를 가지고 있다.

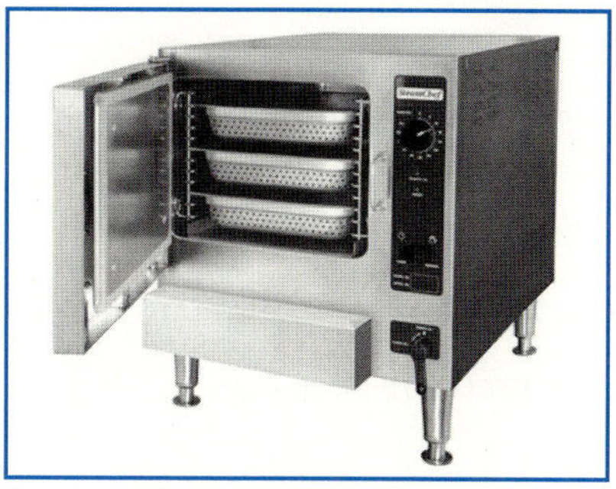

[그림 8-27] 컨벡션 스티머
(자료제공 : Cleveland Range Inc)

스티머들과 콤비오븐은 보일러(boiler)가 유무와 관계없이 대부분의 크기로 구할 수 있다. 한 번 가열이 되면 보일러들은 증기를 저장하여 스티머가 켜지면서 항상 준비가 되어있다. 보일러가 없는 스티머는 스티머 부속품 안의 가열 요소에 물이 계속 떨어져서 즉시 스팀을 일으킨다. 보일러가 없는 스티머들의 단점은 무거운 내용물이 스티머 안으로 계속 주입이 되면 생성하는 시간을 따라 잡기 어려울 수 있다는 문제점이 있다. 하지만 보일러가 없는 스티머들은 일반적인 보일러 유지를 필요로 하지 않는다. 그것들은 일반적으로 구매하고 운영하고 유지하는데 저렴하다.

(4) 용량

스티머의 용량은 조리 시간과 팬의 크기로 결정된다. 대부분의 저압 또는 무압용 스티머로 채소류를 조리하는데 8~15분이 소요된다. 저압 또는 무압 스티머로 쌀, 스파게티 감자 등을 조리하는데 약 20~30분 정도가 소요된다(〈표 8-8〉 참고).

〈표 8-8〉 컨벡션 스티머의 조리시간
(자료제공 : Cleveland Range Inc.)

식 품	조리시간(분)	
	상온 식재	냉동 식재
닭고기, 5-8oz, 조각	18~20	
갈비, 3lbs. 이하	20~26	
넙치, 6-8oz. 조각	4~6	6~8
아스파라가스, 송이	4	6
브로콜리, 송이	3	2~3

(5) 스팀 보일러를 위한 물 여과(Water Filtration for steam boiler)

스팀 보일러의 고장 빈도수를 줄이고 전체적인 유지를 위해 특별한 워터 필터가 필요하다. 보일러로 연결되는 워터 필터는 deliming 한 능력으로 품질이 좋은 물을 공급한다. Scale control을 제공할 때 발생되는 클로린과 그 잔여물들을 줄여주는 역할도 한다. 필터시스템은 상수도를 막지 않고 필터를 갈 수 있기 위해 차단시켜주는 벨브가 있어야 한다. 또한 물의 압력이 충분히 높아서 스티머의 표준 가동기준이 되는 것을 증명하기 위해 압력 표준치수가 표시되어야 한다. 낮은 압력은 필터가 오염되었거나 교체가 필요하다는 것을 표시할 것이다.

2) 회전식 후라이팬(Tilting Braising Pan)

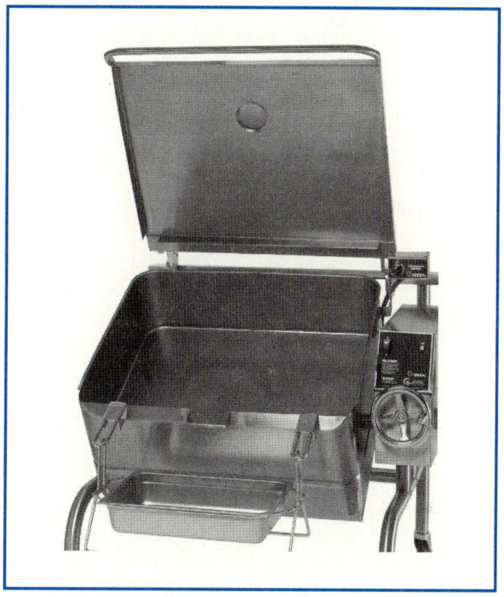

[그림 8-35] 회전식 후라이팬(Tilting Braising Pan)
(자료제공 : Groen Products, Unified Brands)

회전식 후라이팬(tilting fry Pan, tilting skillet, tilting braising pan)은 다기능을 가진다는 것이 최고의 장점이어서 일명 만능 조리기라고도 불리운다([그림 8-28]). 회전식 후라이팬은 그릴조리, 스팀조리, 브레이징조리, 볶기, 삶기 등을 수행할 수 있다. 이 기기는 가로로 넓은 직사각형 형태를 가지고 있고, 옆면이 보통 6~20인치(152~254mm) 정도로 높다. 크고 납작한 내면 바닥은 그릴하기에 좋고, 높은 옆면이 있어서 대량의 음식을 한 번에 조리할 수 있다. 보통 20~40갤런(76~152ℓ) 정도의 용량을 가지고 있고, 그 바닥 크기가 약 32×30인치(910×760mm)인 모델로부터 56×34인치(1,420×860mm)인 모델까지 있다. 그 영문 이름에 있는 tilting의 의미에서 알 수 있듯이, 이 기기는 기울어지게 조작할 수 있어서 내용물을 다른 그릇으로 옮기기가 편리하고 세척에도 용의하다. 회전식 후라이팬의 구입 시 선택사양으로는 냉·온수 수도꼭지, 스프레이 린스 호스, 팬의 양 옆의 조리 보조 작업대 등이 있다.

회전식 후라이팬은 다음과 같이 다양한 조리기구로 쓰일 수 있다.

- 음식을 중탕 형식으로 보온할 수 있는 베인 마리
- 그릴
- 브레이징 팬
- 심머링(simmering) 또는 스튜잉(stewing)용 솥
- 스티머(뚜껑을 닫고 사용하는 경우)
- 적은 기름을 사용하는 튀김기
- 데치기용 솥

회전식 후라이팬은 공간과 자금이 허용하는 한 대형으로 구입하는 것이 좋다. 소형의 경우는 높은 옆면 때문에 그릴로 사용하기가 불편하다. 회전식 후라이팬을 스팀 재킷 케틀이나 그릴 옆에 설치하면 유용하다. 왜냐하면, 이 경우 메뉴의 종류와 그 양에 따라 보다 적합한 조리 기기를 선택하여 사용할 수 있기 때문이다.

3) 스팀 재킷 케틀(Steam Jaketed Kettles)

스팀 재킷 케틀(steam-jacketed kettle)은 사용기능이 다양하고 조리사들에게 인기가 있어 주방의 일꾼이라고 불린다. 스팀 재킷 케틀은 스팀이 있는 내부 재킷에 의해 가열된다. 스팀으로부터의 열이 재킷의 스테인리스 스틸 벽을 통하여 직접 식품으로 전달되기 때문에 이중벽으로 이루어진 구조가 매우 효율적이다.

미국엔지니어협회(ASME : American Society of Mechanical Engineers)는 압력을 이용해 작동하는 스팀기기의 제조업체들이 준수해야할 안전 수칙을 정하고 있다. 이 수칙에 따르면 내부 재킷은 5~50psi를 견딜 수 있어야 하고, 케틀 자체는 내구성이 강한 스테인리스 철판으로 제작되어야 한다. 스팀 재킷 케틀은 간단한 스팀 조절꼭지가 있어서 저온 조리를 위해서는 약간만 열고, 고온 조리를 위해서는 완전히 열어 스팀을 내보낼 수 있도록 설계되어 있다.

스팀 재킷 케틀은 보통 뚜껑이 있고 다양한 선택 사양이 있다. 이 중 가장 중요한 선택 사양은 기기 고정방법에 관한 것이다. 다음과 같은 다양한 방법

으로 고정될 수 있다.

- 다리에
- 받침대에
- 회전을 위한 걸대에
- 벽에
- 벽에 고정하면서 기울어질 수 있게
- 테이블 위에

기기의 가격은 기기고정방법이 복잡해질수록 급격히 증가하게 된다. 예를 들어, 다리를 이용하여 고정된 40갤런의 케틀의 가격은 벽에 기울어질 수 있도록 고정한 것의 약 1/3 가격에 불과할 것이다. 각각의 고정법들에 대한 상대적 장점은 주로 세척의 용이성과 액상음식을 얼마나 편리하게 쏟아낼 수 있는지가 중요하다.

스팀 재킷 케틀의 구입 시 선택할 수 있는 사양에는 다음과 같은 것들이 있다.

- 케틀에 물을 채우기 위핸 냉 · 온수 호스
- 세척을 위한 스프레이 린스 장치
- 케틀에 채울 물의 양을 정확히 측정하기 위한 장치
- 믹서기 부속품
- 음식의 신속한 냉각을 위한 냉수 관련 부속품
- 배출마개 조절꼭지
- 액체의 부피를 표시하기 위한 케틀 내부에 새겨진 숫자
- 스팀 라인을 필요성을 제거하기 위한 자체 가스히터 또는 전기히터

스팀 재킷 케틀은 액체를 끓이기 위해 가장 많이 사용된다. 수프, 스튜, 야채, 스톡, 소스, 끓인 고기 등 액체를 이용한 음식의 조리에 편리하다.

메뉴와 조리과정에 따라 스팀 재킷 케틀의 종류와 수량을 결정한다. 테이블에 부착된 스팀 재킷 케틀은 그 용량이 적어서 보통 6~40쿼트 정도의 액

[그림 8-29] 스팀 재킷 케틀, 받침대 고정형
(자료제공 : Cleveland Range, Inc.)

체를 담을 수 있는 반면, 바닥 부착형 스팀 재킷 케틀로는 20~150갤런까지도 담을 수 있는 모델이 있다.

케틀의 용량을 결정할 때는 끓어넘치거나 거품이 생성될 수 있음을 고려해야 한다.

〈표 8-9〉는 식수에 따라 구비해야 할 스팀 재킷 케틀의 용량에 대한 일반적인 지침을 보여준다.

〈표 8-9〉 일일 식수에 따른 케틀 선택 지침

일일 식수	개수	용 량
	1	10 quarts (9.5 liters), 테이블 고정형
100명 이하	1	20 quarts (19 liters), 테이블 고정형
100-200	1	20 quarts (19 liters)
200-400	1	20 gallons (76 liters)
	1	20 gallons (76 liters)
400-600	1	40 gallons (151 liters)
	1	20 gallons (76 liters)
600-1,000	2	40 gallons (151 liters)
	1	60 gallons (227 liters)
	1	20 gallons (76 liters)
2,500 명 이상	2	40 gallons (151 liters)
	2	60 gallons (227 liters)
	1	80 gallons (303 liters)

4) 베인 마리(Bain-maries)

베인 마리(bain-marie)는 조리사의 작업대나 렌지 근처에 배치하는 중탕용 가열기기이다. 베인 마리는 소스, 수프, 그레비 등을 끓는 점에 가깝게 보온하기 위하여 대형 호텔이나 단체급식소에서 많이 사용되어 왔다. 베인 마리는 보통 베인 마리 싱크대의 밑부분에 있는 코일에 의해서 가열된다. 현대식 보온기들이 개발됨에 따라 베인 마리는 점차 주방에서 사라져가고 있었는데, 최근 들어 소형의 베인 마리가 태우거나 누를 염려 없이 소스를 만들기 위한 중탕용 조리기기로 다시 각광받기 시작했다.

근래의 베인 마리는 그 싱크대의 옆면에 연결된 소형의 열선에 의해 물을 순환하게 하는 기기이다. 이러한 급열장치는 물을 화씨 200~210도(섭씨 93.8~98.9도)로 유지한다.

[그림 8-30] 베인 마리
(자료제공 : Hatco)

베인 마리는 소스, 수프, 스톡 등을 끓는 점 가까운 온도로 보온한다.

스테인리스 스틸 전열 테이블과 습도조절이 가능한 보온캐비닛 등은 음식의 보온고로서 훌륭한 역할을 하기 때문에, 현대의 주방에서는 대형의 베인 마리는 필요하지 않을 수 있다. 대부분 주방의 경우, 약 2×2피트(610×610mm)베인 마리 싱크대 크기이면 충분하고, 단체급식소의 주방에는 4×2피트(1,220×610mm) 정도의 크기면 적당하다.

외식창업

제9장

주방설비

: 최종 조리 관련 장비

제9장

주방설비 : 최종 조리 관련 장비

제1절 최종 조리용 장비

최종 조리 구역은 보통 사전 조리 구역과 서비스 구역 사이에 위치한다. 최종 조리 구역에서는 서비스 바로 직전 또는 서비스 중에 음식이 준비된다. 최종조리 구역에는 대형 케틀이나 푸드프로세서 등의 전처리 기기를 배치해서는 안된다. 최종 조리 구역에 이러한 전처리 기기를 배치하면 주방 종사원들의 작업 생산성을 떨어뜨리게 된다.

최종 조리 구역에는 전처리가 완료된 식품의 냉장저장을 위한 기기가 있어야 한다. 그릴과 튀김기 등 대부분의 최종조리 기기에는 대량의 기름기와 찌꺼기가 남기 때문에, 이러한 기기들은 세척이 용이하도록 설치되어야 한다. 또한 최종 조리 구역은 냄비 싱크대 및 세척된 식기들과 가까울 수 있도록 식기세척실 근처에 위치해야 한다.

최종 조리 구역은 다음과 같은 기기를 갖추어야 한다.

저장용과 작업용

- 작업대
- 용품선반과 서랍장

- 싱크대
- 픽업(pick up) 구역
- 보온고와 보냉고
- 재료 저장 공간

조리용

- 오븐 (표준형, 컨벡션, 데크, 회전rack, 컨베이어, 저속 로스팅, 콤비, 전자렌지, and/or 특수 오븐)
- 브로일러
- 전자렌지
- 튀김기
- 렌지
- 그릴
- 홈이 새겨진 그릴
- 인덕션 조리기
- Cook/Chill

[그림 9-1] 최종 조리 구역 장비
(자료제공 : Montague Company)

1. 그릴(Grills)

1) 그리들(Griddle)

그릴(grill)은 그리들(griddle)이라고도 불리운다. 그릴은 주문 후 신속히 조리하여 서비스하여야 하는 메뉴들을 조리하는데 사용되는 평평한 열표면을 가지고 있다. 단독 스탠드 모델, 렌지의 상단으로 설계된 모델, 테이블 모델, 기기 스탠드에 부착할 수 있는 단위기기 모델 등이 있다. 최근에 많이 제작되는 그릴은 스테인리스 강철 테이블 안에 넣을 수 있는 형태로 제작됨으로써 깔끔하고 깨끗한 조리구역을 만드는 데 효과적이다.

단체급식소의 경우, 스테이크, 찹, 달걀 스크램블, 팬케이크, 볶음야채 등 다양한 음식의 조리에 사용된다. 패스트푸드 업소에서 더운 음식 조리에 가장 많이 쓰이는 조리기구는 튀김기와 그릴이다. 바퀴가 달린 스탠드에 부착된 그릴은 사용이 끝난 후 기기를 이동한 후에 청소하는 데 용이하다는 장점이 있다. 그릴은 고열을 이용하는 기기이며, 더구나 기름을 사용하기 때문에 화재의 위험성이 높으므로 자동 소화장치의 구비가 법적으로 요구된다.

[그림 9-2] 크롬 도금된 그리들
(자료제공 : Keating of Chicago)

그릴의 구입 시 선택 사양으로는 고정방법 외에는 별다른 것이 없다. 그릴을 렌지와 함께 구입할 때는 꼭 작업대를 그릴의 양면에 설치함으로써 조리원이 식재료나 완성된 음식을 임시로 놓아두는 장소로 이용할 수 있도록 해야 한다. 크롬 도금된 그릴은 그릴이 식은 후에도 청소하기가 편리하므로 인기가 있다.

주문 후 신속히 조리하여 서비스하는 레스토랑의 경우 거의 모든 아침식사 메뉴의 조리에 그릴이 사용된다. 점심에는 햄버거, 핫도그, 스테이크, 샌드위치 등 많은 패스트푸드 메뉴를 신속하고 효율적으로 조리하기 위하여 그릴을 사용한다. 업장의 크기와 종류를 막론하고 그릴은 많은 다양한 음식을 조리할 수 있는 매우 유용한 조리기기이다.

그릴의 경우, 2, 3, 4, 5 또는 6피트(610, 915, 1,220, 1,525 또는 1,830mm) 너비의 모델이 있다. 그릴 표면의 전후방 폭은 보통 21~34인치(530~860mm)에서 표면의 앞이나 기름 찌꺼기를 모으기 위하여 있는 좁은 통로의 크기를 뺀 만큼이다. 그릴의 용량은 한 시간에 몇 개의 햄버거를 조리할 수 있느냐로 결정된다. 보통 24인치(610mm) 그릴의 경우, 한 시간에 400개의 햄버거를 6피트 그릴의 경우 2,400개의 햄버거를 조리할 수 있다.

대형 그릴의 경우는 보통 각 12인치(305mm) 크기의 그릴 표면마다 해당하는 온도조절장치가 있어서, 다른 종류의 음식을 동시에 다른 온도에서 조리할 수 있다. 예를 들어, 4~6피트(1,200~1,830mm) 넓이의 대형 그릴을 이용하면 달걀 후라이, 소시지, 팬케이크 등을 동시에 조리할 수 있기도 하다.

2) 홈이 파인 그리들(Grooved Griddle)

홈이 파인 그리들 또는 그릴(grooved griddle or grill)은 전통적인 그릴과 매우 유사하다. 차이점이 있다면 표면이 평평하지 않고 홈이 파여 있어서 육류의 조리 시 고기의 표면에 길고 검은 줄무늬가 생긴다는 것이다. 홈이 파인 그리들은 브로일러를 대신하여 사용하기에 좋은 다양한 장점들을 가지고 있다.

- 에너지 사용량이 상대적으로 적다.
- 연기 발생이 크게 감소된다.
- 조리 시 발생하는 기름기를 손쉽게 모을 수 있다.
- 조리온도를 정확하게 제어할 수 있어서 음식의 질을 균일하게 유지할 수 있다.
- 조리 시 생기는 줄무늬가 보기에도 좋을 뿐더러 캐러멜화 효과에 의해 풍미를 더한다.

홈이 파인 그리들은 전통적인 브로일러의 훌륭한 대체 역할을 할 수 있다. 뿐만 아니라 전통적인 그릴을 이용하여 조리하던 계란이나 팬케이크를 제외한 대부분의 메뉴도 조리할 수 있다.

[그림 9-3] 홈이 파인 그리들(Grooved Griddle)
(자료제공 : Keating of Chicago)

3) 크렘쉘 그리들(Clamshell Griddle)

크렘쉘 그리들/그릴은 전통적인 그릴과 거의 비슷한 방식으로 제작되었으나 추가로 위에 가열을 해주는 것이 있다. 그 추가 가열 해주는 것은 음식의 표면과 아래를 뒤집지 않고 동시에 구울 수 있게 해준다. 그래서 생산을 높이고 인력을 감소시킨다. 그리들 위에는 가열선이 달려 있는 후드가 달려 있어 후드를 아래로 내려 그리들 위에 있는 음식을 위에서 가열하는 방식이다. 후드는 아래로 내려지면 몇초 이내로 섭씨 73.9℃로 자동 가열되고 올라가면 자동으로 꺼진다.

[그림 9-4] 크렘쉘 그리들(Clamshell Griddle)
(자료제공 : Lang Manufacturing Company)

크렘쉘 그릴은 생산률을 높이기 위하여 서비스 업종에 설치하기 매우 적합하다. 빠른 시간 내에 조리가 가능해 고객의 시간을 단축시킬 수 있다.

2. 튀김기(Fryers)

1) 일반용 튀김기

튀김기(fryer)는 고온의 기름에 식품을 넣어 조리하는 기기이다. 튀기는 온도는 보통 섭씨 148.9~232.2℃ 사이이다. 튀김기는 단독 스탠드형 [그림 9-5a], 테이블 부착형, 단위 기기형, 또는 삽입형 모델 등이 있다. 단독 스탠드형의 경우는 가스로 작동이 가능하다. 단위 기기 또는 드랍-인 모델의 경우는 보통 전기 작동인 경우가 많다. 가스로 작동하는 삽입형 모델을 제조하는 회사는 거의 없다. 가스로 작동되는 튀김기의 경우는 기름통 밑에 상당한 깊이의 공간이 필요하므로 기름통이 바닥에 부착된 캐비닛에 장착되어 있어야 한다.

가스 튀김기는 기름통 밑에 설치되어 있는 링 또는 직선형의 리본 버너에 의해서 가열된다. 고용량의 신형 가스 튀김기의 경우는 튜브형의 가열시스템에 의해서 가열된다. 전기 튀김기의 경우는 금속에 쌓인 가열기가 통 바깥쪽에서 기름 속에 잠겨 있는 상태로 열을 기름에 전도한다. 이렇게 기름에 잠겨있는 히터는 필요에 따라 기름 밖으로 꺼낼 수 있고, 또한 기름통도 분리가 가능하기 때문에 전기 튀김기는 청소가 쉬운 편이다. 가스 튀김기는 보통 기름통 바닥에 냉 구역이 있어서 탄 음식 부스러기가 축적된다. 가스 튀김기와 전기 튀김기는 모두 인기가 있어, 어느 쪽이 더 추천할만하다고 한마디로 얘기하기는 어렵다.

기름의 높은 온도 때문에 튀김기는 안전사고의 위험을 항상 안고 있다. 미국의 소방법에서는 섬광에 의한 화재를 자동 소화할 수 있는 소화 노즐이 모든 튀김기의 바로 위에 구비되어야 한다고 명시한다. 또한 미국의 화재법은 화재 시 에너지원으로부터 기기를 차단할 수 있는 장치도 튀김기와 함께 구비되어야 함을 명시하고 있다.

튀김기의 부속품들로는 다음과 같은 것들이 있다.

- 자동 튀김 바스켓 리프터
- 조리시간 조절장치

- 내장형 자동 기름거름장치
- 스테인리스 강철 튀김박스와 외장판
- 반자동 적재시스템
- 케스터

튀김기 주위에는 항상 상당량의 기름기가 쌓이기 때문에, 튀김기는 항상 위생적인 문제를 동반한다. 이동식 모델 또는 기본단위 뱅크에 부착되어 벽에 거는 모델은 이와 같은 위생상의 문제를 최소화할 수 있다. 왜냐하면, 튀김기 밑을 자주 청소할 수 있어 기름기가 쌓이는 것을 방지할 수 있기 때문이다.

[그림 9-5a] 튀김기
(자료제공 : Frymaster Company)

압력 튀김기는 조리 공간을 밀폐하고 압력을 가하기 때문에 조리시간을 단축하는 효과를 만든다. 하지만 튀길 음식을 넣고 덮개를 덮는 등의 과정이 일반 튀김기보다 시간이 많이 들어 번거로울 수 있다.

일반 소비자들은 황갈색으로 튀겨진 음식을 좋아하기 때문에 튀김기는 인기 있는 조리 기기 중의 하나이다. 튀김기를 이용하여 조리되는 음식으로는 프렌치프라이, 빵가루를 입힌 육류, 튀김반죽을 입힌 육류 및 채소류, 프렌치토스트 등이 있다.

2) 압력 튀김기(Pressure Fryers)

압력 튀김기는 작은 공간에서 사용이 가능하며, 다재다능한 기능과 이익을 줄 수 있는 장비이다. 최근 사용되고 있는 압력 튀김기는 약 6.5kg의 닭을 10분 안에 튀겨낼 수 있다. 이 특별한 장비는 음식을 뜨거운 기름과 스팀의 조화로 요리하는 기구이다. 스팀은 음식 안의 수분으로부터 발생된다. 제조업체는 그들의 압력 튀김기가 일반적인 튀김기보다 훨씬 빠르게 조리되며 스팀에 의하여 조리된 음식이 훨씬 부드러운 편이다.

[그림 9-5b] 압력 튀김기
(자료제공 : Henny Penny Corporation)

압력 튀김기는 기본적으로 튀김기와 아래 부분을 단단하게 감싼 덮게(일반적으로 고무 가스켓 사용)로 구성되어 있으며 튀김기 안은 튀김기름으로 채워져 있다. 조리될 음식물을 튀김기 안의 뜨거운 기름에 투입한 후 덮개를 닫고 조리를 시작하면 자연적으로 스팀이 발생하며 가열되면서 압력이 오르게 된다.

튀기는 시간은 짧으며 기름의 온도는 낮다. 이 의미는 음식 안에 기름이 적게 흡수되었다는 것을 의미한다. 이러한 튀김 방식은 시간과 에너지를 절감하여 줄 수 있다.

3) 환기장치가 필요 없는 튀김기(Ventless Fryers)

튀김기 설치 시 값비싼 환기구 설치나 지붕을 개조하는 일이 없거나 그러한 노력을 필요로 하지 않는 장비를 '환기장치가 필요 없는 튀김기'(Ventless Fryers)라고 부른다. 환기가 필요 없다는 의미는 튀김기 내에 발생하는 기름기와 연기를 잡을 수 있는 공기 필터시스템을 갖추고 있으며, 그것

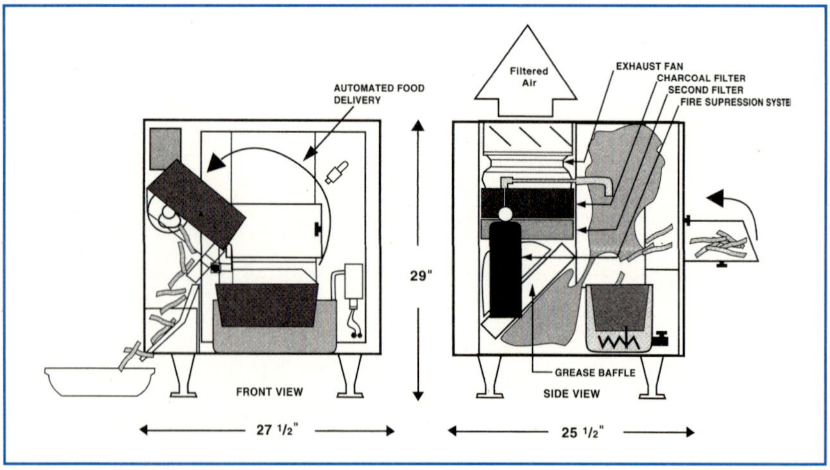

[그림 9-5c] 환기가 필요 없는 튀김기의 내부 구조
(자료제공 : Motion Technology Inc.)

을 외부로 배출하지 않고 깨끗한 공기로 바꾸어 주방 내로 돌려보낼 수 있는 장치를 갖추었다는 것을 의미한다. 몰 내부의 푸드 코트 스포츠시설, 내부의 협소한 공간 또는 개조가 허용되지 않는 공간에 환기가 필요 없는 튀김기를 사용할 수 있는 유일한 장비이다.

4) 관리와 튀김기름의 절약

튀겨진 음식의 맛과 향, 질감은 튀김유의 상태와 품질에 크게 의존한다. 전문적 식음서비스에서 튀김용 기름의 수명을 늘이는 방법은 여러 가지 방법이 있으며 그렇게 해야 하는 많은 이유가 있다. 음식 자체보다 튀김용 기름은 음식과 연관된 원가 중에서 가장 비싼 부분이다. 기름은 열을 가하면 음식물이 없어도 화학적 특성이 변화하며 자연적으로 품질의 저하를 가져온다. 그럼에도 불구하고 몇 가지 품질저하를 최소화 할 수 있는 방법이 있다.

(1) 오일 품질 요소

최고의 튀김유는 "높은 발연점(smoke point)을 가지고 있다"라고 불리는 높은 튀김 온도의 가혹한 환경에 안정적으로 견딜 수 있는 제품이어야 한다. 만약 오일이 묽게 만들어졌다면 가열될 경우 약간 푸른빛의 흰색 연기가 나며, 이것은 지나치게 과열되었다는 신호이다.

또 하나의 오일 품질저하의 신호는 오일의 성분에 지방이 분해되어 발생하는 거품으로 오일이 진하게 변하거나 점성이 생기게 되고 불쾌한 냄새가 발생한다. 이러한 현상은 튀김기 내부의 열선부분이 오일로 덮여지지 않을 경우 과열 또는 연기가 발생하기도 한다. 이러한 현상은 열선 주위에 검정 카본층이 발생하는 결과를 가져오며, 이러한 카본은 튀김기의 효율을 떨어뜨리는 원인이 된다.

튀김기를 사용하지 않을 때 하나의 좋은 기름 절약방법은 섭씨 88~135℃로 온도를 낮추고 덮개를 덮어두는 것이다. 몇몇의 업체들은 일정시간동안 사용하지 않을 경우 자동으로 온도를 내려주는 옵션이 장착된 제품을 출시하고 있다. 튀김기를 사용하지 않을 경우 덮개를 덮어 주어야 한다. 그러나 반드시 먼저 기름의 온도를 낮추어야 한다. 그렇지 않을 경우 덮개에 수증기가 맺혀 기름에 떨어질 수 있다.

튀김유의 사용기간을 증가시킬 수 있는 또 하나의 방법은 기름 교환 비율을 조절하는 것이다. 이것은 튀김기의 총 용량과 비교하여 매일 사용되는 기름의 양을 말한다. 전문가가 조언하는 매일매일의 기름 교환량은 만약 20리터 용량의 튀김기에 20리터의 새로운 기름을 채웠을 경우 1일 사용 후 약간의 기름이 줄어들었을 것이며, 이 때 줄어든 양 만큼 새로운 기름을 보충하는 것이다.

이 경우 주의해야 할 점은 절대 이미 갈색으로 변하였거나 거품이 발생한 기름에 새로운 기름을 부어서는 안 된다는 점이다.

(2) 여과(Filtering)

캘리포니아주 샌 라몬에 위치한 PG&E Food Service 연구센터에서 수행한 연구에 따르면, 가스 또는 전기를 사용하는 튀김기 사이에 기름의 수명에는 차이가 없었다. 그러나 동일 연구에서 만약 적절한 필터를 사용할 경우 일반적으로 10일 정도를 사용할 수 있는 기름의 수명을 15일 또는 그 이상으로 연장할 수 있다는 것을 발표하였다. 사실 단하나 당신의 기름을 보호할 수 있는 방법은 부스러기들을 제거하기 위하여 필터링을 일상적으로 실시하는 것이다. 어떤 종류의 음식이던지 튀김을 하기위하여 조그만 부스러기들이 발생한다. 따라서 당신의 중요한 업무는 그러한 찌꺼기들을 튀김기 기름 안에 머무르지 않도록 하고 타는 것을 방지하는 것이다. 탈착이 가능한 끼꺼기 제거 필터 또는 걷어내는 도구들은 기름 위에 떠있는 부스러기들을 제거하는데 도움을 준다. 그러나 필터와 같이 잘 걸러줄 수는 없다. 요즘 출시되는 대부분의 튀김기들은 자동 필터링 시스템과 같이 판매가 되고 있다. 그럼에도 불구하고 작은 규모의 튀김기인 경우 직원이 직접 손으로 필터링을 해야 된다.

기름 여과를 위하여 먼저 튀김기의 용량보다 큰 철재 용기와 철재 필터홀더와 홀더에 맞는 크기의 필터를 준비하여야 한다. 필터는 종이 또는 천, 아주 고운 그물망 스크린 등으로 만들 수 있다. 1회용 종이필터의 경우에는 소지하기 편리하지만 지저분해 질 수 있다. 몇몇 사람들은 아주 고운 그물망

스크린 필터가 가장 환경친화적이라고 말한다. 그러나 이것은 가장 비싸다는 단점을 가지고 있다. 다음으로 필터링에서 중요한 것은 여과를 시작하기 전에 튀김기 내 기름의 온도를 화씨 100℃ 이하로 낮추는 것이다. 대부분 가스식 튀김기의 경우 튀김기 아래 파이프가 연결되어 노즐을 열어 튀김기 내의 기름을 배출할 수 있도록 되어 있다. 전기식의 경우에도 노즐을 열어 기름을 배출할 수 있도록 되어 있으므로 기름을 배출하여 필터링을 하면 된다. 이 때 튀김기 내부를 청소하여 주어야 하며, 청소가 끝난 후 소독처리를 하여 주어야 한다. 여과의 과정이 끝나면 여과된 기름은 반드시 튀김기에 다시 채워주어야 한다.

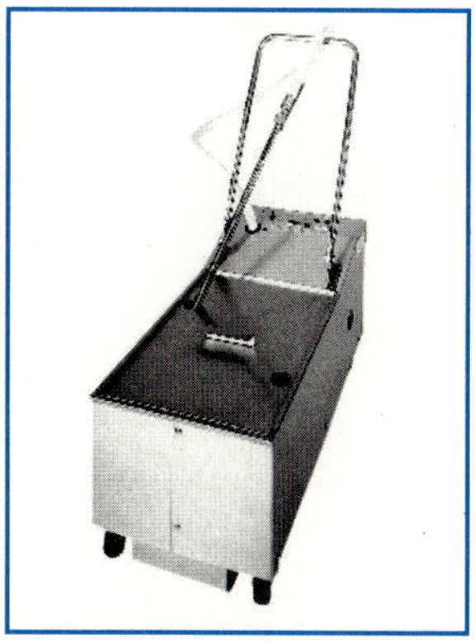

[그림 9-6] 여과장치
(자료제공 : Frymaster Company)

※ 성공적인 튀김을 위한 힌트

- 튀김기 안에 음식을 넣지 않은 상태로 튀김기의 온도를 최대로 올리지 말 것.
- 소금기가 있는 음식의 투입 금지
- 절대 베이컨을 튀김기에서 튀기지 말 것.
- 절대 튀김기의 바구니에 음식물을 2/3 이상 담지 말 것. 이 경우 덜 익거나 일정하게 튀겨지지 않을 수 있음.
- 한입에 먹을 수 있는 크기의 음식들은 더 일정하게 집어넣어야 하며, 막대 모양의 음식물을 같이 집어넣으면 안 된다.
- 비슷한 사이즈의 음식물을 튀길 경우 같은 시간에 마칠 수 있다.
- 세제 잔여물은 튀김 기름의 적이다. 따라서 항상 업체에서 추천하는 세척 방법에 따라 세척하여야 한다.
- 끓는 물로 튀김기 안을 세척하는 것은 한 번이 아니라 두 번을 실시하여야 한다. 튀김기를 씻어낸 후 깨끗하게 닦아내어야 한다.
- 배기구에 붙어 있는 기름기가 튀김기에 들어가지 않도록 튀김기 위의 배기구 후드를 깨끗하게 유지하여야 한다.

3. 렌지(Ranges)

주방에서 가장 많이 사용되면서도 종종 가장 비효율적으로 설계되는 부분이 렌지(range)이다. 개방형 탑(open-top)과 밀폐형 탑(hot-top ; solid) 렌지는 원래 에너지 효율이 낮은데, 주방장들은 영업을 시작할 때 렌지를 켜놓은 후 영업시간 내내 켜놓는 경우가 많다. 대부분의 식음업소의 경우 주방 설계 시 이러한 개방형 탑이나 밀폐형 탑 렌지를 넣지 않는 것이 나을 수도 있다. 하지만 많은 종류의 볶음요리 또는 오믈렛을 제공하는 레스토랑이나 클럽의 경우는 렌지 설치가 불가피하다. 볶음요리를 할 때 개방형 탑 렌지를 사용하면 불의 세기를 볼 수가 있어 용이하다. [그림 9-7]은 개방형 탑이 장착된 렌지의 예이다.

[그림 9-7] 렌지
(자료제공 : Montague)

식음서비스 업장에서 주로 쓰이는 렌지에는 다음과 같은 것들이 있다.

- 볶음용 개방형 탑
- 식품을 직접 조리할 수 있는 광택있는 철판으로 된 그릴(또는 그리들) 탑 (예 : 팬케이크, 햄버거, 스크램블 에그 등)
- 팬을 놓고 가열하도록 만들어진 밀폐형 탑
- 대용량의 국조리를 위한 방사상 돌출형 탑

렌지를 주문할 때 [그림 9-8]과 같은 여러 종류의 탑 형태를 혼합해서 주문할 수도 있다. 예를 들어, 그릴탑과 개방형 탑을 함께 주문하기도 한다.

렌지는 주방에서 보통 다른 종류의 더운 음식 조리기기와 연속선상에 배열한다. 작업대를 기기들 사이에 설치하면 조리전후의 식재료를 두기에 편리하다. 렌지의 하부는 오븐을 넣어 설치할 수도 있고, 스테인리스 강철 스탠드 위에 렌지를 부착한 형태의 단위기기로 구입할 수도 있다. 단위기기형 모델은 세척에는 용이하나 공간효율은 떨어진다.

2개의 밀폐형 탑을 가진 모델의 경우 그 넓이 1피트(305mm) 정도인 경우도 있다. 이러한 소형 모델은 볶음을 해야 하는 메뉴가 없어 렌지의 사용이 많지 않은 식음 업소용으로 좋다.

대부분의 렌지 제조업체들은 레스토랑용과 단체급식용 등의 최소한 2개의 제품계열을 가지고 있다. 하지만 이렇게 붙여진 이름, 즉 레스토랑용이냐 혹은 단체급식용이냐 하는 것은 단지 이름일 뿐이지, 메뉴와 그 이용 빈도에 따라서 레스토랑도 단체 급식용 렌지를 구입하는 것이 나을 수도 있다. 그 가격이 상대적으로 비싸지만 단체 급식용 렌지는 내구성이 강하기 때문에 모든 상업적 업장에서 더 적합하다. 게다가 레스토랑용 렌지는 보통 그 선택 사양이 매우 한정되어 있는 반면에, 단체급식용 렌지의 경우는 각 업장의 필요에 맞게 구성될 수 있어 편리하다. 레스토랑용 렌지는 탁아소와 같이 메뉴가 간단하여 렌지의 사용빈도가 높지 않은 시설에 적합하다.

[그림 9-8] 렌지 탑의 형태
(자료제공 : Montague)

예산이 한정된 소형 주방의 경우에는 오븐 위에 설치된 렌지와 각종 냄비와 팬을 이용하여 많은 메뉴를 조리할 것이다. 그러나 각종 냄비와 팬은 세척하기가 어렵고 그 사용과 세척에 노동력이 낭비되고, 또한 이를 이용한 조리과정은 에너지 효율이 낮은 편이기 때문에 잘 계획된 주방의 경우 렌지를 많이 설치하여 사용하지 않는다. 볶음 메뉴를 많이 서비스해야 하는 업장의 경우라 할지라도 개방형 렌지 1구 또는 2구만을 설치하고, 보다 효율적인 조리 기기인 스티머나 스팀 재킷 케틀 또는 컨벡션 오븐 등과 조합해서 사용하는 것이 좋다.

4. 파스타 조리기(pasta cookers)

파스타 조리기는 일종의 튀김기의 변형 기기라고 볼 수 있다. 보통 2개의 박스형 조리용기가 나란히 있는데, 한 쪽은 조리용이고 나머지 한 쪽은 여분의 전분을 헹구는 용도로 쓰인다. 첫 번째 조리기에서 자동 리프트가 바구니를 올리고 내리면서 조리시간이 조절된다. 다음으로 두 번째 조리기의 물에 파스타의 바구니가 옮겨져 파스타가 헹구어지고 보관된다. 이 때 이동식 수도꼭지가 전분을 씻어내기 위하여 사용된다. 파스타를 찬물에 넣음으로써 조리과정은 끝나고 물이 빠지게 된다. 보통 6파운드(2.72kg)의 파스타를 조리하면 15파운드(6.80kg)로 늘어나 약 24인분이 된다. 이렇게 조리된 파스타는 소량으로 나눠어 보관되다가 데핌 상태로 맞춰진 파스타 조리기에서 필요에 따라 데워질 수 있다.

튀김기의 용량은 기름통의 용량에 의해 결정된다. 일반적인 크기의 기름통은 15~75파운드(7~34kg)의 쇼트닝이나 기름을 담을 수 있다. 한 시간 동안에 얼마만큼의 프렌치 후라이를 튀겨낼 수 있는지를 기준으로 용량을 비교하기도 한다. 일반적인 튀김기는 30~100파운드(13.6~45.3kg) 정도의 프렌치 후라이를 만들 수 있다. 식음서비스 업장에서 몇 개의 튀김기를 구비해야 하는 튀김 메뉴의 종류와 그 각각의 인기도에 따라 결정된다.

[그림 9-9] 파스타 조리기
(자료제공 : Frymaster Company)

5. 브로일러(Broiler)

많은 요리책에서 '브로일러', '그릴', '그리들' 이라는 용어들이 혼동되어 사용되고 있다. 따라서 먼저 브로일러에 대하여 정확하게 정의하고자 한다.

브로일러(broiler)는 열원이 음식의 위에(overbroiler) 위치하여 있거나 음식 아래에(underbroiler) 위치하고 있으며, 복사열로 음식표면을 조리하는 장비이다. 대부분의 브로일러는 식품의 상단이나 하단에서 열을 가하도록 설계되어 있지만, 모델에 따라서는 아래와 위에서 동시에 열을 가하는 모델도 있다. 음식은 쇠로 된 격자 위에 놓여지게 되며, 뜨거운 격자에 음식이 닿기 때문에 음식의 표면에 격자의 자국이 남게 된다.

브로일러는 한 시간 동안에 생산 가능한 햄버거나 스테이크의 개수에 따라 그 성능이 평가된다. 상단 열원식 브로일러를 생산하는 한 유명 제조업체에서 생산하는 브로일러를 보면 한 시간에 100개의 12온스 티본스테이크를 조리하는 소형 브로일러로부터 한 시간 당 200개의 스테이크를 조리할 수 있는 대형 2조형 브로일러도 있다. 어떤 용량의 브로일러를 몇 개나 구입해야 할지는 총 메뉴 중 한 시간 동안 브로일해야 하는 메뉴가 몇 개나 서비스되어야 하는지에 따라 결정해야 한다.

브로일링은 조리과정에서 액체류를 사용하지 않거나 거의 사용하지 않는 건조-가열 조리방법이며, 음식은 근접한 복사열에 의하여 조리된다. 건열 조리 방식은 스테이크, 햄버거 등의 육류 음식을 조리할 때 많이 쓰이는데 건열 조리법 중 특히 브로일링을 이용한 음식은 그 조리과정에서 지방함량이 감소되고 당이 갈변되면서 풍미가 더해지기 때문에 그 인기가 높은 편이다.

이러한 브로일러의 종류는 다음과 같다.

- 상단 브로일러(Overhead Broiler)
- 챠브로일러(Charbroilers)
- 특수 브로일러(Specialty Broilers)
    - 살라만더(Salamander)
    - 치즈멜터(Cheesemelter)

· 컨베이어 브로일어(Conveyor Broiler)
· 장작용 브로일러(Wood-burning Broiler)
· 휴대용 브로일러(Portable Broiler)

1) 상단 브로일러(Overhead Broiler)

상단 브로일러라는 용어는 열원이 브로일 되는 음식의 상단에 위치하게 되는 것을 의미하며, 많은 양의 조리를 위하여 설계된 튼튼한 장비이다. 일반적으로 브로일러는 렌지 옆에 설치되며 렌지와 같은 높이와 넓이로 설치된다.

[그림 9-10] 상단 브로일러
(자료제공 : Montague Company)

상단 브로일러 형식의 이점은 브로일러의 열원이 음식물로부터 떨어지는 분비물(물기 또는 육즙 등)로부터 분리되어 있다는 점이며, 이러한 음식으로부터 떨어지는 분비물들은 연기의 발생과 기름기로 인한 화재의 원인이 되기도 한다.

브로일러를 이용한 조리시간은 식품과 열원 사이의 거리로 조절된다. 내구성이 강하고 열원이 상단에 있는 상단 브로일러 [그림 9-10]으로 조리할 때는 식품이 놓인 철판을 상하로 조절함으로써 열원과 식품의 거리를 조절한다. 이 철판은 또한 식품을 넣고 꺼내기가 용이하도록 전후방으로 이동이 가능하게 설계되어 있다.

2) 챠브로일러(Charbroiler)

챠브로일링이라는 용어는 불꽃과 연기, 복사열로 음식을 브로일 하는 것을 말한다. 이 장비는 조리하는 것이 재미있게 보여질 수 있으므로 디스플레이용 주방에 일반적으로 사용된다.

챠브로일러(Charbroiler) [그림 9-11]은 열원이 아래에 있어서 식품의 조리과정을 지켜볼 수 있다. 또한 숯의 향을 음식에 함유시킬 수 있다. 하단 브로일러는 열원이 음식의 아래에 위치하고 있다. 따라서 불꽃과 연기로 인하여

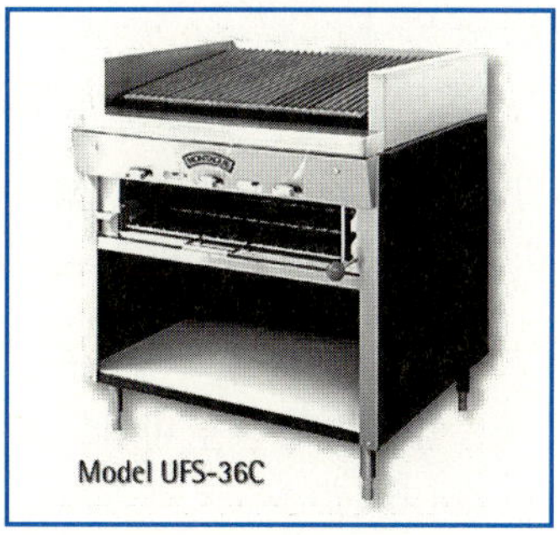

[그림 9-11] 챠브로일러
(자료제공 : Montague Company)

조리 시 육즙이 열원에 떨어지는 결과가 발생한다.

상단 브로일러가 석쇠 또는 격자를 움직여 음식과의 거리를 조절할 수 있는 반면, 챠브로일러의 경우는 열원과 식품사이의 거리가 조절되지 않기 때문에 소요된 조리시간에 따라 조리의 정도가 결정된다.

조리사는 섭씨 149℃에서 371℃ 사이 어느 온도에서든 브로일을 할 수 있다. 그러나 챠브로일러는 섭씨 288℃에서 329℃ 사이에서 최적의 효과를 낼 수 있다. 챠브로일러의 열기는 전도(브로일러의 격자의 열로부터), 대류(기름과 버너의 연소로 인하여 발생된 증기로부터 전환된 열기), 복사(불꽃으로부터 위쪽으로 향하는 열기)의 세 가지 방법으로 전달된다.

하단 브로일러는 상단브로일러에 비하여 훨씬 구조가 단순하며, 빨리 사전 가열을 할 수 있고, 고품질의 음식을 브로일링 할 수 있다.

3) 특수 브로일러(Specialty Broilers)

(1) 살라만더(Salamander)

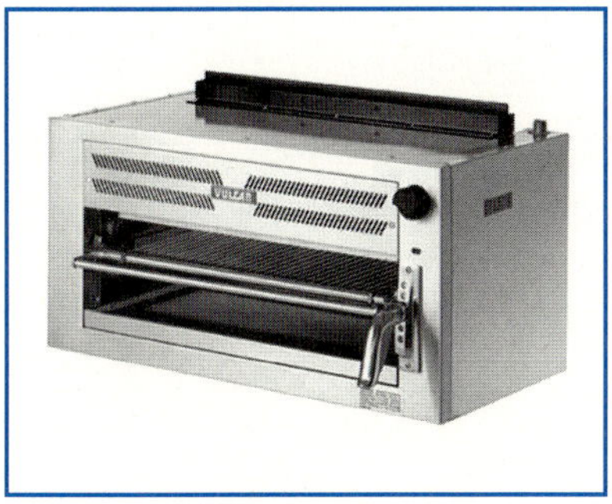
[그림 9-12] 살라만더
(자료제공 : Vulcan-Hart Company)

살라만더(Salamander)는 일반적으로 잘 익숙하지 않은 이름으로 그 외관이 도마뱀을 닮았다고 하여 살라만더라는 이름이 붙여졌다.

살라만더는 58.4~71.1cm의 넓이와 25.4~33cm 깊이의 크기로 상업용 브로일러의 축소판이라고 할 수 있다. 이러한 작은 사이즈 덕분에 살라만더는 선반 또는 카운터의 위에 놓여지거나 직접 렌지 위쪽에 설치되지도 한다. 살라만더는 업장이 한가해지는 시간에 브로일러를 꺼 놓았을 경우 에너지를 절약할 수 있는 백업 브로일러로 사용할 수 있다.

살라만더는 가스식과 적외선식의 두 가지 형태로 나누어지며 일반적으로 가스형이 많이 사용되고 있다. 그러나 적외선식의 경우 사전 가열하는데 가스식이 12~15분이 걸리는데 비해 적외선 방식은 90초 밖에 걸리지 않으며, 사용하지 않을 경우 대기모드로 전환하여 전기를 절약할 수 있으며, 적외선이 음식에만 영향을 미치므로 장비 주변에 열이 발생하지 않는 등 여러 가지 장점이 있다.

(2) 치즈멜터(Cheesemelter)

[그림 9-13] 치즈멜터
(자료제공 : Montague Company)

치즈멜터는 또 다른 형식의 브로일러이다. 이름이 말해주듯이 기본적으로 이탈리안, 멕시칸 음식에서 사용되는 치즈를 녹이기 위하여 가장 일반적으로 사용된다. 치즈멜터는 살짝 굽거나, 삶거나, 끓이는데도 이용할 수 있다. 그렇지만 치즈멜터의 기본적인 기능은 음식을 마무리하는 것이지 조리하는 것이 아니다. 살라만더와 치즈멜터의 차이점은 치즈멜터는 살라만더에 비하여 낮은 열기로 작동하며 살라만더는 조리할 음식이 놓여지는 망의 높이를 조절하여 열원으로부터의 거리를 조절할 수 있는데 비하여 치즈멜터는 조절이 불가능하다.

치즈멜터도 역시 열원으로 적외선과 가스를 사용하고 있으며, 어떤 모델은 음식이 올려놓으면 자동으로 작동이 되는 모델도 출시되어 에너지를 절약할 수 있다.

(3) 컨베이어 브로일어(Conveyor Broiler)

컨베이어 브로일러는 비숙련 조리원도 조작할 수 있는 비교적 다루기가 쉬운 조리기기이다. 최대한의 조리속도를 내기 위하여 컨베이어 브로일러는 상단과 하단 모두의 복사열을 이용한다. 음식은 일반적으로 스테인리스 스틸 컨베이어 벨트 위에 놓여지며, 일부 제품은 음식이 벨트 위에 놓여져 장

[그림 9-14] 컨베이어 브로일러
(자료제공 : Hatco Corporation)

비의 앞부분에서 뒷부분으로 통과하면서 완전하게 조리가 되는 제품도 있다. 이들 브로일러 형식은 음식이 상단과 하단의 복사열을 모두 이용하기 때문에 빠르게 조리할 수 있다.

일반적으로 햄버거의 경우 브로일을 하는데 5분 정도가 소요되지만, 컨베이어형 벨트를 이용할 경우 약 2분 정도면 햄버거 패티를 구워낼 수 있다(컨베이어의 속도를 일정하게 유지하면서 햄버거 패티가 브로일러를 통과할 때 한 번에 양쪽 면을 동시에 구워준다).

컨베이어 브로일러를 이용할 경우에는 반드시 음식물이 크기와 두께가 일정한 규격을 유지하여야 한다. 예를 들어, 햄버거와 냉동와플과 같은 제품을 사용할 경우에는 문제가 없으나, 스테이크와 닭 가슴살 등을 조리할 경우에는 문제가 발생할 수 있다.

(4) 장작용 브로일러(Wood-burning Broiler)

[그림 9-15] 장작용 브로일러
(자료제공 : Wood Sone Corporation)

오늘날의 저녁에 예전의 편안한 음식을 선호하는 사람들은 아마도 나무장작을 이용하는 브로일러와 같은 오래된 방식을 선택하게 될 것이다. 비록 몇몇 장비업체가 나무나 목탄을 이용하는 방식의 장비를 다시 생산하는 것을 결정하였다. 물론 상업적 모델들은 옛날 가정에서 사용하던 것보다 훨씬 크며 확실히 더 효율적이다. 나무나 목탄은 브로일러 안의 연소실 내에 위치하며 댐퍼를 통하여 내부에 유입되는 공기의 양을 조절하여 불의 세기를 조절할 수 있다. 이를 통하여 불의 열기는 음식이 놓여 있는 격자로 전달되는 방식을 사용한다.

(5) 휴대용 브로일러(Portable Broiler)

[그림 9-16] 휴대용 브로일러
(자료제공 : Weber Corporation)

쇼핑몰 안의 푸드코트, 거리 페스티발, 회사의 피크닉 등에서 일반적으로 볼 수 있는 브로일러가 휴대용 브로일러이다. 이 휴대용 브로일러의 열원으로 LP 가스, 나무, 목탄 등을 사용할 수 있다. 이들 휴대용 브로일러들은 다양한 형태와 옵션들을 제공하므로 사용하는 사람들에 적합한 모델들을 선택할 수 있다.

6. 인덕션 조리기(Induction Cooking)

[그림 9-17] 인덕션 조리기
(자료제공 : Electrolux Professional, Inc)

인덕션 조리 기구는 전자파 에너지를 이용하여 자석의 재료(강철, 아연, 니켈 혹은 다양한 합금)들을 가열, 조리기구를 가열하는 장비이다. 불이 켜지면 코일들이 전자를 만들어 내서 이것이 기기로 흘러간다. 기기의 입자들은 빠르게 왔다갔다 하며 기기를 뜨겁게 만들고 역시 음식도 조리하게 된다. 유리로 된 세라믹 기기의 천장은 전자적 물질이 없기에 전자에 의해서 아무런 영향을 받지 않는다. 팬의 열기가 유리를 따뜻하게 할 뿐이다. 하지만 기기의 천장은 다른 표면들보다 훨씬 차갑다.

인덕션 기술은 이동하는 열과 전기의 기구이지만 가스와 비교 가능하다. 그리고 인덕션은 보이는 불꽃도 없고, 뜨거운 코일도 없으며 불을 붙이는 다른 어떤 것도 없다. 팬 자체에 열이 들어가기 때문에 시원한 환경을 만든다.

인덕션은 고객 앞에서 신선한 음식을 조리하는데 매우 좋다. 따라서 이 제품은 카페테리아 서빙을 하는 곳이나 레스토랑 식당에서 이용되고 있다. 인덕션의 용량은 일반적인 렌지와 비슷하다.

7. 몽골리언 바비큐 그릴(Mongolian BBQ Grill)

[그림 9-18] 몽골리언 바비큐 그릴
(자료제공 : Town Food Service Equipment)

몽골리언 바비큐는 단지 조리기기만 아니고 식당 분위기를 높이는데 사용된다. 몽골리언 그릴은 냉동이 된 뷔페와 함께 신선한 성분들의 결합이다. 손님들은 그릇을 채우고 소스(들)를 선택하고 주방장한테 넘긴다. 주방은 그 다음에 손님들을 즐겁게 해 줄 수 있게 음식을 돌리면서 그들의 눈앞에서 신선하게 조리할 수 있도록 하는 동그란 그리들인, 몽골리언 바비큐에 재료들을 얹는다.

몽골리언 바비큐는 기능뿐만 아니라 쇼를 위해서 설치한다. 이 그릴은 식당의 분위기를 높이고자 눈에 띄는 자리나 식당의 중앙에 주로 설치한다.

몽골리언 바비큐는 36~, 42~, 48~, 60~, 72~ 그리고 84~ 인치의 동그란 모델로 다양한 크기로 나온다. 36~에서 48~ 인치 모델들은 그릴을 사용하는 주방장이 한 명일 때 사용되며 60~에서 84~ 인치 모델들은 주방장이 2명 이상일 때 사용된다.

8. 쿡칠(Cook/Chill)

이 장의 처음에 설명했듯이, cook/chill은 음식이 조리되어지고 급격하게 차갑게 만들어 나중을 위해서 저장되는 방법이다. cook/chill의 주요한 두 방법의 시스템은 tumble chill이랑 blast chill이 있다.

Tumble chill의 방법은 최소한 화씨 165의 온도로 케틀에 음식이 조리가 되며 저온살균의 온도로 음식을 밀봉시킨다. 그리고 얼음물에 담궈서 음식의 냉동속도에 따라 다르겠지만, 약 45분 동안 섭씨 5도 혹은 그 아래로 음식을 급격하게 냉하게 만든다. 그것은 날음식들이 저온살균법 온도와 시간으로 뜨거운 물에서 조리가 되어지고 차가운 물에서 온도를 식히는 쿨 탱크도 있다. 음식은 저온살균법으로 냉장고에 화씨 28도에서 32도 사이로 보관되어지기에 대부분의 제품들은 6주 가량 보관이 가능하다.

Tumble chill 음식 제조시스템[그림 9-19]은 다음과 같은 것들을 포함한다.

- 믹서 케틀. 믹싱 장비를 가진 스팀 재킷 케틀 - 가로, 세로 기울인 교반기, 기울어져 있거나 멈춰있거나, 크기는 50갤런(189.5ℓ) 혹은 그 이상으로 다양하다.
- 계량해서 채우는 곳. 케틀의 내용물을 상자로 옮기기 위해
- 텀블 칠러. 얼음 물로 녹이는데 드럼으로 상자를 계속적으로 가로로 세로로 저어준다.
- 쿡 탱크. 밀봉된 제품들을 뜨거운 물로 조리하고 차가운 물로 식히는 것. 크기는 600에서 2,000파운드(270kg~900kg)로 다양하다.
- 아이스 빌더 : 텀블 칠러와 쿨 탱크를 위해서 얼음 물을 만든다.

[그림 9-19] 텀블 칠 식음서비스 시스템
(자료제공 : Groen, A Dover Industries.)

텀블 칠 시스템의 용량을 파악하기에는 매우 복잡하며 많은 변수들에 의해 달라진다. 예를 들어, 저장기간(shelf life), 비율/크기, 식사의 횟수, 메뉴의 빈도수, 주방 그리고 receptor kitchen 등에서의 저장 능력이다. 텀블 칠의 제조업자들은 기기들의 크기를 결정하는데 도움이 될 수 있으나, 주방 전체적으로 크기를 잡을 때는 전문 식음서비스 컨설턴트가 보는 것이 중요하다.

급속냉각기의 경우에는 음식이 전통적인 조리기구로 조리가 되어지고 팬으로 나눠진다. 팬들은 급속냉각기에서 두께나 제품의 식는 속도에 따라 2시간 이내로 식혀진다. 급속냉장제품은 5일 동안 저장이 가능하며, 그것은 제조하는 하루와 서비스 하는 날을 포함한다.

1) 급속 냉각기(blast chiller)

급속 냉각기 [그림 9-20]은 식중독의 위험을 감소하기 위하여, 즉 식품의 안전성을 증진하기 위하여 개발되었다. 완성된 요리나 서비스 후 남은 음식을 담은 스팀 테이블팬을 냉장고에 넣기 위해서 몇 시간씩 상온에서 식혀야 하는 경우가 많다. 이런 경우 음식이 식는 과정에서 급속한 박테리아의 성장이 가능한 위험 온도에 상당시간 머무르게 된다. 급속 냉각기는 음식을 신속히 냉각시켜줌으로써 이러한 문제를 제거하도록 설계되었다.

급속 냉각기는 다음과 같은 3가지 면에서 일반 냉장고와 다르다.

- 고성능 냉각시스템
- 고속의 냉공기 방출
- 냉각기 내부온도 또는 식품 내부온도 조절(탐침을 이용)을 위한 마이크로프로세서 조절장치

[그림 9-20] Roll-in blast chiller(급속냉각기)
(자료제공 : Alto-Shaam, Inc.)

마이크로프로세서 조절장치는 또한 시간/온도 데이털르 컴퓨터로 다운로드 받아 검토 분석할 수 있도록 하는 기능을 가지기도 하고, 이외에도 냉각온도에서 냉장온도로의 자동 전환기능, 2~3개의 다른 배치(Batch)의 식품을 한 번에 냉각하는 다중배치 냉각기능 등을 가지기도 한다.

최근에 식품 취급과 시간/온도관리의 중요성을 강조하는 위해요소중점관리기준(HACCP : Hazard Analysis Critical Control Point)의 적용확대에 의해서 위생의 중요성이 더욱 강조됨에 따라 급속냉각기의 인기도 보다 커질것으로 전망된다.

제2절 베이커리 기기

레스토랑이나 단체급식소의 일부분으로 설계되는 베이커리라 하더라도 그 크기는 상당히 다양할 수 있다. 소형 오븐 하나를 가지고 코너에서 운영되는 작은 베이커리가 있는가 하면 대학교나 대형 병원 단지 내의 많은 숫자의 업장을 서비스하기 위한 대형 베이커리도 있다. 베이커리의 크기에 따라 그리고 하루 생산량에 따라 필요한 기기도 다를 수밖에 없다. 베이커리 기기는 다른 주방 기기에 비해 자동화가 더 많이 이루어져 있는데, 그 이유는 베이커리 생산품은 대량으로 균일한 공정을 통해 생산되기 때문이다. 자동 도넛 기계, 롤 디바이더/라운더, 쉬터 생산 테이블 등은 모두 대량생산을 위해 쓰이는 고도로 특화된 베이커리 기기들이다.

다른 조리 기기와 마찬가지로 제빵기기를 선택할 때 가장 먼저 고래해야 할 것은 메뉴이다. 또한 시설 설계사는 업주와 긴밀하게 협의하여 비용과 사용가치를 함께 고려하여 적절한 제빵기기를 선택할 수 있도록 노력해야 한다. 패밀리 레스토랑의 경우는 직접 샌드위치용 빵을 굽는 것보다 전문 베이커리에서 사오는 것이 원가면에서 더 저렴하다. 하지만 빵의 종류에 따라서는 적당한 비용으로 직접 만들 수 있을지도 모른다. 마찬가지로, 하루에 120 더즌의 쿠키 반죽을 만들어야 하는 대학의 베이커리라면 쿠키 반죽을 자동으로 한 조각씩 시트팬에 떨어뜨리는 기계인 쿠키 드랍퍼를 구입하는 것이 장기적으로는 비용절감 효과를 가져 올 수 있다.

〈표 9-1〉은 레스토랑 내 소규모 베이커리에서 주로 쓰이는 기기와 단체급식소의 중간급 크기의 베이커리에서 주로 쓰이는 기기를 비교하였다. 이 레스토랑의 경우 빵, 디너롤, 파이 등은 전문 베이커리에서 구입하여 서비스하고, 아침용 머핀, 케이크 등은 믹스를 이용하여 만든다. 이 단체급식소의 베이커리는 샌드위치 빵은 전문 베이커리에서 사서 쓰지만 디너롤, 머핀, 번, 케이크, 피자반죽, 파이 등은 직접 생산한다.

〈표 9-1〉에 소개된 베이커리용 기기는 다음과 같다.

〈표 9-1〉 레스토랑용 베이커리와 단체급식소용 베이커리의 비교

기 기	소규모 베이커리 (레스토랑)	중형 베이커리 (단체급식소)
단풍나무 재질로된 베이컨 작업대	V	V
탁상용 저울	V	V
이동식 밀가루통/설탕통	V	V
반죽용 믹서기	V	V
발효기, 단순	V	
발효기, 다기능		V
롤 디바이더/라운더		V
시터		V
스팀 재킷 케틀		V
컨벡션 오븐	V	
회정 또는 랙오븐		V
발효 지연기		V

1. 쉬터(Sheeter)

쉬터는 동력에 의해 작동하는 대형 금속 회전판의 기능을 한다. 소량의 밀가루가 뿌려져서 도우가 달라붙는 것을 방지한다. 소량의 덩어리로 나누어진 파이나 피자 도우를 쉬터의 롤러들 사이에 삽입되면 종이처럼 얇게 펴져서 나온다. 이러한 방법에 의하여 피자나 파이의 크러스트가 단시간에 만들어지므로 상당한 노동력을 절약할 수 있다.

2. 롤 디바이더/라운더(Roll divider/rounder)

디바이더/라운더는 부드러운 롤 도우, 카이저 롤, 호기, 피자, 프렌치 롤 등을 나누어서 둥글게 만드는 데 유용하다. 이 기계는 도우를 디너 접시 정도의 크기로 눌러 둥글게 만들고 나서 15~36개의 균등한 조각으로 나눈다. 다음으로 이렇게 나누어진 조각을 공 굴림으로써 공 모양으로 만든다. 이 기계를 이용하면 한 시간에 5,000~7,000개의 롤을 만들 수 있다. 1,000인분 이상의 음식을 만들어야 하는 업장의 경우, 이러한 기계의 도입은 노동력 절

약에 상당한 효과를 볼 수 있을 것이다.

3. 발효기(proofer)

발효기는 이스트 도우가 부풀 수 있도록 균일한 습도를 유지해 주는 열캐비닛이다. 가장 흔한 발효기 모델은 바닥에 가열장치가 있는 1조 운반형 캐비닛이다. 가열장치는 물을 담는 상자를 달고 있어서 증기를 발생시키게 되고, 이러한 증기는 발효기 캐비닛 뒤편에 있는 작은 관을 통해 발표기 내 모든 선반으로 전달된다. 이러한 단순한 형태의 발효기는 가격도 저렴하고 내구성도 있다. 하지만 중대형 레스토랑이나 단체급식소라면 이보다 복잡한 모델을 구입하는 것이 바람직하다. 이러한 고급 모델의 경우는 롤을 배열한 랙 전체를 한 번에 넣을 수 있고 캐비닛이 1,2 또는 3 부분으로 나누어져 있으며 고도로 정밀한 습도와 온도 조절장치를 가지고 있다.

4. 발효지연기(retarder)

발효지연기는 냉장고나 마찬가지이다. 찬공기를 이용하여 이스트의 발효를 지연시키는 기능을 한다. 발효지연기는 이스트 빵의 도우를 베이킹 전 일시 보관하는 장소로 이용된다.

제3절 식기세척, 쓰레기 처리장비

1. 식기세척 기기

식기세척기는 주방장비 중 가장 그 비용이 많이 드는 장비이다. 식기세척기, 그리고 함께 사용할 디쉬용 랙, 최종 린스를 위한 부스터 히터, 세척용 연결 테이블을 구입하려면 상당한 투자를 해야 한다. 그리고 이러한 초기 투자에 더한 운영비용도 상당히 크다. 접시, 유리잔, 다양한 그릇 등과 같은 제품들을 세척하기 위해서는 뜨거운 물과 세제, 식기세척기의 기계적 움직임의 세 가지 필수 요소가 결합되어야 한다.

첫 번째, 충분한 양의 세척에 충분한 온도의 물

두 번째, 세제는 물을 연수로 만들어주며 접시에 붙어있는 음식찌꺼기들을 접시 표면으로부터 분리시키는 작용을 한다.

세 번째, 물의 재순환을 위한 적절한 시간

식기세척기 시스템을 설치하기 전에 고려해야 할 다양한 변수들이 있으며, 고려해야 할 변수들은 다음과 같다.

- 주방에 설치 가능한 공간의 유무
- 웨이트 스테이션, 다이닝 구역과 같은 서비스 구역에 얼마나 근접한가.
- 서비스의 형식 : 어떻게 고객에게 음식이 전달되는가.
- 설치하고자 하는 위치에 전원과 덕트, 하수 등 하부구조들을 갖추고 있는가.
- 설치하고자 하는 곳의 수질
- 에너지 절감과 물의 절감
- 세제의 품질과 사용
- 어떻게 식기들이 다루어지는가.
- 당신이 예상하는 예산
- 직원들이 다루기에 신뢰할 수 있는가.

식기세척기와 연관된 비용항목은 다음과 같다.

- 물
- 기계 모터를 위한 전기
- 세정/헹굼 탱크와 물 순간 가열기를 위한 전기, 스팀, 또는 가스
- 환기
- 하수도 요금
- 세제

- 건조 촉진제
- 노동력
- 유지관리

이러한 비용들 때문에 식기세척기는 주방에서 그 운영비용이 가장 높은 기기 중의 하나이다. 그러므로 식기 세척기를 구입할 때는 초기 구입비용과 함께 운영비용을 주위 깊게 고려해야 한다.

크기가 큰 식기세척기 일수록 운영비용이 많이 들것이라는 생각은 옳지 않다. 경우에 따라서는 그 반대인 경우도 있다. 소형 1조형 식기세척기의 경우 종사원이 세척기의 개폐문을 열고 랙을 밀어 넣어야 할 뿐만 아니라 온수와 세제의 사용도 훨씬 비효율적이다. 게다가, 작업속도가 느리고 용량이 작기 때문에 작업시간이 길어지게 되고, 그 결과 식기당 세척비용이 높아지게 된다.

초기 구입자금과 설치 공간이 한정되어 있지 않다면 식기세척기 선택 시 우선적으로 고려해야 할 것은 식기당 세척비용이다.

대학급식소의 예를 들어보자. 이 급식소는 하루 세끼 800명의 학생들을 서비스하고 식사 시간은 약 1시간 반 정도이다. 끼니당 세척이 필요한 식기 개수는 다음과 같이 계산된다.

800명/끼니×식기 6개/명 (컵과 유리잔 포함) = 4,800 식기/끼니

식기세척작업은 연속적으로 이루어질 수 없기 때문에 효율성을 70%로 가정하고 기계의 가능용량에 0.7을 곱한다.

- 소형 1조 도어형 기기(시간당 세척용량은 1,500접시)를 이용하면 4시간 반 조금 넘는 시간이 걸릴 것이다.
- 1조 컨베이어형 기기(시간 당 세척용량 4,000접시)를 이용하면 약 2시간이 안되는 시간이 걸릴 것이다.
- 2조 컨베이어형 기기(시간 당 용량 6,500접시)를 이용하면 약 1시간이 걸릴 것이다.

2조 컨베이어형 기기를 이용하여 파트타임 종사원이 1시간만에 작업을 마칠 수 있다면, 풀타임 종사원을 고용하여야 하는 경우보다 경제적일 것이다. 즉 용량이 큰 식기세척기를 구입하면 상당한 노동력 절감의 효과를 기대할 수 있을 것이다.

모든 식기세척기의 원리는 같다. 물이 접시와 각종 집기 위에 뿌려지면 뜨거운 물과 세제가 작용하여 음식찌꺼기가 씻겨나가고, 마지막 헹굼 단계에서는 섭씨 82℃의 물이나 화학약품에 의한 소독이 일어난다. 다음으로 식기는 공기 중에서 말려진다. 이 때 식기가 충분히 뜨거워야 잘 마른다.

구입할 식기 세척기의 용량과 모델을 결정한 후 추가적으로 고려해야 할 사항들은 다음과 같다.

- 탱크를 가열하는 에너지원 : 스팀 코일, 스팀 주입기, 또는 전기 등이 있다.
- 최종 린스를 위한 열원 : 최종 린스용 물은 순간온수기에 의해 보통 화씨 180도(섭씨 82도)로 가열된다. 순간온수기는 전통적으로 스팀(대형기계의 경우) 또는 전기(소형기계의 경우) 열을 이용해 물의 온도를 상승시킨다. 최근 들어, 가스형 모델도 시장에 나왔는데, 천연가스가 전기보다 싼 지역의 경우, 이러한 가스 모델을 이용하면 운영비를 감소시킬 수 있는 장점이 있다.
- 방향 : 식기 세척기는 식기세척구역의 배치에 따라 좌에서 우로, 또는 우에서 좌로 작동하도록 설계될 수 있다.

식기세척기의 부속품과 선택 사양은 다음과 같다.

- 신속한 공기건조를 위한 공기건조기
- 화학약품을 이용한 소독
- 기계의 양단의 환풍 후드
- 스테인리스 강철 다리와 프레임(모델에 따라서는 기본형에 포함됨)
- 모터와 하수구를 덮기 위한 스테인리스 강철 마개 패널

- 자동세제충전기
- 식기(또는 랙)가 탱크를 통과하면 자동으로 작동이 정지하는 등의 에너지 절약형이 특징
- 물, 스팀, 전기연결

식기뿐만 아니라 냄비, 팬, 각종 집기, 쟁반, 시트팬 등도 식기세척기를 이용하여 세척할 수 있다. 때로는 기름기 있는 필터나 천정 타일 등을 세척하는데 쓰이기도 한다.

식기세척기의 용량은 시간당 세척 가능한 접시의 수 또는 랙의 수로 결정된다(일반적으로 랙 당 약 20개의 접시를 담을 수 있다). 〈표 9-2〉는 표준 효율성을 70%로 가정했을 때 식기세척기의 용량을 결정하는 방법을 보여준다.(항상 조금 넉넉한 용량의 기계를 선택하는 것이 현명하다). 〈표 9-3〉을 이용하여 다양한 메뉴를 가지고 한 시간에 1.5회전율을 가진 100석 레스토랑에서 세척할 접시의 개수는 다음과 같이 계산할 수 있다.

100좌석×1.5회전/시간 = 150명/시간
150명/시간×13개의 식기/명 = 1,950개의 식기/시간

〈표 9-2〉 업장 유형별 식기의 적정 규모

식기세척기 유형	고객 일인당 식기와 유리컵수
제한된 메뉴의 레스토랑	5-8
광범위한 메뉴의 레스토랑	12-14
카페테리아	7-10
럭셔리 호텔 다이닝	12-16

* 실버웨어나 스테인리스 식기는 포함하지 않음

〈표 9-3〉은 한 유명제조업체의 카탈로그에서 발췌한 것인데, 식기세척기의 전형적인 용량을 보여준다. 앞의 예에서 계속하면 시간 당 1,950개의 식기를 70%의 효율성으로 작동했을 때 취급할 수 있는 식기세척기의 용량은

다음과 같이 계산된다.

〈표 9-3〉 식기세척기 용량

식기세척기 유형	시간당 식기	시간당 랙
1조 도어형	1,550	62
2조 컨베이어형	5,850	234
3조 컨베이어형	6,650	265
플라이트 형	12,000	

1950/.70 = 2,876 개의 접시/시간

〈표 9-3〉에 의하면, 이 경우 2조형 컨베이어 기계를 구입하는 것이 합리적이다.

1) 언더카운터 식기세척기

[그림 9-21] 언더카운터 식기세척기
(자료제공 : Champion Industries)

언더카운터 식기세척기는 시간당 18~40랙을 세척할 수 있으며 바 카운터하단 또는 소규모 업장에 적합한 모델이다. 대부분의 모델은 슬라이드 방식을 사용하고 있으며, 랙을 밀어 넣고 문을 닫은 후 세척을 한다. 낮은 온도의 언더카운터 식기세척기는 일반적으로 크기가 작으며, 5.7리터의 용량을 가지고 있다. 표준 히터로부터 섭씨 49℃의 온수를 공급받아 사용하고 세척은 화학세제를 이용하여 세척을 진행한다.

2) 1조 도어형 식기세척기

[그림 9-22] 1조 도어형 식기 세척기
(자료제공 : Champion Industries)

1조 도어형 식기세척기 [그림 9-22]는 세척용 뜨거운 물을 담는 탱크와 세제 디스펜서로 구성되어 있고, 탱크에는 스테인리스 강철로 만들어진 문으로 이루어져 있다. 종사원이 문을 열고 세척할 식기를 담은 랙을 밀어 넣고, 문을 닫은 후 기기를 작동시킨다. 물과 세제는 전동 펌프에 의해 랙의 상하의 분사구로 끌어올려져 재사용된다. 세척코스가 완료되면 섭씨 82℃의 최종 헹굼용 물이 접시 위에 뿌려진다. 모든 사이클이 완료되면 작업자가 세척기 문을 열고 세척이 완료된 식기를 꺼내서 식기 건조대로 옮겨 자연건조시킨다.

3) 1조 컨베이어형 식기세척기

1조 컨베이어형 식기세척기 [그림 9-23]은 섭씨 60℃의 물과 세제를 가진 탱크로 구성되어 있다. 우선 음식 찌꺼기를 제거한 식기를 랙에 담은 후, 랙을 컨베이어의 시작부분에 밀어 놓는다. 그러면 컨베이어에 의해 랙이 기기 안으로 밀려들어 간다. 물과 세제는 전동 펌프에 의해 랙의 상하에 위치한 분사구로 끌어올려져 분사되고 순환된다. 세척이 완료되면 섭씨 82℃에서 최종 헹굼이 이루어지고 랙이 밀려 나와 공기 중에서 건조된다.

[그림 9-23] 1조 컨베이어형 식기 세척기
(자료제공 : Champion Industries)

4) 2조 컨베이어형 식기세척기

2조 컨베이어형 식기세척기 [그림 9-24]는 2개의 탱크를 가지고 있다. 첫 번째 탱크에서는 뜨거운 물과 세제를 이용한 세정작업이 이루어지고, 두 번

[그림 9-24] 2조 컨베이어형 식기 세척기
(자료제공 : Champion Industries)

째 탱크에서는 헹굼이 이루어진다. 최종헹굼은 섭씨 82℃에서 이루어진다. 접시를 실은 랙이 컨베이어를 타고 각 탱크를 통과하는 동안 전동 펌프가 접시 위로 린스용 물을 순환시킨다. 1조 컨베이어형과 비교해보면 린스용 탱크가 따로 있어 랙을 빨리 이동시키고 식기를 보다 깨끗이 세척할 수 있다는 장점이 있다.

5) 플라이트형, 식기세척기(flight, rackless 또는 peg-type machine)

플라이트형 식기세척기 [그림 9-25]는 보통 2 또는 3개의 탱크를 가지고 있다. 2조형의 경우 세정용과 린스용 탱크로 이루어져 있고, 3조형의 경우 애벌 세정용, 주세정용, 린스용 탱크로 이루어져 있다. 2조형과 3조형 모두 소독을 위한 마지막 린스를 한다. 플라이트형 식기세척기는 대부분의 식기를 랙이 없이 직접 기계 속으로 넣어 세척한다. 접시와 쟁반들은 약 4인치

[그림 9-25] 3조 플라이트형 식기세척기
(자료제공 : Champion Industries)

높이로 줄줄이 배치된 패그 사이사이에 직립으로 꽂힌다. 컨베이어는 플라스틱이나 두꺼운 스테인리스 강철로 만들어진다. 그러나 컵, 유리잔, 실버웨어 등은 랙에 꽂아져서 컨베이어에 올려져야 한다.

플라이트형 식기세척기가 많이 이용되는 곳은 끼니당 600명 이상의 식수를 가진 업장이다. 끼니당 식수가 약 600명에서 900명 규모의 식수를 가진 업장의 경우라면 2조형이 보다 적합하고, 끼니당 1,000명 이상의 식수를 가진 업장이라면 3조형이 적합하다.

6) 순환형 식기세척기(circular carousel or continuous conveyor machine)

[그림 9-26] 순환형 식기세척기
(자료제공 : Champion Industries)

순환형 식기세척기 [그림 9-26]은 타원모양의 테이블에 부착된 2조 또는 3조형 식기세척기이다. 이러한 기계에는 컨베이어를 타고 돌아 가는 20× 20인치 (500× 500mm)의 표준형 랙이 장착되어 있다. 이러한 순환형의 식기세척기는 식기를 랙에 담은 후 랙을 옮겨야 하는 번거로움 없이, 바로 식기를 이동 중인 랙 위에 넣을 수 있어 노동효율이 높다. 또한 이러한 기기는 작업자가 계속 지키고 서 있지 않아도 계속 작동한다는 장점이 있다(플라이트 형 식기세척기는 랙이 끝에 닿게 되면 자동적으로 작동이 멈춘다). 이러한 순환형 식기세척기는 노동효율이 높아 장시간 연속적으로 음식을 서비스해야 하거나 대량의 음식을 서비스하는 업장용으로 추천할 만하다.

7) 냄비세척기

냄비세척기 [그림 9-27]은 일반적인 식기세척기와 비교하여 크게 2가지 다른 점이 있다. 첫째, 고압 하에 물을 펌프하는 모터의 용량이 더 크다. 일

[그림 9-27] 솥과 팬 세척기
(자료제공 : Champion Industries)

반 식기세척기의 경우 보통 2~3마력의 모터를 장착하고 있는데, 냄비세척기의 경우는 5~10마력 정도의 모터가 장착되어 있어 훨씬 고속의 물줄기를 내뿜을 수 있다. 두 번째로, 냄비세척기의 경우 그 내부 공간이 대형 냄비이나 18×26인치 표준 시트팬 또는 표준 호텔팬을 사용할 수 있을 만큼 크다.

냄비세척기의 사양은 주로 얼마만큼의 냄비와 팬을 한 번에 세척할 수 있느냐에 따라 결정된다. 사실 냄비세척기는 일반적인 식기세척기에 비해 널리 사용되지는 않고 있다. 대부분의 식음서비스 주방에는 3조형 싱크대에서 수작업으로 냄비와 팬을 세척한다. 매우 규모가 큰 급식소나 메뉴가 복잡한 레스토랑의 경우는 냄비세척기의 구입이 장기적으로는 경제적일 수도 있다.

냄비세척기계는 매니저의 개인적 선호에 따라 다른 용도로 사용되기도 한다. 대부분의 매니저들은 냄비세척기를 사용한다하더라도, 모든 냄비와 팬을 수작업으로 세척하는 것을 선호한다. 즉 세척을 일단 마친 냄비나 팬을 한 번 더 기계에 통과시킴으로써, 기계는 혹시 남아 있을 수도 있는 기름막의 제거와 소독의 역할을 하는 것이다. 하지만 일부 매니저들은 이러한 냄비세척기에 전적으로 의존하여 냄비와 팬을 세척하기도 한다. 대부분의 스팀테이블용 팬이나 시트팬의 경우 오래되어 세척이 어려운 음식찌꺼기가 붙어있지는 않으므로 기계만을 이용해서도 깨끗하게 가능하다.

냄비세척기의 사용여부와 용도를 결정할 때에는 다음과 같은 요인들의 영향을 받는다.

- 식수
- 메뉴의 복잡성
- 주방 기기의 종류(예를 들어, 스팀 재킷 케틀을 사용하면 그만큼 냄비의 사용이 줄어들기 때문)
- 업장의 예산과 여유 공간

냄비세척기를 제조하는 회사는 많지 않고, 제조되고 있는 기계에 대한 표준 분류도 아직은 이루어지지 않고 있다. 또한 각각의 모델마다 구조가 매우 상이하기 때문에 용량을 결정하는 가장 좋은 방법은 시간당 세척할 수 있는 냄비와 팬, 또는 18×26인치 표준 팬의 숫자를 기준으로 하는 것이다. 다음으로 이 숫자를 식음료 업장에서 사용하는 냄비나 팬의 양과 비교한다.

8) 전동 솥 싱크대(Power Pot Sink)

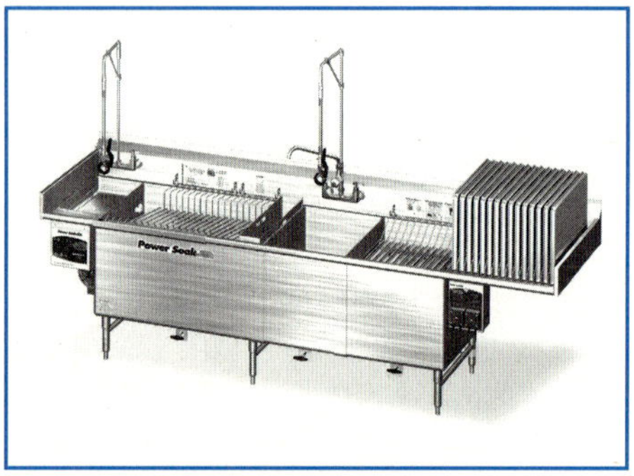

[그림 9-28] 전동 솥 세척 시스템
(자료제공 : PowerSoak Metcraft, Inc.)

진동 솥 싱크대(power pot sink)[그림 9-28]은 비교적 최근에 개발된 혁신적인 방식의 세척기이다. 이 싱크대는 섭씨 46℃의 물을 세제와 함께 연속적으로 고속으로 순환시킴으로써 냄비와 팬에 남아있는 음식찌꺼기를 제거한다. 이러한 전동 솥 싱크대에 냄비와 팬을 넣기 전에는 먼저 애벌 세척이 된다. 사양은 14게이지의 스테인리스 강철로 제작, 다양한 싱크의 크기, 디스펜서 장착, 배수판, 다양한 길이와 모양 등을 포함한다.

냄비와 팬의 세척은 주방에서 가장 노동집약적인 작업 중의 하나인데, 냄비와 솥 싱크대를 이용하면 이러한 노동을 경감시켜 준다. 냄비세척기에 비하여 그 가격이 저렴하다.

(1) 용량결정

전동 솥 싱크대의 구매 시, 가장 중요한 결정사항은 탱크의 크기와 세척 전후의 냄비와 팬을 놓는 배수판의 길이이다. 36×42인치(915×1,065mm) 길이의 대형 침지/세정 싱크와 시트팬을 잠기게 넣을 수 있는 24×30인치(610×760mm)의 헹굼/소독용싱크 정도면 중형규모의 레스토랑이나 클럽에서 사용하는 데 전혀 무리가 없을 것이다. 침지/세정 싱크대의 길이가 길어지면 기계의 가격이 상승되고, 동시에 기계의 용량도 증가한다.

2. 컨베이어와 누적기

[그림 9-29] 식기 컨베이어
(자료제공 : Caddy Corporation of America, Inc.)

음식이 만들어지고 구내식당에서 소비가 된 후 식기세척기로 이동을 해야 한다. 큰 업소들은 딱딱한 트레이 컨베이어나 누적기를 필요로 한다. 컨베이어는 자동적으로 트레이를 컨베이어 벨트로 인해 수평으로 이동시켜나간다. 이 벨트는 플라스틱으로 된 판석으로 혹은 플라스틱 케블라 소재로 된 고무 밴드 컨베이어로 원통 모양으로 계속 돈다. 판석 컨베어는 대체로 단단한 표면을 가지는 작은 그릇들과 잔들을 이동시킨다. 고무밴드 컨베이어는 두 개의 작은 밴드를 제공해서 트레이들을 이동시킨다. 어떤 컨베어든 위생과 세척의 목적으로 벨트 세척기가 필요하다.

[그림 9-30] 누적기
(자료제공 : Caddy Corporation of America, Inc.)

누적기는 타원형의 모양으로 트레이를 넣을 수 있는 물품이다. 트레들이 수직적으로 쌓일 수 있도록 하고 잔들이 설 수 있도록 높이 설치되어 있다. 누적기의 뒤편은 -창을 내리는 부분 말고- 트레이의 모으는 곳이 된다. 옮겨지지 않은 트레이들은 담당자가 시간이 나서 올 때까지 그대로 있게 된다. 컨베이어 시스템 식사 횟수, 장소의 규모, 그리고 기기의 예산에 따라 필요하게 된다.

3. 음식물 쓰레기 처리기기

조리구역에서 생산되는 각종 쓰레기의 처리를 위한 기기로 가장 오랫동안 사용되어 온 것은 쓰레기통이다. 보다 개선된 쓰레기 제거법을 가진 정교한 기계들이 시장에 나와 있기는 하지만 쓰레기통도 여전히 쓰이고 있다. 쓰레기 분쇄기, 펄퍼/추출기 시스템 등은 쓰레기통과 비교했을 때 다음과 같은 다양한 장점이 있다.

- 쓰레기의 액체부분이 하수도로 흘러나감으로써, 최종 처리해야 할 쓰레기의 무게와 부피가 감소한다.
- 쓰레기로 인한 악취와 해충이 현격히 감소된다.
- 최종 음식물 쓰레기는 오물 파이프를 통하여 배출되므로, 무거운 쓰레기통을 운반하는 번거로움이 제거된다.
- 펄퍼의 경우는 종이류의 쓰레기를 걸러 처리하므로, 매립지에서의 산물의 분해가 빠르다.

그러나 이러한 기계적 시스템은 금속류나 유리 재질의 쓰레기를 처리할 수 없다는 단점이 있다.

4. 분쇄기

업소용 분쇄기 [그림 9-31]의 가장 중요한 사양은 모터의 용량이다. 그 이외에 다음과 같은 액세서리와 특징들이 사양에 포함된다.

- 기초 헹구기용 스프레이
- 물과 쓰레기를 흘러가도록 하는 깔대기
- 분쇄기의 작동과 물 공급을 켜고 끄기 위한 전기제어 패널
- 용량 초과 시 자동 잠금장치
- 집기가 분쇄기에 들어가는 것을 방지하기 위한 실버웨어 세이버
- 스테인리스 강철 덮개

분쇄기는 음식 쓰레기를 갈아서 물과 섞어 하수구로 배출한다.

쓰레기 분쇄기의 용량은 보통 마력으로 표시되며 일반적으로 0.5~7마력을 가지고 있다. 식음시설 설계자들은 적은 마력의 분쇄기를 지양하도록 권고한다. 적은 마력을 가진 분쇄기는 대량의 음식물 쓰레기를 처리할 수 없어서 배수관을 종종 막히게 하는 단점이 있다. 일반적인 주방에서는 2~3마력

[그림 9-31] 분쇄기
(자료제공 : In Sink Erator, a divison of Emerson Electric)

정도의 분쇄기가 적절하다. 음식물 쓰레기뿐만 아니라 소량의 종이 쓰레기도 함께 분쇄 처리해야 하는 업장이라면 5마력 정도의 분쇄기가 적당하다. 분쇄기의 용량에 상관없이 중요한 것 중의 하나는, 물이 제대로 공급될 수 있도록 설치되어 분쇄된 쓰레기를 적당하게 묽게 만들어 배수관을 통해 나갈 수 있도록 하는 것이다.

5. 물 재활용 분쇄기 시스템

쓰레기 분쇄기는 접시의 음식물 찌꺼기를 긁어내는 작업을 용이하게 하기 위하여 오염된 접시 테이블에 장착되어 있는 경우가 많다. 소형업장의 경우는 오염 접시 테이블이 통합적으로 장착되어 있는 18인치(460mm) 직경의 스테인리스 강철 깔대기에 분쇄기를 함께 장착하여 사용하는 경우가 많다. 하지만 이러한 시스템은 여러 명의 종사원이 함께 음식물 찌꺼기를 긁어내는 작업을 해야 하는 대형 업장에는 적절하지 않다. 대형 업장의 경우는 약 8인치(200mm) 넓이에 6인치(150mm)의 깊이를 가진 쓰레기 구멍에 물이 회전하도록 오염접시 테이블이 설치되어 있다. 종사원들이 접시에 붙어 있는 음식물 찌꺼기를 긁어내어 쓰레기 구멍으로 버리면, 이러한 찌꺼기가 물과 함께 분쇄기에 들어가게 된다. 이러한 시스템의 단점은 대량의 물을 소비한다는 것이다(분당 34리터에 달하는 물을 소비하게 된다). 이러한 단점을 보완하게 위하여 개발된 것이 물재활용분쇄기이다. 물재활용분쇄기는 쓰레기만을 걸러버리고, 대부분의 물을 쓰레기 구멍으로 돌려보내서 재활용하도록 설계되어 있다. 그 결과 이러한 기기는 상당한 물을 절약할 수 있다.

6. 펄퍼와 추출기 시스템

대량의 음식 및 종이 쓰레기를 하수도로 방출하지 않을 수 있는 쓰레기처리 시스템에 대한 수요가 급격히 증가하고있다. 정부에서는 업소용 분쇄기

[그림 9-32] 쓰레기 분쇄 시스템
(자료제공 : The Salvajor Company)

의 사용을 제한하고 있기도 하다. 이에 다양한 대안이 나오고 있는데, 그 중의 하나가 펄퍼(추출기 쓰레기 시스템 pupler and extractor system) [그림 9-32]이다.

펄퍼는 물과 쓰레기를 섞어 작은 조각으로 가는 역할, 즉 전통적인 쓰레기 분쇄기와 같은 역할을 한다. 그러나 쓰레기 분쇄기가 이렇게 갈아 섞어 나온 산물을 하수구로 방출하는데 반해서, 펄퍼는 추출기로 이동시킨다. 그러면 추출기는 물과 고체를 분리하여 물은 펄퍼로 보내 재활용될 수 있도록 하고, 고체부분은 일반 쓰레기통에 넣는다. 이 때 나온 고체물질은 젖어있는 톱밥이나 종이가루처럼 생겼으며 악취가 전혀 나지 않는다.

액체가 대부분의 쓰레기 무게를 차지하는데 그 액체를 분리해내고, 또한 쓰레기가 갈아지면서 그 부피가 감소하기 때문에 펄퍼와 추출기에 의해 처리되면 쓰레기의 양이 상당히 감소한다. 그러나 펄퍼추출기 시스템은 전통적인 분쇄기나 쓰레기 캔에 비해 그 가격이 상당히 비싸서 초기 투자비용이 많이 든다는 단점이 있다. 하지만 이러한 초기 투자비용은 아래와 같은 효과로 운영비용 절감이 되어 곧 회수 될 수 있다.

- 쓰레기 부피 감소에 의한 쓰레기 처리비 감소
- 물소비 감소
- 주방으로부터 쓰레기를 운반할 필요가 없어짐에 따른 노동력 절감

펄퍼추출기 시스템의 또 하나의 장점은 주방과 쓰레기장의 악취를 감소시킨다는 것이다. 몇 안되는 회사의 제품만이 시장에 나와 있기 때문에 기기의 선택 사양이나 액세서리는 다양하지 않다. 사양서에 요구될 수 있는 항목들은 다음과 같다.

- 오염접시 테이블 하부에 설치, 작동
- 펄퍼와 추출기를 멀리 떨어진 위치에 설치, 즉 펄퍼로부터 나온 쓰레기

산물은 관을 통해 추출기로 이동
– 오염 접시 테이블에서 쓰레기에 직접 연결

주방과 식기세척 구역이 2층에 위치한 식음업장의 경우에는 이러한 펄퍼 추출기 시스템을 사용하면 많은 이점이 있다. 펄퍼는 2층에 설치하고 추출기는 1층 쓰레기장 가까이에 설치하면 무겁고 냄새나는 쓰레기를 주방으로부터 운반해야 하는 번거로움을 덜 수 있다.

[그림 9-33] 펄퍼-추출기(Pulper/Extract)
(자료제공 : In Sink Erator, a divison of Emerson Electric)

펄퍼추출기는 쓰레기를 하수도로 배출하는 분쇄기의 단점을 보안한 쓰레기 처리기로서 펄퍼추출기 시스템은 시간당 272~454kg의 음식물 쓰레기를 처리할 수 있다. 또한 여러 개의 펄퍼와 추출기를 설치하여 용량을 증가시킬 수도 있다. 펄퍼추출기 시스템을 설치하려고 한다면 먼저 하루에 배출되는 총 쓰레기량을 추정해야 한다. 펄퍼추출기 시스템을 효과적으로 작동하기 위해서는 쓰레기의 상당부분이 종이의 산물이어야 한다. 그러므로 펄퍼추출기 시스템은 스티로폼, 종이접시나 컵 등을 많이 사용하는 대형 업장의 쓰레기 처리에 적합하다.

7. 쓰레기 압축기

쓰레기 압축기(trash compactor)는 쓰레기를 압축하여 부피를 줄이기 위한 기계이다. 또한 쓰레기 압축기를 이용하면 조리구역에서 발생하는 각종 쓰레기를 운반용 카트나 용기에 넣고 밖으로 배출하기에 편리하게 된다.

쓰레기 압축기는 그 구입가가 꽤 비싸고, 또한 세척이 불편해서 종종 위생 및 악취의 문제를 야기함으로 인해 그 인기가 예전에 비해 많이 떨어졌다. 더욱이 구형 모델들은 수리와 관리상에 많은 문제점들이 생겼다. 하지만 이러한 많은 단점들에도 불구하고, 경우에 따라서는 쓰레기 압축기의 사용이 필요할 수도 있다. 대형 압축기는 업소의 back dock에 설치되면 압축기에서 나온 쓰레기를 특별히 디자인된 트럭이 직접 들어서 치워나갈 수 있다. 소형 쓰레기 압축기는 일회용 컵이나 접시, 각종 박스 등과 같은 쓰레기를 많이 배출하는 업소에서 많이 쓰인다.

8. 베일러

판지, 플라스틱 그리고 유리 등에 대한 분리수거가 요구되어지는 당국이 많아지면서 베일러는 분리수거의 양을 줄여줄 수 있으며, 판지를 부숴야 하는 노동력도 절감시킬 수 있다. 베일러들은 압축기와 비슷한 역할을 하지만 그들은 분리수거해야 하는 쓰레기들을 플라스틱 종이나 밴딩 안으로 묶어놓는다. 베일러들은 나중에 버리기 위해 저장 장소의 공간이 좁아질 수 있다.

외식창업

제10장

매장 서비스용 설비

제10장

매장 서비스용 설비

제1절 서비스 및 카페테리아 기기

서비스 및 카페테리아 기기는 매우 다양하다. 서비스 기기라 함은 일반적으로 음식이 손님에게 전달되는 장소나 그 주위에 위치한 기기들을 말한다.

일반적인 서비스 기기에는 다음과 같은 것들이 있다.

- 다양한 형태의 음식 보온기
  - · 뜨거운 음식 보관용기
  - · 가열이 되는 캐비닛
  - · 이동용 뜨거운 음식 보온기
- 찬음식 보관
  - · 찬음식 보관용기
  - · 냉동음식 보관용기
  - · 피자/ 샌드위치 준비용 냉장고
- 디스플레이 케이스

· Sneeze guards
· soft serve
· 양념 디스펜서
· 음식배달 카트

위에 나열된 기기의 일부는 이 책의 다른 부분에서 설명하였다. 음료수 디스펜서와 같은 기기는 음료 업체에서 공급되는 경우가 많으므로, 이 책에서 따로 설명하지는 않았다. 식음시설 계획 시 신중히 선택해야 할 서비스 기기로는 보온고, 커피 어언, 아이스크림 기계, 음료수 디스펜서 등이 있다.

1. 보온고(Food Warmers)

사양은 그 이름에서 알 수 있듯이 보온고(food warmer)는 완성된 음식의 수분 손실을 최소한으로 하면서 조리온도보다 약간 낮은 온도로 가열하거나 보관하는 기능을 말한다. 보온고의 온도조절장치는 보통 화씨 100~135도 사이(섭씨 38~57도 사이)에 맞추어진다. 보온고는 매우 다양한 종류가 시장에 나와 있으므로 기기의 용량은 각각의 제품 카탈로그 정보를 통해 알아내야 한다.

가장 보편적인 형태의 보온고는 스팀테이블이다. 19세기 초에 스팀테이블은 뜨거운 물 중탕의 방법이나 증기열을 이용해서 깊은 팬에 담겨있는 음식을 보온하는 대형 용기(사실상 베인마리)였다. 그러나 현대의 스팀테이블은 증기열을 이용하지 않는다. 대신 각 칸칸이 전기적으로 가열된다. 많은 스팀테이블이 물을 이용하거나 이용하지 않고도 작동될 수 있다. 칸칸에 물을 채워 기기를 작동시킬 경우 물이 증발되면서 김을 내기 때문에 마치 스팀열을 이용하는 것처럼 보일 수도 있다.

[그림 10-1] 더운 음식 인서트
(자료제공 : Thermodyne Foodservice Products, Inc)

스팀테이블의 팬 삽입구 [그림 10-1]은 12×20인치 표준형 팬에 맞도록 설계되어 있다. 메트릭시스템을 사용하는 나라에서 스팀테이블은 호텔팬의 표준에 맞는 크기로 설계된다.(예 : 325×530mm 온도는 온도조절장치에 의해 조절된다. 이러한 보온고의 용량은 함께 사용되는 팬의 깊이에 따라 달라진다. 뜨거운 음식을 서비스하는 카운터는 보온이 필요한 모든 메뉴를 수용할 수 있는 숫자의 칸막이(wells)를 가지도록 설계되어야 한다)

빵 보온고의 경우, 가장 많이 쓰이는 모델은 캐비닛에 1, 2 또는 3개의 스테인리스 서랍이 장착되어 있는 모델이다. 이러한 보온고는 내장형도 있고 단독형도 있다. 이러한 보온고는 서랍의 크기와 개수에 따라 결정된다. 이러한 빵 보온고는 종종 레스토랑의 서비스 구역에 배치되어서 서비스 종사원이 빵을 가지러 주방까지 가야하는 번거로움을 없애준다.

가열 캐비닛도 인기 있는 보온고 종류의 하나이다. [그림 10-2]의 가열 캐비닛 모델은 '그랩 앤고'(grab and go) 서비스를 위한 카운터 탑형도 있고 차후 서비스를 위한 보온용 모델도 있다. 이러한 가열 캐비닛은 이동형으로 설계된 것도 있고 고정형으로 설계된 것도 있다. 표준형 12×20인치 팬(325×530mm 호텔팬)에 맞게 만들어진 전후 개방형 캐비닛도 있고, 1조형 냉장고와 유사한 외관을 가진 좌우 개방형 보온고도 있다. 보온 캐비닛은 다양한 선택사양을 가지고 있다. 단순히 가열 기능만 있는 캐비닛도 있고, 계란요리나 비스킷과 같이 민감한 음식의 질과 텍스처를 보존하기 위한 습도조절 기능 등이 있는 캐비닛도 있다.

[그림 10-2] 보온 캐비닛
(자료제공 : Hatco Corporation)

식음 업소를 위한 보온고의 숫자와 용량은 최소한으로 결정해야 한다. 왜냐하면, 필요이상의 보온고가 설치될 경우, 주방의 직원들이 조리를 일찍 마치고 보온고에 넣어두려는 경향을 부축일 수 있기 때문이다. 요리사들이 서비스 시간에 가깝게 조리하고 분산 조리를 하도록 권장하기 위해서는, 서비스를 위해 필요한 전체 음식의 아주 일부분만을 보온할 만큼의 보온고만 구비하도록 해야 한다.

2. 찬 음식 보관기(Cold-Food Holding)

[그림 10-3] Cold food well
(자료제공 : Delfield Refrigeration.)

찬 음식 보관기기는 화씨 40도(섭씨 4도) 이하로 음식을 보관할 수 있게 해서 고객들에게 디스플레이 할 수 있게 한다. 유리로 된 창고형 냉장고를 사용할 수 있지만 디스플레이에 방해가 된다. 찬음식 보관기기의 대표적인 종류는 cold pan 혹은 cold food well 이다. [그림 10-3]의 Cold pans는 hot food wells과 비슷하게 생겼으나 인위적인 얼음 등으로 음식을 차게 한다. 인위적으로 식히는 것은 그냥 ice pan보다 더 오랜 시간동안 저장가능하다. 어떤 food well들은 음식 사방으로 찬 공기를 쐬어 준다. 인위적인 ice cold pan을 사용할 때 음식이 마르지 않게, 그래서 맛을 보존할 수 있게 바람을 이용하는 것을 선택하는 것이 중요하다.

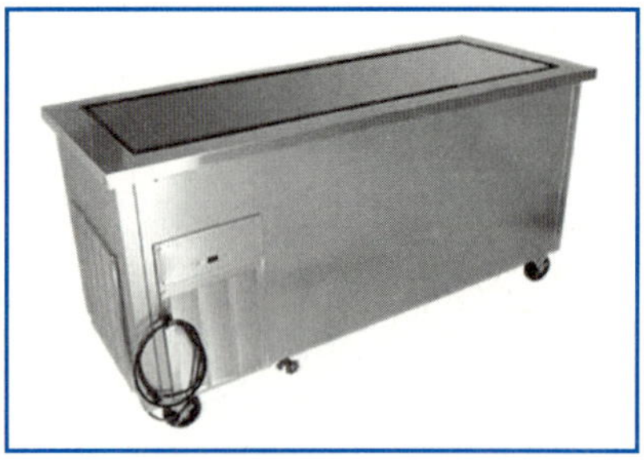

[그림 10-4] Frost Top.
(자료제공 : Delfield Refrigeration.)

또 다른 cold food holding 기기는 frost top이다. [그림 10-4]로 일반적으로는 스테인리스 접시 아래로 인위적인 냉동선을 통해 식혀져서 찬 음식들이 항아리, 컨테이너 서빙 카운터에 디스플레이 된다. Frost-top 대기 시간은 cold food wells보다 단축되지만, 음식은 훨씬 더 돋보이게 디스플레이가 될 수 있다. 시각적 효과를 높이기 위해서 frost tops들은 화강암 혹은 다른 돌재료로 제조되고 있다.

[그림 10-5] 피자 그리고 샌드위치 준비 테이블
(자료제공 : Fagor Commercial, Inc.)

피자나 샌드위치를 준비하는 테이블은 냉장고 문을 자주 열고 닫을 필요 없이 재료들을 손쉽게 쓸 수 있다. 이러한 테이블들은 재료들을 올리기 위해 조금 높은 위치에 위치된다. 그리고 또한 샌드위치나 피자를 만들 때의 높이가 있다. 테이블의 아래는 냉장고라서 재료들을 손쉽게 채울 때 편리하다.

3. 진열장(Display Cases)

[그림 10-6] 카운터 탑 케이스
(자료제공 : Federal Industries)

드라이(베이커리), 냉장된 그리고 보온시키는 여러 가지 진열장들이 있다.([그림 10-6]). 이러한 진열장들은 직원 서비스 혹은 셀프서비스를 위해 배치될 수 있다. 스타벅스는 셀프서비스 냉장 구역을 아래에, 그리고 베이커리 구역을 위로 하는 진열장을 쓴다. 진열장의 대부분은 슈퍼마켓에서 보는 것과 비슷하게 땅에 고정되어 있지만 counter top과 drop in구역은 가능하다. 진열장들은 대부분 화려하게 장식이 되어 있다.

진열장들은 고객을 위해서 음식을 돋보이게 하는 등의 시각적 효과를 내기 위해서 화려하게 장식한다. 진열장은 식음서비스에서 다양한 용도로 사용된다. 어떤 진열장은 날 음식을 진열해서 음식의 신선도와 품질을 확인하는데 사용된다. 스테이크나 생선 가게에선 위와 같은 이유로 신선한 상태로 디스플레이 된다. 또 다른 이유는 베이커리나 제과점에서 음식을 상품화하는 용도이다. 바로 포장이 된 음식들은 예로 들어, 샐러드나 특수음료들, 편리함 때문에 인기는 증가하고 있고 바람을 커튼처럼 사용하기에 고객들이 제품을 쉽게 볼 수 있도록 디자인했다.

4. 스니즈 가드(Sneeze Guards)

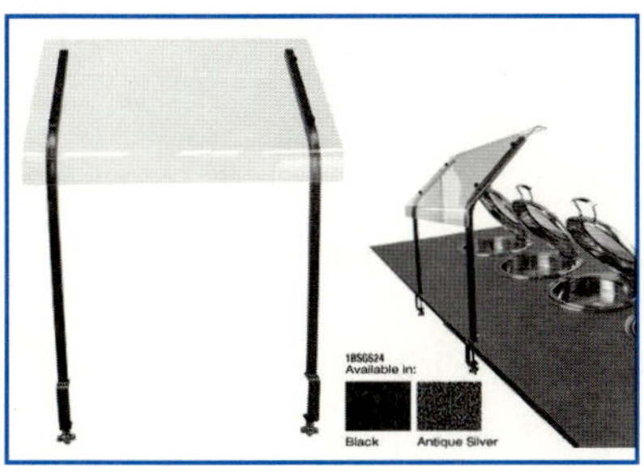

[그림 10-7] Sneeze Guards
(자료제공 : Buffet Enhancements International Inc.)

Sneeze Guards 혹은 Breath Protectors는 서빙하는 곳 또는 고객이 완성된 음식을 받을 수 있는 곳에 필수품이다. 고객과 음식 사이에 보호를 해주는 sneeze guard는 바닥에서 48에서 54인치(121.9~137cm)에 설치해서 대부분의 키를 커버할 수 있도록 한다.

Sneeze guards는 음식의 온도유지와 디스플레이를 위해 조명이 제공되기도 한다. 그리고 end panels, 접시용 디스플레이, 사인물, 디스플레이 선반 등 추가 액세서리를 포함한다. Sneeze guard의 전체적인 길이를 전제로 유리의 두께에 신경을 써야 한다.(예를 들어 sneeze guard가 길수록 유리는 두꺼워진다)

5. 부재료 디스펜서(Condiments Dispenser)

부피가 큰 부재료 디스펜서들은 오늘날 카페테리아나 페스트푸드점에서 더욱 널리 사용되고 있다. 이러한 디스펜서들은 수동 또는 공기에 의하여 작동될 수 있으며, 펌프 또는 버튼으로 1인분의 용량을 담을 수 있도록 되어 있다. 부피가 큰 부재료들은 각각 한 묶음으로 사는 것보다 경제적이고 위생적이다. 식품 제조업자들은 시장에 더 많은 조미료와 샐러드 드레싱 종류를 이러한 디스펜서에 사용하기 적합하도록 제품을 출시하고 있다. 일반적으로 부재료 디스펜서 기기는 서빙 카운터 안에 설치되며 디스펜서 머리 부분은 카운터 위로 보이게 해서 설치된다([그림 10-8a]참조).

[그림 10-8a] 부재료 디스펜서
(자료제공 : San Jamar)

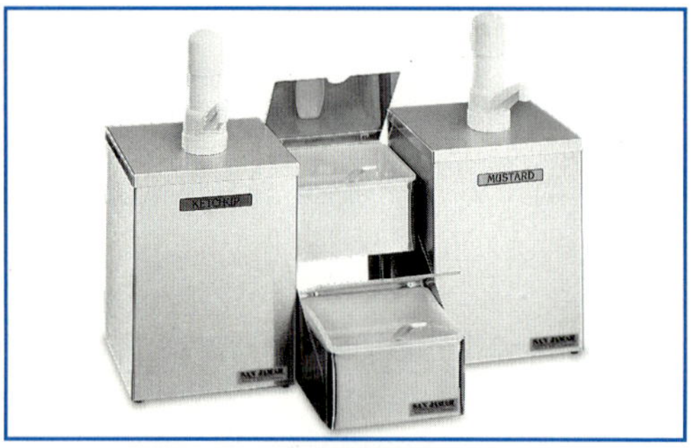

[그림 10-8b] 펌프와 부재료 세트
(자료제공 : San Jamar)

6. 소프트 아이스크림 기계들(Soft-serve machines)

부드럽게 제공되는 다양한 제품들은 소프트 아이스크림 기기로 만들어질 수 있다. 얼린 요거트, 얼린 커스타드, 셔벳, 그리고 아이스 우유는 인기있는 후식들이다. 직원이 주던, 셀프서빙을 하든, 아이스크림 선데, 콘 아이스크림, 컵 아이스크림, 그리고 다양한 혼합된 맛의 제품은 일반적으로 많은 사람들에게 선호된다.

작은 counter top 모델들은 액체를 위한 냉장고의 컨테이너가 위에 있어서 중력에 의해서 냉장고의 코일을 따라 실린더로 내려온다. 액체가 얼은 실린더의 벽과 붙으면, 스테인리스 혹은 단단한 플라스틱을 문질러서 벽에서 긁어내서 공기와 접촉이 되어 얼음을 작게 한다. 이것은 제품을 부드럽게 하고 냉동시키기에 양도 많아진다. 그 다음에 제품은 그릇이나 콘으로 올려진다. 큰 기기들은 제품을 얼리는 곳으로 알맞은 양을 보내기 위해서 액체를 컨테이너 아래에 보관한다.

[그림 10-9] 소프트 아이스크림 기계
(자료제공 : Taylor)

일반적으로 냉동제품은 계속 만들어지기에 만들어지는 양은 기기가 하루마다 움직이는 시간들을 생각해보면 된다. 기기의 크기와 용량은 모터의 마력과 액체를 보관하는 통에 따라 달려있다. 큰 음식점에서는 소프트 아이스크림 기기의 크기를 고르는 것이 중요하다. 그 이유는 점심시간 이후에 손님이 몰리기 때문이다. 높은 수요는 얼은 실린더에서 하는 일보다 빨리 진행될 수 있다. 이렇게 높은 수요가 있을 때에는 초기 비용이 비싸지만 펌프 기기가 필요하다. 그 이유는 중력 기기보다 완제품에 더 많은 공기를 투여하기 때문이다.

7. 음식운반 카트

카페테리아가 없는 연회장이나 병원은 음식이 만들어지는 곳과 멀기에 음식운반 카트가 필요하다. 고객에게 음식을 전달하는 방법에는 여러 가지가 있다. 연회장이나 결혼식에서는 음식이 개인용 접시에 담겨서, 병원 혹은 요양시설에서는 트레이에 담아 Sterno 혹은 전기로 보온이 되는 연회 카트로 전달되어진다.

최근 트렌드는 만들어진 음식과 트레이들이 있어야 한다. 이 방법은 한번에 음식을 만들고 서빙하기 직전에 재가열되어지게 한다. 이 방법은 양과 노동력을 아낀다. 대류와 전도의 방법으로 재가열이 되는 것이다.

카트는 정확하게 미는 것이라는 걸 보여줘야 되고 무거우면 안 된다. 음식 배달 카트들은 오랜 기간 동안 보온이 되며 짧은 기간 동안 단열되지 않는다. 먼 거리를 갈 때에는 바퀴가 달린 8인치(20.3cm)의 기기를 추천하며 그것들은 급 커브들을 돌 때 필요할 것이다. 움직이는 거리를 확인을 해서 사람들 사이로 지나갈 수 있게 카트를 선택해야 한다.

[그림 10-10a] 연회용 카트 (Banquet Cart)
(자료제공 : Food Warming Equipment Company, Inc.)

[그림 10-10b] 트레이 카트
(자료제공 : Caddy Corporation of America, Inc.)

제2절 음료기기

- 탄산음료 시스템
- 제빙기와 디스펜서
- 커피 어언과 디스펜서
- 에스프레소/카푸치노 기계
- 바 기기
  - · 맥주 시스템
  - · 와인 저장과 디스펜서
- 물 여과기

식음료 업체를 위하여 다양한 음료관련 기기가 있는데, 이런 기기들의 대부분은 특히 커피, 주스, 탄산음료 디스펜싱 시스템은 음료공급업체가 무료로 제공하는 경우가 많다. 이렇게 음료공급업체가 무료로 기기를 제공하는 이유는 2가지이다.

- 음료공급업체는 무료 기기를 제공함으로써 계속적으로 자회사 제품이 판매될 가능성을 높일 수 있고 자사 제품의 광고효과를 가진다.
- 음료공급업체는 자사가 공급하는 음료가 최상의 질로 서비스되기를 원하므로 자사 제품의 서비스에 가장 적합한 기기를 공급하고자 한다.

탄산음료 회사들은 보통 시럽과 이산화탄소에 대한 계약의 일환으로 디스펜싱 기기를 제공한다. 그러므로 중소형 식음업장의 경우 근처 탄산음료 회사에 전화를 걸어 도움을 청하면 각 업장에 가장 적합한 음료 기기를 설계하고 설치하는 서비스를 받을 수 있다. 하지만 음료서비스 수요가 매우 작거나 업주가 특별한 디스펜싱 모델을 원하는 경우, 음료제조업체로부터의 무료 기기를 받을 수 없으므로 따로 구입해야 할 수도 있다.

많은 식음서비스 업장에서 고려하는 특수한 음료 기기로 에스프레소 기기와 백-인 박스(bag-in box) 탄산음료시스템(농축액이 들은 플라스틱 백이 종이상자에 넣어있는 형태)이 있다.

1. 탄산음료시스템

탄산음료시스템에는 프리믹스(premix)와 포스트믹스(postmix)의 2가지가 있다. 프리믹스시스템의 경우는 완성된 음료가 배달되고 이를 냉장 후 즉시 서비스할 수 있다. 포스트믹스시스템에서는 음료농축액, 물, 이산화탄소 각각을 디스펜서에 연결하여 음료를 서비스할 때 혼합된다. 포스트믹스시스템이 프리믹스 시스템보다 인기가 있다.

규모가 작은 포스트 믹스 시스템은 농축액 용기와 이산화탄소 탱크, 그리고 찬물이 연결되어 있는 간단한 구조를 가지고 있다. 이러한 세 재료가 기계에서 혼합되고 냉각된 후에 컵으로 담아진다. 농축액은 보통 약 5갤런 정

[그림 10-11] 탄산음료 공급시스템
(자료제공 : Black Angus Steakhouse)

도 되는 작은 금속탱크나 백인박스(bag-in-a-box)에 담겨 있다. 규모가 큰 시스템의 경우는 카보네이터(carbornator)와 대형 이산화탄소 탱크, 냉각기를 가지고 있고, 이러한 것들이 떨어져 설치된 디스펜싱 기기에 플라스틱 튜브로 연결되어 있다. 즉 음료의 원료 박스들이 디스펜싱 기기와는 떨어져 지하실이나 다른 방에 배치될 수 있어서 세척과 운반에 용이한 장점이 있다.

2. 제빙기와 디스펜서

요즘 우리나라의 대부분의 업장에서는 찬 음료의 경우 거의 모든 종류의 음료에 얼음을 넣어 마시는 경향이 있어, 제빙기와 디스펜서는 식음서비스 업장에서 매우 보편적인 기기가 되었다. 얼음은 음식을 차게 하는 냉매의 역할 뿐만 아니라, 샐러드 바 등에서 전시효과를 위한 역할도 한다. 자동 제빙기와 디스펜서 덕분에 식음서비스에서의 얼음 사용이 용이해졌다.

초기 자동제빙기 모델에서는 제빙기기와 얼음 보관고가 하나의 캐비닛에 들어 있었다. 하지만 이러한 모델은 업장별로 다양한 얼음생산/보관의 수요를 충족시킬 수가 없었다. 그래서 제빙기와 얼음보관고가 분리된 모델이 나오기 시작했고, 이 덕분에 각각의 업장은 필요에 맞는 규모의 제빙기와 보관고를 각각 선택할 수 있게 되었다. 즉 업장에 따라서 얼음을 단시간에 대량생산할 것인지, 소용량의 제빙기로 미리 얼음을 만들어 대량 저장해 놓고 사용할 것인지를 결정할 수 있다. 오늘날은 이렇게 제빙기와 보관고가 분리된 모델이

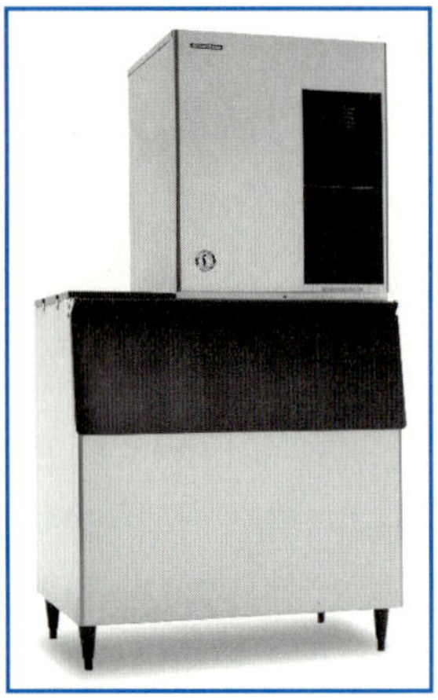
[그림 10-12] 제빙기
(자료제공 : Hoshizaki)

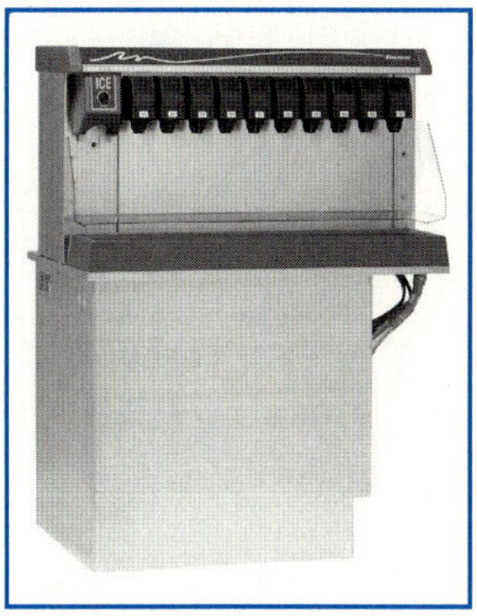

[그림 10-13] 제빙기와 음료 디스펜서
(자료제공 : Follett)

표준형이다. 또한 요즘에는 얼음을 셀프서비스하도록 하는 업장이 많다. 즉 셀프서비스용 얼음 디스펜서의 사용이 점점 늘어나고 있는데, 이는 노동력을 절감하고, 점점 까다로워지고 있는 위생 법령에 부응할 수 있으며, 여러 가지 점에서 편리하다는 장점이 있다.

얼음 디스펜서는 생산, 보관, 디스펜싱의 기능을 하는 총체적 시스템을 갖추고 있다. 생산, 즉 제빙의 경우 일반적으로 조각형과 큐빅형의 2가지 모델이 있다. 큐빅형 얼음제조기는 투명하고 단단한 형태를 가지며 상대적으로 조각얼음보다 천천히 녹는 얼음을 만든다. 하지만 대용량의 큐빅형 얼음제조기는 조각형 얼음제조기보다 고가라는 단점이 있다. 조각형 얼음제조기는 얼음을 연속적으로 생산해 내는데, 큐빅형 얼음제조기보다 움직이는 부분들이 없고 에너지 효율도 높다는 장점이 있다. 하지만 조각형 얼음제조기에 의해 생산되는 얼음은 그 질이 균일하지 않고 쉽게 녹아버린다는 단점이 있다.

얼음보관고는 다양한 용량으로 제작, 판매되는데 180kg에서 360kg 모델이 보편적이다. 얼음 보관고는 수동으로 또는 자동으로 얼음이 채워질 수 있고, 단독 스탠드형, 카운터 탑형, 또는 서비스 카운터의 일부분으로 설계된 모델도 있다. 보관고는 절연되고 배수장치를 가지고 있으며, 플라스틱, 알루미늄, 아연 철판, 스테인리스 강철 등의 재료로 제작된다. [그림 10-12]는 얼음보관고 위에 설치된 전형적인 제빙기의 사진이다.

얼음을 디스펜싱하는 과정은 보관고 내의 얼음을 손님의 컵까지 이동시키는 모든 과정을 포함한다. 가장 보편적이고 값싼 디스펜서는 얼음을 디스펜서 윗부분에 저장함으로써 중력을 이용하여 얼음이 자동으로 컵 속으로 떨어지도록 하는 기기이다. 이러한 모델은 제빙과 저장, 그리고 디스펜싱 기능을 하나로 결합한 설계로 제작될 수도 있고, 제빙의 기능은 없이 저장과 디스펜싱의 기능만으로 이루어진 것일 수도 있다. 대형 업장의 경우는 제빙기를 서비스 카운터 밑에 설치하고 얼음보관고를 그 옆에 배치함으로써 채워진 얼음을 기계적으로 끌어 올려서 고객의 잔에 디스펜스하기도 한다.

얼음의 보관고가 카운터 위에 설치된 디스펜서가 카운터 밑에 얼음을 보관하는 디스펜서보다 균일한 질의 얼음을 서비스할 수 있고 설계에 있어서도 기계적으로 단순하다. 그러나 대량의 얼음이 저장되어야 하는 경우는 얼음 보관고를 카운터 밑에 설치하는 것이 외관상 좋다.

제빙기와 얼음 디스펜싱 시스템은 음료 냉각, 식품 전시 등의 다양한 용도의 얼음을 생산, 보관하고 분배하는 기능을 한다.

각각의 식음 업소의 필요에 맞는 얼음 기기를 선택할 때는 다양한 요인들을 검토해야 한다. 얼음 요구량은 음료의 냉각을 위해 쓰일 양과 샐러드나 해산물 등의 전시효과를 위하여 쓰일 양을 합해서 산출한다.

음료용 얼음 필요량은 컵의 크기를 기초로 하여 대략적으로 산출해 낼 수 있다. 한 컵은 보통 그 부피 용량의 반에 해당하는 음료와 무게 용량의 반에 해당하는 얼음으로 채워진다. 예를 들어, 10온스(296㎖) 용량의 잔인 경우 그 반인 5온스(158㎖)의 음료와 5온스(1.4mg) 무게의 얼음으로 채울 수 있다. 컵에 얼음을 채울 때 반 정도만 채우는 업장이라면 한 컵당 필요한 얼음의 양은 컵 용량의 약 25%일 것이다.

대부분 식음 업장의 경우에, 음료에 대한 수요가 하루 종일 일정한 것이 아니기 때문에 음료에 필요한 총 얼음량을 산출하는 것이 쉽지는 않다. 특히 더운 계절의 손님이 많은 시간대에는 얼음에 대한 수요가 급증한다. 대부분의 업장에서 점심과 저녁시간대에 얼음 수요가 급증한다. 대부분의 업장에서 점심과 저녁시간대에 얼음의 수요가 급증한다. 즉 오전 11시 30분에서 오후 9시까지가 가장 얼음의 수요가 높다.

제빙기의 용량은 하루에 생산할 수 있는 얼음의 양으로 평가되고 얼음보관고의 용량은 한번에 보관할 수 있는 얼음의 양으로 평가된다. 하지만 제빙기의 문서상의 용량이 반드시 실제 생산량을 나타내는 것은 아니다. 만약 함께 설치된 얼음보관고의 용량이 이보다 작다면 보관고의 용량만큼을 생산한 후, 제빙기는 자동적으로 얼음생산을 멈출 것이다. 그러므로 수요가 절정에 달하는 시간의 사용 가능한 얼음의 양은 보관고에 저장되어 있는 얼음과 그 시간대 안에 만들어 낼 수 있는 얼음의 양의 합일 것이다. 제빙기의 용량을 최대로 활용하고자 한다면 함께 설치할 얼음보관고를 제빙기의 용량보다 조금 큰 것으로 구입해야 한다. 하지만 대용량의 보관고는 바닥에 저장된 얼음이 녹을 가능성이 있다는 것이 단점이다.

〈표 10-1〉 얼음 필요량 예측표

유리잔 크기 별 필요 유리잔수						
일일 식수	식사한끼당 필요한 유리잔 수	일일 필요 유리잔 수	4 oz	6 oz	8 oz	10 oz
250	2 +25%	500	63 78	94 117	125 156	156 195
500	2 +25%	1000	125 156	188 234	250 313	313 391
750	2 +25%	1500	188 234	281 352	375 469	469 586
1000	2 +25%	2000	2500 313	375 469	500 625	625 781
1500	2 +25%	3000	375 469	563 703	750 938	938 1172
2000	2 +25%	4000	500 625	750 938	1000 1250	1250 1563
3000	2 +25%	6000	750 938	1125 1406	1500 1875	1875 234

〈표 10-1〉은 음료서비스를 위한 얼음의 수요를 충당하기 위한 얼음생산과 저장용량을 결정하는 데 도움이 될 것이다. 설명의 목적으로, 이 표에서는 수요의 피크가 하루 중 한 번 있으며 컵들은 무게기준으로 50%의 얼음을 담아 서비스 되는 것으로 가정했다. 예를 들어, 한 업장이 500명의 손님에게 평균 8온스 컵 두 잔의 음료를 서비스한다고 가정하면 최소한 하루에 200파운드의 얼음이 필요할 것이다.

업장에서 설치할 얼음 기기의 생산과 저장용량은 표에 표시되어 있는 필요량을 최소한 25% 이상 초과해야 하는 데, 그 이유는 다음과 같다.

- 얼음은 음료서비스 이외의 다른 목적(예 : 샐러드 바)으로도 사용된다.
- 낭비되는 얼음도 고려해야 한다.

- 냉각기의 냉매로 쓰이는 공기나 물의 온도가 높아지는 여름철에는 제빙기의 생산용량이 저하될 수도 있다.
- 종사원들은 얼음의 가치를 생각하지 않기 때문에 마음대로 사용하기도 한다.

제빙기를 설치하고자 하는 창업자들은 반드시 제빙기의 제빙 형식에 대하여도 고려하여야 한다. 일반적으로 제빙기는 냉매의 냉각을 어떤 방식으로 하는가에 따라 수냉식과 공랭식의 2가지 형식이 있으며, 수냉식의 경우 얼음이 만들어지는 동안 지속적으로 제빙기 안에 물이 공급되어야 하며 공급된 물은 냉각 후 버려지게 된다. 이렇게 버려지는 물은 레스토랑을 운영하고자 하는 운영자들을 대부분 고려를 하지 않는 사항들이다. 그러나 버려지는 물은 제빙기의 크기에 따라 1일 기준 몇 드럼이 될 수 있다. 따라서 제빙기 앞부분에는 트랜치 또는 배수구를 반드시 설치하는 것이 좋으며, 버려지는 물의 용량에 대한 사전 점검과 재활용방안에 대한 연구를 하여야 한다. 또한 공랭식의 경우 전기료 부담 등으로 대용량 업소에서는 사용이 어려운 단점이 있다. 따라서 이렇게 얻어진 얼음은 음료수 원가 중 가장 높은 비율을 차지할 수 있다는 점을 반드시 고려하여야 하며, 함부로 사용하거나 비효율적으로 사용하는 것을 사전 교육을 통하여 예방하여야 한다.

3. 커피용 장비

1) 커피 어언(Coffee Urn)

끓는 물에 커피가루를 넣어 끓이던 척-웨곤(chuck-wagon)식 방법으로부터 시작한 커피 브루잉법은 상당히 많은 발전을 거듭해왔지만, 그 기본적인 방법은 오랜기간 동안 변함없이 지켜져 왔다. 끓는 물을 커피가루 위로 일정한 시간 동안 뿌리거나 부어 맛과 향을 가진 물이 용기에 모이게 된다. 커피가루는 천이나 스테인리스 강철로 만들어진 바스켓에 담아 브루잉하고 브루잉이 끝나면 버려진다. 브루잉이 끝난 가루를 버리지 않고 계속 두면 커피가

[그림 10-14] 커피 어언의 구조
(자료제공 : Boyd Coffee Company)

[그림 10-15] 커피 어언
(자료제공 : Cecilware Corporation)

루의 쓴맛이 우러나올 가능성이 있다. 맛이 좋은 커피를 만들려면 깨끗한 어언과 잘 블랜드 된 커피, 그리고 좋은 물이 있어야 한다. 커피 어언(coffee urn) 이중벽 사이에는 끓는 물이 순환하면서([그림 10-14] 참조), 내부의 커피를 끓는점에 근사한 온도로 보온한다. 이중벽 사이의 끓는 물은 다시 커피를 브루잉 하기 위해 이용되거나 티 등의 다른 음료를 만들 때 사용할 수도 있다. [그림 10-15]는 업소용 커피 어언 시스템을 보여준다.

1조 3갤런, 2조 3갤런(총 6갤런), 6갤런, 2조 6갤런(총 12갤런) 등이 가장 흔한 모델이다. 그리고 정확한 양의 끓는 물이 자동으로 커피가루 위에 분사되는 모델도 있다. 이러한 자동형 모델은 커피의 층화를 방지하기 위해 소량의 스팀을 브루잉된 커피 속으로 분사하는 혼합장치를 가지고 있다.

2) 커피 브로워(Coffee Brewer)

[그림 10-16] 커피 브로워
(자료제공 : Bunn-O-Matic Corporation)

보통 커피 한 잔은 5~6온스이고, 1파운드의 커피가루로 만들 수 있는 커피는 보통 2.5~3갤런이다. 커피 어언은 주로 중·대 식음서비스 업소에서 사용되지만 레스토랑, 호텔, 그리고 작은 기관들이 가장 많이 쓰는 커피 기기는 커피를 바로 추출하여 디켄터(커피용 유리 주전자)에 내려 마실 수 있는 자동 커피기이다. 이 커피 기기는 물이 기기를 흘러가면서 가열되어서 (저장되는 방식이 아닌) 종이 필터에 있는 커피 위로 뿌려진다. 커피는 작은 관을 따라 유리 혹은 스테인리스 강철 컨테이너로 부어진다. 마개가 있는 유리병은 손님에게 커피를 부울 수 있다. 이러한 것들은 커피 어언보다 덜 비싸고 좋은 품질의 커피를 만들어 낸다. 전기로 가열되고 일반 220V 전원에 연결하여 바로 사용할 수 있다.

3) 이동형 커피 브루잉/서빙시스템(Airport and Satellite System)

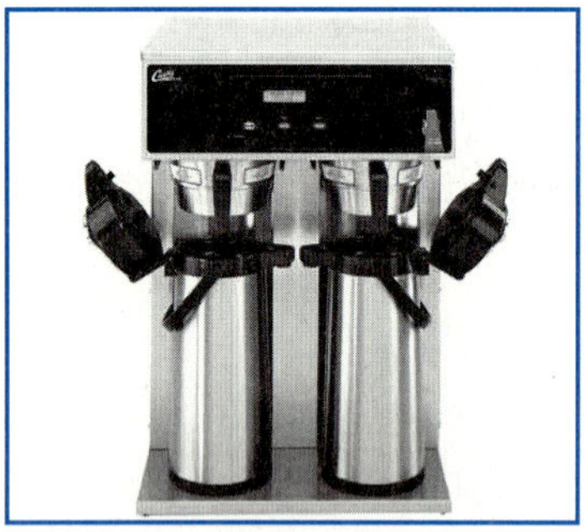

[그림 10-17] 이동형 커피 브루잉
(자료제공 : Curtis)

자동커피메이커[그림 10-17]이 최근에는 이동식으로 생산된다. 이러한 커피메이커는 수도관에서 직접 공급되는 찬 물을 끓는점까지 가열한 후에 종이필터 위의 커피가루에 분사하여 커피를 만든다. 만들어진 커피는 2개의 이동식 커피 박스 또는 포트에 담아지는데, 이러한 커피 박스 또는 포트는 매우 절연이 잘되고 외관이 보기에 좋다. 이와 같은 이동식 커피 박스 또는 포트를 여러 개 이용하면 다양한 종류의 커피를 선보일 수 있는 동시에 서버 준비 구역이나 소형 카페테리아와 같은 다른 장소로의 이동도 편리하다.

※ 최상의 브루잉 커피를 즐기기 위한 7가지 방법

1. 장비 : 깨끗한 장비는 더 좋은 맛을 가져온다. 글라인더, 디스팬서, 커피메이커, 필터, 브루잉 컨테이너들을 항상 한 번 사용하였을 경우 깨끗하게 청소하여야 한다. 커피에서 나오는 기름이 축적될 경우 '커피 타르'들로 발전될 수 있으며, 이들이 커피 또는 물과 접촉하였을 경우 일부분이 커피에 녹아 들어갈 수 있으며, 이로 인하여 추출된 커피에서 쓰거나 떫은 맛을 느낄 수 있다.

2. 물 : 적절하게 내려진 커피는 98.5%에서 98.85%의 물을 포함하고 있으므로 좋은 품질의 물을 사용하는 것은 필수적이다. 신선하고 차가운 수도물 또는 생수의 사용을 권장한다.

3. 온도 : 차갑고 신선한 물을 섭씨 93.3도로 가열한 후 섭씨 85도가 될 때까지 기다린 후 사전에 가열해 놓은 포트에 커피를 내린다. 내려진 커피는 가열기에서 20분을 넘기지 말아야 하며 다시 끓이는 것은 안 된다.

4. 그라인드 & 시간 : 커피메이커를 위하여 디자인된 그라인더를 사용해야 한다. 너무 곱게 갈은 커피를 사용할 경우 커피에 떫은 맛이 많이 날 수 있다. 너무 거칠게 갈아졌을 경우 커피가 연하게 추출될 수 있다. 커피의 그라인딩 방식은 커피가 물과 함께 머무르는 시간의 길이를 결정하는 요소이다.

5. 방식 : 커피를 마시는 모든 사람들이 만족하는 공식은 없다. 그러나 적절한 브루잉 상태와 최적의 향을 얻을 수 있는 공식은 14~20온스의 신선한 물과 1온스의 신선하게 그라인딩 된 커피를 사용하는 것이다.

6. 커피 : 당신이 신뢰하는 사람으로부터 최고급 품질의 커피를 얻는 것으로 시작된다. 커피 빈의 상태를 평가하고, 로스팅하여, 당신의 기호와 특별한 행사에 가장 적합한 커피를 선정하여 만드는 것이다.

7. 신선도 : 항상 신선한 커피를 사용하여야 한다. 커피를 보관하는 과정에 가장 영향을 미치는 세 가지 요소는 공기와 습도, 열이다. 이들 세 가지 요소로부터 커피를 보호하는 방법은 냉장고나 냉동실에 보관하는 것을 피하고, 차고 건조한 장소에 보관하는 것이다. 그라인딩 된 커피는 더 빨리 표면이 공기에 노출되어 빠르게 노화가 진행된다. 가장 신선하게 커피를 마시기 위하여 바로 로스팅 된 신선한 커피를 구매하며 적절한 커피 전용 팩에 담겨 있는 것을 구매하여야 한다.

4) 에스프레소/카푸치노 기계와 커피원두 분쇄기

에스프레소와 카푸치노 커피가 인기를 얻음에 따라 관련 기기의 자동화에 대한 수요가 증대되었다. 에스프레소는 매우 진한 커피인데 매우 미세한 커피가루에 압력을 가하면서 뜨거운 물을 통과시킴으로써 만들어진다. 에스프레소 기기의 구조는 물을 데우는 보일러와 물의 양을 조절하는 모터가 주된 구조이며, 에스프레소 기기는 단순히 on/off 기능만 가지고 있는 수동머신과 수동식의 기능에 프로그램을 입력할 수 있는 기능이 추가된 반자동식, 반자동 기능에 그라인드의 기능과 프로그램의 기능이 추가되어 있는 완전자동식의 세 종류로 나뉜다.

잘 만들어진 에스프레소는 강한 향미의 커피 맛과 향기를 가지면서 커피의 상단에 크레마라 불리우는 거품을 갖는다. 카푸치노는 에스프레소와 뜨거운 열로 만들어진 우유거품을 혼합해서 만든다.

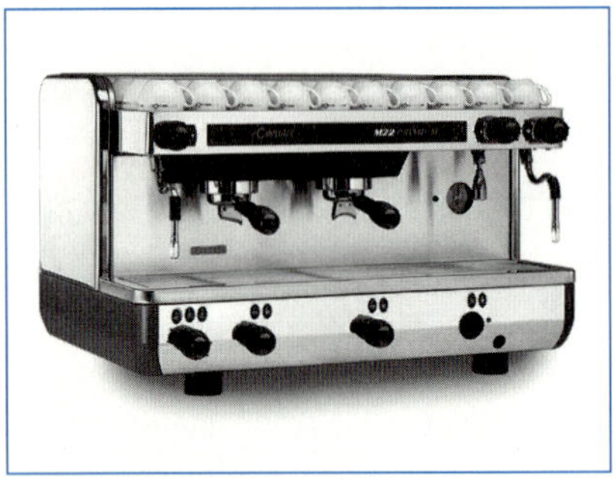

[그림 10-18] 에스프레소 메이커
(자료제공 : La Cimbali)

[그림 10-19] 커피 그라인더
(자료제공 : La Cimbali)

시나몬, 초콜릿, 휘핑 크림 등을 첨가해서 먹는 경우가 많기는 하나, 이는 원래의 이탈리안 스타일은 아니다.

대용량 에스프레소 기계 [그림 10-18]은 다른 커피 기기와 비교하면 고가이기는 하나 에스프레소가 고마진 상품이라는 것을 감안하면 투자의 가치가 충분히 있다고 하겠다. 1구, 2구 또는 3구의 브루잉 장치를 구비할 수 있고 다양한 장식의 액세서리가 있다.

커피 그라인더는 보통 에스프레소 기계를 파는 회사가 함께 파는 경우가 많고 다양한 크기와 형태의 모델이 소개되어 있으므로 몇몇 제조업체의 제품을 비교분석한 후 구입하는 것이 좋다.

4. 바 기기

바(bar)의 설계에는 2가지 큰 특징이 있다. 바의 앞과 윗부분은 보통 장식을 중요시하여 설계되고 고무, 동, 적층 플라스틱, 비닐, 가죽 바 레일 등이 많이 쓰인다. 반면, 바텐더가 작업하는 공간인 바의 뒷면의 설계 시에는 작업 효율을 중요하게 고려해야 한다. 몇몇 주요 제조업체들은 각각의 바 기기

[그림 10-20] 바 기기들
(자료제공 : perlick)

를 조합해서 위생적이고 능률적인 작업 공간은 만들 수 있도록 단위 기기를 개발했다. 일반적인 단위 기기들은 다음과 같다.

- 얼음 용기 - 얼음 보관 용도의 절연성 높은 보관고(얼음을 만들지는 않음)
- 건조대 - 유리컵과 각종 집기를 공기 중에 건조하기 위하여 올려놓는 작업대 등의 장소
- 블렌더 스테이션 - 블렌더용 공간으로 집기를 세척하기 위한 소형 싱크

대를 갖춤
- 냉장보관용 용기 - 각종 양념과 냉장보관용 병을 보관하기 위함
- 비누와 종이타월 디스펜서가 구비된 손 세척용 싱크대
- 3조형 싱크대 - 유리컵 세척용, 보건법에 의하여 필수로 규정됨
- 보관 상자 - 사용전후의 유리컵을 보관하는 20×20인치 랙을 보관하는 장소
- 바틀 레일(bottle rail), 일명 스피드 레일 - 바의 알코올음료 재고 중 개봉 후 그 내용물이 남아 있는 것들을 보관
- 과일 서랍- 혼합 음료에 쓰일 각종 과일을 보관할 특수 서랍

그렇게 흔하지는 않지만 컵 세척을 위한 소형 식기세척기를 카운터 하단에 설치하기도 한다. 냉각된 맥주나 포도주를 보관하는 캐비닛은 종종 바 뒤편의 벽이나 바 하단의 보이지 않는 장소에 놓여진다. [그림 10-20]은 바의 내부를 보여준다.

1) 맥주 시스템

케그(keg : 생맥주을 저장하는 통)로부터 맥주를 디스펜스하는 방법에는 2가지가 있다(맥주 보관용 지하 창고인 셀러로부터 맥주를 펌핑하는 영국 시스템을 포함한다면 3가지 방법이 있다). 중소 규모의 바를 위해서는 간단한 직출형 맥주 냉각기가 적합하다. 이 시스템은 케그를 카운터 밑에 위치한 냉장고에 넣고 그 바로 위에서 맥주를 따른다. 이 시스템은 매우 단순하면서도 맥주를 따르기가 매우 용이하므로 많이 쓰인다. 원거리형 시스템은 훨씬 복잡한데, 케그를 보관하는 장소와 디스펜서의 거리가 비교적 짧다면 절연된 호스를 이용하면 되지만, 꽤 거리가 멀다면 복잡한 이중관 시스템을 이용해야 한다. 이중관 시스템에서는 소금물이 바깥쪽 튜브를 돌면서 안쪽 튜브 속의 맥주를 냉각하는 원리에 의해 찬 맥주를 멀리 떨어진 디스펜서까지 운반하는 시스템이다. 이러한 원거리용 시스템은 당연히 고가이므로 케그를 바에서 멀리 배치해야만 하는 대형업장의 경우가 아니라면 적합한 시스템은 아니다.

2) 포도주의 보관 및 디스펜싱 기기

포도주 보관고의 취급은 별로 어렵지 않다. 적포도주병은 선선한 장소에 옆으로 뉘워서 보관하여 코르크 마개가 포두주에 닿아 촉촉하게 유지될 수 있도록 해야 한다. 백포도주는 서비스하기 전에 냉각되어야 하는데, 어느 정도로 냉각되어야 하는지에 대해서는 의견이 분분하다.

백포도주가 너무 차면 미묘한 풍미가 느껴지지 않을 수도 있다. 하지만 많은 경우 포도주가 서비스된 후 손님이 마시기 전에 상당시간 테이블 위에 놓여있게 되므로, 이 시간동안 적당한 온도로 돌아오기도 한다.

백포도주를 보관하기 위하여 보편적으로 쓰이는 기기에는 바의 뒤편에 놓는 선반형 냉장고와 특수 제작된 랙이 포함된 1조의 대형 또는 2조의 소형 선반형 냉장고가 있다. 바 뒤편의 선반형 냉장고에 하우스 와인을 전시하면 선전효과를 기대할 수 있을 것이다. 와인 진열기구 중에는 개봉된 후 와인이 남아있는 병을 재 봉합한 후 보관할 수 있도록 설계된 것도 있다.

5. 물 여과기

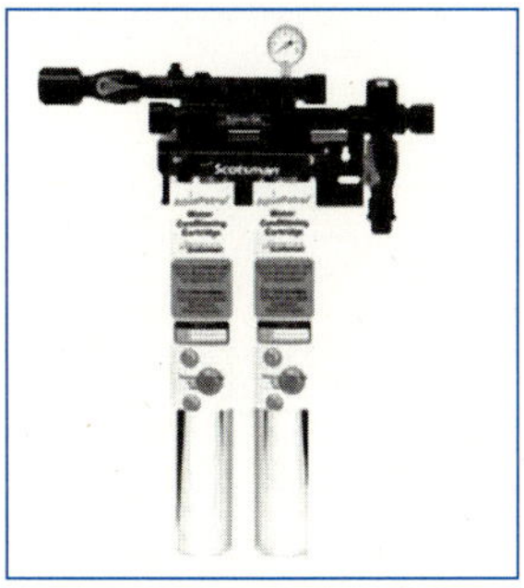

[그림 10-21] 물 여과기
(자료제공 : Scotsman Ice Systems)

물 여과기는 기기를 오래 쓰고 제품의 맛을 위해서 꼭 필요하다. 제빙기의 필터들은 잠재적인 박테리아의 증식으로부터 막아줌으로써 보호해준다. 커피와 다른 마시는 음료들에 대한 물 여과기는 깨끗하고 신선한 식수를 제공한다. 흙과 잔여물들을 줄이고 클로린의 맛과 냄새를 줄여준다. 필터시스템은 주 물 공급관을 끄지 않고 필터를 갈 수 있게 밸브가 필요하다. 또한 물의 압력이 충분히 높아서 스티머의 표준 가동기준이 되는 것을 증명하기 위해 압력 표준치수가 표시되어야 한다. 낮은 압력은 필터가 오염되었거나 교체가 필요하다는 것을 표시할 것이다.

외식창업

제11장

식음서비스 시설 공학과 전축

제11장
식음서비스 시설 공학과 건축

제1절 식음서비스 시설 공학

호텔식음 시설, 대형 레스토랑 및 단체급식소 시설은 건축가와 전문기술자의 도움 아래 설계되어야 한다. 전문가의 조언 없이 전기, 배관 또는 난방, 환기 및 공조(HVAC) 시스템을 설계 설치하는 것은 매우 위험한 일이다. 왜냐하면, 레스토랑에 식기세척기 한 대를 설치하는 것에도 다음과 같은 복잡한 공사가 필요하기 때문이다.

- 온수 및 냉수 공급
- 바닥 배수
- 식기세척기 배수
- 전기, 스팀, 또는 천연가스
- 습기 제거를 위한 특수 환기 시설
- 특수 바닥, 벽 및 천정마감
- 특수 조명

이 장은 공학시스템에 대한 일반적인 이해를 돕고, 문제 해결에 도움이 될 수 있는 식음서비스 산업과 관련된 몇 가지 유용한 아이디어를 제공하는 데 목적이 있다. 또한 학생과 식음서비스 기획가에게는 식음서비스 시공 및 개보수 프로젝트 공사에 가장 적합한 방법을 제시해주고 전기, 배관, HVAC 시스템과 관련된 기초 용어를 이해하는데 도움을 준다.

1. 상수도 시스템

음식 조리와 서비스를 위해서는 위생적인 온수와 냉수가 필요하다. 물 없이는 야채를 깨끗이 씻을 수 없고, 음식을 만들거나, 그릇을 세척하거나, 얼음을 만들 수 없다. 온수는 레스토랑 에너지 예산의 약 13%를 차지하고 있으며, 물의 사용은 다음과 같은 비용으로 인해 식음서비스 이익창출에 경제적 효과를 미친다.

- 공급 : 냉수 사용량
- 가열 : 온수를 만들기 위해 사용된 에너지
- 쓰레기처리 : 버려지는 물의 하수 오물 처리 비용

〈표 11-1〉 식음서비스 시설의 온수 소비량

기기명	시간 당 온수 소비량 / 갤런(리터)	
	적은 경우	많은 경우
야채 세정대	15(57)	15(57)
3조 세정대	45(170)	60(227)
식기 애벌세척	45(170)	45(170)
잔반제거(컨베이어형)		250(946)
잔반제거(Salvajor형)		180(681)
바 세정대(3조)	–	20(76)
바 세정대(4조)	–	25(95)
세면대/화장실	3(11)	5(19)
설비 세정대	3(11)	5(19)
베인 마리	6(23)	10(38)
커피어언(coffee urn)	3(11)	5(19)
일조 식기세척기	45(170)	50(189)

어떤 식음서비스 시설들은 자체 우물을 이용하는 경우도 있지만, 물은 도시 수도시스템에 의해 공급되는 것이 일반적이다. 수도시스템은 대부분의 경우 물속에 병원균이나 유해한 물질이 들어있는지를 수시로 체크하고 점검한다. 수도 공급비용은 1~3개월까지 다양하게 정해진 기간 동안 소비한 물의 양을 기준으로 산출된다. 수도 계량기를 읽는 시점에서 기준의 비용이 산정되고 청구서가 발송된다. 〈표 11-1〉은 식음서비스 시설의 온수 사용량에 대한 예상표이다.

1) 수도 설치 장소와 설비

수도 설치 장소와 배관에 대한 결정은 설계와 배치과정에 있어 중요하게 고려해야할 요소이다. 시설이 오픈된 뒤 수도를 설치하는 비용보다 설계할 때 미리 추가하는 것이 훨씬 저렴하기 때문이다. 뜨거운 음식을 보관하는 스팀테이블, 주방장 작업대, 솥과 만능조리기 및 서버구역(server station)에 수도관을 설치함으로써 업무단계를 축소시키고 인건비를 절감할 수 있다. 수도꼭지, 배관, 호스, 연결부위 등의 종류는 매우 다양하다. 신규 시설 시공이나 개보수에 필요한 전체 기기 제품 중 극히 작은 부분일지라도, 이러한 설비를 선택할 때는 시간이 조금 걸려도 제대로 만들어진 설비를 선택하는 것이 중요하다. 주문형 기기업자와 기성품 공급업자 사이의 경쟁격화로 기기 비용이 낮아지고는 있지만, 어떤 기기가 필요한지 정확히 알지 못해 부적절한 설비가 들어오는 경우도 간혹 있다.

2) 온수가열

온수가열 시스템은 식기세척, 음식조리 및 화장실 사용에 필요한 물을 적절한 온도로 데워준다. 온수 히터는 다음과 같은 2가지 방법으로 온수를 공급한다. 하나는 사용온도에 맞게 물을 데워 수도꼭지에 공급하는 방식과 다른 하나는 물을 사용온도보다 더 높은 온도로 가열해 저장했다가 수도꼭지에 도달하기 전에 찬 물과 섞이면서 적정온도를 조절하는 방법이다. 어떤 식음서비스 업장은 주방과 화장실을 구분하여 별개의 온수가열 시스템을 가지고 있다. 하나는 주방에 뜨거운 물을 공급하는 시스템이며, 또 다른 하나는 화장실 사용에 적합한 온도의 온수를 데우는 시스템이다.

물을 데우기 위해서는 모든 형태의 에너지를 사용할 수 있다. 기름이나 스팀을 사용하기도 하지만, 대부분의 식음서비스 시설은 전기 또는 가스 온수 히터를 사용한다. 전기히터는 전기 에너지를 뜨거운 물로 전환하는데 가장 효율적이다. 하지만 다른 히터들에 비해 물을 데우는 속도가 다소 느리기 때문에 온수를 많이 사용하는 곳은 대용량의 저장 물탱크를 설치하는 것이 바람직하다.

3) 에너지절약과 물의 사용

비록 높은 위생관리 기준을 유지하면서도 온수가열이나 식기세척 시 에너지를 절약할 수 있다. 에너지 절약은 업체마다 간단하면서도 다양한 방법으로 이루어지고 있다. 어떤 식음서비스 업소는 지붕에 설치하는 태양열을 사용하는데, 모아진 태양 에너지는 물이 온수 히터에 들어가기 전에 물을 미리 데우는데 사용함으로써, 온수가열 시스템의 에너지 사용을 현저히 감소시킨다. 또 다른 방법은 냉장냉각 시스템에서 버려지는 열을 사용하여 식기세척에 필요한 물을 데우는 것이다. 열재생 개념은 다음 부분에서 자세히 설명하기로 한다.

다음의 2가지 기본 사항을 잘 염두해 둔다면 에너지와 비용을 대폭 절감할 수 있다. 첫째, 온수 사용량을 줄이는 방법이다. 특히 온수 사용 후 버려지는 물의 양을 줄인다. 두 번째는 사용에 적합한 최저 온도로 물의 온도를 낮추는 방법이다. 이 방법은 물을 데우는 데 소요되는 에너지 비용을 절감시켜줄 뿐만 아니라, 온수 파이프와 외부온도의 차이가 많을수록 생기는 열손실을 줄일 수 있다.

에너지 절약형 식음서비스 시설 설계를 위한 몇 가지 제안을 하면 다음과 같다.

- 온수히터는 가열기구로 직접 물을 데우는 것보다 에너지를 적게 사용한다. 따라서 물에 다량의 미네랄이 포함되어 있는 경우를 제외하고는 조리할 때 온수기로 데워진 물을 사용하는 것이 좋다. 조리할 때 찬 물이

사용되어야 하는 경우에만 찬 물을 사용하고 조리 구역에는 냉온수를 모두 공급한다.

- 물은 필요로 하는 온도에 맞게 데워져야 한다. 주방에서 사용하는 물을 모두 화씨 180도(섭씨 82도)로 데우는 것은 매우 비효율적이다. 이 정도 온도의 물은 식기세척기의 마지막 행굼 단계에서만 필요한 물의 온도이다. 대신 순간 가열기(booster heater)를 사용하면 소독에 필요한 화씨 180도(섭씨 82도)의 물을 공급할수 있다. 마찬가지로 빌딩에 공급되는 모든 물의 온도를 화씨 140도(섭씨 60도)로 맞추고, 손 세척을 위해 화씨 110(섭씨 43도)로 물을 냉각하는 것도 비효율적이라 할수 있다.
- 순간온수기는 온수를 필요로 하는 기기와 가깝게 설치하여 열손실을 방지한다. 보통 소독을 위해 화씨 180도(섭씨 82도) 물이 필요한 기기들의 경우 온수기를 1.5m 이내에 설치한다.
- 주방과 화장실 수도에 세정밸브를 달아 물을 절약한다. 하나는 수도꼭지에 핸드레버를 부착하는 것이고, 또 다른 방법은 발로 페달을 밟아 사용하는 것이다. 주방 세정대에는 발판으로 수도를 조절하도록 하면 가장 효과적이다. 그 이유는 종사원의 손이 자유로워져 다른 업무를 할 수 있기 때문이다. 화장실의 물은 한번에 15초 동안 나오도록 하여 손 씻는 시간과 관련된 보건위생 규정을 충족시킬 수 있다.

식기세척기와 유리잔 세척기, 솥 세척기, 실버웨어(수저, 포크와 나이프 등)의 세척 시 사용되는 온수량은 시간 당 리터로 쉽게 산출한다. 위의 수치는 미국위생재단(National Sanitation Foundation)과 기기 제조업자들이 공동으로 만든 것을 예로 제시한 것이다.

4) 물 연수 시스템(water conditioning system)

경수는 무기질은 많이 함유하고 있다. 경수에 있는 무기질은 온수기, 보일러 및 수도관에 침전되어 에너지 효율을 떨어뜨리고 수도공급 파이프를 막히게 하거나 밸브나 다른 연수장치를 고장나게 하는 원인이 된다. 더욱이 무기질 침전물은 유리잔이나 은제품에 흉한 흔적을 남겨 비위생적으로 보이게 하며, 식기세척이나 솥 세정 시 기름기를 제거하거나 깨끗이 세척하는데 더 많은 세제를 필요로 한다.

물의 경도는 물 100ppm 당 함유되어 있는 무기질(탄산칼슘과 기타 무기질) 양으로 환산하여 표시한다. 경도에서 하나의 입자(grain)는 약 17ppm과 동일하다. 물의 경도가 4입자 미만일 때는 연화할 필요가 없으며, 4~6입자의 경도를 가진 물은 연화제 처리가 필요할 때까지 수도관과 온수기에 저장해 놓는다. 가장 일반적인 물 연화방법은 소금과 촉매제 사이에서 일어나는 화학반응과정인 제올라이트(zeolite) 처리를 사용한다. 이 시스템은 효과적이지만 가끔씩 물에 남아있는 소량의 나트륨 때문에 문제가 된다. 제올라이트 처리에 대한 대안으로는 자기수도 시스템(magnetic water system)을 사용하는데, 자석이 물에 존재하는 무기질을 끌어당겨 무기질 입자의 결정화를 방지한다.

식기세척기와 스티머, 콤비 오븐, 커피 및 음료시스템, 제빙기는 모두 공급되는 물의 품질에 영향을 받는다. 이 기기류를 생산하는 제조업자들은 기기에 적합한 물의 최저수질기준 자료를 함께 제공한다. 제조업자 표준에 부합되지 않는 물이 기기일부에 공급되었을 때는 비용이 많이 드는 유지관련 문제들이 발생할 수 있다. 물 연수 시스템은 완벽하게 수질 문제를 해결할 수는 없지만 유지관리 비용을 대폭 절감시킨다.

소형 연수 시스템은 기기별로 공급되는 수질을 향상시키기 위해 설치되며, 대형시스템은 주방에서 공급되는 물을 연수화하는데 사용된다. 이러한 접근 방법은 각각 장단점이 있기 마련인데, 소형 시스템의 경우 스티머, 커피메이커, 또는 제빙기에 필요한 물만 연수화하고, 쉽게 설치하고 필요에 따라 위치도 바꿀 수 있다. 하지만 여러 개의 소형 시스템을 운영하는 경우 유지비용이 많이 소요된다. 반대로, 주방 전체에 공급되는 물을 한 대의 대형 연수 시스템으로 관리하는 것은 상대적으로 쉽지만 연수가 필요하지 않는 물까지 연수함으로써 비용이 낭비될 수 있는 단점이 있다. 어떤 시스템을 선택할 것인가에 대한 결정은 전반적인 수질, 연수를 필요로 하는 기기의 양, 종사원의 유지관리 능력에 따라 달라진다.

식음서비스 기기 제조업자들은 복잡한 연수시스템 대신 간단한 물 여과기를 설치하는 경우도 종종 있는데, 제빙기, 커피메이커 및 스티머 같은 단독

기기품목에 흔히 사용되며 비용절감에 효과적이고 물 속에 있는 미립자와 불순물을 제거해준다.

2. 전기 시스템

전기 에너지는 식음서비스 시설에서 가장 중요한 에너지 자원 중 하나로 주방 기기뿐만 아니라 조명, 공기조절 및 환기장치 등의 에너지원이다. 전기 에너지의 기본 단위는 와트(watt)로서 식음서비스 기기는 시간당 소비된 와트 수(천 단위)를 킬로와트아워(kilowatt-hours)로 측정하며, kW 또는 kWh로 나타낸다. 빌딩에 사용되는 전기는 110볼트, 208볼트, 220볼트 또는 480볼트와 교류단상(1-phase) 또는 교류3상(3-phase)과 같은 특정 전압으로 설치된다. 높은 전압량(예, 208, 220, 또는 480)과 교류3상 연결은 큰 용량의 전기에너지가 필요한 기기에 사용된다.

식음서비스 기기는 시설에 맞는 전압과 전동기를 고래해 선택한다. 208볼트 3상으로 설계된 식기세척기를 110볼트 단상으로 연결하면 작동이 안 된다. 식음서비스 기기의 전기시스템을 결정할 때의 일반적인 기준은 다음과 같다.

- 먼저 전기기사와 건물 유지보수 담당자와 회의를 통해 빌딩의 전기 시스템 특징을 확인한다. 보통 110/240볼트, 110/208볼트 또는 110/240~460/480볼트가 사용된다. 만약 이 경우 건물이 사용하고자 하는 충분한 용량의 전기를 공급할 수 있는가가 또 하나의 중요한 관건이다. 만약 사용하고자 하는 충분한 전기 용량을 제공하지 못할 경우 전기 승압 공사를 실시해야 하는데, 이에 소요되는 비용은 생각보다 많은 비용이 소요되며 이 비용은 건물주가 부담하지 않으므로 반드시 사전에 사용하고자 하는 전기의 총량과 건물의 용량, 제공되는 전기의 형식 등에 대한 검토가 선행되어야 한다.
- 원하는 기기를 선정하고 가능한 가장 높은 전기 전압을 사용한다. 이는 빌딩 내에서 사용되는 구리선의 굵기를 줄일 수 있으며, 따라서 설치비용을 절감할 수 있다.

- 만약 전기모터가 포함되어 있다면 가능한 가장 높은 전기전압과 가장 효율적인 3상 연결을 사용한다.
- 전기제품을 전원에 연결시키는 방법을 선정한다. 항상 전원에 연결되어 있는 기기는 직접 연결하고, 자주 전원에 꽂았다, 뺐다 하는 기기들은 어댑터를 사용한다.
- 기계 도면, 기기 사양서 및 기기 발주서에서 전기적 특성과 접지 형태를 확인한다.

슬라이서, 토스터, 푸드 프로세서 보온카트 및 커피메이커 같은 이동식 기기들에 대한 적절한 전기 연결도 필요하다. 일반적으로 이러한 품목들은 표준 코드와 플러그를 사용하는 이중 콘센트로 연결되도록 설계되어 있다. 그러나 이중 콘센트에 공급되는 표준전력은 상업용 기기를 사용하기에는 불충분하며, 특히 하나의 회로에 여러 개의 기기를 사용할 때 더욱 문제가 된다. 예를 들어, 연회장 보온카트들은 표준 15암페어(amp) 회로보다 더 많은 전압을 요구한다. 소유주 또는 대리인은 이중 콘센트를 통해 적절한 전력을 사용할 수 있는지를 전기 기사와 함께 확인해야 한다.

1) 전기에너지 사용과 절약

전기에너지 절약을 위해 전기 공급회사가 적용하는 요금구조에 대한 이해가 필요하다. 2가지 기본요금구조는 단계별 요금(step rate)과 수요 부과금(demand charge)이다. 단계별 요금제도는 소비가 증가 할수록 kWh 전력요금이 감소된다. 최근 이러한 전기요금 청구방법에 대해 이의를 제기하는 경우가 많아지고 있는데, 이유는 전기를 낭비하는 사람들에게 혜택을 준다는 비판 때문이다. 하지만 사용량이 많은 소비자에게 할인해 주는 것이 당연한 것으로 여기는 기업의 경우 전기도 예외일 수 없다.

단계별 요금은 보통 지역 전력공사에 의해 결정되며 에너지 사용비용이 증가함에 따라 함께 오르는 경우가 많다. 수요 부과금 시스템의 경우 상대적으로 에너지를 많이 소비하는 사람들은 전기요금 청구서에 2가지 요금이 부과된다. 하나는 설제 전력 소모량에 대한 요금과 다른 하나는 전기 수요량에 대한 부과금이다. 전기요금 청구서는 실제 사용된 kWh의 전기사용량 숫자를 나타내고 있는데, 수요 부과금은 소비자 수요에 의해 단시간에 대량 전기 수요를 충분하게 만드는 데 드는 설비비용을 나타낸다. 부과금은 청구기간 동안 보통 15분 간격으로 단시간 동안 설비라인에 부하되는 최대에너지 수요량에 기초한다. 최대수요량은 수요측정기에 의해 산출되고, 청구서는 최대수요량(kWh)에 수요 부과금(kWh당 요금)을 곱하여 산정한다. 만약 청구기간 동안 최대전략 사용량이 50kWh이고 수요 부과금이 kWh당 5달러라면, 한 달 동안 이 최고치를 단 15분 정도만 사용했을지라도 수요 부과금은 250달러가 부과될 것이다.

수요 부과금은 전체 전기요금의 상당 부분을 차지할 수 있다. 철저한 에너지 관리 프로그램은 에너지 사용뿐만 아니라 수요에도 초점을 맞출 필요가 있다. 왜냐하면, 최대수요량을 낮춤으로서 상당한 에너지 절약이 가능하기 때문이다. 또한 모드 기기가 일시에 가동되는 일이 없도록 전기수요를 통제하는 것도 중요하다. 식음서비스 시설 컨설턴트는 각 기기의 전력소비량을 알아야 하고 주방 설계로 발생되는 전체 전기 수요량도 고려해야 한다.

3. 가 스

천연가스뿐만 아니라 프로판과 같은 정제된 연료 형태는 식음서비스 기기의 주요 에너지원이다. 사실, 조리할 때 사용하는 주요 에너지원으로 가스를 사용하지 않는 조리기기를 찾아보기가 쉽지 않다.

가스 기기를 사용할 것인지 아니면 전기 기기를 사용할 것인지를 결정하는 것은 절대적으로 각각의 에너지 비용에 기초한다. 바로 뒤에서 가스 사용과 대체 에너지원 사용사의 비용을 비교하여 설명한다. 하지만 가스용 기기의 선택과 사양서에서 고려해야 할 몇 가지 중요한 요소들이 있다.

- 운영방법과 선호도 : 가스 기기를 선택하는 주요인으로는 그 기기를 자주 사용하는 조리사들의 선호도 때문이다. 대부분의 주방장들은 볶음요리(sauteing)에 가스 불을 선호하는데 팬에 전달되는 열을 자유자재로 절 할 수 있기 때문이다. 하지만 전기 기기를 선택할 때는 이러한 조리

사의 선호도는 그다지 크게 영향을 미치지 않을 수 있다.

- 내구성과 유지관리 : 기기에 따라 전기열은 시간이 흐를수록 더 내구적인 열원이 된다. 예를 들어, 가스로 가열되는 식기세척기는 버너의 높은 열이 물탱크를 손상시킬 수 있기 때문에 파손되는 경향이 있다. 식기세척기 신제품의 경우 물탱크 내에 버너를 설계함으로써 내구성을 더 높인 것도 있다.
- 초기투자비 : 동일한 기기라 할지라도 전기제품보다는 가스제품이 훨씬 더 비쌀 수 있다(또는 반대의 경우도 있다).
- 환기시설 요구 : 가스제품 기기는 연소과정에서 가스가 방출되므로 이렇게 새어나온 가스를 밖으로 배출시켜야 한다. 만약 가스제품 기기 선택 시 별도의 환기 시설과 덕트 작업이 필요하다면 여기에 소요되는 비용도 의사결정시 고려해야 한다.

[가스 대비 전기기기 : 에너지 비용]

식음서비스 관리자들은 에너지를 효율적으로 사용해야 한다. 그 이유는 에너지 절약은 모든 관리자들의 책임일 뿐만 아니라 이를 통해 비용이 절감되고 수익이 증가될 수 있기 때문이다. 일반적으로 레스토랑의 평균 에너지 비용은 전체 매출의 5%를 차지한다. 식재료비와 인건비만이 에너지비용보다 높은 유일한 비용임을 볼 때 에너지비용 관리는 매우 중요하다.

식음시설을 설계하는 사람들에게는 가장 경제적인 연료를 선택하는 것이 가장 어려운 일이다. 예를 들면, 앞서 스팀은 식품에 열을 효율적으로 전달하는 능력 때문에 경제적인 열원으로 언급되었다. 〈표 11-2〉는 가스 기기와 전기 기기의 에너지 요구량을 비교한 것이다. 이 자료를 보면 확실히 전기제품의 사용이 더 효율적임을 알수 있다.

하지만 〈표 11-2〉에서 제시된 자료는 전기 및 천연가스의 비용과 효율성을 비교할 때 2가지 중요한 요소를 고려하지 않고 있다. 첫째, 제조업자에 따라 기기의 실제 부하량(actual connected load)과 에너지 사용량이 다르다는 점이다. 튀김기, 오븐 또는 그릴이 모두 동일한 양의 전기를 필요로 하는 것은 아니다. 어떤 것들은 다른 것들에 비해 훨씬 효율적일 수 있다.

〈표 11-2〉 식음서비스 기기의 에너지 요구량

기기명	요구되는 전기 BTUs	요구되는 가스 BTUs
솥(40-qt.)	41,000	52,000
튀김기	72,000	110,000
컨벡션 오븐	38,000	55,000
콤비 오븐	72,000	190,000
스티머	61,000	90,000

둘째, 〈표 11-2〉의 자료는 실제 음식에 전달된 에너지의 양을 반영하지 못한다. 미시건 대학에서 실시한 연구에 따르면 기기의 종류가 기기의 에너지원보다 에너지 절감에 더 중요하다고 밝혔다. 가장 높은 열(가스나 전기)에서 요리되는 냉동야채는 압력 스티머에서 요리되는 동일한 일반 야채보다 더 많은 에너지를 요구한다. 그 이유를 간단히 설명하면 렌지 위에서 조리될 경우 대부분의 에너지는 후드 위로 올라가게 되면서 열이 낭비되는 반면, 밀폐된 스티머는 에너지를 스티머 내부에 보유하고 있어 모든 열이 조리되는 음식에 흡수되기 때문이다.

일반 레스토랑에서 소비되는 에너지의 대부분은 음식을 조리하거나 보관하는 데 사용된다. 조리 기기는 다음과 같은 이유 때문에 가장 큰 에너지 소비원이다.

- 열 발생 주방제품의 전기나 가스 사용 비율이 매우 높다.
- 조리 기기는 하루 중 오랜 시간동안 켜져 있다(가끔 필요하지 않을 때도).
- 생성된 대부분의 열은 후드를 통해 날아가 버리며 재생되지 않는다.
- 전기나 가스에서 열로 전환하는 것은 비효율적이다.

절약에 대한 해답은 쉽게 찾기 어렵지만 식음서비스 관리자들이 에너지 손실을 줄일 수 있는 방안들은 다음과 같다.

- 밀폐되고 단열된 기기를 선택하라. 밀폐된 조리기구는 에너지를 간직하고 있기 때문에 음식에 에너지 흡수가 용이하다. 회전형 오븐, 컨백션 오븐, 컴백션 스티머, 뚜껑이 있는 스팀 회전식 솥과 전자렌지 오븐 등은 밀폐된 조리 기기의 좋은 예이다.
- 가능한 많은 양의 음식을 요리하라. 야채처럼 식사가 제공되면서 소량씩 조리해야 하는 음식이나 야채에는 적합하지 않지만, 칠리, 수프, 캐서롤(casseroles)같은 음식들은 한 번에 대량으로 조리하면 상당부분의 에너지를 절감할 수 있다.
- 가능한 가장 낮은 온도에서 요리하라. 낮은 온도에서 육류를 구울 경우 수축이 감소한다는 사실은 이미 잘 알려져 있다. 하지만 요리사들은 육즙이 빠져나가는 것을 방지하기 위해 높은 온도(화씨 300~400도)에서 육류를 계속적으로 굽는데, 이 방법은 주로 제품을 건조시킬 때만 사용한다. 비록 요리 시간이 오래 걸린다 할지라도 천천히 요리할 때 에너지 소비량이 낮다.
- 기기의 예열 시간을 주의 깊게 관찰하라. 요리사들은 요리를 시작하기 전에 기기들을 미리 예열시켜둔다. 렌지 튀김기 및 오븐과 같은 기기들은 예열 후에 사용해야 제대로 기능을 발휘할 수 있다. 대부분의 현대 조리 기기는 빠른 복구시간을 가지고 있으며, 단지 몇 분 만에 적정한 조리 온도에 도달한다.
- 전기 수요 곡선을 관찰하라. 전기요금은 하루 중 전기 수요가 가장 높았던 때를 기본으로 요금이 부과된다. 따라서 식음 시설이 운영되는 시간 동안 모든 기기들이 한꺼번에 사용되지 않도록 한다.

4. 스 팀

스팀(steam)은 많은 식음서비스 시설에서 주요한 에너지자원이며, 특히 스팀을 다른 용도의 에너지원으로 사용하는 대형급식 시설의 경우에는 더욱 그러하다. 적은 규모의 식음서비스 시설들은 빌딩 내에 스팀을 사용하는 곳이 흔하지 않다. 그러나 식음서비스 시설에서만 사용할 수 있는 소형 스팀제조기도 시중에 나와 있다.

스팀 조리기는 다음과 같은 중요한 장점을 가지고 있다.

- 스팀은 에너지를 음식에 빠르게 전달한다.
- 야채를 요리할 때 스팀 사용을 권장하는데, 스팀을 사용할 경우 솥에 넣고 끓일때 발생하는 야채의 영양, 색깔, 질감의 손실을 방지할 수 있다.
- 스팀은 압력이 없을 때도 섭씨 100℃에 머물고 단위면적(square inch)당 15파운드의 압력 아래에서는 섭씨 121℃까지 유지하기 때문에, 적절하고 균일한 조리매체이다.
- 스팀 기기는 예열이 거의 필요하지 않으며, 따라서 예열에 의한 손실을 최소화한다.
- 렌지를 사용하는 것보다 스팀 기기를 사용할 때 요리 시간은 훨씬 짧아진다.

음식을 조리할 때 2가지 방법으로 스팀을 사용한다. 직접스팀 조리 기기는 스팀이 음식과 직접적으로 닿는 조리기구 내부에서 발생하여 조리한다. 직접스팀 조리 기기의 사례로는 스티머와 콤비 오븐이 포함된다. 간접스팀 조리 기기는 스팀회전식 솥처럼 금속으로 된 조리 용기를 스팀을 사용하여 가열한다. 주방에서 많이 사용하는 세 번째 방법은 다른 용도의 열원으로 사용하는 것이다. 예를 들면, 스팀 코일은 식기세척기와 솥(pot) 싱크 내에 필요한 온수를 가열하는데 사용될 수 있으며 환기 시스템 내의 가열된 보충 공기를 공급하는데 재사용된다.

1) 잠열(latent heat)

스팀은 엄청난 양의 에너지를 보유하고 방출하기 때문에 효율적인 조리매체이다. 1파운드 물의 온도를 실내온도(화씨 70도[섭씨 21도])에서 끓는 점(화씨 212도[섭씨 100도])까지 올리는데 142BTUs가 필요하다. 그러나 끓는 물로부터 1파운드의 스팀을 만드는 것은 것의 추가적인 1,000BTUs를 필요로 한다. 따라서 1파운드의 스팀은 높은 에너지로 충전되어 있고 농축될 때

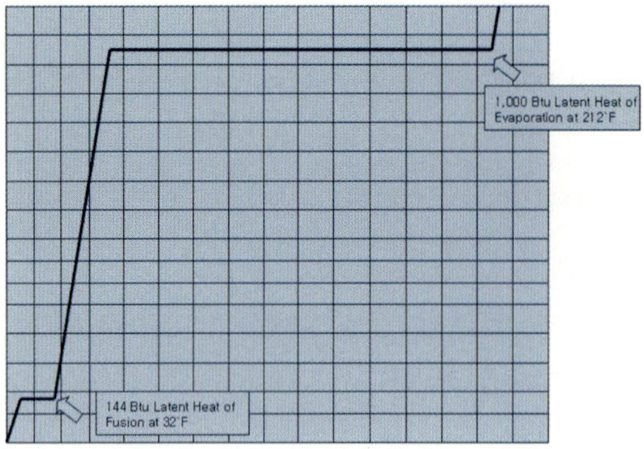

[그림 11-1] 증기로 전화되었을때 물의 잠열

차가운 표면으로 빠르게 이동하게 된다(다시 액체 형태로 식혀짐).

[그림 11-1]은 1파운드 물이 일정한 비율의 BTU 열을 받을 때 시간에 따라서 온도가 어떻게 달라지는지 보여준다. 1파운드 전체의 물에 잠열 전환이 일어나기 전까지는 해발에서 화씨 32도(섭씨 0도)와 화씨212도(섭씨 100도)에 머물고 있는 것을 볼 수 있다.

2) 포화(saturation)

일정한 입력에서 물 용기가 충분히 가령되면 물 온도는 끓는점에 도달할 때까지 올라간다. 물이 끓는 동안, 모든 물이 스팀으로 전환될 때까지 온도는 일정하게 유지된다. 그 다음 온도는 다시 올라가는데, 이는 스팀이 더 가열되기 때문이다. [그림 11-1]에서 물과 공존하는 온도에 있는 스팀을 포화스팀이라 하고, 이 온도를 포화온도라 한다. 포화온도는 압력에 따라 달라지고 압력의 증가는 잠열 이동이 생기는 곳에서 온도를 증가시킨다. 주어진 온도에서 잠열 이동이 생기는 곳의 압력을 포화압력이라 한다.

3) 스팀압력(steam pressure)

스팀압력은 단위면적(square inch) 당 파운드(pound), 즉 단위면적 당 작용하는 힘을 말한다. 압력을 말할 때는 필수적으로 2가지 수준에서 말할 수 있는데, 하나는 대기압을 기준점, 즉 0으로 하고 대기압 이외의 압력 크기를 나타낼 수 있는데, 이것을 보통 압력 또는 게이지 압력이라 말하며, 줄여서 psi나 psig라 한다. 다른 하나는 절대 압력으로, 대기압의 변덕스러운 속성 때문에 스팀압력은 절대압력을 사용하여 더 정확히 설명될 수 있으며 이것은 진공상태에서 압력의 총 크기이다.

4) 초고열(superheat)

기체의 경우처럼 스팀은 끓는점 이상으로 가열된다. 스팀이 포화온도 이상으로 올라가게 되면, 화씨 1도씩 증가할 때마다 파운드 당 약 0.5BTU가 필요하다. 포화온도 이상에서 온도 증가를 초고열이라 부른다. 초고열을 가진 스팀을 건스팀이라 한다. 포화온도 이상에서 몇도 이상으로 가열되면 초고열 스팀이 된다.

건스팀과 초고열 스팀은 액체 물과 함께 공존할 수 없다. 스팀은 기체이기 때문에 온도 증가와 직접 관련되어 팽창하는 경향이 있다. 증가된 부피와 소량의 여분 열가치(heat value)는 초고열을 스팀가열에 별 도움이 되지 않는 요인으로 만든다. 실질적인 가치는 스팀이 사용되어지는 곳에 건스팀이 있다는 것을 확인하는 것이다. 다른 말로 표현하면, 보일러의 초고열은 스팀코일(방열관)로 연결된 공급선 내 응결을 최소화한다.

5) 응축(condensation)

스팀의 잠열이 달아나고 동일한 온도에서 포화스팀으로부터 물로 변화될 때 응결(응축)현상이 나타난다. 이 때 물은 응축되었다고 말한다.

6) 열전달(heat transfer)

일반적으로 열전달은 스팀코일(steam coil)이나 스팀분사기(steam injectors)를 통해 이루어진다. 스팀코일 또는 방열관은 금속코일로 만들어진 열 교환체로 금속코일에 스팀이 들어서 응결하게 됨으로써, 코일 바깥부분인 금속코일 외부는 핀으로부터 방출된 열 형태의 잠재 에너지를 발산하지 않는다. 모든 스팀코일은 100%의 효율성을 나타내는데, 이는 코일 내에 응결된 스팀에 의해 발산되는 열은 코일 주변의 공기로 밖에는 나갈 곳이 없기 때문이다. 코일과 핀(fin) 재료, 핀 간격(fin spacing), 공기 속도, 그리고 몇 가지 다른 요인들에 의해 열전달이 발생하는 곳의 속도가 영향을 받는다. 그러나 스팀 잠열은 코일로 들어가 주변 공기 속으로 흘러가는 것처럼 오로지 한 방향으로만 이동한다.

스팀분사기는 압축된 스팀을 물이나 공기처럼 다른 매개체를 통해 빠져나가도록 하여 열을 전달시킨다. 예를 들어, 스팀분사기는 식기세척기 물탱크에 있는 물을 데울 때 가끔 사용된다. 분사기는 탱크 속에 장착되어 있어 직접적으로 스팀을 뿜어냄으로써 물을 가열한다.

일반적으로 가열 목적을 위해서는 스팀분사기보다는 스팀코일을 더 선호한다. 왜냐하면, 관은 폐쇄된 시스템이라서 오염된 스팀 유입을 막아 음식의 오염위험이 적기 때문이다. 또한 관은 스팀분사기보다 훨씬 소음이 적기 때문이다.

7) 스팀의 원천

식음서비스 시설에 사용되는 스팀은 여러 방법으로 만들 수 있다.

- 지역 도시 또는 일반 기업이 소유하고 있는 설비를 구매한다.
- 빌딩 보일러실에서 만들어 주방으로 보낸다.
- 기기 아래 또는 가까이에 위치한 작은 보일러에 의해 만든다.
- 주방 기기에 연결된 작은 보일러에 의해 만든다.

위의 4가지 스팀원 중 기기에 부착하는 작은 보일러가 가장 바람직하지 않는 형태다. 이는 높은 유지관리 비용과 추가적인 주방 열을 발생시키기 때문이다.

식음서비스 시설에서 스팀은 경제적인 에너지원인데, 특히 다음과 같은 상황에서 가장 경제적이다.

- 시설에 이미 스팀원이 설치되어 있다.
- 스팀으로 가열되는 몇 가지 장비를 선택한다. 이것은 스팀공급 배관과 응축수환수관 설치비용을 결정하는데 도움을 준다.
- 스팀원은 부식방지제와 오염방지 화학 물질로부터 안전하지 못한 불순물 등이 없이 깨끗한 스팀을 공급한다. 많은 병원들은 기기 멸균을 위해 고압증기멸균기의 스팀을 자주 사용하므로 깨끗한 스팀원을 확보해야 한다. 이러한 청정스팀 시스템은 미농무성에서 허용하는 화학물질을 사

용하고 있으며 음식에 직접 닿아도 안전해야 한다.

8) 스팀 보일러 크기 결정

주방에 새로운 보일러를 설치하는 경우 보일러의 크기는 각 주방 기기에 필요한 스팀의 양에 따라 결정된다. 스팀은 흐름(시간 당 파운드)과 압력(단위면적 당 파운드)으로 측정된다. 일반적으로 보일러는 보일러 마력(BHP: Boiler Horsepower)으로 크기를 결정하는데, 이는 시간당 34.5파운드의 증발량과 같다. 식음서비스 컨설턴트에 의해 제시된 자료를 사용함으로서, 기계 기사는 주방 기기에 필요한 보일러 마력을 결정할 수 있다. 파이프관을 통한 열손실을 방지하기 위해 보일러는 스팀을 공급하는 주방 기기와 아주 가깝게 설치하고 관을 두껍게 만든다.

5. 기기 선택 시 설비비용과 에너지 절약

가열, 냉각 및 조리 목적으로 사용되는 에너지원을 선택하는 데 있어 효과적인 방법은 단순히 가스 대신에 전기 기기를 연결하기 보다는 가능한 모든 대안을 비교해보는 것이다. 다음과 같은 간단한 절차는 식음서비스 매니저가 가열, 냉각, 조리의 용도로 가장 경제적인 연료를 결정하는 데 도움을 준다.

① 대안의 기기를 나열한다. 예를 들어, 야채 조리 시 렌지 위에 냄비를 놓고 조리거나 국솥, 또는 스티머를 이용할 수 있다,

② 기기 및 사용 가능한 에너지 형태 각각에 대한 설비 하중을 결정한다. 전기 하중은 시간당 킬로와트(kW 또는 kWh)로 측정되며 가스 하중은 입장피트 또는 BTU로, 스팀 하중은 시간당 파운드로 산출된다. 이러한 정보는 제조업체의 카탈로그나 기기에 붙어있는 제조업체의 정보란을 보면 알 수 있다.

③ 대체 기기의 에너지 소비량을 일반적인 실측 단위인 BTU로 바꾸어 비교한다. 환산치는 다음과 같다.

전기 : BTUs = 3,413 × 시간 당 킬로와트(kWh)
가스 : BTUs = 1,000 × 입방피트
스팀 : BTUs = 1,000 × 시간 당 파운드

④ 해당 기기를 사용하여 몇 가지 대표음식의 조리 시간을 산출한다. 예를 들어, 5파운드(2.3kg) 완두콩 한 박스를 렌지 위에서 조리하면 12분 소요되지만 컨벡션 스티머를 이용하면 6분이 소요된다. 또 비프 로스트의 조리 시 전통 덱크오븐에서 4시간, 컨벡션 오븐(대류오븐)에서 3시간 15분이 소요된다.

⑤ 조리 시간을 하루 또는 한 주 기준과 같이 식음서비스에서 원하는 시간주기로 환산한다. 이 단계에서는 하루 중의 일정 시간대 또는 주 중의 하루에 발생되는 수요의 변화를 고려하는 것이 중요하다.

⑥ 일정기간의 조리 시간에 사용된 기기별 BTU소비량을 곱한다. 같은 음식이라도 스티머를 사용하여 조리한 경우 주당 에너지 사용은 12시간이지만, 렌지의 경우 72시간이다.

⑦ 에너지 유형별로 비용을 계산한다. 관련 정보는 설비회사에 제공하는 사용량별 요금표를 참조한다. 이 비용에 소비량을 곱한다. 스티머가 1주에 96kW의 전기를 소모하고 kW당 0.045달러를 지불해야 된다면, 일주간의 비용은 4.32달러가 소요된다.

⑧ 비용을 비교하기 위해 BTU로 전환한다. 스티머는 시간당 0.27달러(8kW×0.045달러)를 사용한다. 다른 기기도 이와 같은 방식으로 계산한다.

⑨ 계획하는 에너지의 소비량과 설비 비용을 비교한다.

6. 환기 시스템

1) 식음서비스 환기 시스템 기기

식음서비스 시설에서 발생하는 뜨거운 열, 기름 냄새와 음식냄새를 제거하기 위해서는 잘 설계된 후드 배출 시스템이 필요하다. 근래에는 에너지 절감형의 후드가 많이 시판되고 있고, 후드 제조업자마다 가장 효과적인 설계를 고안하였다고 홍보하고 있다. 후드는 초기 비용과 운영비용이 높기 때문에, 열기의 흐름과 후드 시스템을 구성하는 부품의 기능을 포함한 후드의 배출 원리를 이해하지 못하고서는 후드 시스템을 합리적으로 선택하기 어렵다.

후드는 주방의 렌지 구역에서 발생되는 공기, 수증기, 기름입자 및 식품, 냄새를 제거하는 역할을 한다. 그리고 식기세척실의 공기와 수증기도 제거한다. 또한 전기 오븐, 스티머, 스팀형 회전국솥에서 발생되는 공기, 열과 수증기를 제거하기 위해 후드가 필요하다. 만일 브로일러, 차브로일러, 튀김기, 또는 그릴에서 다량의 기름입자가 발생한다면, 팬을 통과하는 공기가 건물 외부로 배출되기 이전에 후드 시스템을 통해 기름찌꺼기를 먼저 추출해야 한다. 더운 공기와 공기에 포함된 기름을 제거하는 수단으로 가장 효과적이면서 에너지 면에서 효율적인 수단을 이해하기 위하여 후드 시스템의 기능을 간단하게 서술할 필요가 있다.

주방 환기 시스템의 기본적인 기능은 첫째, 조리과정에 생성되는 뜨거운 공기를 포획(capture)하고, 둘째, 더운 공기로부터 가능한 많은 기름입자를 제거하며, 셋째, 뜨거운 공기를 외부로 배출하고, 마지막으로 주방에서 제거된 공기를 재공급하는 것이다. 환기 시스템은 조리 기기 위에 설치된 스테인리스 강철 덮개로 들어오는 뜨거운 공기를 빨아들인다. 대류 현상에 의해 뜨거운 공기는 덮개 안으로 올라온다. 팬은 일반적으로 건물의 지붕에 위치하며 덕트 작업에 의해 후드의 덮개와 연결된다. 배출 팬에 의해 음압(negative pressure)이 생성되고, 이 때문에 기름입자가 포함된 더운 공기를 필터 또는 추출자를 통해 끌어당긴다. 주방 환기 시스템은 대량의 공기를 배출하기 때문에 옥외에서 주방으로 공기를 순화시키는 것이 필요하다. 주방에서 다량의 공기가 배출될 때 음압의 상태가 만들어지고, 이 때문에 건물의 다른 곳에 있는 공기가 유입될 수도 있다. 이러한 음압은 매장 내의 공기를 끌어들이는 원인이 되며 겨울철 매장의 문을 열 경우 외부 공기가 빠르게 매장내로 흡입되는 것은 주방 내에 음압이 형성되어 공기의 부족 현상을 채우기 위하여 외기가 빠르게 흡입되는 것이다. 이러한 현상이 심할 경우 매장의 문이 제대로 닫히지 않는 원인이 되기도 한다. 급기 시스템(makeup air system)은 바로 이 문제를 해결하기 위해 설계된다. 이 시스템은 후드와 후드 근처에서 공기를 끌어들여 배출하는 과정에서 잃게 되는 공기를 채워준다. 환기 시스템은 특정 분량의 공기를 배출하고 신선한 공기를 공급해 주는 시스템이며 이처럼 배기량과 급기량은 분당 입방피트(CFM)로 측정된다.

2) 후드 크기의 결정

환기 시스템에 의한 배기량과 급기량은 기기에서 발생되는 열의 양과 후드 자체 디자인의 두 가지 요인에 의해 결정된다. 조리 기기에 의해 생성되는 열의 양은 매우 다양하다. 오븐, 스티머, 국솥과 같이 조리 기구 내부에 열원이 작용하는 기기에서 발생되는 열의 양은 비교적 적다. 이런 기기는 평방피트 당 약 20~25분 당 입방피트(CFM)의 열기를 생산한다. 반면에, 표면 온도가 화씨 800도에 이르는 렌지는 1평방피트 당 100입방피트의 열기를 생산한다. 가스형 챠브로일러는 개방형의 불꽃 버너이므로 1평방피트 당 175입방피트의 열기를 생성한다. 이처럼 기기에서 생성되는 모든 열을 흡입할 수 있는 용량의 배출팬을 설치해야 한다.

후드의 디자인은 배출 조건에 영향을 미친다. 예를 들면, 막힌 벽면을 끼고 기구를 감싸는 후드 형태는 기름을 함유한 뜨거운 공기를 대량으로 빨아들일 수 있다. 반면에, 4면이 모두 개방된 형태인 아일랜드형 후드는 공기를 효과적으로 포획하기 위하여 배출 용량보다 30 · 50% 더 큰 환기시스템이 필요하다. 그 이유는 배출 팬이 공기를 끌어올릴 때 주방의 중간에 설치된 아일랜들형 후드는 사면에서 효과적으로 끌어올릴 수 있으나, 측면이 벽으로 막힌 후드의 경우 한쪽 면에서만 공기를 끌어 올릴 수 있기 때문이다. 또한, 후드 아래에 설치된 기기의 종류에 따라 배출요건이 다양하다. 〈표 11-3〉은 제조업자가 후드의 크기 결정하는데 사용하는 지침의 예이다.

실제 설치되는 후드의 크기는 앞에서 제시한 지침과 상이한 경우가 종종 있는데 그 이유는 후드 시스템의 배출 요건이 건축법에 따라 다르기 때문이다. 이들 건축법은 환기에 관한 최소요건을 엄격하게 제시하고 있다. 그 목적은 제기능을 못하는 후드시스템이 설치되는 경우를 배제함으로써 일반 대중과 식음서비스 운영자를 보호하기 위해서이다. 대부분의 지방 자치제의 법안을 후드는 엄격한 성능 기준에 충족되어야 하고, UL과 같은 독립 조직에 의해 검증을 받아야 한다는 예외적인 규칙을 제시하고 있다. 그러나 식음서비스 운영자들은 이 예외 규정을 거의 모르고 있는 실정이며, 게다가 환기 담당 기술자가 해당 지역의 후드 관련법을 포함하여 주방의 기계시스템 설계에 관한 경험이 부족하다면, 관련법의 예외 조항을 인식하지 못함은 물론이고, 관련법 적용방법도 이해하지 못할 것이다. 그러므로 경험이 풍부한 식음서비스 시설 설계 전문가를 프로젝트에 참여시켜 주방 환기 시스템의 설계와 사양서에 관한 전문적인 지식과 경험을 최대한 활용하는 것이 필요하다.

다음 〈표 11-3〉은 주방 환기 시스템용 후드의 피트 당 분당입방피트의 배출 요건이다. UL인증 후드를 사용하는 곳에서는 제조업체가 정한 배출 수준에 따르고 UL 비인증 후드는 지방관청 건축법에 따라야 한다. 지방관청 건축법은 미국화재 예방협회에서 개발한 기준을 적용하고 있다. 벽 고정형 후드의 배출요건은 다음과 같다.

〈표 11-3〉 식음서비스 기구 유형별 배출 요건 사례

후드/필터 유형	기기	피트 다 CFM
고속 유지 추출자	스티머, 오븐, 국솥 렌지, 그릴들, 튀김기 챠브로일러, 밀폐형 렌지	150~200 200~250 250~300
배플 필터(UL인증)	스티머, 오븐, 국솥 렌지, 그릴들, 튀김기 챠브로일러, 밀폐형 렌지	250 300 350
UL 비인증 후드	도시별로 다름	300~350

3) 기름입자 포획 : 필터(filter)와 추출자(extractors)

기름입자가 후드 덮개를 통과할 때 기름입자를 포집하는 2가지 방법은 필

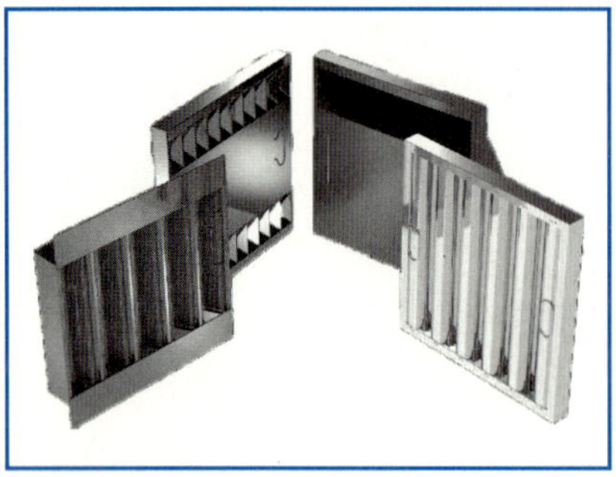
[그림 11-2] 다양한 덕트 필터 시스템
(자료제공 : Accurex Engineered Restaurant Systems)

터와 추출자를 이용하는 것이다. 이전의 필터는 배출되는 공기의 경로에 철사 그물코를 설치하여 이를 통해 기름입자를 포집하도록 설계되었다. 필터가 기름입자를 효과적으로 포집하려면 조리 기기 위에 설치되어야 하나, 이런 경우 화재의 위험성이 높아지므로 근래에 나오는 필터는 기름을 함유한 공기가 급속하게 방향을 전화하면서 배플(baffles)을 가로질러 배플 표면 위로 기름입자가 빠져 나오도록 설계되었다. 배플은 포집된 기름입자를 쉽게 제거할 수 있도록 기름입자를 배수하는 물받이가 설치된다. 추출자(extractor)는 배플 필터와 같은 원리로 작용하지만 공기가 배출 덕트로 들어가기 전에 공기흐름을 좌우방향으로 여러 번 전환시킨다. 대부분의 배플은 50~60%의 효율을 지니지만 추출자는 추출자를 통해 빠져나가는 기름입자의 90% 이상을 제거한다. 대부분의 환기 후드에서 필터 또는 추출자를 정기적으로 분리하여 세척해야 한다. 최근에는 추출자와 덕트 공간을 자동적으로 세척해 주는 시스템이 제품으로 판매되고 있는데, 이 시스템은 유지비를 절감시켜 주는 장점이 있지만 후드 시스템 내부에 위생설비 배관을 설치해야 하기 때문에 초기 투자비가 상당히 높다는 단점이 있다.

[최상의 효율을 위한 환기 시스템 설치]

① 열기의 확산을 방지하거나 최대로 흡수하기 위하여 깊고 높은 후드를 사용할 것.
② 장비를 최대한 뒤로 밀거나 위로 걸어 뒤쪽의 간격을 최소화 할 것.
③ 후드의 높이를 가능한 낮출 것.
④ 후드의 측면 또는 끝부분에 판넬을 설치할 것.
⑤ 브로일러와 같이 열을 많이 사용하는 장비는 라인의 중간에 위치시킬 것.

⑥ 오븐과 같이 가벼운 업무를 처리하는 장비는 라인의 끝 쪽에 위치시킬 것.
⑦ 열원을 사용하지 않는 지역에 후드를 설치하여 설비 비용을 낭비하지 말 것.
⑧ 급기를 반드시 설치하여 저기압이 되지 않도록 할 것.

4) 급기 시스템(makeup air systems)

주방환기 시스템에서 공기를 보충 시키는 방법은 기본적으로 3가지 방법이 있다.

① 후드 내부로 공기방출 : 급기, 즉 보충공기는 후드 덮개의 내부로 들어온다. 이 방법은 '짧은 주기(단기)' 설계라고 흔히 불린다. 보충공기는 지붕에 있는 급기팬을 통해 후드내부로 들어온다. 이 시스템은 겨울철의 경우 외부에 찬 공기를 직접 가지고 오도록 설계된다. 이처럼 짧은 주기의 설계방식은 설치비가 저렴하지만 2가지 단점을 지닌다. 첫째, 후드 내부로 직접 들어오는 공기량은 후드 시스템에서 배출되는 양의 40~60% 정도로 제한적이다. 즉 실내 공기의 상당량을 실외로 잃게 된다는 것을 의미한다. 둘째는 겨울에 보충되는 찬 공기와 기기에서 발생하는 습기찬 뜨거운 공기가 만나서 후드 아래에 많은 량의 응축수를 만든다.

② 후드 전면을 따라 공기 방출 : 보충공기를 끌어들이는 두 번째 방법은 후드의 앞면을 따라 덕트와 레지스터(register)를 위치하게 하는 것이다. 이 방법은 아주 많은 양의 보충공기를 취급할 수 있는데, 대개 방출되는 공기의 90%를 보충공기로 보강해 준다. 그러나 공급레지스터(supply register)는 후드의 앞면과 아래 방향으로 공기를 방출하기 때문에 급기는 조리사의 머리와 어깨위로 불게 된다. 그러므로 전면 방출 시스템에서 보충공기의 온도는 조리사가 일반적으로 편안함을 느끼는 수준인 화씨 55도로 조절되어야 한다.

③ 분리된 레지스터에서 공기 방출 : 내부와 전면 방출 보충 공기 시스템은 보충 공기 레지스터와 덕트작업이 후드의 덮개와 연결되어 있다. 세 번째 방법은 보충공기를 가져오는데, 이들 덕트와 레지스터 시스템을 완전히 분리하는 형태이다. 이 시스템은 후드 덮개 앞의 천장에 레지스터를 설치하는 방법이다. 보충공기의 최소요건은 급기시스템 자체 설계뿐만 아니라 후드에 의해 배출되는 공기의 양, 즉 배기량에 따라 달라진다. 일반적으로 급기 시스템은 배출 시스템에 의해 제거되는 공기의 50~90%를 대체해 준다. 시스템이 효과적으로 작동하는데 필요한 공기의 공급량은 얼마냐에 대한 논의는 아직도 계속되고 있다. 저자의 경험에 비추어 볼 때 음압은 조리 시 발생되는 냄새를 주방 밖으로 나가지 않게 주방 내에 유지하는 데 필요하므로 주방에서 에너지 절감과 음압간의 적당한 균형을 감안한다면, 80% 이하의 급기를 사용하는 후드 시스템이 가장 바람직하다.

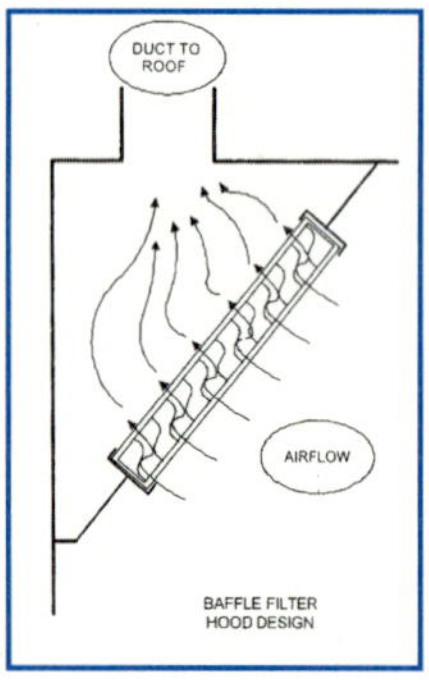

[그림 11-3a] 후드 덮개 내부로 급기 방출

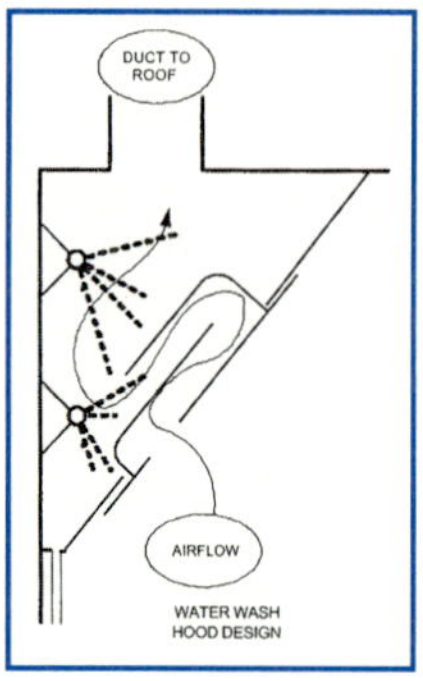

[그림 11-3b] 후드 전면에서 급기 방출

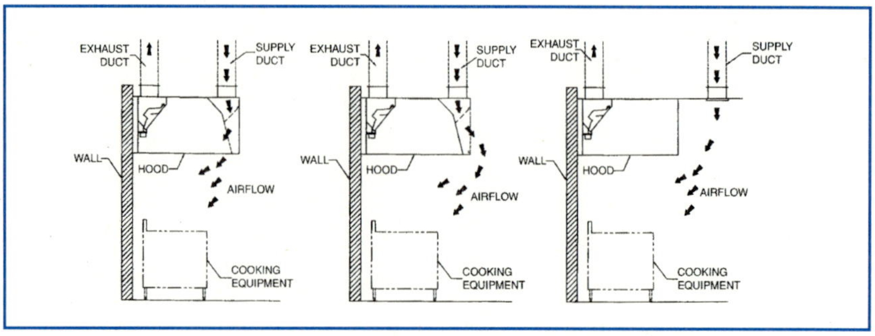

[그림 11-3c] 후드의 앞부분에 설치된 분리형의 레지스터에서 급기 방출

5) 화재 진압 시스템

주방 환기 후드에 화재 진압 시스템이 설치되어야 한다. 전통적으로 시스템은 화재 진압용 화학약품(extinguishing chemical)이 들어 있는 가압형의 탱크와 조리기기의 위쪽 끝부분에 있는 일련의 파이프로 구성된다. 식음 시설에서 화재가 발생될 경우, 감지장치가 열리고 화재 진압용 화학약품이 방출된다. 화재 후 진압용 화학약품을 깨끗하게 제거하고, 손상된 부분을 수리하고, 기기를 세척소독한 후에 영업을 재개해야 한다.

화재진압용의 화학약품 시스템은 널리 사용되고 있지만, 몇 가지 단점을 지닌다.

- 캐니스터(canister)에 들어 있던 화학약품이 다 소모된 후에도 화재가 진압되지 않고 불길이 계속 타오르면 식음서비스 시설은 화재로부터 전혀 보호되지 않는다.
- 화재 진압에 사용된 화학약품이 기기나 작업 구역에서 완전히 제거된 후에 비로소 식음서비스 업장의 영업을 재개할 수 있다.
- 건물 내부에 있는 다른 화재 진압 시스템과 마찬가지로 정기적인 유지관리 및 검사가 필요하다.

최근에 생산되는 환기 시스템에는 대개 화재진압 시스템이 내장된다. 화재진압 시스템은 건물의 주요 스프링클러 시스템과 연결된다. 비록 물로 기름화재를 진압한다는 것이 이상하게 인식되겠지만, 이 시스템은 화재진압 능력이 뛰어나다. 화재 시 기기에 있는 노즐에서 매우 미세한 안개형태의 물이 뿌려져서 화재가 진압된다. 또한, 이 시스템은 캐니스터(canister) 시스템과 달리 용량이 제한되어 있지 않고 시스템의 유지 및 관리가 용이하다. 게다가 물안개 화재 진압 시스템(water-mist fire suppression systems)의 설치비용은 큰 후드에 설치되는 일반적인 캐니스터 시스템의 비용과 큰 차이가 없다.

물안개 화재진압 시스템이 갖는 몇 가지 문제점을 지적하면 첫째, 설계와 시공면에서 이 시스템은 새로운 기법이기 때문에 설계 및 시공업계의 기술자가 주방기계 시공에 많은 경험을 갖고 있지 않을 경우 이 시스템을 설치하기가 어렵다는 점이다. 두 번째는 해당 주와 지방의 건축법 때문에 이런 시스템을 설치하는 것이 어려운 경우도 있다. 물안개 시스템이 제대로 설계되고 설치되면 덕트 칼라(duct collar)를 지나 살수전을 설치할 필요가 없음에도 불구하고, 어떤 시당국은 물안개 시스템에 살수전(sprinkler head)을 설치할 것을 요구한다. 즉 관련법들이 이 시스템을 자세히 이해하지 못하기 때문에 이런 문제가 발생된다. 물안개 시스템의 안전성과 유지비용의 절감을 위해 식음서비스 운영자는 설계팀이나 식음서비스 시설의 전문가의 도움이 필요하다.

[그림 11-4] 후드 화재방지 시스템

[그림 11-5] 후드 내 소화설비 설치 예

6) 세정실의 공기 및 습도 조절

따뜻한 공기는 찬 공기 보다 습기를 더 많이 보유하기 때문에 습기가 많은 따뜻한 공기가 냉각될 때 수분을 증발시킨다. 습기가 적은 찬 공기는 피부로부터 더 많은 양의 수분을 증발시키므로 고객과 종사원은 차고 쾌적함을 느끼게 된다. 식음서비스 시설에서 고객이 식사하는 동안 식당 공기의 온도와 습도는 쾌적함을 느낄 수 있을 정도로 낮게 유지되어야 한다. 활동량이 많은 종사원의 입장에서는 작업장의 온도와 습도가 식당보다 더 낮게 유지되든지, 혹은 공기의 흐름이 빠르게 움직이면 작업장의 온도와 습도가 식당보다 더 낮게 유지되든지, 혹은 공기의 흐름이 빠르게 움직이면 작업 공간에서 편안함을 느낄 수 있을 것이다. 그러나 불행하게도 세정실의 실내 온도와 습도는 상당히 높다.

식음서비스 시설의 계획자는 건축가와 기술자가 식기세척 구역에 공조 시스템을 설계하여 충분한 양의 공기를 공급하고, 습기 찬 공기를 배출시켜 일정 습도를 유지할 수 있도록 해야 한다고 주장한다. 이런 작업환경이 조성되지 않는다면 식기세척 종사원의 생산성은 낮아지고 직원의 이직률은 높아지게 된다. 세정실의 부적절한 환기로 인해 발생되는 두 번째 문제는 식기세척기에서 나오는 깨끗한 식기가 완전하게 건조되지 않는다는 점이다. 식기에 물기가 남아있으면 세균을 증식시키고 고객의 불만을 야기시킨다. 또한 행주로 식기를 건조시킬 경우 식중독 세균에 오염될 수 있다.

7) 식당의 공조 시스템

식음서비스 시설에서 식당과 기타 장소에 설치하는 난방, 환기, 공기조절 시스템은 자격증을 소지한 경험 있는 기술자가 다루어야 할 기술적 문제이므로, 여기서는 자세히 다루지 않기로 한다.

7. 컨베이어 시스템

컨베이어 시스템은 최소한의 노력으로 최대한 빨리 재료를 한 장소에서 다른 장소로 옮기는데 사용되어 왔다. 식음서비스 시설에 컨베이어는 물건을 옮기는 것 뿐 아니라 병원의 음식 배선 시스템의 개선을 통한 품질 개선이나 셀프서비스 시설의 식기반납 구역의 심미적인 즐거움을 제공하는 데 활용된다.

컨베이어 시스템은 특정 식음서비스 업장의 필요에 따라 특별하게 주문제작되지만, 식음서비스 시설에서 일반 용도로 설계된 컨베이어는 제조업자의 카탈로그를 보고 기성품으로 구매할 수도 있다. 컨베이어의 일반적 시공 특징은 다음과 같다.

- 컨베이어 수송 또는 벨트: 재료를 옮기는 매체로 근래에는 벨트보다는 다른 수송 장치를 많이 사용한다.
- 컨베이어 바닥(conveyor bed) : 컨베이어 바닥을 따라 벨트를 움직이게 하는 장치
- 운전 엔클로저(drive enclosure) : 모터와 운전 시스템을 수용하는 밀폐된 공간(캐비닛과 같은 공간)
- 벨트 회수 선로(작동정지 스위치와 벨트 세척 시스템을 구비) : 운전 장치에서 컨베이어의 반대쪽 구역에 일반적으로 위치
- 물받이 팬(drip pan) : 컨베이어 벨트에서 떨어지는 액체류를 받아내는 장치
- 탈착식의 스커트 패널 : 컨베이어 바닥 구조를 밀봉하기 위해

이 부분들은 컨베이어 시스템의 복잡한 정도와 식음서비스 소유주 또는 매니저가 요구하는 컨베이어 시스템의 특징에 따라 다양하다. 컨베이어에서 많이 사용되는 5가지 형태의 운송시스템은 벨트, 슬레이트, 롤러, 핀 및 링크형이다.

평평하면서 내수성의 컨베이어 벨트는 컨베이어의 초기 형태이다. 벨트형은 아직도 이용되고 있으나 회전 시 또는 코너를 돌 때, 구부러지지 않기 때문에 슬레이트형(slat) 컨베이어보다는 인기가 없다.

슬레이트 벨트(belt)는 델린(delrin) 또는 단단하면서도 유연한 플라스틱으로 만들어지나, 각 슬레이트의 너비는 1~2인치(25~50mm), 길이는 8~12인치(200~305mm)이며, 슬레이트는 연속적으로 평평한 수송 표면을 이루기 위해 슬레이트 센터에 연결된다. 슬레이트는 벨트가 코너를 돌 수 있도록 회전시에 겹쳐진다. 자동세척 시스템이 내장된 슬레이트 컨베이어 벨트는 카페테리아의 자율퇴식 구역을 깨끗하게 유지시켜 준다.

롤러 컨베이어(rollor conveyors)는 너비 0.5인치(12.7mm), 직경 2인치(50.8mm)의 스케이트 휠(skates wheels)이나 직경 약 2인치(50.8mm), 컨베이어와 비슷한 너비의 롤러로 되어 있다. 무동력의 롤러 컨베이어, 혹은 끝부분에 동력을 넣은 롤러 컨베이어 시스템이 많이 이용된다. 무동력 컨베이어는 비싸지 않고 유지비가 거의 소요되지 않는다. 그러나 사고의 우려가

높고 식기가 쉽게 파손될 수 있으므로 셀프서비스 업장에서 이용하기에는 불편점이 많다.

핀컨베이어(pin conveyor)는 위쪽으로 튀어나와 있는 작은 핀과 금속이 연결된 형태로, 핀은 옮겨지는 쟁반이나 컨테이너 상자가 미끄러지지 않도록 해 주는 장치이다.

링크 컨베이어 벨트(link conveyor belts)는 일련의 고리(links)로 연결되어 있는데, 델린 또는 단단하면서도 유연성이 높은 플라스틱 재질로 만들어진다. 이 벨트 시스템은 카페테리아에서 쟁반을 옮겨 주는 데 특히 유용하다. 연결 고리는 매우 강하며 쉽게 손상되지 않기 때문에 셀프서비스 업소에서 사용하면 좋다.

대형 식음서비스 업장의 경우, 특히 식기 운반과 식기세척 구역에서 컨베이어 시스템을 이용하면 인건비를 줄일 수 있다. 또한 알루미늄 주방 선반에 퇴식식기를 쌓아두는 것보다 외관상으로 훨씬 더 매혹적이고 위생적이다. 그러나 운반 시스템의 설계 시 다음과 같은 사항을 주의하여 설치해야 한다.

- 컨베이어의 운반속도는 업장의 요구도에 적합한지를 확인한다. 만약 식기를 세정실로 운반하는 컨베이어 시스템의 속도가 식기세정 직원이 식기를 분류하고 식기세척기 안으로 넣는 속도의 두 배라면, 컨베이어의 운전속도를 낮추어야 한다.
- 식기세정실로 들어오는 트레이 컨베이어에서 식기를 내리는 최종지점에 완충장치를 제공한다. 무동력 롤러 컨베이어, 적재 테이블(Accumulating table)이 대표적인 완충장치이다.
- 식기세정구역에서 발생하는 소음을 차단하기 위해 퇴식 구역에 소음 장벽을 설치한다.
- 컨베이어의 양쪽 끝 부분의 세척과 유지를 위해 컨베이어에 쉽게 접근할 수 있도록 설계한다.
- 컨베이어는 반드시 수평으로 진행되게 한다. 수직형의 운반 시스템은 깨끗하게 유지관리 하는데 상당한 어려움이 있다.

8. 설비 분배 시스템

[그림 11-6] 설비 공급 시스템

일반적으로 대규모 식음서비스 업소는 다수의 오븐, 국솥, 스티머, 그릴과 튀김기 등이 필요하며, 이들 장비들은 경계벽을 따라 서로 인접하게 설치된다. 가스, 물 전기와 스팀의 연결은 내벽을 따라 여러 지점에 설치된다. 2개의 작업 구역으로 기기를 나누어 설치하는 경우 경계벽을 따라 기기끼리 등을 맞대고 위치하게 된다. 기기 설비 연결은 모두 경계벽 내에 설치된다. 설비 연결 시 벽 한 개를 증설해야 하며, 연결이 요구되는 설비의 수와 유형에 따라서 조정수요와 시공비용이 결정된다.

다른 방법은 시설 설계에 따라 맞춤 제작된 스테인리스 강철 배설관(raceway)에 설비서비스를 위치하게 하는 것이다. 배설관은 폭 8~10인치(254~203mm) , 높이 12~18인치(305~457mm)인 수평의 설비관이다. 바닥 위로는 30인치(762mm) 정도 수평으로 뻗어있다([그림 11-6]). 여기에는 냉·온수 배관, 가스 공급 배관, 전기 도관(electrical conduit), 그리고 필요한 경우에 증기 공급이 설치된다. 기기는 배선관의 최저부나 측면에 연결된다.

이러한 설비 공급 시스템을 설치하면 다음과 같은 이점이 있다.

- 영구벽에 설치되는 연결시스템과는 달리, 배선관에 연결하면 기기의 설치, 이동, 재배치가 용이하다. 배선관 및 기기의 연결위치는 바닥에서 상당히 떨어져 윗부분에 있으므로 조리구역을 깨끗하게 유지할 수 있다.
- 전기 및 배관공사업자는 기기별로 결선(connection)을 여러 개 설치할 필요가 없고 설비공급 시스템에 1개 혹은 2개의 결선만 연결하면 된다.
- 설비공급 시스템은 일반적으로 비싸다. 그러나 이 비용은 영구벽에 설치되는 설비 서비스의 시공비용과 비교하여 계산해 볼 필요가 있다. 대형의 기기가 많이 설치되는 설비 식음서비스 시설은 설비공급 시스템을

설치하는 것이 전통적인 설비서비스 방법보다 비용면에서 더 효과적일 수 있다.

9. 열회복 시스템

온수비용은 식음서비스의 에너지비용 중 큰 부분을 차지하는 항목이다. 식당의 영업시간 중에서 온수의 사용량이 가장 많은 때는 식기세척 시간이다 또한 냉장 기기는 대개 정규 운영시간 동안에 계속 작동된다. 에너지 비용을 절감하는 방법 중의 하나는 냉장 동안에 손실되는 열을 취하여 식기세척기에 사용되는 물을 가열하는데 부분적으로 사용하는 것이다.

일반적으로 열을 제거하는 3가지 방법은 공기냉각, 물냉각, 냉각탑을 이용하는 것이다. 3가지 방법 모두 식기세척이나 주방 온수 용도로 식음서비스 시설에 재사용되지 않는다면 열은 낭비된다. 과거에는 화석 연료가 저렴하고 풍부하여 열전달 시스템의 경제적 이점이 낮았기 때문에 이러한 열전달 시스템을 많이 이용하지 않았으나, 최근에는 기술혁신과 더불어 냉장에서 나오는 열을 물로 전달하는 열전달 시스템이 많이 활용되고 있다.

냉장에서 나오는 열로 물을 가열하는 시스템은 모두 같은 원리로 작동된다. 우선, 온수 가열기로 들어오는 냉수는 열교환기를 빠져나가 냉각 시스템에서 열을 제거한다. 찬 물은 온수 가열기로 들어가서 따뜻해지고, 물의 온도를 화씨 120~140도(섭씨 49~60도)로 올리는데 드는 비용은 감소된다.

열회복 시스템은 앞에서 언급한 찬공기 열 교환기와 수냉식 냉각 시스템으로 설계된다. 수냉식 냉각 시스템은 물이 압축기(냉동기)를 나올 때 냉매체에서 열을 흡수하는 시스템이다. 두 시스템은 비슷하게 절감된다. 물을 사전에 가열하여 회복하는 시스템은 에너지 비용을 줄여주고 투자 수익이 매우 크다. 열회복 시스템을 구매하기 이전에 고려해야 할 사항은 다음과 같다.

- 운영업장에서 필요한 온수량
- 지역의 에너지 비용
- 온수 저장 용량

- 냉장기구의 위치와 조건
- 현재 냉장 용량

식음서비스 시설에서 활용되는 열회복 시스템은 대형 냉장고와 냉동고에 이용되는 대형 냉각 시스템이다. 이들 기기의 압축기는 많은 열회복 시스템의 비용을 정당화할 수 있을 만큼 크다. 중요하지만, 더 적은 에너지 비용은 절감은 회복 시스템에서 에너지 비용이 적게 소요되는 압축기를 연결하여 실현할 수 있다. 일반적으로 선반형 냉장고, 전시용 쿨러, 제빙기와 음료 디스펜스에는 완전 독립의 냉각 시스템이 내장된다. 이들 기기의 압축기는 공기 냉각식으로 열이 주방, 서비스 구역, 식당으로 분산된다. 이들 구역에 공기 조절장치를 달게 되면 열회복 시스템에 작은 압축기들을 묶음으로써 온수와 냉난방비의 절감을 가져다준다. 이것은 시설을 새롭게 계획하거나 기존 시설을 개선할 때 간과해서는 안 될 에너지 절감방법 중의 하나이다.

열회복 시스템의 다른 형태는 열교환기가 부착된 태양열 배출 시스템이다. 주방에서 방출되는 열을 회복하는 시스템은 후드나 오븐에서 나오는 매우 뜨거운 공기에서 열을 끌어들여 온수 시스템에 재사용하도록 설계된다. 열을 회복시키는 방법이 없으면 상당한 열이 '저당 잡힌 물건과 같이' 소실된다. 그러나 이 시스템과 같이 공기에서 물로 열이 전달되는 방식은(Air-to water) 다른 방법보다 비효율적이므로 많은 양의 더운 공기가 배출되는 식음시설의 경우 설치하는 것을 고려해 볼 필요가 있다.

제2절 식음서비스 시설 건축

식음서비스 시설과 관련된 건축 및 인테리어 설계를 이 장에서 모두 설명하는 것은 어렵다. 하지만 식음서비스 시설의 건축 설계 시 몇 가지 고려 사항들, 즉 벽, 바닥, 천정의 시공과 적절한 조명 설치 및 소음 조절에 대해서 간단히 살펴보기로 한다.

1. 식음서비스 시설의 벽, 바닥, 천정 시공

빌딩표면의 특성을 결정하고 시공하는 것은 대부분 건축가의 책임이다. 하지만 건축가는 식음서비스 컨설턴트 또는 소유주가 원하는 마감재에 대한 의견을 많이 반영하기도 한다. 어떤 마감재를 선택할 것인가는 마감재의 선호도 보다 제한된 예산의 영향을 더 많이 받는다. 바닥이나 벽에 적합한 마감재는 세척의 용이성과 견고성, 미적인 요소에 기초하여 선택한다.

1) 바 닥

주방과 서비스 구역의 바닥 표면은 유지관리가 편하고 내구성이 뛰어나며, 미끄러지지 않고 무공해인 것이 좋다. 세계적으로 가장 잘 알려진 바닥재료로는 쿼리 타일(quarry tile)을 들 수 있는데, 이것은 가장 미끄러지지 않고 기름때에 강하다. 타일에 붙이는 시멘트 풀(grout)은 시공 후 처음에는 타일 사이에 구멍이 약간 생길 수 있으나 시간이 지나면서 빠르게 봉해져 식음시설의 먼지와 기름기가 틈새에 들어가지 않도록, 이러한 도포제를 적당한 간격으로 여러 번 혼합해줘야 한다. 색깔이나 착색한 시멘트 풀을 사용할 경우 더 보기 좋으며 시멘트 풀 접합부분의 색깔이 변해 발생하는 표백이나 세척 작업을 제거할 수 있다. 탄화규소 입자를 입힌 쿼리 타일은 미끄럼방지에 가장 효과적이며 젖은 구역이나 기름기가 많은 바닥에 사용된다. 예를 들면, 렌지 구역이나 세척실 바닥에 많이 사용된다.

식당이나 공공장소의 바닥재로는 쉽게 마모되지 않고 세척이 용이한 재료라면 어떤 재료를 사용해도 좋다. 보통 식당에 카펫을 끼는 경우가 많은데, 카펫은 소리를 흡수하고 고급스러운 분위기를 연출한다. 다음과 같이 쉽게 지저분해지는 구역에 카펫을 까는 것은 바람직하지 않다.

- 서버 구역
- 식기 반납 구역
- 음료 서비스 구역
- 양념류 보관 구역
- 주 통행로
- 계산대

세라믹 타일은 화장실이나 쉽게 더렵혀지는 구역에서 많이 사용하는 마감재이다. 미끄러지지 않는 성질 때문에 무광 타일을 선호한다.

비닐타일은 식당이나 공공장소에 적합하지 않다. 왜냐하면, 유지관리가 힘들고 특히 광을 내고 때를 벗기는 데 많은 노력이 요구되기 때문이다. 비닐 타일 선택 시 몇 년 동안 소요되는 유지관리비용은 상대적으로 관리가 용이한 쿼리타일이나 세라믹타일을 구매할 때 드는 초과비용보다 훨씬 많은 비용이 든다. 비닐타일 바닥은 쉽게 닳고 젖었을 때 미끄러우며 기름때에 약해 상업용 주방에서 이용하기에는 무리가 있으나 종사원 탈의실이나 종사원 식당 또는 사무실 바닥에 저렴하게 활용될 수 있다.

〈표 11-4〉는 식음서비스 시설에 알맞은 바닥재들이다 .

〈표 11-4〉 식음서비스 구역 바닥의 권장 마감재

식음서비스 구역	권장하는 바닥 마감재
주방	쿼리타일
세정실	탄화규소를 입힌 쿼리타일
창고, 건 창고	포장된 콘크리트
카트와 쓰레기 통 세정실	탄화규소 쿼리타일; 쿼리타일 ; 포장된 콘크리트
검수 구역	쿼리 타일; 포장된 콘크리트
사무실	쿼리 타일 ; 비닐 타일 ; 카펫; 목재
종사원 휴게실	쿼리타일 ; 비닐 타일 ; 무광택 세라믹 타일 ; 테라조
주방 통로	비닐 타일 ; 무광택 세라믹 타일 ; 포장된 콘크리트
공공 통로	비닐 타일 ; 무광택 세라믹 타일 ; 카펫; 테라조
식사 공간	쿼리 타일 ; 무광택 세라믹 타일 ; 카펫 ; 테라조
공공 화장실	쿼리 타일 ; 무광택 세라믹 타일 ; 테라조
서비스 구역	쿼리 타일 ; 무광택 세라믹 타일 ; 테라조

2) 벽

식품저장고 및 조리 구역에 사용되는 벽 마감재는 구조용 유광타일, 세라믹 유광타일, 에폭시를 입히거나 페인트칠한 콘크리트 블록, 플라스터(plaster), 그리고 페인트칠한 건조벽 뿐만 아니라 말라이트(marlite) 같은 특수물질 등이 포함된다. 하지만 이 모든 마감재들이 식음서비스 시설에 적합하다고 볼 수 있다.

예산부족으로 실제 원하는 마감재보다는 저렴한 마감재를 선택하는 경우가 많다.

이러한 대체는 결국 비싼 비용을 치루게 할 수 있다. 예를 들면, 단순히 비용절감 차원에서 에폭시 페인트를 칠한 콘크리트 블록을 주방의 렌지 구역에 깔았다면, 주방 가열 기기들에서 발산하는 고열로 페인트 색깔이 변하고 벗겨지게 된다. 더욱이 조리할 때 발생하는 기름기가 바닥에 묻을 경우 이를 제거하기가 매우 어렵다. 조리 구역에 이상적인 벽 마감재는 구조용 유광 타일 또는 세라믹 타일로 이들은 열과 기름, 그리고 잦은 세척에 매우 강하기 때문이다. 구조용 유광 타일은 카트나 이동용 기기들에 의한 충격에도 매우 강하다.

3) 천 정

식음서비스 시설의 천정은 2가지 종류가 있는데, 하나는 구조천정(건물바닥을 지지하는 천정)이고, 다른 하나는 가천정(덕트나 기타 배관 시설들을 가리기 위해 사용하거나 공간의 매력도를 높이기 위해 사용하는 천정)이다.

천정에 쓰이는 신 재료들은 자주 개발되고 있고 천정 마감재도 매우 다양

〈표 11-5〉 식음서비스 구역별 권장벽 마감재

식음서비스 구역	권장하는 바닥 마감재
주방, 렌지 구역	구조용 유광 타일 ; 세라믹 유광 타일
주방, 찬 음식 조리 구역	구조용 유광 타일 ; 세라믹 유광 타일 에폭시 페인트 칠한 콘트리트 블록
세정실	구조용 유광 타일 ; 세라믹 유광 타일
창고, 건창고	에폭시 페인트 칠한 콘크리트 블록
검수 구역	에폭시 페인트 칠한 콘크리트 블록
카트 세정실	구조용 유광 타일 ; 세라믹 유광 타일
사무실	페인트 칠한 건조 벽
종사원 휴게실	세라믹 유광 타일 ; 에폭시 페인트 칠한 콘크리트 블록
주방 통로	에폭시 페인트 칠한 콘크리트 블록; 페인트 칠한 건조벽
공공 통로	인테리어 티자이너가 추천한 장식벽
식사 공간	인테이러 티자이너가 추천한 장식벽
공공 화장실	세라믹 유광타일 ; 인테리어 디자이너가 추천한 장식벽
서비스 구역	세라믹 유광타일 ; 에폭시 입힌 콘크리트 블럭

하다. 가장 흔히 사용되는 재료들은 다음과 같다.

- 방음 타일
- 페인트 칠한 건조벽
- 페인트 칠한 플라스터
- 목재
- 노출된 콘크리트
- 유리섬유
- 알루미늄 또는 기타 금속

위에 나열한 재료들 중 방음 천정은 가장 많이 사용되는 것 중 하나인데, 가격이 저렴하고 소리 흡수력이 뛰어나기 때문이다. 특수 방음 타일은 공기 중의 수분이나 기름기를 잘 흡수하지 않도록 개발되었다. 보건당국이나 지역건물 규제는 식음서비스 시설에 적합한 천정 재료 종류에 대해 별도로 규정한다. 바늘구멍이 뚫린 알루미늄 패널 천정이 흔히 사용되는데 청소를 위해 쉽게 떼어낼 수 있기 때문이다. 어떤 알루미늄 천정 패널은 식기세척기에 넣어 세척할 수도 있다.

만약 작업장 천정이 소음흡수성, 기름기 저항력, 수분 저항력 및 빛 반사력 등을 갖추었다면 보건 담당자들이 봐도 큰 문제는 없다. 식당 및 공공장소의 천정은 여러 종류의 재료로 시공되고 덮힐 수 있으나 단지 화재위험에 안전하고 건강에 유해하지 않는다면 사용 가능하다.

2. 소음조절

작업장의 과도한 소음은 관리자들의 골칫거리이다. 왜냐하면, 소음은 종사원들의 피로, 짜증, 생산성 저하의 원인이 되기 때문이다. 식음서비스 시설 식당과 공공장소의 소음조절은 쾌적하고 즐거운 식사 분위기를 창출하는데 매우 중요한 사항이다. 대형 연회장이나 소형 연회장(private dining room)에서 이루어지는 미팅이나 회의에 지장을 주지 않기 위해서는 한 장소의 소음이 다른 장소로 전달되는 것을 방지해야 한다.

설계 시 중요한 고려사항 중에 하나는 소음이 없는 조용한 환경을 설계하는 것이다. 식음서비스 시설의 소음조절과 관련해서 한 가지 문제점은 점포 자체의 특성에 있다. 작업자의 활동과 이동, 기기 소음, 테이블에서 고객 간의 대화, 주문 받는 서버들의 목소리, 그리고 주방과의 대화, 유리잔과 접시 소리, 그리고 배경음악 등은 모두 소음 수준을 높여준다.

소리는 데시벨(decibel)로 측정된다. 130데시벨 이상의 소리는 정상적인 귀에 통증을 유발시키지만 식음서비스 시설에서 이런 경우는 거의 볼 수 없다. 소리의 다른 특성은 음원으로부터 만들어지는 초당 진동수(number of vibrations)이다. 보통 인간의 가청범위는 초당 15~20,000 진동 내에서 만 소리를 들을 수 있다.

식당 환경에서는 데시벨 수준을 낮게 유지하는 것이 바람직하고 배경음악으로 저진동 음악을 선택하는 것이 좋다. 고진동 음악이나 소리는 사람 귀에 매우 불쾌하게 들리며, 특히 고객들 간에 대화가 오고 가는 장소에서는 조심해야 한다.

(1) 흡음 재료(sound-absorbing materials)

카펫이나 커튼 등은 소리를 흡수하고 식당의 쾌적한 외관을 만들어준다. 유리와 딱딱한 표면바닥, 벽 및 천정은 소리를 반사하고 테이블 대화에 어려움을 주는 잔향(reverberation)을 만들어낸다.

식음서비스 시설 내 공공장소의 소음조절을 위해 건축가, 인테리어 디자이너는 대개 위의 재료를 혼합하여 사용한다. 예를 들면, 유리, 쿼리타일 및 테라조는 소리의 70~90% 반사하는 반면, 카펫과 직물은 재료의 밀도와 성질에 따라 약간씩은 다르겠지만 40~65% 정도 반사한다. 일반적으로 식당에 카펫을 까는 것과 천정에 흡음 재료를 사용하는 것은 적절한 소음수준을 만드는데 효과적이다.

식음서비스 시설의 주방과 기타 지원구역(support areas)의 소음을 줄일 수는 있으나 완전히 제거할 수는 없다. 쿼리타일 바닥, 세라믹타일, 또는 다른 딱딱한 표면 벽과 천정의 사용은 소리반사 환경을 만든다. 식기세척기와 믹서기, 쓰레기 분쇄기, 금속 주방용품, 스테인리스 강철 작업대, 기타 금속 주방도구의 사용으로 만들어진 소음은 주방에 상당한 소음을 만들어낸다. 다음은 주방과 기타 지원 구역 설계 시 소음을 줄일 수 있는 몇 가지 아이디어들이다.

- 방음 천정 설치
- 스테인리스 강철 작업대 표면 하단에 소리흡수제 코팅처리
- 선반형 또는 창고형 냉장, 냉동고 콤프레서의 원거리 설치
- 조리 구역에 전자식 주문 기기 설치로, 서버들이 주방에서 주문을 외치지 않도록 함.
- 작업장에 낮은 볼륨의 배경음악을 틀어줌.
- 주방으로부터 세정실을 분리하되 방음벽으로 별도 공간 설치

3. 조 명

사물에 대한 인상의 80%는 시각적인 것에 의해 좌우되며 얼마나 잘 보이느냐는 식음서비스 사업에 매우 중요하다. 작업자가 제대로 볼 수 없다면 실수와 지연이 초래될 것이고 생산성에 치명적인 영향을 미칠 것이다.

고객들은 외식할 때 단지 식사를 하기 위해서가 아니라, 식당의 물리적 환경의 품질 때문에 외식을 하는 것이다. 단순히 먹는 것과 외식하는 것의 차이는 시설의 분위기와 고객의 총체적인(의식적 및 무의식적) 경험에 달려있다. 적절한 조명은 부정적인 느낌이나 긴장을 풀어주는데 도움이 될 수 있다. 조명 설계의 목표는 고객들에게 최고의 식사 경험을 창출하도록 모든 것을 쾌적한 느낌이 들도록 해야 한다. 일관되면서 긍정적인 체험을 창조하기 위해서는 조명이 비쳐지는 방향, 조명의 실제 색상, 고객이나 종사원에게 미치는 영향, 시설의 인테리어 디자인 요소들의 외관에 미치는 영향 등에 주의가 필요하다.

눈의 각 부분은 특정 빛을 감지한다. 망막 간상체는 사람들로 하여금 밝은 태양빛의 색상과 미세한 부분을 볼 수 있도록 한다. 추세포의 색각은 음파의 자극에 의해 증진된다는 연구 결과가 있다. 식당에서의 일상적인 바쁜 움직

임은 색상 인지를 자극하게 된다. 이러한 현상은 조도 및 조명 설치 방향을 조정하여 인테리어 색을 조절함으로써 방지할 수 있다. 저녁식사 동안에 이루어지는 서비스 활동에서 발생되는 음파는 식당 색상을 따뜻하게 보이도록 해준다. 조도가 낮은 곳에서는 색상이 흐릿하게 지각되기 때문에 이러한 현상은 장점이 된다. 그러나 흐릿한 조명에서 흑백을 볼 수 있도록 해주는 망막 간상체의 효율성은 음파의 자극에 의해 감소된다. 따라서 고객들은 메뉴, 판촉물, 와인리스트, 계산서의 흑백 프린트 글씨를 읽는데 어려움을 느낄 수 있다. 식당은 초저녁부터 조도를 조절하는 것이 좋다. 저녁 시간이 되면서 점차 고객들이 늘어날수록 식당의 소음은 증가되게 되고 메뉴를 읽는 것은 더 힘들어지게 되는 현상이 나타난다. 대기 고객들이 많으면 관리자는 테이블 회전율이 빨라지기를 원할지 모르지만, 착석한 고객들은 불균형적인 조도로 인해 실제 메뉴를 읽고 선택할 때 더 많은 시간을 필요로 하게 되는 것을 의미한다.

사람의 눈은 폭넓은 조명 환경에 적응할 수 있지만 항상 같은 효율로 기능하는 것은 아니다. 눈이 가장 효율적으로 기능하는 조도 수준을 맞추기 위해서는 아래와 같은 5가지 요소를 고려해야 한다.

○ **시간** : 사람들이 느끼는 편안함과 불편함의 정도, 시간에 대한 인지는 조명의 밝기 수준과 톤에 의해 영향을 받는다. 서비스를 기다리거나 계산을 기다리는 것은 바쁜 고객에게는 매우 긴장된 경험일 수 있다. 편안함을 느끼는 정도는 고객 불만 또는 만족 정도의 차이라고 할 수 있다. 바쁜 점심이나 저녁에 부적절한 조명 밑에서 메뉴를 읽는 것은 시간이 훨씬 더 걸려 불필요하게 회전율을 늦추게 한다.

○ **크기** : 조명은 공간 인지도에 영향을 준다. 적절한 조명은 작은 공간을 넓게 보이도록 만들 수 있고 큰 공간을 아늑하게 만들 수도 있다. 어두운 식당에서는 밝은 조명에 있을 때보다 몇 피트 떨어져 앉아 있는 고객들이 서로 더 가까이 있는 것처럼 느끼게 한다. 메뉴에서 프린트 글씨의 크기는 다양한 조도에서 고객이 글씨를 효율적으로 읽을 수 있는 능력과 직접적으로 관련이 있다.

○ **대비** : 성질이 서로 다른 것을 경험할 때 이들 성질의 차이가 더욱더 과

장되게 느껴지는 현상을 대비라 한다. 즉 물체와 그것의 배경 사이의 지각된 차이를 말하는데 특정 공간을 비추는 초점 조명은 높은 대비를 제공한다. 반면, 커피 자국과 갈색 카펫 사이의 대비는 매우 낮다고 볼 수 있다. 잉크와 종이색의 가장 좋은 대비는 어떤 조도에서도 메뉴를 쉽게 읽도록 해준다. 주방의 경우 요리사가 매우 반사적인 스테인리스 강철 작업대에서 작업할 때 대비를 볼 수 있다.

○ 밝기 : 눈이 물체 표면을 보는 빛의 정도를 밝기라 한다. 밝기는 조명의 마지막 조절 요소라고 볼 수 있는데 이유는 시간, 크기, 대비 그리고 소리는 조도의 적절성을 평가하기 전에 미리 고정되기 때문이다. 작은 크기의 물체, 부적절한 대비, 또는 짧은 시간 등에 상관없이, 물체에 더 많은 빛을 비추게 되면 물체의 가시성은 증가된다.

○ 소리 : 위에서 언급했던 것처럼, 조도는 식당의 소음수준에 따라 재조정되는 것이 바람직하다. 조명 밝기조절 장치에 의해 효과적으로 이루어질 수 있다.

1) 어느 정도의 조명이 적절한가?

어두운 지하 창고에서 작은 성냥개비 불빛 하나의 효과는 매우 크다. 3촉광 정도의 적은 밝기를 사용해 어둠을 밝게 할 때 빛의 효율성은 빠르게 증가한다. 실제 작업할 때 비춰지는 조명의 밝기는 90% 정도의 효율성을 나타낸다. 하지만 95%로 효율성이 증가하기 위해서는 3배 정도의 밝기가 더 필요하고, 100% 효율성을 얻기 위해서는 10~100배 정도의 밝기가 필요하다. 작은 물체를 취급하는 미세한 작업들은 작업표면에만 적어도 1,500 촉광 만큼의 밝기가 요구된다.

효율성에 영향을 미치는 또 다른 요인으로는 대비와 유사한 과업(Task)수준과 주변 공간의 반사적인 차이수준(reflective difference level)이다. 물체나 배경에 반사되는 상대적인 빛의 밝기는 눈이 전자를 얼마나 쉽게 구별하느냐에 따라 결정된다. 이상적인 반사정도는 과업이나 주변 공간을 비추는 빛의 밝기가 40촉광 수준에서 40~60% 범위에 속한다. 주변 공간의 빛의 40~50%를 다시 반사하는 반면, 과업은 50~60%를 반사한다. 보통 밝은 배경을 필요로 하는 독서(reading)와 같은 경우를 제외하고, 배경을 반사된 빛보다 과업으로부터 반사된 빛이 적어도 10% 정도 더 많다. 예를 들면, 현금 정산기의 키보드 조명은 항상 일정하게 유지되면서 카운터의 주변 밝기는 점진적으로 올라간다고 했을 때, 키보드를 보는 능력은 증가하게 된다. 이러한 증가는 점진적이고 일정하게 이루어지며, 주변 카운터의 밝기가 키보드의 밝기와 같거나 약간 덜할 때 최고수준에 도달한다. 주변 카운터의 밝기가 키보드 밝기를 초과할 경우 계산 실수를 하지 않는 범위 내에서 키보드를 읽는 능력은 급격히 떨어지게 된다.

반사율 차이의 또 다른 사례로는 밝은 벽에 부착된 메뉴판을 들 수 있다. 밝은 벽은 메뉴판을 읽는 효율성을 떨어뜨리게 될 것이다.

이러한 문제 해결책의 하나로 물체의 밝기와 주변 밝기를 수학적으로 비교해 계산한 밝기 비율을 사용하는 것이다. 3 대 1의 비율이 정상적이며 10 대 1은 최대 비율치라 하겠다. 하지만 밝기 비율은 오해의 소지가 있다. 작업 공간은 적절한 밝기 비율을 가질 수 있지만 과업으로부터 반사된 현란한 빛의 수준이 비정상적으로 높은 경우도 있다. 만약 벽에 부착된 메뉴판의 밝기 비율이 예를 들어 3 대 1이라고 하고, 스테인리스 강철 벽의 밝기와 대비시키는데 요구되는 메뉴판의 조명이 1,000W라고 한다면, 초과된 과업 조명은 고객 눈에 현란한 빛을 재반사시켜 메뉴판을 읽는 시력을 약화시킨다.

눈부신 빛은 조명 시스템을 잘못 설계한 경우 흔히 발생되는 문제점이다. 눈부심을 줄이기 위해서는 표면의 반사율을 줄이거나 직접조명을 피하는 것이다. 다른 해결책은 눈부심을 흡수하거나 분산하여 밝기를 균형되게 유지하는 것이다. 예를 들면, 주변 조명이 레스토랑 창문을 통해 고객 눈으로 눈부심을 재반사시킨다면, 창문에 차양이나 커튼을 설치하거나 식당의 전반적인 조도를 낮춤으로 해가 지면서 밝기의 강도가 낮아지도록 밝기를 균형되게 만든다. 〈표 4-2〉(제4장)는 다양한 식음서비스분야에 적용 가능한 조도를 제시하고 있다.

2) 조명과 생산성

조명은 생산성에 영향을 미치는 여러 요인들 중에 하나이다. 부정확한 계산으로 인한 매출액 손실, 어두워서 서버의 주문을 잘못 읽고 엉뚱한 메뉴를 준비하는 등의 사례는 조명으로 인해 생산성이 떨어지는 결과라 할 수 있다. 하지만 조명의 영향력은 눈에 잘 띄지 않는다. 조명의 밝기 정도와 종류는 일하는 방법에 영향을 미칠 수 있다. 예를 들면, 날씨가 침침하고 구름이 많이 끼었을 때 또는 조명이 어둡고 차가울 때 상대적으로 동기부여가 낮아진다. 그렇다고 밝게 조명을 설치하는 것이 문제의 해답은 아니다. 사실 높은 조도에서 근무하는 환경에서도 낮은 생산성은 발생하는데, 이는 불필요한 전기요금만 증가시키는 결과를 가져오기 때문이다. 밝은 조명과 생산성 향상의 관계는 과학적인 연구 결과이지 단순히 밝기를 조정한 결과는 아니다.

많은 연구들은 조도의 작은 증가가 생산성을 상당히 증가시킬 수 있다고 밝혔다. 25촉광 정도의 작은 조명을 설치하여 생산성을 5~33% 증가시켰다는 보고도 있다. 더 밝은 조명은 오히려 작업 수행에 걸리는 시간을 감소시키고 작업 속도의 증가는 자신감을 증대시켜 속도를 더 향상시킨다. 반면, 너무 낮은 조명과 분산의 불균형은 실수율을 증가시키고 효율을 떨어뜨린다.

실수를 줄이는 것은 결과물을 증대하는 것만큼이나 중요하다. 오하이오 주립대학에서 수행된 연방에너지관리 시험에서 손으로 직접 쓴 숫자의 실수를 측정한 결과 적절한 조명 아래서 실수율이 12% 감소되었다. 이러한 감소는 레스토랑 경영자에게 단순히 현금정산뿐만 아니라 여러 면에서 중요성을 갖는다.

동기는 사람들이 환경을 어떻게 인지하느냐에 따라 영향을 받는다. 작업자들은 스스로 긴장감, 두통, 피로 등을 느끼기 전까지는 작업장의 조명이 낮아지는 것을 의식적으로 아는 경우가 거의 드물지만 결과적으로 조명은 작업자들에게 영향을 미친다. 적절한 조명은 편안한 작업 환경을 만들어주고, 이러한 환경 속에서 종사원들은 보다 일관되고 긍정적인 태도로 근무에 임하는 경향이 있다.

3) 조명 설계

사람들은 작업 환경의 밝기정도에 따라 스스로를 적응시키는 경향이 있다. 이러한 시각적 심미적 직감은 조도에 따라 어떤 활동이 적절하다고 생각하는지에 지대한 영향을 미친다. 전반적으로 세정실, 검수 구역, 창고, 냉장고 등 물리적인 활동이 일어나는 공간의 밝기는 적절해야 한다. 회계부서, 현금취급, 대기실, 복도 등은 낮은 조도가 적절하다. 두 경우 다 조도는 적정한 범위 내에 유지되어야 한다. 공간이 너무 밝을 때는 색상과 모양이 거슬려 보이고 일그러져 보이며 작업자의 집중도가 떨어진다.

밝기는 물체의 실제 무게를 느끼는 심리적 인식에 영향을 준다. 들고 다닐 수 있는 상자, 케이스, 휴지통 및 쟁반은 이들이 흰색이나 밝은 색상으로 설계 되었을 경우 운반하기 쉽다고 느껴진다. 이런 측면에서 대부분의 골판지 색상이 표준 갈색을 유지하고 있다는 것은 유감스러운 일이다. 만약 몇 번 더 표백하거나 하얗게 색칠한다면 트럭에서 저장고로 식품 박스를 취급하는 것이 지금보다는 훨씬 가벼운 업무라고 인식하게 될지도 모른다. 적절한 반사율을 달성하기 위해서는 물건을 들어올리거나 취급하는 곳의 조도는 높아야 한다.

유니폼의 색깔은 시각적인 효과 때문에 조명 설계의 또 다른 요소로서 물리적인 작업을 위한 유니폼은 밝은 것이 좋다.

특히 냄새와 식중독의 원인이 되는 박테리아들은 빛에 잘 반응한다. 많은 연구들은 개인위생관리 부족으로 많이 나타나는 식중독 균인 연쇄상 구균(streptococci)은 직접적으로 비치거나 또는 유리를 통해 들어온 자연채광에 의해서 죽는다고 밝혔다. 자외선은 종사원들의 건강과도 직접적으로 관련이 있다. 자외선은 작업 능률과 감염 저항력을 증진시켜 주는 것으로 나타났으며 안정적인 시력의 증진, 그리고 호흡기 감염을 감소시켜 주는 것으로 나타났다.

【참고문헌 (Bibliography)】

Alderman, Al. "The Changing Face of Custom Fabrication." *Consultant* 2004; 37/2: 97-100.

Arango, Jorge S., Cesar Rubio, and David Battenfield. "Sea and Shore." *Hospitality Design* 2005; 27/3: 156-59.

Austin, Tom. "Dining Alfresco." *Hospitality Design* 2004; 26/7: 102-5.

Bain, Kent. "What We Need from Facility Design." *Foodservice Equipment & Supplies* 2003; 56/7: 29

Barista, Dave. "Recipe for Success." *Building Design & Construction* 2004; 45/9: 40-44.

Bartz, W. "Antimicrobial standards for manufacturers. *NAFEM in Print. Summer* 2003; 2/2: 35

Beamon, Kelly. "Naked Truth." *Hospitality Design* 2003; 25/5: 45

Bean, Russell L. "Food-service Buyer: Refrigeration." *Restaurant Business* 2006; 105/3: 72.

_____________ "Gas griddles for great grilling." *Cooking for Profit.* September 15, 2005; 651: 25-30.

Bandal, Dan. "Combinations Ovens and Steamers." *Food Management.* August 2001; 36/8: 78-82.

__________ "Food Processors and Mixers." *Food Management.* April 2001; 36/4: 78-84.

__________ "Food Warmers." *Food Management.* September 2001; 36/9: 77-78.

__________ "Buying the perfect Fryer." *Food Management.* September 2002; 37/9: 60-62.

__________ " Cold Facts about Ice Makers." *Restaurant Hospitality* 2004; 88/2: 102-6.

__________ "Home on the Range." *Food Management* 2005; 40/10: 100-102.

__________ "The Money-Making Bar Setup." *Restaurant Hospitality* 2004; 88/7: 122-28.

__________ "High speed cooking." *Food Management* April 2005; 40/4: 76-80.

__________ "Cooking with steam heat." *Food Management* August 2005; 40/9: 72-74.

__________ "Beverage Dispensing." *Food Management* December 2005; 40/13: 50-52.

__________ "A Perfect One-Two Punch." *Restaurant Hospitality* 2006; 90/1: 72-73.

Berta Dina. "Well Designed Kitchen Good for Business." *Nation' s Restaurant News* 2004; 38/16: 16.

Bertagnoli, Lisa. "Built for Speed." *Restaurant & Institutions* 2004; 114/23: 51-58.

"Best New Servery Design." *Food Management* 2005; 40/4: 40.

Boss, Donna. "Vu Restaurant & Lounge." *Food Service Equipment & Supplies* 2003; 56/5: 75.

__________ "Rainwater Restaurant." *Food Service Equipment & Supplies* 2003; 56/6: 39.

__________ "Red Lobster' s Coastal Home Design." *Food Service Equipment & Supplies* 2003; 56/6: 50.

__________ "The Lodge at Sea Island, Ga." *Food Service Equipment & Supplies* 2003; 56/8: 45.

__________ "Reflections." *Food Service Equipment & Supplies* 2004; 57/11: 21-24.

__________ "The Western Door: A Seneca Steakhouse." *Food Service Equipment & Supplies* 2005; 58/5: 55-58.

__________ "The Dining Room at Union Pacific Center." *Food Service Equipment & Supplies* 2005; 58/8: 45-48.

__________ "Facility Design Project of the Year." *Food Service Equipment & Supplies* 2006; 59/5: 56-60.

__________ "Colors." *Food Service Equipment & Supplies* 2006; 59/7: 49-54.

__________ "Cafe 37 at One South Dearborn In Chicago." *Food Service Equipment & Supplies* 2006; 59/8: 37-42.

Brucker, Hilda J. "Creating a Signature Look?" *Pizza Today* 2006; 24/8: 33-34.

Buchthal, Kristina. "Richard Bloch." *Restaurant & Institutions* 2006; 116/3: 23.

______________ "This Old Front of the House." *Restaurant & Institutions* 2006; 116/12: 42-44.

Campbell Liz. "Ask the Design Experts." *Consultant* 2005; 38/4: 58-62.

__________ "A Unique Design for Hospital Dining." *Consultant* 2006; 39/3: 58-63.

Carbonara, Joseph M. "Different by Design." *Food-service Equipment & Supplies* 2006; 59/6:15.

Carroll Alisa. "Ship Ahoy." *Hospitality Design* 2005; 27/7: 176-79

Catinella Orrell, Rita F. "Tasteful Kitchen Design." *Architectural Record* 2006; 194/10: 64-64.

Chesser. J.W. "Maximizing food quality and safety through effective use of food equipment technology." *Presentation at NAFEM* 2003.

Clarke, John. "Kitchen Design." *Grill* 2006; 1/6: 50-59.

"Clean Sweep." *Restaurant & Institutions* 2006; 116/17: 96-108.

Cohen, G and Cohen, N.E. "Food-service Sanitation Handbook." *Hayden Book Co., Rochelle Park, New Jersey* 1982.

"Cooker-cooler brings home-cooked flavor to soup production." *Food Engineering*. March 2003.

"Cooking for Profit: Food-service efficiency on a massive scale." *Cooking for Profit*. August 15, 1997: 4-7.

"Common Kitchen Gaffes." *Nation's Restaurant News* 2003; 37/35: 96-108.

"Condiment Dispensing Systems Come of Age." *Nation's Restaurant News* 2003; 37/35: 40.

Craiger Hargesheimer. "A builder's View." *Grill* 2006; 1/6: 55

"Custom Stainless-Steel Fabrication." *Food-service Equipment & Supplies* 2006; 59/9: 25.

"Deliver a Dining Experience." *Hotels* 2006; 40/4: 76-80.

Deluca, M. "Food facility planning: the design team." *Restaurant Hospitality* 1980; 16/7: 85-86

"Design Trends: Non Commercial." *Restaurant & Institutions* 2006; 116/16: 50-51.

"Designing for Efficiency." *Nation's Restaurant News* 2003; 2/2: 7.

Di Nome. T.: Price Service..and robots. *NAFEM in print.* Summer 2003; 2/2: 28-30.

DiVita, L.J.: Green scene: *Chef.* May 2006; 50/5: 53-54.

Ehrhardt, Ron. "Smaller is Better in On-site Food Service." *Food-service Equipment & Supplies* 2005; 58/1: 19.

"Equipment News." *Restaurant Hospitality* 2005; 89/2: 112.

________________ *Restaurant Hospitality* 2005; 89/4: 135.

"Fabulous Food-service." *Appliance Design* 2006; 54/7: 7.

"Facility Design." *Food-service Equipment & Supplies* 2006; 59/1: 36.

"Food Engineering: Cooker-cooler brings home-cooked flavor to soup production." *Food Engineering.* March 2003, 48-50.

"Food Engineering: Cook/chill grows with HMR trend." *Food Engineering.* May 1998, 1.

"Food Management: Equipment and technology on display." *Food Management.* October 2003; 38/11: 56-62.

________________ NAFEM '03 wrap-up/sourcebook." *Food Management.* October 2003; 38/11: 66-70.

________________ The hard facts on stainless steel." *Food Management.* April 2001; 36/4: 76.

________________ Strategic thinking: Cook-chill's silent majority." *Food Management.* June 1999; 34/6: 22.

Frable, Foster Jr. "Never Understimate the Importance of Facilities Design in the Success of a Food-service Operation." *Nation's Restaurant News* 2003; 37/46: 18.

________________ "Well-Executed Commercial Kitchen Design Requires Step-by-Step Planning, Patience." *Nation's Restaurant News* 2004; 38/7: 18-60.

________________ "Construction Administration Lays Solid Foundation for Successful Design." *Nation's Restaurant News* 2004; 38/23: 26-28.

________________ "Well-Planned Transition between Front-and Back-of-House Cuts Down on Noise, Accidents." *Nation's Restaurant News* 2005; 39/26: 34,199.

________________ "Disoriented Customers Can Mean Lost Business for Operators." *Nation's Restaurant News* 2006; 40/20: 22.

________________ "Innovation Leads to a Better Way to Maintain Foods' Taste, Temperature on Holding Systems." *Nation's Restaurant News* 2003; 40/34: 18-64.

Gilstrap, Michelle. "Wood You Like." *Display & Design Ideas* 18/4: 18.

Guy, S. "Innovation key focus for food-service equipment company." *Chicago Sun-Times,* August 27, 2003.

"Handsinks with Antimicrobial Protection." *Convenience Store News* 2004; 40/12: 83.

"HFH Panel: What's ahead for healthcare?" *Food Management.* September, 2000; 35/9: 38-40.

"Hodl, J. J.: Keeping restaurant food safe." *Chef.* May 2006; 50/5: 56-58.

Huber, Douglas W. "Streamlining the Process." *Food-service Equipment & Supplies* 2004; 59/6: 21-22.

Hume, Scott. "Open-Kitchen Design." *Restaurants & Institutions* 2004; 114/9: 22-23.

"Innovations and Improvements in Working Kitchens: Keep 'Em Simple." *Nation's Restaurant News* 2003; 37/35: 48.

Jennings, Lisa. "FCSI Organizes Best-Practices Guidelines for Equipment Selection." *Nation's Restaurant News* 2005; 39/41: 8.

Jesitus John. "Display Units Provide Options, Design Element." *Hotel & Motel Management* 2004; 219/9: 32-34.

Johnson, Michael O. "ADA-16 Years and Counting." *Foodservice Equipment & Supplies* 2006; 59/8: 21-23.

Katsigris, Costas, and Chris Thomas. Design and Equipment for Restaurant and Foodservice: A Management view, Third Edition. *Hoboken, Nj: John Wiley & Sons.* 2008.

King, T. and Steven, J.: "FoodService Equipment: An Internet Guide." *Weimar, TX.: CHIPS Books,* 2003.

Kooser, Ron. "Design for the Customers, Not the Designer." *Food Management* 2003; 38/9: 22.

Leberte, Mark. "A Good Installation." *Foodservice Equipment & Supplies* 2005; 58/10: 54.

Levere, Jane. "Aix en New York." *Hospitality Design* 2003; 25/3: 138.

Lavin, Amelia. "Special Report: Energy Efficiency in Equipment and Practice." *Foodservice Equipment & Supplies* 2006; 59/10: 15-16.

Maclaurin, Donald. "Wise Design." *Foodservice Design* 2004; 37/5: 71-74.

Martin, Richard. "Chains Take Pains to Reinvent Themselves in Bids to Match Hipper Decor of Newer Rivals." *Nation's Restaurant News* 2006; 40/22: 21.

Mastrelli, Tara. "Don't Feed the Chefs." *Hospitality Design* 2006; 28/4: 45-46.

Mastrelli, Tara, and Douglas Fogelson. "Rustic Redefined." *Hospitality Design* 2005; 27/4: 66-69.

Mastrelli, Tara, and Michael Moran. "Horizontal Vertigo." *Hospitality Design* 2005; 27/3: 164-67.

Matula, Dennis L. "Air Balance Fundamentals for the Mordern Restaurant." *Engineered Systems* 2003; 20/1: 58.

McPherson, John, Adrian Mitchell, and Andrew Ross. "Every Penny Counts: Operators Who Design Concepts for Value Get Biggest Bang for Buck." *Nation's Restaurant News* 2004; 38/33: 42-44.

"NRA Show Eyes the Future." Restaurant & Institutions 2005; 115/8: 18.

"On the Fry." Restaurant & Institutions 2006; 116/3: 60.

"Partners in Innovation." *Engineer* 2004; 293/7665: Special Section 6-7.

Perlic, Allison. "Setting the Stage." *Restaurant & Institutions* 2004; 114/1: 95-101.

Ridge, D. "Labor-saving equipment." *Food Management* August 2001; 36/8: 34-42.

Popp, Jamie. "What' s Cooking?" *Restaurant & Institutions* 2005; 115/13: 50-58.

Powell, Peter. "Restaurant Refrigeration Tries Parallel Rack Approach." *Air Conditioning Heating & Refrigeration News* 2005; 224/2: 18.

Riell, Howard. "Cleaning Up' a Corrections Kitchen." *Foodservice Equipment & Supplies* 2003; 56/3: 32.

Robson, Stephani K. A. "Designing for Dollars." *Restaurant Hospitality* 2004; 88/10: 72-74.

Rowe, M. "Taking stock of tomorrow' s kitchen." *Food Management* August 2002; 37/8: 32-38.

Russo, Bruce. " The Benefit of a Well-Designed Restaurant Pleasing to the Pocket book as Well as the Eye." *Nation' s Restaurant News* 2006; 40/23: 22-24.

Schechter, Mitchell. "United States: Equipment & Kitchen Design Update." *Consultant* 2004; 37/4: 23-29.

________________ "An Architect of an Enduring Design." *Foodservice Equipment & Supplies* 2004; 57/6: 28-31.

Schuster, K. "Renovation revelations." *Food Management* September 2000; 35/9: 28-35.

Seelye, Kathleen. "Thinking 'Green' Means Thinking Sustainably." *Food Management* 2006; 41/6: 32-34.

______________ "Energy Savings are Green in More Was than One." *Food Management* 2006; 41/9: 24.

Shea, Erin J. "Cool, Clean and Collected." *Restaurants & Institutions* 2005; 115/6: 93-94.

"Shelving." *Foodservice Equipment & Supplies* 2006; 59/9: 84-85.

Sheridan, Margaret. "Hungry Minds." *Restaurant Institutions* 2004; 114/23: 69-70.

"Size Matters." *Caterer & Hotelkeeper* 2006; 196/4429: 54.

Soucie, Ray. "Serving Lines Create Theater." *FoodService Director* 2005; 18/10: 48.

Spata, Anthony. "Great Facility Design Is More then just a Pretty Face." *Foodservice Equipment & Supplies* 2006; 59/4: 29-30.

Stanford, Howard. "The Preferred Route." *Food Service Equipment & Supplies* 2005; 58/5: 27-28.

Stevens, J., and Scrivens, C. "Manual of Equipment and Design for the Foodservice Industry. 2nd ed. *Weimar, TX.: CHIPS Books*, 2009.

Stroozas, T. "Reducing Labor costs with improved griddle surfaces." *Cooking for Profit.* May 15, 2003; 623: 8-9.

__________ "Making the Case for high-temp warewashing." *Cooking for Profit.* April 15, 2003; 622: 4-7.

__________ T. "Try before you buy: Test Kitchen Let You Do Just That." *Cooking for Profit.* February 15, 2003; 620: 14-15.

Stults, V. J., Peeling, B., Robinson, R. T., and Theilen, R. "Equipment maintenance makes dollars and sense." *Presentation at NAFEM* 2003.

Sweet, Kimberly. "Raising the Stakes." *Professional Remodeler* 2006; 10/4: 16-21.

"A Taste of Technology." *Restaurants & Institutions* 2006; 116/5: 75.

"25 Kitchenware Productions That canged the Industry." *Gourmet Retailer* 2004; 25/9: 102-7. Webb, Jim. "Kitchen Fundamentals." *Foodservice Equipment & Supplies* 2006; 59/2: 23-24.

Varga, J. "Gas open Fryers," *Cooking for Profit* August 15, 2003; 626: 22-25.

_______ "Gas Component steamers," *Cooking for Profit* June 15, 2003; 624: 10-12.

_______ "Gas Display Cooking Equipment," *Cooking for Profit* August 15, 2002; 614: 25-28.

Webb, Michael. "Perfectly Putman." *Hospitality Design* 2003; 25/3: 142.

Weber, Toby. "Beltram' s Southern Designs." *Foodservice Equipment & Supplies* 2004; 57/5: 51.

Whitman, David C. "Organized Chaos." *Foodservice Equipment & Supplies* 2003; 56/8: 21.

Yee, R. Hospitality and Restaurant Design 3. *Weimar, TX.: CHIPS Books*, 2003.

관련 웹사이트

Cambro Manufacturing Co.	www.cambro.com
Continental Refrigerator	www.continentalrefrigerator.com
Doyon Equipment Inc.	www.doyon.qc.ca
Eagle Group	www.eaglegrp.com
Gemini Bakery Equipment Company	www.geminibe.com
Globe Food Equipment	www.globeslicers.com
Hobart Corporation	www.hobartcorp.com
InterMetro Industries Corporation	www.metro.com
Lincoln Foodservice Products, Inc.	www.lincolnfp.com
Montague Company, The	www.montaguecompany.com
Robot Coupe U.S.A., Inc.	www.robotcoupeusa.com
Rubbermaid Commercial Products Inc.	www.rubbermaidcommercial.com
THERMO-KOOL/Mid-South Industries, Inc.	www.thermokool.com
Vulcan-Hart Company	www.vulcanhart.com
Yamato Corporation	www.yamatocorp.com

부 록

1. 개점프로세스

레스토랑 개점을 위해 진행되는 작업의 순서도이다.

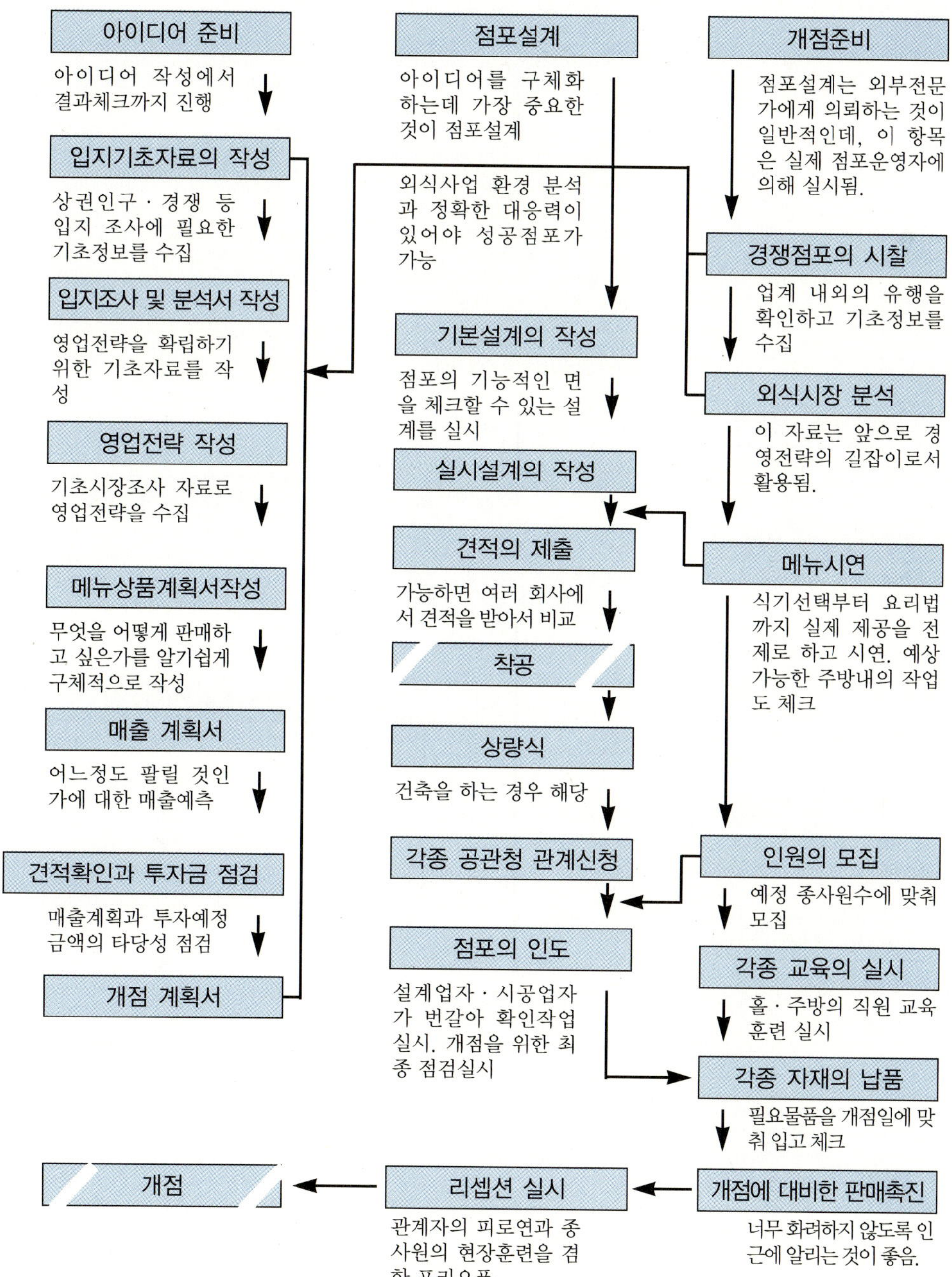

2. 프로젝트팀의 작업진행

프로젝트팀이 개점작업진행을 할 때 가장 중요한 점은 각자의 생각들을 같은 목표와 방향으로 통일되게 진행하는 것이다. 프로젝트를 진해하는 목적, 그리고 그 목적을 달성하기까지의 전체적인 과정을 팀 전원이 정확하게 공유해야 한다.

영업전략

점포설계자

점포설계와 점포디자인을 나눠서 생각하는 것은 기능과 감성을 균형있게 해야 성공할 수 있기 때문이다. 여기서 말하는 설계란 점포에서 일하는 종사원들의 동작이 편하도록 만들어 주는 것이다.

↓

점포 레이아웃 작성

주방과 홀의 효과적인 위치설정을 제안 · 확인

↓

점포평면기본설계 제안

오퍼레이션의 확인작업이 가능하도록 평면도면을 작성한다.

↓

점포실시 설계

현장운영자 · 설계담당자의 협의 후 최종 설계계획 작성

↓

업자 선정 및 견적의 제출

효과적인 투자를 실현하기 위해 여러 곳의 견적을 비교한다.

↓

계획 수치확인과 그에 따른 변경

투자계획에 맞는 수치확인 작업은 운영에 필수 불가결하다.

↓

견적서만 보고 업자를 선정해서는 안 된다. 신뢰성이 있어야 하고 음식점에 경험이 있어야 한다. 예산범위 안에서 최고의 선택을 할 수 있도록 한다.

점포설계

기능이 중요하다고 해도 감성적인 요소가 있어야 한다. 점포설계가 종사원의 동선을 고려한 것이라면 디자이너는 손님들의 편안함을 고려한 부가가치를 창조한다. 이 2가지 요소가 균형을 이루어야 비로소 아름다운 점포가 만들어진다.

↓

점포 내 이미지 작업

↓

디스플레이

그림, 소도구, 비품 등을 점포의 이미지에 맞게 장식한다. 감성이 풍부하고 통일감 있는 점포의 설계에 반드시 필요한 작업, 쇼케이스의 디스플레이도 중요한 작업이다.

주방설계

주방은 음식점의 심장에 해당한다. 아무리 감성이 높은 레스토랑이라도 주방이 지저분하면 안정된 상품을 제공할 수 없다. 주방의 오퍼레이션과 기구의 능력 그리고 조리행정을 통합해서 완성하는 것이 주방 디자인이다.

↓

주방계획서 작성

메뉴를 효율적으로 조리하기 위해 주방 오퍼레이션을 작성한다. 작업동선부터 주방기구의 배치 계획까지 포함한다.

↓

최종 상품 계획에 맞춘 변경작업

메뉴레시피 작성을 통해 변동되는 주방의 요구사항을 반영시킨다.

↓

업자의 선정 및 견적서 제출

↓

발주

주방기구의 발주는 여러 업자로부터 나눠서 발주받는 것이 좋다. 각 납품시기와 공사공정을 확인할 필요가 있다. 이 작업을 완료시켜야 비로소 주방 디자인 작업이 완료된 것이다.

영업전략

시각디자이너

로고캐릭터를 총괄적으로 제안하고 관리하는 디자이너, 영세식당이라면 이 정도까지 필요없을지 모르지만, 점포규모의 대소를 불문하고 효과적인 영업이나 판매촉진을 하려면 로고타입을 만들 필요가 있다. 점포의 이미지 통일을 분명히 하는 것이 성공의 비결이다.

↓

로고 캐릭터 디자인의 제출

영업 컨셉트를 고객에게 정확하게 전달하는 디자인이 바람직하다.

↓

응용패턴의 전개

제출된 기본안을 토대로 해서 여러가지 형태로 응용한다.

↓

각종 홍보물에 디자인을 반영시킨다.

간판, 네온사인과 같이 대형물로부터 성냥갑과 명함과 같이 자그마한 홍보물에 응용을 한다. 일정한 패턴으로 고객에게 깊은 인상을 주고 점포의 존재를 고객에게 알리는 것이 가장 좋은 방법이다.

메뉴디자이너

음식점에서 상품카달로그인 메뉴북은 매우 중요한 작업. 메뉴의 특징을 잘 살린 레이아웃과 사진이 성패를 좌우하는 전문작업이므로 철저한 계획으로 진행해야 한다.

↓

메뉴북 이미지의 제출

몇페이지 정도로, 어느 정도 크기의 메뉴북인지, 레이아웃은 어떤지

상품전략을 철저하게 고객에게 전달할 수 있는 방법을 찾는다.

↓

상품사진 촬영
레이아웃 작업
메뉴북 작성

메뉴북의 부수는 객석 · 업태 · 메뉴북의 소재에 따라 달라지는데, 객석수의 2배 정도 준비하는 것이 일반적이다.

각종디자이너

식기선정 및 유니폼 선택등은 굳이 전문가에게 의뢰하지 않아도 되는 작업이다. 그러나 전문가로부터 소재의 내구성이나 유행성 등에 관한 정보를 얻어두는 것도 필요하다. 영업전략이 반드시 반영되어야 한다.

식기의 소재, 디자인 뿐만 아니라 내구성과 같은 기능면도 중요하다. 주방안의 수납장에 맞는가를 검토하는 것도 필수

↓

식기의 제안, 유니폼의 연출, 집기, 비품의 수배

적정수량을 정해 발주한다. 식기, 집기를 적당한 장소에 기능적을 수납하는 것이동선과 스피드한 메뉴제공에 중요하다.

↓

상품 샘플 작성

상품을 최초로 고객에게 전달하는 수단이 음식모형이다. 효과적인 샘플작성과 디스플레이가 필요하다. 음식모형이 필요하지 않는 점포도 판매상품을 알릴 수 있는 방법을 연구한다.

3. 메뉴아이디어와 주방디자인

음식점의 개업은 프로젝트관리가 필요할 정도로 다양한 요소로 구성되어 있는데, 그 중에서도 가장 중요한 것은 '무엇을 어떤 식으로 팔까' 하는 문제이다. 그러므로 상품을 만들기까지의 공정이 개업프로젝트의 핵심임은 두말할 필요가 없다. 상품 프로젝트의 첫단계가 바로 메뉴아이디어의 결정에서 주방디자인까지이다.

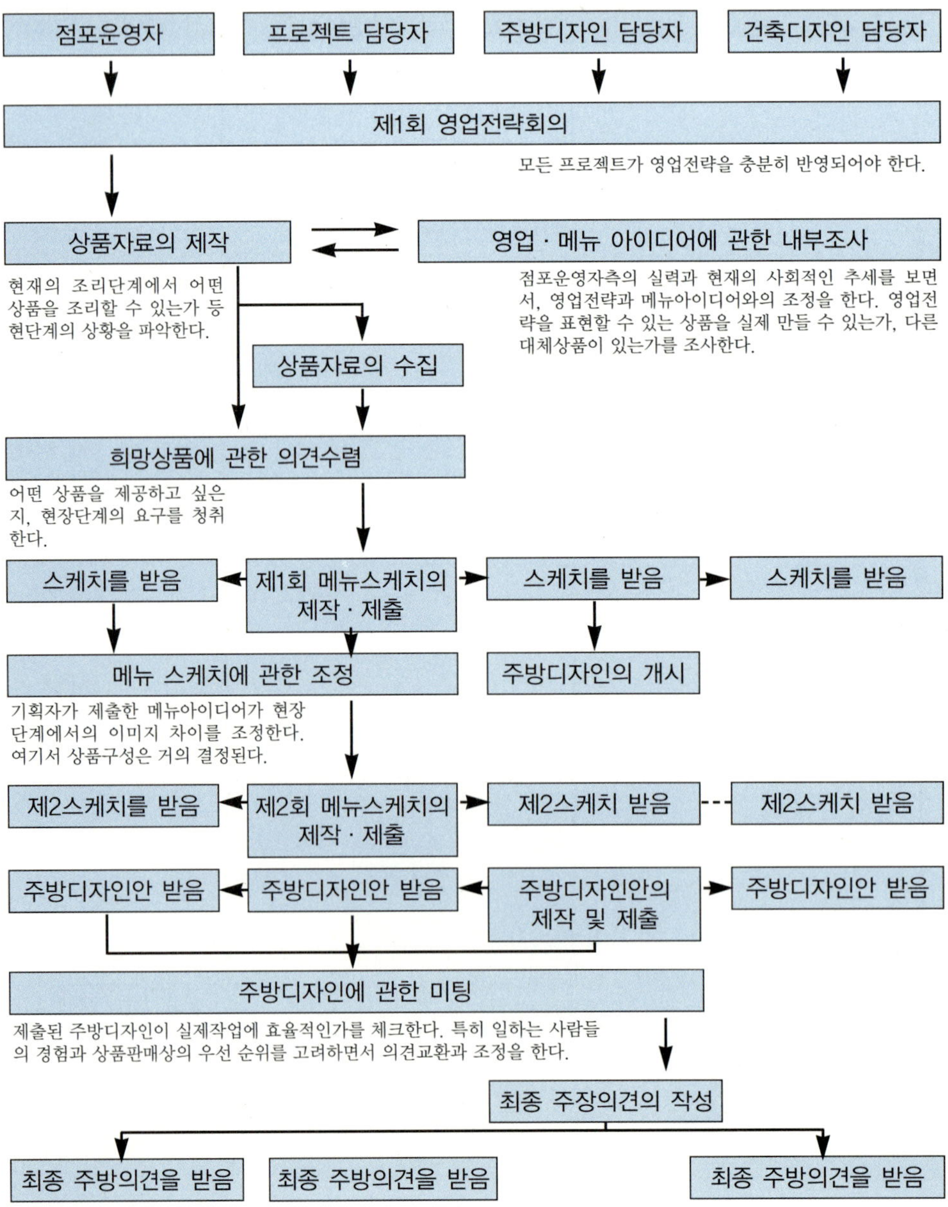

4. 메뉴의 결정과 메뉴북 작성

주방디자인의 작업으로 상품을 만들 수 있는 주방시스템은 완성되었다. 이번에는 상품을 잘 만드는 방법과 상품을 보기좋게 표현하는 메뉴북을 작성해야 한다.

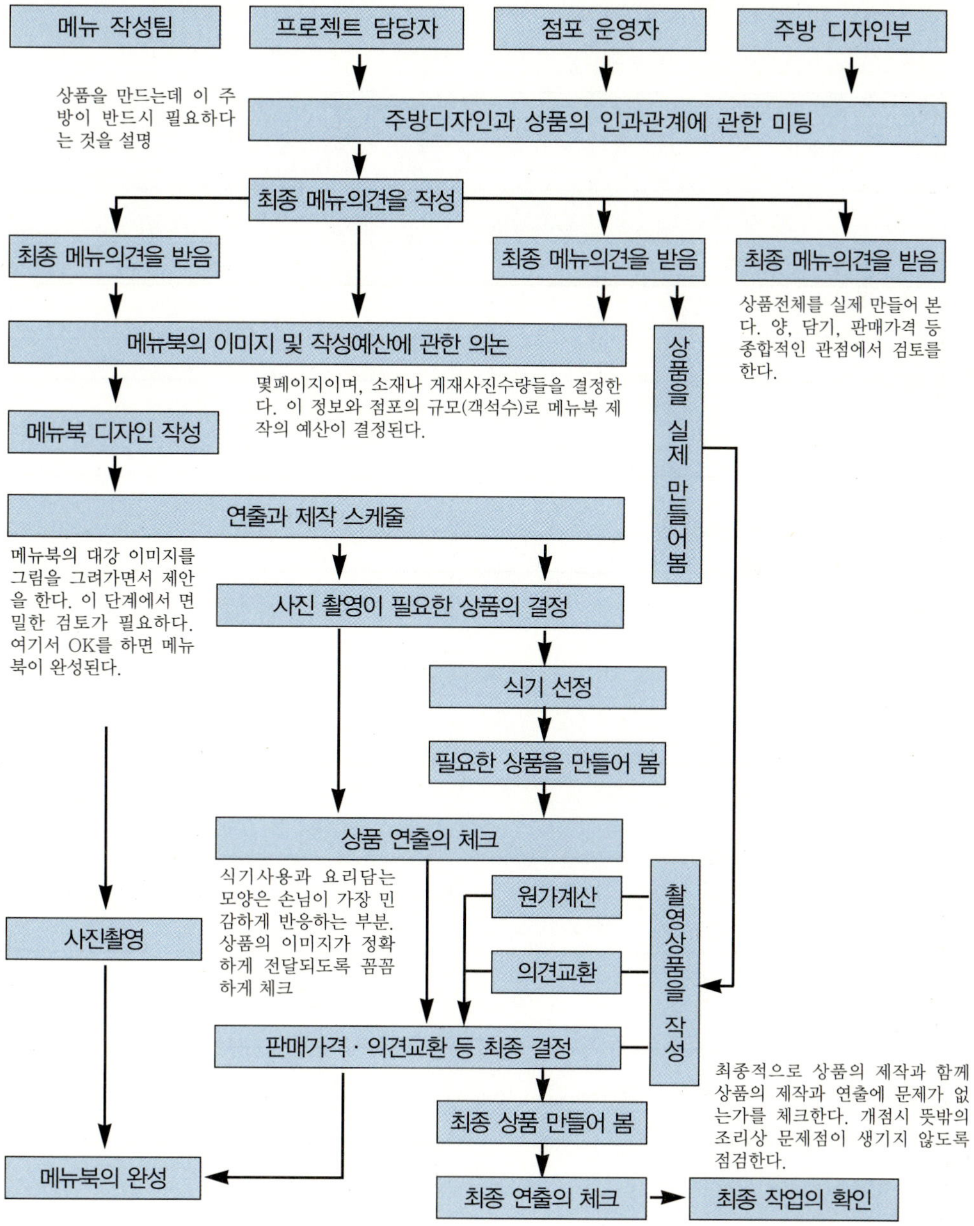

5. 계획표 작성을 위한 도표

각 담당분야별로 나눠져 있는 의견과 진행사항을 종합적으로 정리해야 문제가 발생하지 않는다. 다음 표는 작업을 위한 계획표를 작성할 때 반드시 체크해야 하는 항목을 모아놓은 것이다. 하나라도 빈칸이 생기면 프로젝트는 완성되지 않는다.

프 로 젝 트					
	업 무	담당회사	담 당 자	금 액	의 견
1	설계				
2	시공				
3	인테리어				
4	주방계획				
5	주방시공				
6	식기				
7	유니폼				
8	메뉴				
9	판촉CI				
10	총공사비				

점 포 개 요					
	항 목	의 견		항 목	의 견
1	부지면적		11	점포테마 (컨셉)	
2	건축평수		12	객단가	
3	좌석수		13	매상목표	
4	객석수		14	배경음악	
5	주차대수		15	조리가공	
6	영업시간		16	종사원수	
7	업종		17	점포수	
8	업태		18	교육훈련	
9	메뉴수		19		
10	가격대		20		

* 점포별 필요항목은 더 기입하여 체크할 수 있다.

6. 개업 100일 전 플로우챠트

개업프로젝트는 프로젝트 경영진(컨설턴트)이 해야할 일과 현장단계에서 관리자가 책임지고 해야할 일로 크게 나눌 수 있다. 프로젝트의 초기단계에서는 프로젝트 경영진(컨설턴트)이 해야할 일이 대부분이지만, 어느 단계가 지나면 서서히 점포경영자의

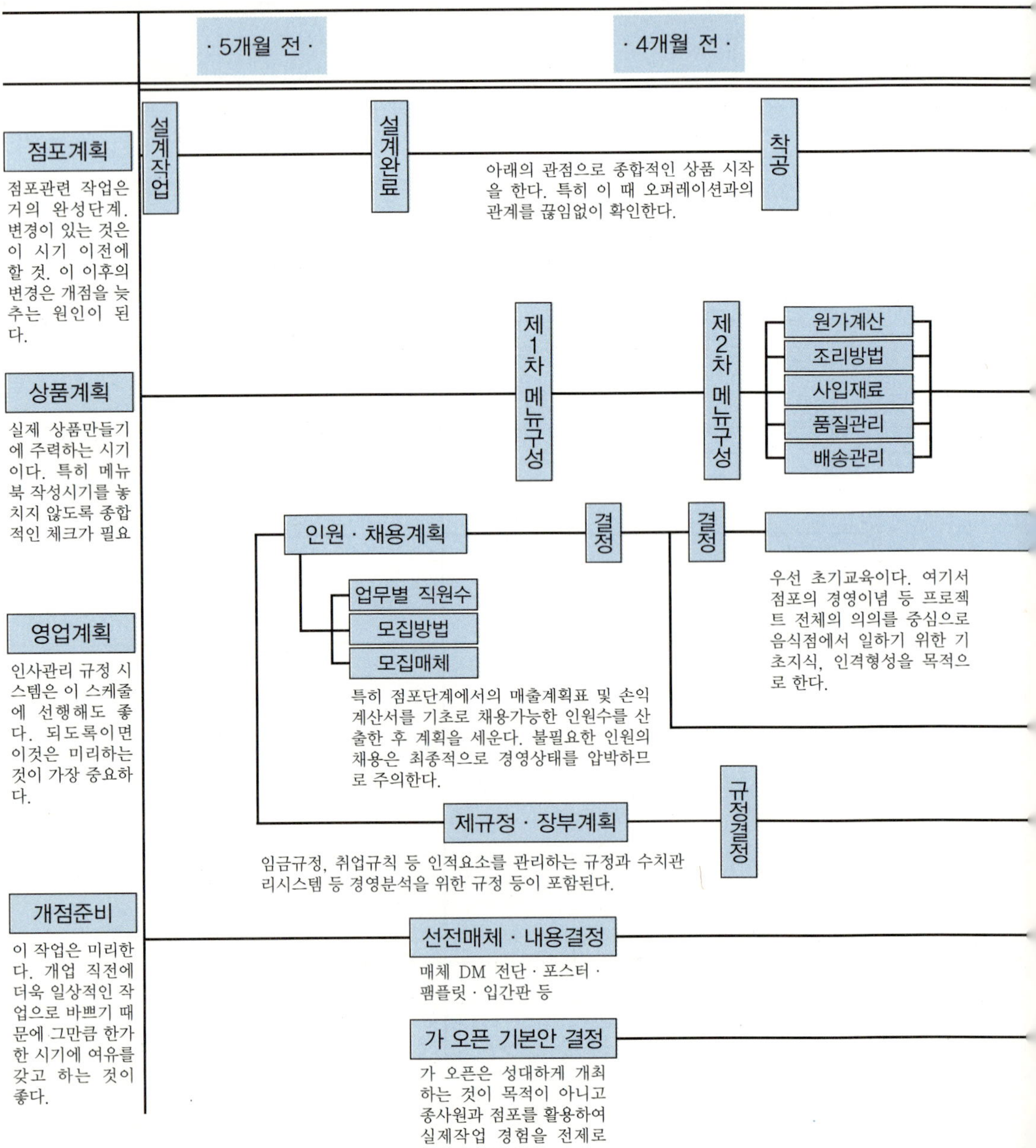

업무가 많아진다. 다음은 이것을 기초로 개업 30일 전, 50일 전처럼 개점일정에 맞춰 플로우챠트를 작성할 수 있다.

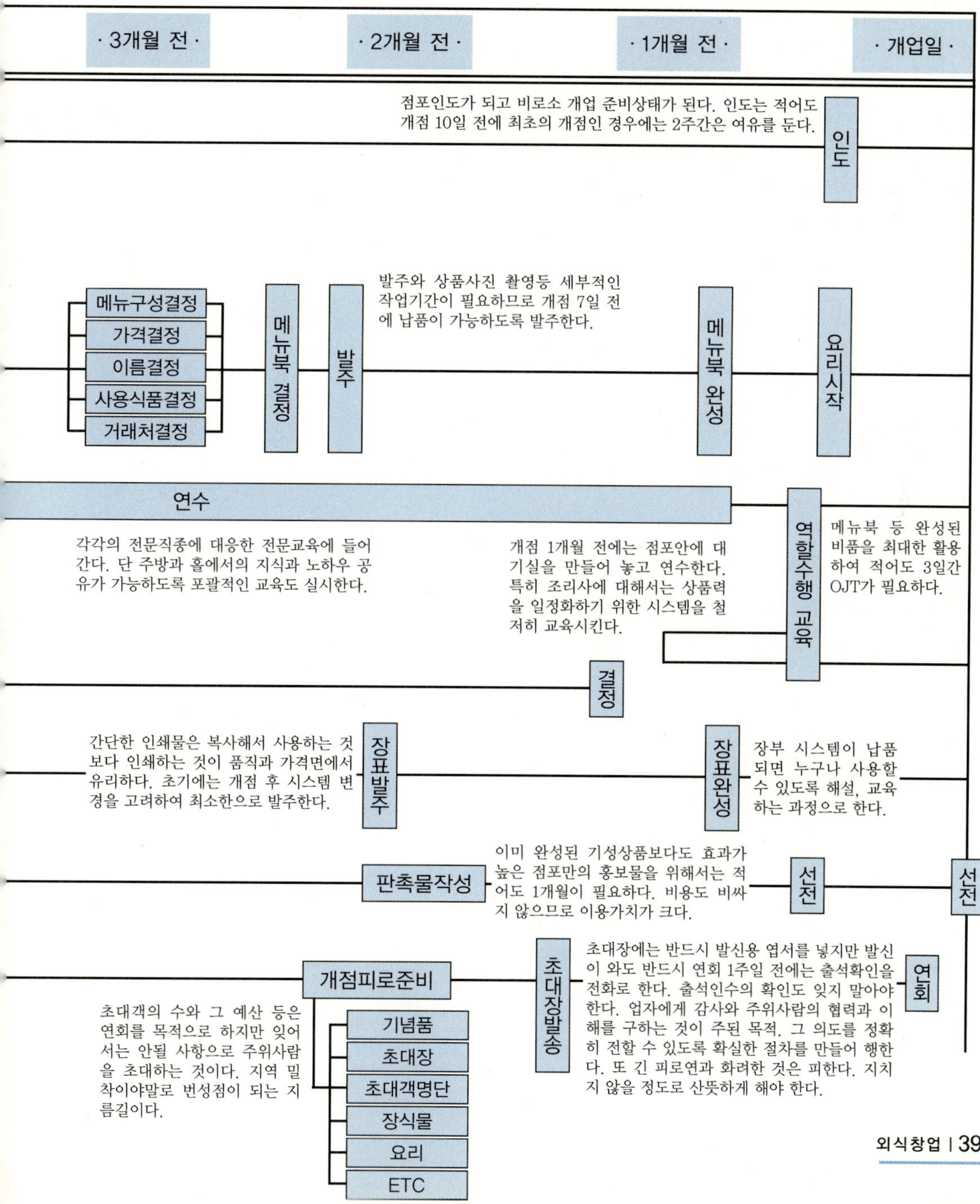

7. 개업 체크 항목 50

1. 입지조사는 완료했는가?
2. 입지주변의 특성은 파악했는가?
3. 상권인구, 연령구성비 등 인구동태 확인은 했는가?
4. 주변의 경쟁음식점에 대한 상황은 파악했는가?
5. 외식산업 이외의 상업시설(상점 · 레저시설 등)의 경쟁상태도 조사했는가?
6. 상권의 위치에 대한 성격은 파악하고 있는가?
7. 상권전체에 몰려드는 사람들의 이동수단과 성격을 파악하고 있는가?
8. 영업전략이 입안되어 있는가?
9. 개업사업 자체의 의의 · 목적 · 회사 내에서의 위치가 설정되어 있는가?
10. 업종업태의 설정 중 업계 내에서 점포의 지위가 정해져 있는가?
11. 주력상품과 상품구성은 결정되어 있는가?
12. 객단가의 설정 및 그와 관련된 단가설정은 되었는가?
13. 대상고객의 이미지는 확립되었는가?
14. 영업시간 · 정기휴일은 결정되었는가?
15. 각 영업시간에 따른 소비자의 요구를 파악하고 있는가?
16. 점포규모와 객석수는 결정했는가?
17. 각 영업시간대에 따른 체제시간과 객석회전율은 예상하고 있는가?
18. 점포의 이미지는 완성되었는가?
19. 점포명은 지었는가?
20. 유니폼 · 식기 · 인테리어 등 각종 시각적인 요소는 결정되었는가?
21. 수치계획은 완성되었는가?
22. 영업전략 · 입지조건으로 판단할 수 있는 매출 예상은 되어 있는가?
23. 이번 개업에 소요되는 총비용의 범위는 정해져 있는가?
24. 인건비 · 원료비 · 각종 경비 등 영업비용의 범위가 영업전략에서 나온 것인가?
25. 월별 손익계산서의 검토가 행해지고 있는가?
26. 월별 차입금의 반제 · 투자 채산성이 확인되고 사업으로서 성립된다는 것을

알고 있는가?

27. 최저 5년 동안의 자금조달방법이 마련되어 있는가?
28. 프로젝트 팀이 편성되어 있는가?
29. 프로젝트 구성원 모두가 이번 프로젝트의 목적 · 의의를 확인하고 있는가?
30. 각종 프로젝트 팀에게 영업전략을 설명했는가?
31. 프로젝트 팀 구성원의 작업을 총괄 관리하는 담당책임자는 임명되어 있는가?
32. 점포 로고 캐릭터의 디자인은 완료되어 있는가?
33. 유니폼을 어떻게 할 것인가 결정은 내렸는가, 그리고 발주체제에 들어갔는가?
34. 식기를 어떻게 할 것인가 결정은 내렸는가, 그리고 발주에 들어갔는가?
35. 메뉴북의 형태는 결정했는가. 제작일수는 확인했는가?
36. 각종 납품업자와 연락을 하면서 협상을 벌이기 시작했는가?
37. 하드웨어로서의 점포계획이 완성되었는가?
38. 점포평면도는 완성되었는가?
39. 주방 레이아웃(평면도 계획)은 완성되었는가?
40. 주방 레이아웃과 조리가 예정된 상품과의 균형이 맞는지 확인되었는가?
41. 점포 평면상에서 실제 영업활동을 가상한 작업체크를 했는가?
42. 인원계획은 다 되었는가?
43. 주방책임자는 결정되었는가?
44. 주방책임자와 보조가 주방레이아웃을 이해하고 작업방법을 시작했는가?
45. 메뉴기준표 작성을 하고 있는가?
46. 홀 책임자(지배인, 매니저)가 결정되었는가?
47. 각종 메뉴얼 관계(특히, 교육에 관한 시스템)가 작성되었는가?
48. 개업까지 운영계획표가 완성되었는가?
49. 대강의 개점날짜가 정해졌는가?
50. 계획표 중에 프로젝트 팀의 일정관리까지 종합적으로 정리되어 문서화되어 있는가?

주방 안전 점검표

Date Completed: ______________ Shift: ______________

Prepared By: ______________ Manager on Duty: ______________

장비

모든 주방장비는 작동이 가능하도록 깨끗하게 유지보수가 잘 되어 있는가? □ 예 □ 아니오

일상적으로 그리스 트랩은 깨끗하게 유지되고 있는가? □ 예 □ 아니오

튀김기는 그릴, 그리들과 불꽃이 발생하는 기구로부터 떨어져 설치되어 있는가? □ 예 □ 아니오

모든 냉장기구는 먼지 또는 기름기가 없는가? □ 예 □ 아니오

조언 또는 수정이 필요한 사항 ______________

____

____

____

____

화재 예방

화재 예방을 위한 시스템이 설치되어 있으며 잘 작동되고 있는가? □ 예 □ 아니오

주방 내 모든 지역이 화재 방지 시스템에 의하여 적절하게 보호되고 있는가? □ 예 □ 아니오

소화기가 쉽게 접근할 수 있는 위치에 있는가? □ 예 □ 아니오

소화기는 잘 충전이 되어 있으며 정기적으로 점검이 되어 있는가? □ 예 □ 아니오

조언 또는 수정이 필요한 사항 ______________

____

____

____

____

환기 시스템

팬과 배기를 위한 시스템들이 깨끗하며 일상적으로 점검되고 있는가? □ 예 □ 아니오

배기 후드는 모든 조리 구역을 적절하게 커버하고 있는가? □ 예 □ 아니오

모든 배기 후드의 필터는 깨끗하게 유지되고 있으며 기름기가 제거되었는가? □ 예 □ 아니오

조언 또는 수정이 필요한 사항 ______________

____

____

____

____

전기

퓨즈박스 또는 배전함에 쉽게 접근할 수 있는가? □ 예 □ 아니오

배전함 안의 모든 스위치 박스는 깨끗하게 라벨이 붙어 있는가? □ 예 □ 아니오

모든 전기 스위치는 커버가 되어 있습니까? □ 예 □ 아니오

모든 전기 콘센트는 커버가 되어 있습니까? □ 예 □ 아니오

모든 전기 연결부분은 절절하게 연결되어 있으며 잘 커버되어 있습니까? □ 예 □ 아니오

전기 연결 콘센트를 사용하고 있습니까? □ 예 □ 아니오

노출된 모든 전기 코드는 엉켜져 있지 않으며 적절하게 절연되어 있습니까? □ 예 □ 아니오

조언 또는 수정이 필요한 사항 ______________

____

____

____

____

다이닝 룸 안전 점검표

Date Completed: ____________ Shift: ____________

Prepared By: ____________ Manager on Duty: ____________

복도, 계단, 출구

젖거나 기름기가 있는 부문 근처에 바닥 메트를 사용하고 있는가? □ 예 □ 아니오

계단 또는 층이 진 곳에 적절한 조명이 설치되어 있는가? □ 예 □ 아니오

계단에는 핸드 레일 또는 미끄럼 방지 테이프 등이 부착되어 있는가? □ 예 □ 아니오

모든 출구에는 비상등이 부착되어 있는가? □ 예 □ 아니오

모든 출구 근처에 장애물은 없는가? □ 예 □ 아니오

모든 비상구는 쉽게 열 수 있는가? □ 예 □ 아니오

조언 또는 수정이 필요한 사항 ____________

비상시 절차

작동이 가능한 비상용 전등을 보유하고 있습니까? □ 예 □ 아니오

모든 종사원들이 비상시 절차에 대하여 숙지하고 있습니까? □ 예 □ 아니오

경찰서, 병원, 엠뷸란스 등 비상시에 대비한 모든 비상 연락망을 보유하고 있으며 쉽게 보이는 장소에 부착하고 있습니까? □ 예 □ 아니오

모든 직원들이 심폐소생술 또는 기도유지 방법등의 응급처치 절차에 대하여 훈련을 받았습니까? □ 예 □ 아니오

조언 또는 수정이 필요한 사항 ____________

전기 안전

모든 전기 스위치는 커버가 되어 있습니까? □ 예 □ 아니오

모든 전기 콘센트는 커버가 되어 있습니까? □ 예 □ 아니오

모든 전기 연결부분은 절절하게 연결되어 있으며 잘 커버되어 있습니까? □ 예 □ 아니오

전기 연결 콘센트를 사용하고 있습니까? □ 예 □ 아니오

노출된 모든 전기 코드는 엉켜져 있지 않으며 적절하게 절연되어 있습니까? □ 예 □ 아니오

조언 또는 수정이 필요한 사항 ____________

장비 안전

모든 장비는 작동이 가능하도록 깨끗하며, 유지보수가 잘 되어 있는가? □ 예 □ 아니오

커피 기계와 같이 뜨거운 음료 장비에 화상에 대한 경고문을 부착하였습니까? □ 예 □ 아니오

어떠한 장비를 사용하기 전에 모든 종사원들이 장비의 적절한 사용법에 대하여 교육을 받았습니까? □ 예 □ 아니오

조언 또는 수정이 필요한 사항 ____________

푸드서버 교육훈련 점검표

Date Completed: ______________	Shift: ______________
Prepared By: ______________	Manager on Duty: ______________

* 오리엔테이션(정책, 절차, 유니폼, 업무 기술, 교육훈련 기구 등)	□ 예	□ 아니오
* 필요한 직원서류의 작성	□ 예	□ 아니오
* 레스토랑 투어	□ 예	□ 아니오
* 유니폼의 지급	□ 예	□ 아니오
* 교육훈련 일정 및 절차에 대한 설명	□ 예	□ 아니오
* 개점에 대한 책임	□ 예	□ 아니오
* 다이닝 룸 테이블 구조 및 섹션에 대한 설명	□ 예	□ 아니오
* 예약 절차	□ 예	□ 아니오
* 올바른 테이블 셋업 방법	□ 예	□ 아니오
* 음식의 종류 및 메뉴에 대한 설명	□ 예	□ 아니오
* 알코올 또는 와인의 선택과 가격	□ 예	□ 아니오
* 알코올 서비스 관련 법규	□ 예	□ 아니오
* 와인 서비스	□ 예	□ 아니오
* 고객 티켓	□ 예	□ 아니오
* POS system 사용법	□ 예	□ 아니오
* 계산서의 분리	□ 예	□ 아니오
* To-Go 메뉴의 오더	□ 예	□ 아니오
* 주방 주문의 순서	□ 예	□ 아니오
* 서비스 타이밍	□ 예	□ 아니오
* 식사의 서빙	□ 예	□ 아니오
* 접시 위의 음식 배열	□ 예	□ 아니오
* 음식의 품질	□ 예	□ 아니오
* 서비스 표준 시간	□ 예	□ 아니오
* 부수적인 작업(스테이션 청결 등)	□ 예	□ 아니오
* 폐점에 대한 책임	□ 예	□ 아니오
* 업-세일 기술	□ 예	□ 아니오
* 고객에 대한 공손함과 예우	□ 예	□ 아니오
* 자세와 팀워크	□ 예	□ 아니오
* 테이블의 유지보수	□ 예	□ 아니오

주방 교육훈련 점검표

Date Completed: ____________	Shift: ____________
Prepared By: ____________	Manager on Duty: ____________

* 오리엔테이션(정책, 절차, 유니폼, 업무 기술, 교육훈련 기구 등) □ 예 □ 아니오
* 필요한 직원서류의 작성 □ 예 □ 아니오
* 레스토랑 투어 □ 예 □ 아니오
* 유니폼의 지급 □ 예 □ 아니오
* 교육훈련 일정 및 절차에 대한 설명 □ 예 □ 아니오
* 개점에 대한 책임 □ 예 □ 아니오
* 주방 작업 구역 □ 예 □ 아니오
* 주방 업무와 조직 □ 예 □ 아니오
* 음식의 위생과 안전 □ 예 □ 아니오
* Prep(사전조리) sheets □ 예 □ 아니오
* Recipe Book □ 예 □ 아니오
* 음식의 준비 □ 예 □ 아니오
* 적절한 음식의 저장 □ 예 □ 아니오
* 적절한 음식 라벨 작업 □ 예 □ 아니오
* 조리도구 와 기구 □ 예 □ 아니오
* 적절한 해동 절차 □ 예 □ 아니오
* 티켓의 구조 □ 예 □ 아니오
* 티켓 읽기 □ 예 □ 아니오
* 티켓 타이밍 □ 예 □ 아니오
* 폐점 절차들 □ 예 □ 아니오
* 청소 절차 □ 예 □ 아니오
* 긴급한 판단 □ 예 □ 아니오
* 안전 □ 예 □ 아니오
* 팀워크와 생산성 □ 예 □ 아니오
* 기타 □ 예 □ 아니오

《저자약력》

이 대 홍

• 세종대학교 관광경영학과 졸업
• 세종대학교 대학원 호텔경영학과 수료(경영학 석사)
• 세종대학교 호텔 · 외식 경영학 박사과정 수료(경영학 박사)

현) 신흥대학 호텔외식경영학과 교수(학과장)
현) 신흥대학 평생교육원 부원장
현) 외식산업학회 수석부회장
현) 한국호텔경영학회 이사
현) 식품안전시민네트워크 상임이사(시민사회위원장)
전) 타워호텔 판촉총괄팀장

이 희 열

• 세종대학교 관광경영학과 졸업
• 세종대학교 대학원 호텔경영학과 수료(경영학 석사)
• 세종대학교 조리외식경영학 박사과정

현) 숭의여자대학 식품영양학과 겸임교수
현) 외식경영학회 이사
현) 아이포그코리아 부사장
현) 프랜차이즈협회 강사
전) 블랙앵거스코리아 대표이사
전) 미국 블랙앵거스 스테이크하우스 컨셉 한국도입
전) 한스피알 이사/대표이사
전) 롯데호텔 판촉팀 근무

김 두 라

• 경기대학교 대학원 외식산업경영 전공(경영학 석사)
• 경기대학교 대학원 외식조리관리 전공(관광학 박사)

현) 한북대학교 국제관광경영학과 교수
전) 월간식당 편집장

외식창업 -효율적인 외식점포 만들기-

2009년 8월 20일 초판 인쇄
2009년 8월 25일 초판 발행

지은이 이대홍 · 이희열 · 김두라
발행인 (寅製) 진 욱 상

발행처 백산출판사

저자와 협의하에 인지첩부 생략

서울시 성북구 정릉3동 653-40
등록 : 1974. 1. 9. 제1-72호
전화 : 914-1621, 917-6240
FAX : 912-4438
http://www.baek-san.com
edit@baek-san.com

값 20,000원

ISBN 978-89-6183-220-5